"十四五"职业教育国家规划教材

"十四五"职业教育河南省规划教材

高等职业教育物流类专业新形态一体化教材

物流信息技术应用
（第二版）

高连周 主 编

程晓栋 王晓丽 李明慧 副主编

U0361482

清华大学出版社
北京

内 容 简 介

本书为"十四五"职业教育国家规划教材,为"十四五"职业教育河南省规划教材。本书是河南省高校精品在线开放课程"物流信息技术应用"配套教材,读者可扫描书中二维码学习相关知识,也可登录中国大学MOOC平台学习该课程。本书围绕高职教育人才培养的目标,突出高职教育特色,立足物流企业岗位技能需求,追踪物流信息技术的发展趋势,充分吸收当前物流信息化实践中的新技术和成果,以工作过程为导向,采用"项目引领、任务驱动"模式开发编写。本书从物流信息技术应用的流程角度入手,深入浅出地介绍了物流业务过程中常用关键技术的基本原理及应用。全书共设置了8个项目,分别为物流信息技术认知及应用现状调研、数据采集技术应用、信息传输技术应用、自动定位跟踪技术应用、物流管理信息系统应用、物流数字化新技术应用、物流公共信息平台应用、物流自动化与智能化技术应用。项目下设项目描述、项目目标和具体任务,任务下安排有引导案例、任务知识储备、相关链接、前沿理论与技术、实训任务实施、任务小结、练习题等。

本书内容丰富、实用性强,既可作为高等职业院校物流类相关专业的教材和参考书,也可作为物流企业物流信息管理者及相关人员的培训教材和物流行业从业人员的参考用书。

图书在版编目(CIP)数据

物流信息技术应用/高连周主编. —2版. —北京:清华大学出版社,2021.10(2024.8重印)
高等职业教育物流类专业新形态一体化教材
ISBN 978-7-302-54353-4

Ⅰ.①物⋯　Ⅱ.①高⋯　Ⅲ.①物流－信息技术－高等职业教育－教材　Ⅳ.①F253.9

中国版本图书馆 CIP 数据核字(2019)第 263099 号

责任编辑:左卫霞
封面设计:常雪影
责任校对:赵琳爽
责任印制:刘　菲

出版发行:清华大学出版社
　　　　网　　　址:https://www.tup.com.cn,https://www.wqxuetang.com
　　　　地　　　址:北京清华大学学研大厦 A 座　　　邮　　编:100084
　　　　社 总 机:010-83470000　　　　邮　　购:010-62786544
　　　　投稿与读者服务:010-62776969,c-service@tup.tsinghua.edu.cn
　　　　质量反馈:010-62772015,zhiliang@tup.tsinghua.edu.cn
　　　　课件下载:https://www.tup.com.cn,010-83470410
印 装 者:三河市龙大印装有限公司
经　　销:全国新华书店
开　　本:185mm×260mm　　　　印　　张:23.25　　　　字　　数:592 千字
版　　次:2016 年 6 月第 1 版　　2021 年 10 月第 2 版　　印　　次:2024 年 8 月第 3 次印刷
定　　价:66.00 元

产品编号:086580-01

党的二十大报告指出"高质量发展是全面建设社会主义现代化国家的首要任务",完成这个战略部署需要高质量的物流体系加以支撑,如何构筑现代物流发展新格局,如何建立高效畅通的物流体系,是现代物流高质量服务于中国式现代化经济必须要解决的重要课题。本书在开发建设中,注重将党的二十大报告提出的新理念、新技术融入教材,形成了以数据采集技术(条码与无线射频识别技术)、信息传输技术(计算机网络和电子数据交换技术)、货物与车辆智能跟踪技术(GPS 和 GIS 技术)、典型物流管理信息系统、物流公共信息平台技术、物流智能化技术(自动立体化仓库和自动导向搬运车)、物流数字化新技术(物联网、云计算、大数据、数字孪生、人工智能、无人机、无人车和智慧物流)等学习项目的课程体系。同时,为落实党的二十大推进文化自信自强,铸就社会主义文化新辉煌的时代精神,本书收录多家中国物流企业和多位中国企业家的成功案例,进一步厚植家国情怀,坚定文化自信,用社会主义核心价值观铸魂育人,启智增慧。

物流业是融合运输、仓储、配送、货代、信息等产业的复合型服务业,是支撑国民经济发展的基础性、战略性产业。物流信息技术是现代信息技术在物流各个环节中的综合应用,是现代物流区别于传统物流的根本标志,也是目前我国物流技术中发展最快的一个领域。当前,经济全球化趋势深入发展,信息技术革命带动新技术、新业态不断涌现。从人工智能、物联网、大数据、人脸识别、区块链等前沿技术,到智慧大脑、智能仓储、无人分拣、无人机、无人车等应用模式的出现,推进了我国物流业的快速发展。

2019 年 2 月,国务院发布的《国家职业教育改革实施方案》,给职业教育教材改革发展指明了方向:建设一大批校企"双元"合作开发的国家规划教材,并配套开发信息化资源。在这样的背景下,为适应物流信息技术的新发展和现代职业教育改革的需要,对 2016 年出版的《物流信息技术应用》进行修订,使其内容更新、实用性更强,更加突出职业教育特色。

本书特色主要体现在以下几个方面。

(1) 坚持校企"双元"合作开发教材,突出职业教育特色。

聘请物流企业专家加入教材建设团队,立足于物流企业岗位技能需求,坚持"调研就业定岗位,剖析岗位定能力,分解流程定情境,再现情境定任务"的教材内容建设流程,根据技术领域和职业岗位群的任职要求,依据典型工作任务并参照职业资格标准选取教学内容,以工作任务为中心组织理论知识和实践技能,将"教、学、做"融为一体。将现代企业中的新技术、新工艺、新方法、新标准等融入教材,充分反映职业岗位的技术发展要求,使学生所学知识和实践技能与企业一线技术工作和管理工作的要求相适应。

（2）推进书证融通、课证融通。

适应"1＋X"证书制度试点工作需要,本次修订将物流管理职业技能等级标准中的数字化与智能化有关内容及要求有机融入教材,使教材内容更具实用性和先进性,推进书证融通、课证融通,体现高等职业教育"1＋X"证书特色。

（3）立体化教材与主教材同步建设。

在主教材建设的基础上,还应用信息化技术进行了立体化教材建设。立体化教材建设内容主要包括课程标准、主教材、学习指导、教学设计方案、习题集、电子教学资源库(教学课件、图片库、动画库、视频库、企业案例、教学网站等),提供多元化教学资源,以满足学生个性化和自主性学习需求,促进信息化教学改革,充分发挥网络教学资源指导学生学习的作用和优势。本书为河南省高校精品在线开放课程"物流信息技术应用"配套教材,该课程已在中国大学MOOC平台上线,扫描本页下方二维码也可在线学习该课程。

（4）以项目描述引入,以完成实际工作任务为过程。

各项任务下设有引导案例、任务知识储备、相关链接、前沿理论与技术、实训任务实施、任务小结、练习题等模块,使任务更具有可操作性。让学生身临工作岗位情境,在学习知识的同时锻炼技能。

本书由河南交通职业技术学院高连周教授主编,并负责全书的策划与统稿。河南交通职业技术学院程晓栋、王晓丽、李明慧、侯守伟、赵梅,重庆商务职业学院赵连明与企业人员王琳、荀卫、姚文忠和郭良栋等参加了修订工作。其中,高连周修订项目一;王晓丽修订项目二和项目三;程晓栋修订项目四;李明慧修订项目五和项目七;高连周和李明慧共同修订项目六;侯守伟和赵梅共同修订项目八;企业人员王琳、荀卫、姚文忠和郭良栋等参与拟定教材大纲。

非常感谢为本书修订提供大力支持与帮助的有关单位和物流企业,他们为本书提供了应用案例、平台软件、技术支持及图片等资料。本书在编写过程中,参考、借鉴和引用了国内外相关研究成果,在此向这些文献作者表示衷心的感谢!

由于编者知识和实践的局限性,书中难免有不足之处,敬请各位专家与读者批评、指正。

编　者

2022 年 12 月

物流信息技术应用在线开放课程

物流信息技术是现代信息技术在物流各个环节中的综合应用,是现代物流区别于传统物流的根本标志,也是目前我国物流技术中发展最快的一个领域。从数据采集的条码系统,到非接触式自动识别技术的射频识别技术;从能提供定位导航 GPS 和动态的地理信息 GIS 技术,到标准化的物流数据传输和交换的 EDI 技术;再从物流自动化技术到物联网技术等,都在日新月异地发展,使得物流管理的自动化、高效化、及时性得以实现。同时,随着现代物流信息技术的不断发展,还产生了一系列新的物流理念和新的物流经营方式,推进了中国物流业的变革。

本书考虑高职教育的特点,以"项目引领、任务驱动"为指针,追踪物流信息技术的发展趋势,充分吸收了当前物流信息化实践中的最新技术和成果,实现与职业证书的合理衔接,体现高职教育"双证"特色。本书立足于理实一体、学做结合的建设目标,依照人类自身获取信息、处理信息、存储信息、传输信息等特点,基于工作过程导向,将培养目标与岗位需求结合起来,深入浅出地全面介绍了物流管理技术技能型人才应该掌握的物流信息技术的重点知识和应用技能。本书内容丰富、实用性强,既有对基本概念和原理的阐述,又有相关任务、案例,深入浅出,易学易懂。本书的特色主要体现在以下几个方面。

(1)坚持高职高专教育的特色,立足于物流企业岗位技能需求,充分体现岗位任务引领、实践导向的课程设计思想,实现与职业证书的合理衔接,体现高职教育"双证"特色,其中任务的设置体现针对性、综合性和实践性。

(2)以项目描述引入,以完成实际工作任务为过程。各项任务下均设有教学导航、引导案例、任务知识储备、相关链接、职业指导、前沿理论与技术、实训任务实施、任务小结、练习题等模块,使任务更具有可操作性。让学生身临工作岗位情境,在学习知识的同时锻炼技能。

(3)追踪物流信息技术的发展趋势,充分吸收了当前物流信息化实践中的最新技术和成果;同时,加大教材实训项目的开发力度,形成理论和实训一体化教材,实现理论、实训无界化。

(4)为提高教学效果,本书除了论述深入浅出、文字通俗易懂外,还引用了大量的插图,力求图文并茂,引起读者的学习兴趣,同时注重突出职业教育特点和强化物流信息技能型人才培养。

本书由河南交通职业技术学院的高连周教授主编,并负责全书的策划与统稿。河南交通职业技术学院的程晓栋、侯守伟、张春生,重庆商务职业学院赵连明,河南省豫通工程监理有限公司周鑫,参加了编写工作。其中,高连周编写了项目 1 和项目 2;高连周与赵连明共同编写了项目 6;高连周与周鑫共同编写了项目 7;程晓栋编写了项目 4;侯守伟编写了项目 5 和项目 8;张春生编写了项目 3。

非常感谢为本书的编写提供大力支持与帮助的有关单位和物流企业,他们为本书提供了应用案例、平台软件、技术支持及图片等资料。在编写过程中,我们参考、借鉴和引用了大量的国内外有关研究成果,在此对所涉及文献的作者表示衷心的感谢。本书的编写得到了清华大学出版社编辑的全力支持与指导,在此表示衷心的感谢。

由于编者知识和实践的局限性,书中难免有不足之处,敬请各位专家与读者批评、指正。

编 者

2016 年 4 月

CONTENTS

目　录

物流信息技术认知及应用现状调研

项目描述

物流信息技术是指现代信息技术在物流各个作业环节中的综合应用,是物流现代化的基础、灵魂和重要标志,是提高物流运作效率、降低物流总成本、提供优质物流服务的重要工具和保障。常用的物流信息技术有条码技术、RFID 技术、计算机网络技术、数据交换技术、数据库技术、自动跟踪和定位技术、自动化控制技术和管理信息系统等。

本项目的目的是通过调研、查阅资料和第三方物流管理系统认知,让学生理解物流信息、物流信息技术、物流信息系统的概念,了解物流信息技术在物流企业中的应用及其重要性等。

项目目标

1. 知识目标

(1)掌握信息、物流信息、物流信息技术、物流信息系统的相关概念。

(2)掌握物流信息的特点和作用。

(3)了解企业物流信息化、物流信息技术运用的现状和发展趋势。

2. 技能目标

(1)能对区域性物流企业进行信息技术应用调研。

(2)能撰写物流企业信息技术应用调查报告。

(3)会制作调研报告 PPT 课件,汇报调研情况,语言流畅、清楚,观点正确。

任务 物流信息技术认知及应用现状调研

 引导案例

UPS 的核心竞争优势——现代物流信息技术

UPS 上海国际运转中心

成立于 1907 年的美国联合包裹服务公司(United Parcel Service,UPS)是世界上最大的快递公司。2000 年,联合包裹服务公司年收入接近 300 亿美元,其中包裹和单证流量大约 35 亿件,平均每天向遍布全球的顾客递送 1320 万件包裹。公司向制造商、批发商、零售商、服务公司以及个人提供各种范围的陆路与空运的包裹和单证的递送服务,以及大量的增值服务。表面上联合包裹服务公司的核心竞争优势源于其由 15.25 万辆卡车和 560 架飞机组成的运输队伍,而实

际上联合包裹服务公司的成功并非仅仅如此。

联合包裹服务公司通过在三方面推广现代物流信息技术发挥了核心竞争优势。

第一,在信息技术上,联合包裹服务公司通过应用三项物流信息技术提高了竞争能力。

首先,条形码和扫描仪使联合包裹服务公司能够有选择地每周 7 天、每天 24 小时地跟踪和报告装运状况,顾客只需拨通免费电话号码,即可获得"地面跟踪"和"航空递送"的增值服务。

其次,联合包裹服务公司已经配备了第三代速递资料收集器Ⅲ型 DIAD,这是业界最先进的手提式计算机,司机只需扫描包裹上的条形码,获得收件人的签字,输入收件人的姓名,并按动一个键,就可同时完成交易、收集和传输实时包裹传递信息,也可让客户及时了解包裹的传送现状。

最后,联合包裹服务公司最先进的信息技术应用,是创建于 1993 年的一个全美无线通信网络,该网络使用了 55 个蜂窝状载波电话。蜂窝状载波电话技术使驾驶员能够把适时跟踪的信息从卡车上传送到联合包裹服务公司的中央计算机。无线移动技术和系统能够提供电子数据储存,并能恢复跟踪公司在全球范围内的数百万笔递送业务。通过安装卫星地面站和扩大系统,到 1997 年适时包裹跟踪成为现实。

第二,在信息系统上,联合包裹服务公司将应用在美国国内运输货物的物流信息系统,扩展到了所有国际运输货物上。这些物流信息系统包括署名追踪系统及比率运算系统等,其解决方案包括自动仓库、指纹扫描、光拣技术、产品跟踪和决策软件工具等。这些解决方案从商品原起点流向市场或者最终消费者的供应链上帮助客户改进了业绩,真正实现了双赢。

第三,在信息管理上,最典型的应用是联合包裹服务公司在美国国家半导体公司(National Semiconductor)位于新加坡仓库的物流信息管理系统,该系统有效地减少了仓储量并节省了货品运送时间。今天我们可以看到,在联合包裹服务公司物流管理体系中的美国国家半导体公司新加坡仓库,一位管理员像挥动树枝一样用一台扫描仪扫过一箱新制造的计算机芯片。随着这个简单的举动,他启动了高效和自动化、几乎魔术般的送货程序。联合包裹服务公司的物流信息管理系统将这箱芯片发往码头,而后送上卡车和飞机,接着又送上卡车,在短短的 12 小时内,这些芯片就会送到国家半导体公司的客户——远在万里之外硅谷的个人计算机制造商手中。在整个途中,芯片中嵌入的电子标签可以让客户以 1 米距离的精确度跟踪订货。

以现代物流信息技术为核心竞争力基础的联合包裹服务公司已经在我国北京、上海、广州开办了代表处。1996 年 6 月,联合包裹服务公司与中方合作伙伴中国外运集团共同在北京成立其在中国的第一家合资企业。世界物流业巨头联合包裹服务公司参与了中国快递行业的激烈竞争。

思考题:

UPS 是如何通过现代物流信息技术打造自己的核心竞争优势的?

➡ 任务知识储备

一、信息与物流信息

(一)信息

1. 数据概念

数据(data)是人们用来反映客观事物的性质、属性以及相互关系的符号,包括字符、数字、图形、图像和声音等。例如,水的温度是 100℃,木头的长度是 2m,大楼的高度是 100 层。在这些表述中,水温度 100℃、木头长度 2m、大楼高度 100 层就是数据。通过这些数据的描述,我们的大脑里形成了对客观世界的清晰印象。

在信息技术领域,数据是人们用来反映客观事物而记录下来的、可以鉴别的符号,是客观事物的基本表达方式,是计算机程序加工的"原料"。随着计算机软、硬件的发展,以及计算机的应用领域的扩大,数据的含义也扩大了。例如,当今计算机可以处理的图像、声音等都被认为属于数据范畴。数据是形成信息、知识和智慧的源泉。

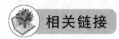

大　数　据

大数据(big data,mega data)或称巨量资料,研究机构 Gartner 给出的定义是需要新处理模式才能具有更强的决策力、洞察发现力和流程优化能力的海量、高增长率和多样化的信息资产。

在维克托·迈尔-舍恩伯格及肯尼斯·库克耶编写的《大数据时代》中,大数据指不用随机分析法(抽样调查)而采用所有数据进行分析处理。业界将大数据的特点归纳为 4 个 V,即Volume(数据体量大)、Variety(数据类型繁多)、Velocity(处理速度快)、Value(价值密度低)。①数据体量大,如从 TB 级别跃升到 PB 级别;②数据类型繁多,如网络日志、视频、图片、地理位置信息等;③处理速度快,如 1 秒定律,可从各种类型的数据中快速获得高价值的信息,这一点也和传统的数据挖掘技术有着本质的不同;④价值密度低,只要合理利用数据并对其进行正确、准确的分析,将会带来很高的价值回报。

目前,技术上可在合理时间内分析处理的数据集大小单位为 EB,而全世界每天产生 $2.5 \text{EB}(2.5 \times 10^{18})$ 的数据。大数据几乎无法使用大多数的数据库管理系统处理,大数据需要特殊的技术,包括大规模并行处理(MPP)数据库、数据挖掘电网、分布式文件系统、分布式数据库、云计算平台、互联网和可扩展的存储系统。

大数据是继云计算、物联网之后 IT 产业又一次颠覆性的技术变革。云计算主要为数据资产提供了保管、访问的场所和渠道,而数据才是真正有价值的资产,可能成为最大的交易商品。大数据通过数据共享、交叉复用后获取最大的数据价值。未来大数据将会如基础设施一样,有数据提供方、管理者、监管者,数据的交叉复用将大数据变成一大产业。

近年来,数据规模呈几何级数高速成长。据国际数据公司(International Data Corporation,IDC)的报告预测,到 2025 年全球数据存储量将达 175ZB(1ZB 约等于 1 万亿 GB),中国数据存储量将增长至 48.6ZB,占全球数据存储量的 27.8%。

2. 信息的定义

信息(information)是当代使用频率很高的一个概念,根据人们不同的研究目的和定义的不同角度,信息可以有多种定义,具有代表性的表述如下。

1948 年,信息论的奠基人香农(Shannon)认为"信息是用来消除随机不确定性的东西"。

1950 年,控制论的创始人维纳(Norbert Wiener)认为"信息就是信息,信息既不是物质,也不是能量"。

经济管理学家认为"信息是提供决策的有效数据"。

我国著名的信息学专家钟义信教授认为"信息是事物存在方式或运动状态,以这种方式或状态直接或间接的表述"。

美国信息管理专家霍顿(F. W. Horton)认为"信息是为了满足用户决策的需要而经过加工处理的数据"。简单地说,信息是经过加工的数据,或者说,信息是数据处理的结果。

综上所述,信息的定义可概括如下:信息是对客观世界中各种事物的运动状态和变化的反映,是客观事物之间相互联系和相互作用的表征,表现的是客观事物的运动状态和变化的实质内容。信息是数据处理后所形成的能够反映事物内涵的对人们有意义的和有用处的知识、资料、情报、图像、文件、语言和声音等。

信息是由实体、属性、值所构成的三元组,即信息=实体(属性1:值1;属性2:值2;…;属性 n:值 n)。例如,5t 东风汽车,信息=汽车(吨位:5;品牌:东风)。

那么,信息与数据之间又有怎样的联系与区别呢?

从某种意义上来说,信息是客观事物属性的反映,是经过加工处理并对人类客观行为产生影响的数据表现形式。而数据又是反映客观事物属性的记录,是信息的具体表现形式。也就是说,数据是信息的载体,信息是数据中包含的意义。任何事物的属性都是通过数据表示的。数据经过加式处理后成为信息,而信息必须通过数据才能传播,才能对人类有影响。

数据是记录下来的可以被鉴别的符号。数据本身没有意义,具有客观性。信息是对数据的解释,具有主观性。数据经过处理仍然是数据,只有经过解释,通过形象符号、语言文字、指令代码、数据资料等不同形式与不同媒体对客观事物所做的描述和反映才能成为信息。

3. 信息的特征

(1)客观真实性。信息是事物存在方式和运动变化的客观反映,客观、真实是信息最重要的本质特征,是信息的生命所在。

(2)依附性。信息的表示、传播、存储必须依附于某种载体,载体就是承载信息的事物。语言、文字、声音、图像以及纸张、胶片、磁带、磁盘、光盘等,甚至人的大脑,都是信息的载体。

(3)传递性。传递是信息的基本要素和明显特征。信息只有借助于一定的载体(媒介)、经过传递才能为人们所感知和接受。没有传递就没有信息,就更谈不上信息的效用。

(4)时效性。信息的最大特点是在于它的不确定性,千变万化、稍纵即逝。信息的功能、作用、效益都是随着时间的延续而改变的,这种性能即信息的时效性。时效性是时间与效能的统一性,它既表明信息的时间价值,也表明信息的经济价值。一条信息如果超过了其价值的实用期就会贬值,甚至毫无用处。

(5)有用性(或称目的性)。信息是为人类服务的,它是人类社会的重要资源,人类利用它认识和改造客观世界。

(6)可处理性。这一特征包括多方面内容,如信息的可拓展、可引申、可浓缩等。这一特征使信息得以增值或便于传递、利用。

(7)可共享性。信息与一般物质资源不同,它不属于特定的占有对象,可以为众多人群共同享用。实物转赠之后,就不再属于原主,而信息通过双方交流,两者都有得而无失。这一特性通常以信息的多方位传递来实现。

(二)物流信息

1. 物流信息的定义

物流信息(logistics information)是反映物流各种活动内容的知识、资料、图像、数据、文件的总称(GB/T 18354—2006)。

物流信息所包含的内容可以从狭义和广义两个方面考察。

认识物流信息

从狭义范围看,物流信息源于客观物流活动的各个环节,是与物流活动有关的信息。在物流活动的管理与决策中,如运输工具的选择、运输路线的确定、仓库的有效利用、最佳库存数量的确定等,都需要详细和准确的物流信息。这些信息与物流过程中的运输、仓储、装卸、包装等各种职能有机结合在一起,保障整个物流活动的顺利进行。

从广义范围看,物流信息不仅包括与物流活动有关的信息,还包括大量与其他流通活动有关的信息,如商品交易信息和市场信息等。商品交易信息是指与买卖双方的交易过程有关的信息,如销售、购买、订货、发货、收款信息等;市场信息是指与市场活动有关的信息,如消费者的需求信息、竞争者或竞争性商品的信息、促销活动信息等。

广义的物流信息不仅对物流活动具有支持保证的功能,而且能起到连接整合从生产厂家、经过批发商和零售商最后到消费者的整个供应链的作用,并且通过应用现代信息技术实现整个供应链活动的效率化。例如,零售商根据市场需求预测和库存情况制订订货计划,向批发商或生产厂家发出订货信息。批发商收到订货信息后,在确认现有库存水平能满足订单要求的基础上,向物流部门发出配送信息;如果发现库存不足,则马上向生产厂家发出订单。生产厂家视库存情况决定是否组织生产,并按订单上的数量和时间要求向物流部门发出发货配送信息。

2. 物流信息的基本特点

物流信息除具有信息的一般特点外,还具有自身的特殊性,具体表现在以下五个方面。

(1) 物流信息趋于标准化。随着信息处理手段的电子化,物流信息标准化越来越重要。物流信息标准化体系主要由基础标准、工作标准、管理标准、技术标准和各单项标准组成。其中基础标准为第一层;工作标准、管理标准和技术标准处于第二层;各单项标准处于第三层。

(2) 物流信息具有极强的时效性。信息都具有生命周期,在一定的时间内才具有价值。绝大多数物流信息动态性强、时效性强,信息价值的衰减速度很快,这对信息管理的及时性和灵活性提出了很高的要求。

(3) 物流信息量大、分布广。物流连接了生产和消费,在整条供应链上产生的信息都属于物流信息的组成部分。这些信息从产生到加工、传播和应用,在时间、空间上存在不一致,这需要性能较好的信息处理机构与功能强大的信息采集、传输和存储能力。

(4) 物流信息种类多。物流信息不仅涉及物流系统内部各个环节不同种类的信息,还涉及与物流系统紧密联系的其他系统,如生产系统、销售系统、供应系统等,这使物流信息的采集、分类、筛选、统计、研究等工作的难度增加。

(5) 物流信息更新速度快。现代物流的特点之一是物流服务供应商千方百计地满足客户个性化的服务需求,多品种小批量生产、多额度小数量配送。由此产生大量的新信息,原有的数据需要不断更新,并且更新速度越来越快。

3. 物流信息的作用

(1) 与物流管理活动共同作用,使物流真正成为一个有机的整体系统。

(2) 帮助企业进行有效规划,达到企业内部系统整体优化的目标。

(3) 有助于提高物流企业科学管理和决策水平,辅助管理人员进行如下决策:位置决策、生产决策、库存决策、采购决策、运输配送决策。

4. 物流信息的分类

1) 按信息产生领域分类

按信息产生领域分类,物流信息可分为物流内部信息和物流外部信息。物流内部信息是在物流内部活动中产生的信息,用于管理和指导当前和下一个的物流循环;物流外部信息是在物流活动以外发生的,但与物流活动有一定相关性的信息。

2)按信息活动领域分类

按信息活动领域分类,物流信息可分为运输信息、仓储信息、装卸信息等,甚至可以更细化地分成集装箱信息、托盘交换信息、库存量信息、火车运输信息、汽车运输信息等。按信息活动领域分类的信息是具体指导物流各个领域活动、使物流管理细化所必不可少的信息。

3)按信息功能分类

按信息功能分类,物流信息可分为计划信息、控制及作业信息和支持信息三类。

(1)计划信息是指尚未实现但已当作目标确认的信息。例如,物流量计划、仓库吞吐量计划、车皮计划,与物流活动有关的基础设施建设计划等信息,只要尚未进入具体业务操作的,都可归入计划信息中,这种信息特点是带有相对稳定性,信息更新速度较慢,计划信息往往是战略决策或大的业务决策不可缺少的依据。

(2)控制及作业信息是指物流活动过程中产生的信息,具有很强的动态性,是掌握物流现实活动状况必不可少的信息。例如,库存种类、库存量、在运量、运输工具状况、物价、运费、投资在建情况、港口发运情况等。这种信息的主要作用是控制和调整正在发生的物流活动、指导即将发生的物流活动,以实现对过程的控制和对业务活动的微调。控制及作业信息是管理工作不可缺少的统计信息,指物流活动结束后对整个物流活动的总结归纳性的信息。诸如上一年度发生的物流量、物流种类、运输方式、运输工具使用量、装卸量,以及与物流有关的工农业产品产量、国内外贸易数量等。这种信息有很强的资料性,用以正确掌握过去的物流活动规律、指导未来物流发展和制订计划,是经济活动中非常重要的一类信息。

(3)支持信息是指能对物流计划、业务、操作产生影响的有关文化、科技、产品、法律、教育、民俗等方面的信息。例如,物流技术的革新、物流人才需求等。这些信息不仅对物流战略发展有价值,而且对控制、操作起到指导和启发的作用。

5. 物流信息与管理决策

一方面,信息是决策的依据,没有信息就无从决策;另一方面,信息本身不能决定决策。决策最终依靠决策者的判断,决策实施后又得到新的信息,在获得新的信息后,人们对客观世界就有了进一步的了解,在此基础上的决策就更加合理、科学,采取的行动也更富有成效。

在物流管理中,不同的决策所需要的信息不同。以物流企业管理为例,决策层次与信息的特点及其关系如图1-1所示。

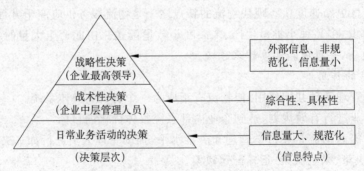

图1-1 决策层次与信息的特点及其关系

战略性决策主要包括企业目标战略、计划制订以及资源分配等决策。战略性决策要求对大量的概括性数据进行加工处理,不仅需要内部的信息,还需要外部的相关信息加以支持,以做出正确、全面的判断和决策。例如,决定开辟某种物流运输服务新产品,就需要该条线路每季和全年的载货数、市场需求估计、企业投资风险推算等信息。

战术性决策主要是解决资源的利用、人事调动、现金周转等问题的决策,多发生在战术管理层,其主要活动是对经营管理中的数据进行各种分析,并用于衡量物流企业的绩效、控制物流企业的经营活动。例如,对车辆管理部门调整车辆来说,为了做出战术性的决策,需要收集每天各时间段中每辆汽车的平均载货量,有关计划指标、预算及有关同行业经营状况、价格、成本等信息。

日常业务活动的决策主要解决经常性的问题,多发生在操作管理层。例如,进货、合同、出入库、统计数据汇总、各种台账报表、各种查询活动、物流企业各部门的业绩等。这些活动通过计算机实时形成日常业务活动的管理信息系统,其主要功能是处理基础数据,包括对数据进行简单的加工。

二、物流管理信息系统

(一)物流管理信息系统的概念与特点

1. 物流管理信息系统的概念

物流管理信息系统(logistics management information system,LMIS)也称物流信息系统,是由人员、计算机硬件、软件、网络通信设备及其他办公设备组成的人机交互系统,其主要功能是进行物流信息的收集、存储、传输、加工整理、维护和输出,为物流管理者及其他组织管理人员提供战略、战术及运作决策的支持,以达到组织的战略竞优,提高物流运作的效率与效益。

2. 物流管理信息系统的特点

物流管理信息系统具有集成化、模块化、网络化、实时化、智能化等特点。

(1)集成化。物流信息系统将业务逻辑上相互关联的部分连接在一起,为企业物流活动中的集成化信息处理工作提供基础。在系统开发过程中,数据库的设计、系统结构以及功能的设计等都应该遵循统一的标准、规范和规程(即集成化),以避免出现"信息孤岛"现象。

(2)模块化。把物流信息系统划分为各个功能模块的子系统,各子系统通过统一的标准进行功能模块的开发,然后再集成,组合起来使用,这样就能既满足物流企业的不同管理部门的需要,也保证了各个子系统的使用和访问权限。

(3)网络化。通过Internet将分散在不同地理位置的物流分支机构、供应商、客户等连接起来,形成一个复杂但密切联系的信息网络,从而通过物流信息系统实时地了解各地业务的运作情况。物流信息中心将对各地传来的物流信息进行汇总、分类,以及综合分析,并通过网络把结果反馈、传达下去,以指导、协调各个地区的业务工作。

(4)实时化。物流信息系统借助于编码技术、自动识别技术、GPS技术、GIS技术等现代物流信息技术,对物流活动进行准确实时的信息采集;并采用先进的计算机与通信技术,实时地进行数据处理和传送物流信息,以指导作业活动;通过Internet/Intranet将供应商、分销商和客户按业务关系连接起来,使整个物流信息系统能够即时地掌握和分享属于供应商、分销商或客户的信息。

(5)智能化。无论是智能分单/调度,还是智能的路径优化和智能仓储,需求都已经越来越旺盛,并促使物流信息系统正在向着智能化方向发展。比如在物流企业决策支持系统中的知识子系统,它就负责收集、存储和智能化处理在决策过程中所需要的物流领域知识、专家的决策知识和经验知识。

(二)物流管理信息系统的结构和功能

1. 物流管理信息系统的结构

物流管理信息系统的结构是指组成系统各部件的构成框架。对部件的不同理解,就产生了物流管理信息系统的各种结构,其中最重要的有概念结构、系统结构和功能结构。

1)概念结构

从概念上看,物流管理信息系统由物流信息源、物流信息处理器、物流信息用户和物流信息管理者四大部分组成,如图 1-2 所示。物流信息源是信息的产生地;物流信息处理器担负信息的保存、处理任务;物流信息用户是信息的使用者,应用信息进行管理和决策工作;物流信息管理者负责信息系统的设计实现,并在实现以后负责信息系统的运行和协调。

图 1-2　物流管理信息系统概念结构

2)系统结构

系统结构由硬件、软件和人员组成。硬件包括计算机及输入/输出设备、存储设备、网络通信设备等。这些设备是物流管理信息系统构建的基础,也是系统运行的平台。软件是物流管理信息系统应用的核心,与物流活动相对应,各个活动都有软件的支持。物流管理信息系统为管理服务,是人机交互的系统,从系统的规划、分析、设计到系统的实施、维护,都有大量的人员参与其中。建设物流管理信息系统,必须重视各类人员在其中的作用。

3)功能结构

物流管理信息系统的功能结构可以分为日常业务管理系统、管理控制系统、辅助决策系统和战略管理系统,如图 1-3 所示。

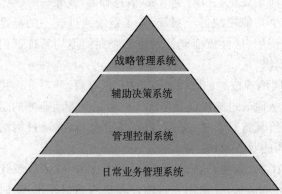

图 1-3　物流管理信息系统功能结构

(1)日常业务管理系统记录物流活动最基本的交易内容,从订单开始到存货、装卸、运输、交货以及财务结算等各个环节,保证物流活动过程中信息收集的质量和及时、准确性。

(2)管理控制系统是根据客户需求制订合理的采购计划、库存计划和运输计划等,并对与这些计划相关联的流程进行控制,保证物流活动的正常进行。管理控制系统是与管理理论相对应的战术管理的部分,在物流企业的正常管理中起主要作用。特别是对于业务量很大的物流企业,功能强大的管理控制系统可以有效利用企业资源,提高业务处理的效率。

(3)辅助决策系统的主要作用是帮助管理人员完成决策的制定,既包括战术方面的支持,也包括战略方面的支持。在管理控制方面辅助决策系统可以帮助管理人员进行车辆日常运用情况的分析、库存管理的分析等。在战略管理方面,辅助决策系统可以帮助高层管理者进行选址分析、客户分析、市场分析等。

(4)战略管理系统是利用业务管理和控制管理系统所获得的信息,在辅助决策系统的支持下对关系企业发展的长远计划进行决策。这些信息相对抽象和广泛,不仅包括企业内部经过提炼的信息,还包括外部的大量信息。战略管理系统根据收集到的这些信息帮助企业高层管理人员完成企业战略方面的决策。

2. 物流管理信息系统的功能

物流管理信息系统是物流系统的神经中枢,它作为整个物流系统的指挥和控制系统,可以分为多种子系统。通常,可以将其基本功能归纳为以下几个方面。

(1)数据收集。物流数据的收集首先是将数据通过收集子系统从系统内部或者外部收集到预处理系统中,并整理成为系统要求的格式和形式,然后再通过输入子系统输入物流信息系统。这一过程是其他功能发挥作用的前提和基础,如果一开始收集和输入的信息不完全或不正确,在接下来的过程中得到的结果就可能与实际情况完全相反,这将会导致严重的后果。因此,在衡量一个信息系统的性能时,应注意它收集数据的完整性、准确性,以及校验能力、预防和抵抗破坏能力等。

(2)信息存储。物流数据经过收集和输入阶段后,在其得到处理前,必须在系统中存储下来。即使在处理后,若信息还有利用价值,也要将其保存下来,以供以后使用。物流管理信息系统的信息存储功能就是要保证已得到的物流信息能够不丢失、不走样、不外泄、整理得当、随时可用。无论哪一种物流信息系统,在涉及信息的存储问题时,都要考虑存储量、信息格式、存储方式、使用方式、存储时间、安全保密等问题。如果这些问题没有得到妥善的解决,信息系统是不可能投入使用的。

(3)信息传输。物流信息在物流系统中一定要准确、及时地传输到各个职能环节,否则信息就会失去其使用价值。这就需要物流管理信息系统具有克服空间障碍的功能。物流管理信息系统在实际运行前,必须充分考虑所要传递的信息种类、数量、频率、可靠性要求等因素。只有这些因素符合物流系统的实际需要,物流管理信息系统才是有实际使用价值的。

(4)信息处理。物流管理信息系统的最根本目的就是要将输入的数据加工处理成物流系统所需要的物流信息。数据和信息是不同的,数据是得到信息的基础,但数据往往不能直接利用,而信息是从数据中加工得到的,它可以直接利用。只有得到了具有实际使用价值的物流信息,才能发挥物流管理信息系统的功能。

(5)信息输出。信息的输出是物流管理信息系统的最后一项功能,也只有在实现了这个功能后,物流管理信息系统的任务才算完成。信息的输出必须采用便于人或计算机理解的形式,在输出形式上力求易读易懂、直观醒目。

这五项功能是物流管理信息系统的基本功能,缺一不可。而且,只有五个过程都没有出错,最后得到的物流信息才具有实际使用价值,否则会造成严重的后果。

(三)物流管理信息系统的分类

物流管理信息系统可以从以下几个角度分类。

1. 按系统的结构分类

按系统的结构分类,物流管理信息系统可分成单功能系统和多功能系统。

(1)单功能系统是指只能完成一种职能的系统,如物流财务系统、合同管理系统、物资分配系统等。

（2）多功能系统是指能够完成一个部门或一个企业所包括的物流管理职能的系统,如仓库管理系统、某个企业的经营管理决策系统等。

2. 按管理层次分类

按管理层次分类,物流管理信息系统可分成物流作业管理系统、物流协调控制系统和物流决策分析系统(LDSS)。

（1）物流作业管理系统面向企业的作业层,主要实现物流业务各环节的基本数据输入、输出、处理,解决手工作业电子化的问题。

（2）物流协调控制系统面向企业的中间管理层,在控制系统层面,对各业务子系统进行控制以协调各子系统协同运行。这包括对输入/输出的控制、权限的控制、信息传递方向的控制等,也包括根据积累的历史数据,按照一定的优化模型进行业务操作的优化和业务流程优化。

（3）物流决策分析系统(LDSS)面向企业的高级管理层,主要用以辅助管理层的决策。通过对基础业务数据进行提炼,运用相应的模型分析计算物流费用、时间、效率等数据,设计和评价各种物流方案,对货流、存货进行预测,可以有效地支持决策者的决策。

3. 按系统的功能分类

按系统的功能分类,物流管理信息系统可分为以下几个子系统。

（1）管理子系统提供与具体业务无关的、系统所需的功能。

（2）采购子系统提供原材料采购信息的功能。

（3）仓储管理系统使用仓储管理系统管理储存业务的收发、分拣、摆放、补货、配送等,同时可以进行库存分析与财务系统集成。

（4）库存子系统提供库存管理信息的功能。

（5）生产子系统提供生产产品信息的功能。

（6）销售子系统提供产品销售信息的功能。

（7）配送子系统是指根据商品的配送类型做分类后,再按照商品重量与体积等各因素拟订的派车计划、体积装载计划以及配送行程计划等作业系统。

（8）运输子系统提供产品运输信息的功能。

（9）财务子系统提供财务管理信息的功能。

（10）决策支持子系统使物流管理信息系统达到一个更高的层次。

4. 按系统作用的对象分类

对于涉及产品流通的企业来讲,可以分为生产型企业、流通型企业和以物流生产为主业的第三方物流企业。因此,物流管理信息系统也被分为三类。

（1）面向生产型企业的物流管理信息系统。生产型企业从原材料或者半成品生产厂家购买原材料或者半成品,运用技术和设备生产出产品,然后投放市场,获取产品的销售利润。从这个过程中可以看出,生产型企业获取的利润存在于产品中的劳动增值和技术增值。就采购来看,生产型企业采购的很可能是多种原材料,采购完毕后进入生产环节,产生废弃物和可回收物,最后进行销售。就涉及的物流作业来看,包括供应采购、原材料仓储、生产配送(含领料)、产品仓储与销售运输(配送),还有废弃物物流与回收物流。

（2）面向流通型企业的物流管理信息系统。流通型企业的主要生产方式是向生产型企业采购产品,通过适当的销售渠道销售给顾客,赚取进销的差价利润。在这种生产过程中,针对销售企业不同的销售模式,可能会存在如下的物流过程,即订货采购、仓储与配货(包括配送、店面及仓库存储)以及销售送货(包括退货、补货、销售送货等)等。

（3）面向第三方物流企业的物流管理信息系统。第三方物流企业服务于生产型企业与流通型企业以及消费者，以提供第三方物流服务为主业。在第三方物流的整个生产过程中，商品本身价值不发生任何变化，但是由于物流成本的存在，商品的价格会发生一定程度的变化。

三、物流信息技术

（一）信息技术

信息技术（information technology，IT）是在信息科学的基本原理和方法的指导下拓展人类信息处理能力的技术。人的信息器官及其功能主要包括四大类：①感觉器官（视觉、听觉、嗅觉、味觉、触觉等器官）承担获取信息的功能；②遍布全身的神经系统承担传递信息的功能；③思维器官（记忆、分析、推理等器官）承担处理信息的功能；④效应器官（行走器官脚、操作器官手、语言器官口等）承担执行信息的功能。人的这些器官功能通过信息技术得到延伸。

按拓展人的信息器官功能分类，信息技术可以分为以下四个方面的技术。

1. 传感技术

传感技术是信息的采集技术，对应于人的感觉器官，其作用是扩展人类获取信息的感觉器官功能。传感技术包括遥感、遥测及各种高性能的传感器，如卫星遥感技术、红外遥感技术、热敏、光敏传感器及各种智能传感系统等。传感技术的应用极大地增强了人类收集信息的能力。

2. 通信技术

通信技术是信息的传递技术，对应于人的神经系统，其主要功能是实现信息迅速、准确、安全的传递。通信技术的出现，使人类社会的信息传播发生深刻的变化。

3. 计算机技术

计算机技术是信息的处理和存储技术，对应于人的思维器官。计算机运行速度非常快，能自动处理大量的信息，并具有很高的精确度。计算机信息处理技术主要包括对信息的编码、压缩、加密和再生等技术；计算机存储技术主要包括内存储技术和外存储技术。

4. 控制技术

控制技术是信息的使用技术，对应于人的效应器官。控制技术是信息过程的最后环节，包括调控技术、显示技术等。

综上所述，信息技术是以计算机和现代通信为主要手段，实现信息的获取、加工、传递和利用等功能的技术总和。信息技术的四大基本技术中，通信（communication）技术、计算机（computer）技术和控制（control）技术又称"3C"技术。

（二）现代物流信息技术

1. 物流信息技术的概念

物流信息技术是指运用于物流领域的信息技术。物流信息技术是物流现代化的重要标志，也是物流技术中发展最快的领域之一，从物流数据自动识别与采集的条码系统到物流运输设备的自动跟踪；从企业资源的计划优化到各企业单位间的电子数据交换；从办公自动化系统中的微型

认识物流信息技术

计算机、互联网的各种终端设备等硬件到各种物流信息系统软件都在日新月异地发展。

物流信息技术在现代企业的经营战略中占有越来越重要的地位，建立物流信息系统，充分利用各种现代信息技术，提供迅速、及时、准确、全面的物流信息是现代企业获得竞争优势的必要条件。

2. 物流信息技术的构成

从构成要素看,物流信息技术作为现代信息技术的重要组成部分,本质上都属于信息技术范畴,从应用角度可以分为3个层次。

(1) 物流信息系统技术,即有关物流信息的获取、传输、处理、控制的设备和系统的技术,它是建立在信息基础技术之上的,是整个信息技术的核心,其内容主要包括物流信息获取技术、物流信息传输技术、物流信息处理技术及物流信息控制技术。

(2) 物流信息应用技术,即基于管理信息系统(MIS)技术、优化技术和计算机集成制造系统(CIMS)技术而设计出的各种物流自动化设备与物流管理信息系统,如自动化分拣与传输设备、自动导引车(AGV)、集装箱自动装卸设备、仓储管理系统(WMS)、运输管理系统(TMS)、配送优化系统、全球定位系统(GPS)、地理信息系统(GIS)等。

(3) 物流信息安全技术,即确保物流信息安全的技术,主要包括密码技术、防火墙技术、病毒防治技术、身份鉴别技术、访问控制技术、备份与恢复技术和数据库安全技术等。

3. 典型的物流信息技术的介绍

1) 物流自动化设备技术

物流自动化设备技术的集成和应用的热门环节是配送中心,其特点是每天需要拣选的物品品种多、批次多、数量大。一种是拣选设备的自动化技术,如北京市医药总公司配送中心的拣选货架(盘)上配有可视的分拣提示设备,这种分拣货架与物流管理信息系统相连,动态地提示被拣选的物品和数量,指导工作人员的拣选操作,提高货物拣选的准确性和速度。另一种是物品拣选后的自动分拣设备。用条码或电子标签附在被识别的物体上(一般为组包后的运输单元),由传送带送入分拣口,然后由装有识读设备的分拣机分拣物品,使物品进入各自的组货通道,完成物品的自动分拣,多用于立体仓库和与之配合的巷道堆垛机技术。例如,昆船集团生产的巷道堆垛机在红河卷烟厂等多家企业应用了多年。

2) 物流设备跟踪和控制技术

目前,物流设备跟踪主要是指对物流的运输载体及物流活动中涉及的物品所在地进行跟踪。物流设备跟踪的手段有多种,可以用传统的通信手段如电话等进行被动跟踪,可以用RFID手段进行阶段性的跟踪,但目前国内用得最多的还是利用GPS技术跟踪。GPS技术跟踪利用GPS物流监控管理系统,它主要跟踪货运车辆与货物的运输情况,使货主及车主随时了解车辆与货物的位置和状态,保障整个物流过程的有效监控与快速运转。GPS物流监控管理系统的构成主要包括运输工具上的GPS定位设备、跟踪服务平台(含地理信息系统和相应的软件)、信息通信机制和其他设备(如货物上的电子标签或条码、报警装置等)。典型的GPS物流监控管理系统如图1-4所示。

3) 物流动态信息采集技术

企业竞争的全球化发展、产品生命周期的缩短和用户交货期的缩短等都对物流服务的可得性与可控性提出了更高的要求。如何保证对物流过程的完全掌控,物流动态信息采集应用技术是必需的要素。动态的货物或移动载体本身具有很多有用的信息,如货物的名称、数量、重量、质量、出产地,或者移动载体(如车辆、轮船等)的名称、牌号、位置、状态等一系列信息。这些信息可能在物流中反复使用,因此,正确、快速地读取动态货物或载体的信息并加以利用,可以明显地提高物流的效率。在目前流行的物流动态信息采集技术中,条码技术应用范围最广,其次是便携式数据终端、射频识别(RFID)等技术。基于动态信息采集技术的管理系统如图1-5所示。

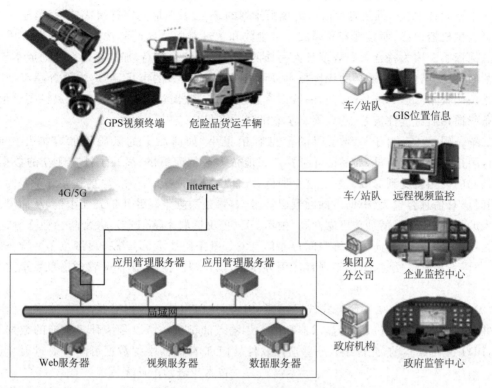

图 1-4　GPS 物流监控管理系统

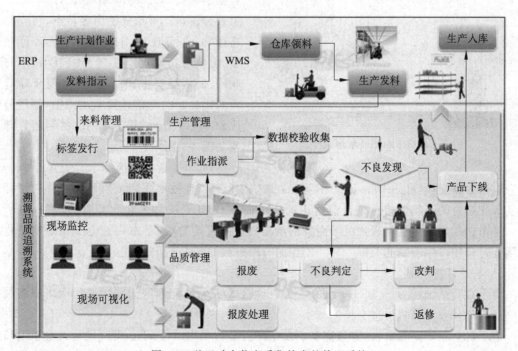

图 1-5　基于动态信息采集技术的管理系统

（1）条码技术。条码按照信息维度分为一维条码和二维条码。

一维条码技术：一维条码是由一组规则排列的条、空及对应的字符组成的标记，这种数据编码可以供机器识读，而且很容易译成二进制数和十进制数。因此此技术被广泛地应用于物品信息标识中。因为符合条码规范且无污损的条码的识读率很高，加之条码系统的成本较低，操作简便，又是国内应用最早的识读技术，所以在国内有很大的市场，国内大部分超市都在使用一维条码技术。但一维条码表示的数据有限，条码扫描器读取条码信息的距离也要求很近，而且条码损污后可读性极差，所以限制了它的进一步推广应用。

二维条码技术：由于一维条码的信息容量很小，如商品上的条码仅能容纳几位或者十几位阿拉伯数字或字母，商品的详细描述只能依赖数据库提供，离开了预先建立的数据库，一维条码的使用就受到局限。基于这个原因，人们发明一种新的码制，除具备一维条码的优点外，同时还有信息容量大（根据不同的编码技术，容量是一维条码的几倍到几十倍，从而可以存放个人的指纹、照片等信息）、可靠性高（损污50%仍可读取完整信息），保密防伪性强等优点。这就是在水平和垂直方向的二维空间存储信息的二维条码技术。二维条码继承了一维条码的特点，条码系统价格便宜，识读率强且使用方便，所以在国内银行、车辆等管理信息系统上开始应用。

（2）便携式数据终端。便携式数据终端（PDT）一般包括一台扫描器、一台体积小但功能很强并有存储器的计算机、一台显示器和供人工输入的键盘。所以是一种多功能的数据采集设备，PDT 是可编程的，允许编入一些应用软件。PDT 存储器中的数据可随时通过射频通信技术传送到主计算机。

（3）射频识别（RFID）技术。射频识别技术是一种利用射频通信实现的非接触式自动识别技术。RFID 标签具有体积小、容量大、寿命长、可重复使用等特点，可支持快速读写、非可视识别、移动识别、多目标识别、定位及长期跟踪管理。RFID 技术与互联网、通信等技术相结合，可实现全球范围内的物品跟踪与信息共享。RFID 系统的组成如图 1-6 所示，基于 RFID 的钢瓶管理系统如图 1-7 所示。

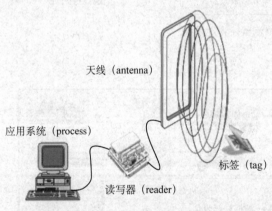

图 1-6　RFID 系统的组成

4）电子数据交换技术

电子数据交换（electronic data interchange，EDI）是信息技术向商贸领域渗透并与国际商贸实务相结合的产物。相对于目前通用的电子商务，EDI 是一种大企业专有的"特权电子商务"，是由初期电子商务到现代电子商务的承前启后的重要阶段，是由商务电子化向电子化商务演变过程中产生质变的关键一环。EDI 的应用过程如图 1-8 所示。

5）电子订货系统

电子订货系统（electronic ordering system，EOS）是指不同组织间利用通信网络和终端设备进行订货作业与订货信息交换的体系。

电子订货系统是将批发、零售商场所发生的订货数据输入计算机，即刻通过计算机通信网络连接的方式将资料传送至总公司、批发商、商品供货商或制造商处，因此，EOS 能处理从新商品资料的说明直到会计结算等所有商品交易过程中的作业，可以说 EOS 涵盖了整个商流。

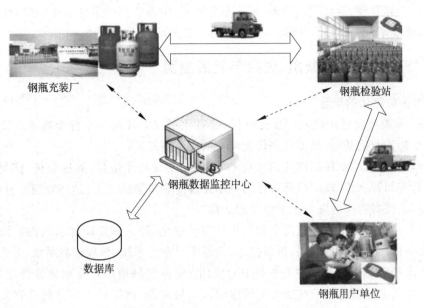

图 1-7　基于 RFID 的钢瓶管理系统

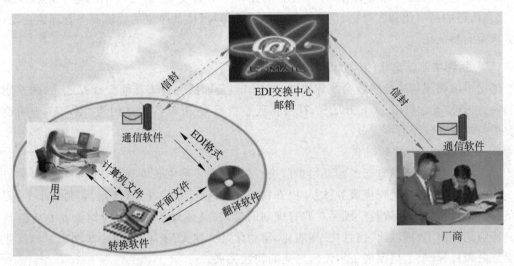

图 1-8　EDI 的应用过程

在寸土寸金的情况下,零售业已经没有许多空间用于存放货物,在要求供货商及时补足出售商品的数量且不能有空缺的前提下,必须采用 EOS 系统。EDI/EOS 因为涵盖了许多先进的管理手段,因此在国际上使用非常广泛,并且越来越受到商界的青睐。

6)现代物流一体化信息管理系统

物流一体化信息管理系统是融合了现代物流的理念和先进的信息技术,实现供应链上物流一体化的作业管理系统。其主要包括:①自动识别类技术如条码技术与射频智能标签技术等;②自动跟踪与定位类技术,如全球卫星定位技术、地理信息技术等;③物流信息接口技术如电子数据交换;④企业资源信息技术,如物料需求计划、制造资源计划、企业资源计划、分销资源计划、物流资源计划等;⑤数据管理技术如数据库技术,数据仓库技术和计算机网络技术等现代高端信息科技;⑥在这些高端技术的支撑下,形成了由移动通信、资源管理、监控调度管理、自动化仓储管理、运输配送管理、客户服务管理、财务管理等多种业务集成的现代物流一体化信息管理体系;⑦公共信息平台,如北京物流公共信息平台。

四、我国物流信息化的概念、现状与发展趋势

(一)物流信息化的概念

21 世纪,人类社会已经进入信息化时代,信息化不仅对任何一个行业都具有决定性的战略意义,更是物流业的基础,是发展现代物流业的必然要求。

物流信息化是指广泛使用现代信息技术,管理和集成物流信息,通过分析、控制物流信息与信息流、商流和资金流,提高物流运作的自动化程度和决策的水平,达到合理配置物流资源、降低物流成本、提高物流的服务水平的管理活动。

物流信息化包括物流设备信息化和物流管理信息化,即分别在硬件和软件方面实现信息化。物流设备信息化是指条形码、射频技术、全球卫星定位系统、地理信息系统、激光自动导向车等信息技术和自动化设备在物流作业中的应用;物流管理信息化是指物流管理信息系统、物流决策支持系统等信息系统在物流中的应用。一般来说,物流设备信息化是物流信息化的初步应用,物流管理信息化则是物流信息化的主体和标志。

物流信息化表现为物流信息的标准化、信息收集的自动化、信息加工的电子化和计算机化、信息传递的网络化和实时化、信息存储的数字化,以及由此带来的物流业务管理的自动化、物流决策的智能化。

(二)我国物流信息化的现状及问题

依据中国物流与采购联合会统计数据,2019 年,全国社会物流总额 290 万亿元,同比增长 7.8%;社会物流总费用 14.6 万亿元,社会物流总费用与 GDP 的比率约为 14.7%,表明物流业发展的质量和效率有所提升。

1. 我国物流信息化的现状

近年来,我国物流信息化的建设稳步前进。《物流业发展中长期规划(2014—2020)》提出,到 2020 年基本建立现代物流服务体系,提升物流业标准化、信息化、智能化、集约化水平,提高经济的整体运行效率和效益。既是对原有规划的延续,又体现了新形势对物流业发展的新要求。特别是提出了"标准化、信息化、智能化、集约化"的"四化"要求,这进一步明确了物流业的发展方向和目标,极大地促进了物流信息化的快速发展。

(1)"互联网+"带动物流信息化进程。2015 年 7 月,国务院颁布实施《关于积极推进"互联网+"行动的指导意见》,推动新一代信息技术与传统产业创新融合。通过"互联网+高效物流"重点行动的实施,传统物流发展理念和商业模式逐步被颠覆,"互联网+"成为物流产业提质增效的重要驱动力量。信息化技术得到广泛应用,物流企业信息化建设水平逐步提升。物流配送体系和服务模式不断升级,集中配送、统一配送、共同配送、仓配一体化等先进的物流配送模式日渐普及。物流信息化、自动化、智能化成为发展趋势,"互联网+高效物流"新经济业态初步形成。

(2)电子商务和跨境电商带动物流信息化进程。移动互联网的迅猛发展引发了传统消费方式和消费习惯的深刻变革,电子商务迅速普及,跨境电子商务渐成常态,近年来呈现爆发式增长态势,有效带动了物流信息化进程。从阿里的"菜鸟"网络,到苏宁的物流云平台,再到京东的自建物流体系,不难看出,电子商务的竞争就是物流的竞争,也就是物流信息化应用效果

的竞争。据国家统计局电子商务交易平台调查显示,2019 年,全国电子商务交易额达 34.81 万亿元,比上年增长 6.7%。按交易对象分,商品类交易额 25.50 万亿元,比上年增长 5.3%;服务类交易额 8.26 万亿元,比上年增长 11.0%;合约类电子商务交易额 1.05 万亿元,比上年增长 10.1%。据海关总署统计,2019 年跨境电商零售进出口总值 1862.1 亿元,比上年增长 38.3%。电子商务和跨境电商成为推动物流产业信息化的重要力量。

（3）信息化加速推动物联网和物流业深度融合。物流业是国民经济发展的重要基础性产业。近年来,物流基础设施投资持续保持增长,铁路、公路、水运、航空等各类基础设施不断完善,信息化程度不断提高,形成了各具特色的信息服务体系。在信息化的带动下,物联网与物流业深度融合,云计算、大数据、人工智能等新技术、新手段广泛应用,电子数据交换、自动配送、无人机技术、货物跟踪定位等先进技术日趋普及,多式联运、无车人承运、无船人承运等新模式、新业态不断涌现。信息化水平的提升也促进了基础设施、物流企业、物流园区之间的互联互通,从技术、模式、空间等诸多方面深刻改变着传统物流方式,提高了物流效率和现代化水平。物流信息化的不断完善,成为物流行业现代化发展的坚强支撑,成为衡量一个国家现代化程度和综合国力的重要指标之一。

2. 我国物流管理信息化存在的主要问题

（1）推动物流信息化的相关法律法规有待完善。近年来,伴随着国民经济的稳步发展,我国物流产业发展迅速,但相关政策法规和配套支持措施没有及时跟上,政策法规体系还不够完善,难以适应物流产业的发展特点和速度,国家和地方各级政府在物流信息化相关政策法规、市场监管、财税支持等方面有待加强。物流信息化的管理体制也有待理顺,政府部门之间、行业之间、物流企业之间的沟通协调机制不顺畅,物流信息化推进中遇到的问题难以及时、有效地解决,一定程度上阻碍了物流信息化进程,导致物流管理遇到瓶颈。

（2）公共物流信息服务平台建设相对滞后。与物流业快速发展态势相比,我国物流信息化管理水平还比较粗放,公共物流信息平台建设明显滞后,物流信息资源分散,资源缺乏有效整合,难以实现共享,没有形成合力。物流基础设施的不同运输方式、不同运输主体之间的互联互通水平较低,信息交流不畅,不能为各类用户提供信息交换与共享服务,物流信息分散、条块分割,信息不能共享,从而导致信息资源不能进行有效整合。物流枢纽、物流园区、物流中心、物流基地的信息采集和交换水平较低,信息资源利用率不足。

（3）先进物流设备和信息技术推广应用水平较低。目前,我国物流企业绝大多数为中小企业,存在"小、散、多、弱"的状况,信息技术应用较少、层次较低,主要停留在办公自动化和日常管理事务方面,绝大多数物流企业还不具备运用现代信息技术处理物流信息的能力,信息化、专业化、一体化的综合服务能力不足。物流企业的信息化、标准化、自动化水平不高,传统仓储物流设施大量存在,现代化仓储物流缺乏,信息化程度低,缺乏必要的货物跟踪、自动识别、仓库管理等信息服务系统,整体服务系统和服务能力还不够完善。即使在一些大型物流企业中,先进信息技术的应用水平也较低,自主创新和产业支撑能力不强,物流设施设备的自动化、智能化水平较低,信息系统功能还不完善,难以满足专业化物流服务的需求。

（4）物流信息化技术和管理人才缺乏。随着市场竞争的不断加剧,传统物流管理方式与企业发展之间的矛盾越来越突出,对物流管理信息化专业技术人才的需求显得更加迫切。我国现代物流信息化还处于初级阶段,企业物流信息化技术和管理人才较少,产学研用结合研究不足,成熟完善的人才培养体系还没有形成,难以适应物流信息化发展的要求。尤其是我国物流企业多数是从传统企业发展而来的,管理理念、管理方式和经营模式相对滞后,导致信息技术水平比较落后。同时,物流业从业人员业务素质参差不齐,理论水平和实践经验普遍不高,缺乏既通晓物流管理又熟悉物流信息化的高端人才。经营管理人才、高技术人才的缺乏,成为推进物流信息化的瓶颈。

(三) 物流信息化的发展趋势

在当今经济快速发展的背景下,物流产业的发展离不开云计算、大数据及物联网等的综合运用,这已成为大势所趋。

1. 云服务将会在物流行业广泛应用

云计算是一种通过互联网对计算机上的资源数据进行有效获取、动态计算、实时分析的新型的计算模型,其目的是向用户提供获取计算能力、存储空间和各种软件的服务。

根据云计算服务性质的不同,可以将云计算区分为公有云、私有云。公有云部署具备更好的灵活性和可扩展性,而私有云则更加安全且便于控制。

通过云计算技术,物流企业不必自己购买并建立独自的服务器和配置软件,也不需要按照自己的规划来建立自己的数据处理中心、信息安全管理中心和服务运营的服务器中心,通过向云服务商购买自己所需要的服务,而具体的服务搭建都由云服务提供商来解决,这种服务模式在很大程度上降低了物流企业因信息建设、管理、维护所花费的成本。

就目前来看,为了节约成本,公有云在中小物流企业的应用将会越来越广,而私有云在大中型物流企业的应用会比较多,而更多的时候公有云、私有云会同时存在。随着公有云安全性等核心问题的解决,最终目标是私有云尽可能转移到公有云。物流企业更需要对自己的相关业务进行详细的分析,选择符合自身需要的云服务方式。

2. 大数据挖掘技术将提升物流信息化的发展水平

现代物流系统是一个庞大复杂的系统,特别是全程物流,包括运输、仓储、配送、搬运、包装和再加工等环节,每个环节的信息流量都十分巨大,使企业很难对这些数据进行及时、准确的处理。为了帮助决策者快速、准确地做出决策,提高企业的运作效率,降低物流成本,增加收益,就需要一种新的数据分析技术来处理数据。数据挖掘技术能帮助企业很好地解决上述问题。

数据挖掘是指从大量的、有噪声的、模糊的、随机的数据中,提取隐含在其中的、人们不知道的,但又是潜在有用的信息和知识的过程。

从商业角度看,数据挖掘是一种商业信息处理技术,其特点是对商业数据库中的数据进行抽取、转换、分析等,从中提取可用于辅助商业决策的关键数据。数据挖掘的目标是从大量数据中发现隐藏其后的规律或数据间的关系,从而服务于决策。

根据对用户的大数据分析,能够预测核心城市各片区的主流单品的销量需求,提前在各个物流分站预先发货;或者根据历史销售数据和对市场的预测,帮助商家制订更精准的生产计划,帮助他们在合适的地区进行区域分仓等。从物流网点的智能布局,到运输路线的优化;从装载率的提升,到最后一公里的优化;从公司层面的决策,到配送员的智能推荐等;从点到面,大数据逐步提升智能化水平。合理地运用大数据,将对物流企业的管理与决策、客户关系维护、资源配置等方面起到相当积极的作用。顺丰数据灯塔是物流行业第一款大数据的产品,它充分运用大数据的计算技术与分析技术,聚焦了智慧物流和智慧商业,为客户提供电商运营管理、物流仓储、精准营销、市场开发等方面的决策支持,致力于客户物流优化、拓展客户生意。

3. 区块链技术应用将更加广泛

狭义来讲,区块链是一种按照时间顺序将数据区块以顺序相连的方式组合成的一种链式数据结构,并以密码学方式保证的不可篡改和不可伪造的分布式账本。区块链最主要的特点就是用分布式记账和加密算法来保证多方交易的安全性和唯一性。

广义来讲,区块链技术是利用块链式数据结构来验证与存储数据、利用分布式节点共识算法来生成和更新数据、利用密码学的方式保证数据传输和访问的安全、利用由自动化脚本代码组成的智能合约来编程和操作数据的一种全新的分布式基础架构与计算方式。

由于区块链技术具有分布式共享账本、公开透明、防篡改、可追溯等技术特性,可通过协同供应链中的各方构建一个既公开透明又充分保护各方隐私的开放式区块链网络,打造现代化的供应链体系,真正实现供应链体系商流、信息流、资金流、物流的四流合一,从而解决供应链中信息不对称和信息被造假的问题。通过区块链网络实现物流与供应链各环节凭证签收无纸化,将单据流转及电子签收过程写入区块链存证,实现交易过程中的信息流与单据流一致,为计费提供真实准确的运营数据。

目前,区块链在物流供应链领域应用场景主要集中在流程优化与无纸化、供应链协同与联盟化、物流与供应链征信、电子存证与司法监管、物流与供应链金融、物流跟踪与商品溯源六大场景。如京东运用区块链技术搭建了"京东区块链防伪追溯平台",未来,用户在京东购买生鲜食品后,通过京东 App 找到订单,单击"一键溯源"或直接扫描产品上的溯源码,就可以查询信息。

4. 物流业将全面走向智慧物流的时代

随着互联网技术、物联网技术、云计算技术、5G 技术以及数据挖掘技术在物流行业的应用越来越深入,越来越普遍,物流业将全面走向智慧物流的时代。

智慧物流是利用集成智能化技术,使物流系统能模仿人的智能,具有思维、感知、学习、推理判断和自行解决物流中某些问题的能力。即在流通过程中获取信息,从而分析信息做出决策,使商品从源头开始被实施跟踪与管理,实现信息流快于实物流。

智慧物流主要由智慧思维系统、信息传输系统和智慧执行系统组成。

智慧思维系统是物流大脑,是智慧物流最核心的系统。大数据是智慧思考的资源,云计算是智慧思考的引擎,人工智能是智慧思考与自主决策的能力。

信息传输系统是物流神经网络,是智慧物流最重要的系统。物联网是信息感知的起点,也是信息从物理世界向信息世界传输的末端神经网络;"互联网十"是信息传输基础网络,是物流信息传输与处理的虚拟网络空间;信息物理系统(cyber physical system,CPS)技术反应的是虚实一体的智慧物流信息传输、计算与控制的综合网络系统,是"互联网十物联网"的技术集成与融合发展。

智慧执行系统是物理世界智慧物流具体运作的体现,呈现的是自动化、无人化的自主作业,其核心是智能操作执行中智能硬件设备的使用,体现的是智慧物流在仓储与配送领域的全面应用。

智慧物流让机器越来越聪明,让人的工作越来越科学,让物流越来越有效率。

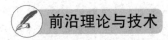
前沿理论与技术

大数据时代的车联网

车联网作为移动互联网大背景下诞生的一个产物,不管是车辆的接入、服务内容的选择还是服务的精准性,都离不开大数据。车辆上传的每一组数据都带有位置信息和时间,并且很容易形成海量数据。一方面,如果说大数据的特征是完整和混杂,而车联网与车有关的大数据特征就是完整加精准,例如,某些与车辆本身有关的数据,都有一个明确的 ID,根据这个 ID 可以关联相应的车主信息,并且这些信息还是精准的;另一方面,可以看到车联网与驾驶人的消费习惯、兴趣爱好等大数据特征是完整和部分精确的。

车联网的大数据在预测方面可以发挥到极致。例如,预测交通堵塞的地段、实时交通信息、公交的排班等。

大数据的核心在于预测,这在车联网行业非常有用。例如,对于交通流量的预测,目前的仿真系统更加重视交通流量大、拥堵的原因,而大数据时代,不再在乎因果关系,而重视相关性。

1. 大数据在商用车领域的应用

大数据在商用车领域已经有相当多的应用,如公交领域的运营排班管理、出租车领域的浮动车数据。

如何解决公交企业面临的运力配备少、车辆运行距离短、驾驶员作业时间少这三大问题?如何分析各时间段、各站点的客流分布情况呢?如何实现运营的安全智能化、运营排班的智能化?

在公交行业,以上问题普遍存在,通过车联网的大数据,可以解决公交行业所面临的这些问题。根据各个时间段、各站点的客流量大小、线路配备的运营车辆数、线路配备驾驶人员、线路长度、车辆运行速度等大数据,可确定一条线路各个时间段的配车数及发车间隔,从而解决运力配备少、车辆运行距离短、驾驶员作业时间少三大问题。

根据客流量、节假日、气候、节气、自然灾害、道路、车况事故、历史同期数据、售票方式、居民小区建设等条件建立计划模型,从而用最快的速度对这些影响运营计划的因素做出反应。比如增加线路、增加车辆、增加司机,有效地制订公交运营计划。同时可对于运营排班进行精准管理,可通过大数据自动排班,对行车作业计划进行优化,并快速地对运行线路进行调整和优化。

自从菜鸟网络公司出现后,大物流的概念终于被业界提及。大物流是指企业的自有物流系统(由车队、仓库、人员等组成),和第三方物流企业的配送信息与资源进行共享,从而能充分地利用各方面资源,减少物流总支出、降低运营成本。

一方面,目前,物流行业随着业务的扩大,车辆数日益增多,而且型号众多。很多企业还是采用手工方式进行车辆管理,工作量大,对车辆运营数据进行统计分析比较困难,统计结果相对滞后,不利于公司的决策管理;同时在车辆行驶过程中没有进行全程的监控,对司乘人员的违法违规行为无法进行及时预警,也无法对司乘人员的求助及时进行反应。

另一方面,在我国现行的物流运输方式中,无论是自营物流、合营物流还是第三方物流,隐性成本占据了很重要的地位,如返程或起程空驶、空车无货载行驶,这些都是不合理的运输方式。

如何改善物流企业在管理上较为落后的现状,达到货主"高服务质量、严格的准时率、极小的货损率、较低的物流成本"的要求?如何解决物流行业运行信息反馈滞后、运营高成本、货运车辆的高空驶率、司机作弊给货物和车辆的安全带来的极大隐患?如何快速、高效地为用户提供可靠的物流服务?如何最大限度地利用运力资源提高整体业务运营效率?这些都是目前物流行业急需解决的问题。

车联网技术正好可以解决车主的问题,通过透明化的运输过程管理合理调度车辆,根据车辆行驶的大数据对车辆行驶路线的畅通情况进行预测,规划一条安全畅通的行驶路线,减少由于交通原因而引发的在途等待时间。

通过车辆运行的大数据,可以快速地分析相同路线的油耗情况,实现事故多发路段的提前预警,精确分析计算车辆的行程,提高企业的信息化水平,随时了解货物的运行状态信息及货物运达目的地的整个过程,确保了运输过程的透明化管理,使企业的运行管理智能化、服务准时化,提高可预见性。同时,通过车辆运行的大数据,可获取高速、国道、省道的实时路况,同时对司机的驾车规律的分析,为加油站、维修站、服务站的选址提供了参考数据。

物流的成本有很大一部分属于仓储成本。通过车联网技术,对海量的数据进行分析计算,经过合理地调度,降低车辆的空驶率,把移动中的每辆货车作为一个流动的仓储空间,提高了仓储空间的周转率,从而帮助企业降低仓储成本。

2. 大数据在乘用车领域的应用

大数据在乘用车领域目前比较成熟的应用有保险和主动安全,未来预计有大量的企业会在 CRM 和呼叫中心领域寻求更多的业务增长点。

2011 年 8 月,北美最大的汽车保险公司 State Farm 与车联网服务提供商 Hughes 强强联手,第一个由保险公司主导的车联网商业模式走上世界舞台。由此,关于保险模式的车联网被业界所热议。State Farm 主导的车联网商业模式有如下几个特点:与保险公司的业务捆绑;提供与驾驶安全度结合的保险费率;与车联网服务提供商 Hughes 合作;服务差异化,避免与 OnStar 等前装车厂主导的车联网产品和导航产品竞争等。

大数据时代,通过对驾驶者总行驶里程、日行驶时间等数据,以及急刹车次数、急加速次数等驾驶行为在云端的分析,有效地帮助保险公司全面了解驾驶者的驾驶习惯和驾驶行为,有利于保险公司发展优质客户,提供不同类型的保险产品。

目前车联网所提供的主动安全方面的措施大致有胎压监测、故障预警、碰撞报警、安全气囊弹出报警、紧急救援等。但目前在主动安全方面的设备更多是车辆上的一个节点,并没有真正地和大数据关联。

在大数据时代,当汽车在行驶过程中,平台可对轮胎气压进行实时自动监测,并对轮胎漏气和低气压进行报警,以确保行车安全。胎压监测有直接和间接两种,直接通过传感器来监测,而间接的监测是当某轮胎的气压降低时,车辆的重量会使该轮的滚动半径变小,导致其转速比其他车轮快。

通过比较轮胎之间的转速差别,可以达到监视胎压的目的。间接式轮胎报警系统实际上是依靠计算轮胎滚动半径对气压进行监测。间接方式的胎压监测需要通过上传车载诊断系统(on-board diagnostic,OBD)的信息至云端,由云端通过大数据分析轮胎是否漏气,并实时提醒司机,确保安全行驶。

对于呼叫中心,很多企业只是定义为简单的服务部门,其实,汽车远程服务提供商(telematics service provider,TSP)的呼叫中心不仅承担客服角色,还承担售前角色。呼叫中心可以帮助企业快速寻找、锁定有潜在消费能力的最终用户。用对的人、合适的时间、适宜的方案换来的就是成功的营销。

在大数据时代,TSP、汽车经销商或 4S 店的业务结构会发生一定的转移,原有的客服部门从以往的成本中心逐步转变为利润中心。

呼叫中心的大数据包括使用情况、客户兴趣及生活习惯三个方面。通过呼叫中心,我们可以获取车辆的使用情况、车联网系统的客户体验效果以及与车辆本身的相关咨询,这对于主机厂市场跟踪反馈,促进相关部门对质量问题进行快速改进有重要的意义。

通过呼叫中心可掌握车主的消费习惯、车主的活动范围、车主的生活习惯及车主商旅情况(订票、订酒店、订餐、订鲜花)、车主的消费心理。通过大数据的分析,从而有效地制订相应的营销策略及营销方案。

 实训任务实施

物流信息技术应用现状调研

1. 实训目标

(1) 初步掌握调研的方法、步骤。

(2) 了解信息技术在物流企业的应用情况。

(3) 在收集、分析、整理调研资料的基础上,撰写完成物流企业信息技术应用调研报告。

(4) 制作调研报告 PPT 演示文稿。

2. 实训要求

(1) 选择 2~3 家第三方物流企业进行调研,认真记录企业规模和使用信息技术的情况,全面了解相关技术在企业中的应用情况,完成调研的任务。

(2) 结合网上查阅和信息收集,理解信息、物流信息、物流信息技术的概念,掌握相关技术在企业中的应用情况。

3. 实训准备

(1) 教师准备好实训任务书。

(2) 根据任务安排,对学生进行分组,5~10 人一组,设组长 1 名。

(3) 以小组为单位制订调研计划,确定调研的对象、地点、时间、方式,确定要收集的资料。

(4) 调研之前,学生根据任务目标通过网络收集相关资料并做好知识准备。

4. 实训任务

(1) 学生以小组为单位,选择 2~3 家大中型物流企业进行调研,了解信息技术的应用情况和物流企业的信息化程度。

(2) 撰写调研报告,制作 PPT 演示文稿进行交流。

5. 实训步骤

(1) 以小组为单位到企业实地调研。

(2) 以小组为单位整理认知和收集的相关材料,撰写调研报告和制作 PPT 演示文稿。

(3) 调研报告交流。

6. 注意事项

(1) 调研企业的对象要有一定的代表性,在分组的项目安排中要予以体现,避免得出的结论以偏概全。调研的内容要尽量具体,注意所得材料的真实性、可靠性和实效性。

(2) 参加项目的同学应尽量合理分配,并在调研前进行必要的训练和教育。

(3) 强调尊重调研企业、调研对象和遵守相关纪律,听从安排,体现学员的文明素质,表现出良好的综合素质。

(4) 注意交通和现场调研的安全。

7. 技能训练评价

完成实训后,填写技能训练评价表(见表 1-1)。

表 1-1 技能训练评价表

专业：	班级：		被考评小组成员：		
考评时间			考评地点		
考评内容			物流信息技术应用现状调研		
考评标准	内　　容	分值	小组互评（50%）	教师评议（50%）	考评得分
	调研过程中遵守纪律，礼仪符合要求，团队合作好	20			
	调研记录内容全面、真实、准确，PPT 制作规范，表达正确	25			
	调研报告格式正确，能正确总结出所调研企业的物流信息化程度、物流信息技术应用现状	30			
	调研报告能提出合理化建议	25			
	综合得分				

指导教师评语：

任 务 小 结

本任务介绍了信息、物流信息、信息技术、物流信息技术、信息系统、物流管理信息系统的概念、特点、作用和应用，以及我国物流信息化的概念、现状与发展趋势；同时介绍了大数据的概念和车联网新技术。

练 习 题

一、单选题

1. 信息是（　　）。
　　A. 文字　　　　B. 数字　　　　C. 对客观实物的认识　　D. 客观实物的记录
2. 物流信息是物流活动的（　　）的反映。
　　A. 内容　　　　B. 资料　　　　C. 数据　　　　D. 文件
3. 物流信息可以帮助企业对物流活动的各个环节进行有效的计划、协调与控制，以达到系统（　　）的目标。
　　A. 整体优化　　B. 费用最低　　C. 成本最少　　D. 服务水平最高
4. 信息技术泛指能（　　）人的信息处理能力的技术。
　　A. 拓展　　　　B. 优于　　　　C. 替代　　　　D. 改变
5. 物流信息包含的内容从广义方面考察是指（　　）。
　　A. 企业与物流活动有关的信息　　　　B. 企业与流通活动有关的信息
　　C. 企业整个供应链活动有关的信息　　D. 企业与经营管理活动有关的信息
6. 从本质上讲，物流管理信息系统是利用信息技术，通过（　　），将各种物流活动与某个一体化过程连接在一起的通道。
　　A. 物流　　　　B. 商流　　　　C. 资金　　　　D. 信息流
7. 数据是（　　）。
　　A. 对客观实物的认识　　B. 客观实物的记录　　C. 文字　　D. 数字

二、多选题

1. 物流信息的特征包括(　　)。

    A. 数量大　　　　B. 动态性强　　　　C. 类型复杂　　　　D. 共享性强

2. 物流信息系统是指用系统的思想和方法建立起来的,以电子计算机为基本信息处理手段,以现代通信设备为基本传输工具,并且能够为管理决策提供信息服务的(　　)系统。

    A. 人机　　　　B. 计算机—通信　　　C. 人—通信　　　D. 计算机

3. 从功能角度分析,物流信息系统的层次结构包含(　　)。

    A. 作业层　　　B. 网络层　　　　C. 管理层　　　　D. 决策层

    E. 服务层

三、判断题

1. 信息会随数据的不同形式而改变。　　　　　　　　　　　　　　　　(　　)

2. 数据和信息没有区别。　　　　　　　　　　　　　　　　　　　　　(　　)

3. 物流信息服务于企业内部管理和决策,与企业所处的环境无关。　　　(　　)

4. 从广义角度看,物流信息包含的内容是指企业与整个供应链活动有关的信息。(　　)

5. 通信技术、计算机技术和控制技术又称 3C 技术。　　　　　　　　　(　　)

6. 物流信息系统是库存管理系统或运输管理系统或二者的组合。　　　(　　)

7. 按信息产生的领域和作用的领域来分类,物流信息分为物流活动所产生的物流信息和提供物流使用的其他信息源所产生的物流信息两类。　　　　　　　　　(　　)

四、简答题

1. 简述物流信息的概念。

2. 简述物流信息的基本特点。

3. 简述物流管理信息系统的概念。

4. 简述按系统作用的对象物流管理信息系统的分类。

5. 从构成要素和应用角度看,物流信息系统和物流信息应用主要包括哪些技术?

五、案例分析

联合快递公司(FedEx)利用信息技术获取竞争优势

联合快递公司(FedEx)由菲德瑞克·W.史密斯创办。史密斯在耶鲁大学求学时,就萌生了创办一家快递公司的念头。1973 年,14 架载着 186 个包裹的喷汽式飞机奔赴目的地,正式宣告 FedEx 的诞生。如今,它已成为全球最大的快递公司,每天向世界 220 多个国家投递近 300 万件包裹。

FedEx 非常重视通过应用信息技术来提高企业的竞争能力。FedEx 为业界首先利用 EDI 电子数据传送的公司,提供预先报关及高效率的清关服务。FedEx 不断地在信息技术上革新,各项整合式的电子商务工具使供应链物流从订单处理、运送、追踪乃至退货管理都能有效整合,向客户提供更便利且有效率的服务。

1. 先进的客户服务信息系统

FedEx 的客户服务信息系统主要有两个:①一系列的自动运送软件,如 Power Ship、FedEx Ship 和 FedEx Internet Ship;②客户服务线上作业系统(COSMOS)。利用这套系统,客户可以方便地安排取货日程、追踪和确认运送路线、打印条码、建立并维护寄送清单、追踪寄送记录。而 FedEx 则通过这套系统了解客户打算寄送的货物,预先得到的信息有助于运送流程的整合、货舱机位的定位、航班的调派等。

（1）Ship Manager。直接通过网络联机进行在线托运与货件追踪。仅须填妥申请表格，即可安排运务员直接上门收件，也可向货主发出电子邮件，事先通知三个其他相关人员该货件的送达时间，而当货件送抵目的地时，Ship Manager 也会自动发出电子邮件通知货主与其他三位相关人员。可全天 24 小时管理整个寄件流程。

（2）全球货运时测（GTT）系统。货件送达所需天数及送达时间会受多项因素影响，例如货件的类别、清关情况，以及是否能于星期六递送等。GTT 系统会依据客户所输入的数据，自动考虑所有可能导致货件延误的因素，计算出货件的运送时间。为向客户提供更详细的数据以协助其选择最合适的货运服务，查询结果更会列出运送货件时所需的一般文件，如空运提单和商业发票。GTT 系统设有简便功能，让客户查询货件的类别。

（3）超级配送计算机系统（power ship）。可以让客户安装在自用计算机上，可以提供多件包裹托运、自动化账单、查询包裹信息等服务，也能提供国际运送业者详细信息。

（4）数字辅助递送系统（digitally assisted dispatch system，DADS）。DADS 是一个全国的电子投递网络，它随时听候客户的投递要求。Super-Tracker 扫描完包裹后，数据被放进 DADS 发送器，再由 DADS 发送器通过人造地球通信卫星，向公司的中央大型机系统传送这些必要的数据。数据随时存入 COSMOS，在这个系统中，当货运在关键投放地点得到扫描后，数据会定期得到更新。COSMOS 是一个复杂的电子网络，包含了与每件托运物品目前所处位置有关的重要信息。COSMOS 将包裹的物理性处理以及相关信息连接至 FedEx 公司的主控数据系统，接下来，再连接至客户和员工手中。

2. FedEx 网站

1994 年 1 月，FedEx 启动了自己的网站 www.fedex.com。1996 年，公司引进了 FedEx Internet Ship 服务，这是网上第一套投入实际运营的自动货运交易系统。客户能在该网站完成全部托运过程，其中包括准备所有的在线文件；用任何一部激光打印机印下包裹的条形码标签；安排中途接货的信使；自动上载账单资料等。在其网站提供的服务中，最富创意的是 FedEx Ship Alert（FedEx 托运提醒）服务。当用 FedEx Internet Ship 准备包裹时，托运人可以向收件人或其他人发送电子邮件，提醒他们有包裹即将送到。1996 年，FedEx 引入 Virtual Order（虚拟订购）系统，允许中小型公司发布自己的 Web 页，使 FedEx 公司的托运及跟踪系统与在线订购合二为一。Virtual Order 可帮助中小型公司在激烈的市场竞争中多一分胜算。

3. 电子化快速关税兑付（Express Clear Electronic Customs Clearance）

随着用户对快速、可靠的跨国托运提出越来越高的要求，FedEx 也做出了积极的响应。FedEx 系统中一个重要的环节就是电子化快速关税兑付。也就是说，它采用了一套自动化的提前报关系统，精简了跨国托运的手续。托运物品还在途中，Express Clear 系统就已经通过先进的计算机技术为其迅速办理好了入关手续，从而赢得了宝贵的时间，尽可能地避免了延误，确保托运物品如期到达。Express Clear 采用了两大技术：①电子数据交换（EDI），利用计算机通信使 FedEx 能向世界各地的经济人及政府机构在线通报托运情况；②成像技术，当需要附加文档时，原始文件扫描进 FedEx 的计算机通信系统以传递出去。由于能及时访问与托运有关的信息（从始发地到目的地），用户从中得到了极大的好处。对那些 FedEx 提供服务的所有国家，由 FedEx 自行开发的一个数据库都能为其提供服务，此外，任何目的地都能立刻查询到需要的托运费是多少。

思考题：

1. 联邦快递公司通过应用哪些物流信息技术来提高企业的竞争力？
2. 简要描述数字辅助递送系统的工作流程。

项目 二

数据采集技术应用

项目描述

经济全球化发展、产品生命周期的缩短和用户交货期的缩短等都对物流服务的可得性与可控性提出了更高要求。如何保证对物流过程的完全掌控,物流动态信息采集应用技术成为必需的要素。动态的货物或移动载体本身具有很多有用的信息,例如,货物的名称、数量、重量、出产地,或者移动载体(如车辆、轮船等)的名称、牌号、位置、状态等一系列信息。这些信息可能在物流中反复使用,因此,正确、快速地读取动态货物或载体的信息并加以利用可以明显提高物流的效率。在目前流行的物流动态信息采集技术应用中,条码技术应用范围最广,其次还有射频识别(RFID)、磁条(卡)、语音识别等技术。

通过本项目的学习,学生可以掌握条码技术和射频识别技术的基本概念、特点;理解条码和射频识读原理;通过实训操作,加深对条码技术和射频识别技术的理解,会使用条码系统和RFID系统处理物流业务。

项目目标

1. 知识目标

(1) 理解条码的概念和特点。

(2) 掌握条码的种类和编码原则。

(3) 掌握 RFID 的概念、分类、系统组成。

(4) 掌握 RFID 的优势及应用场景。

2. 技能目标

(1) 能够制作、检测和识读条码。

(2) 会使用商业 POS 系统对商品销售进行管理。

(3) 会使用 RFID 超市管理系统对商品进行编码和销售管理。

(4) 提高在物流领域应用条码和 RFID 的能力。

任务一 条码(BC)识别技术应用

 引导案例

海尔条码全程追踪

海尔物流信息中心采用世界领先的 ERP 软件,结合先进的条码技术,开发了条码全程追

踪系统。在28个产品事业部、国内8个工业园，以及巴基斯坦工业园、42个配送中心进行推广。在整个庞大的海尔制造系统，实现了从原材料按单采购、按单配送、按单生产到成品的按单装车、按单配送的全程可视化追踪。

1. 条码分类

目前海尔物流应用最为广泛的条码主要分为7种：托盘条码、物料条码、仓位条码、成品条码、工位条码、操作人员条码及设备条码。

（1）托盘条码由6位阿拉伯数字组成，具有唯一性，贴在托盘四面的中央，方便不同位置的扫描。托盘条码可以循环使用。

（2）物料条码相当于物资标签。每个容器外部都有一张物料条码，包含物料号、物料描述、批号、采购订单批号、供应商及送货数量等信息。

（3）仓位条码相当于一个三维坐标，用来标识青岛物流中心每个仓位的具体位置，仓位条码用××-××-××表示，如01-09-03,01代表第1巷道；09代表第9列；03代表第3层。

（4）成品条码主要用来标记出厂成品，运用于整个成品下线、仓储及配送。成品条码共计20位，包括产品大类、版本号、流通特征、生产特征、序列号等信息。

（5）工位条码是集团将所有的生产线统一编码，产品可追溯到生产线的生产工艺与质量。

（6）操作人员条码是海尔集团所有员工的编码，与其他条码结合能够及时追溯到人，同时，也是集团进行工资分配的依据。

（7）设备条码是集团为所有设备的编码，为全面设备管理提供依据。

2. 各环节应用

从海尔产品的零部件到产成品，每一个和物流相关的环节都在采用条码扫描进行终端数据采集。条码扫描也成为海尔产品流通环节中不可或缺的信息技术。

（1）原材料收货扫描。海尔零部件供应商在送货时，产品的外包装上都贴有海尔物流标准的物料标签，标签内容包括物料号、送货数量、订单批号、供应商名称等，每种内容除了用数字或字母标明外，还必须配有准确的条码信息，这样海尔物流员工在收货时，通过对条码信息扫描，就可以将供应商的送货信息实时传递到ERP系统中，完成按照采购订单收货。扫描系统不仅具有记录功能，还能够根据后台ERP采购订单信息进行自动判断，对不符合的信息自动关闭闸口，避免人为因素对收货操作的干扰。

（2）原材料仓储配送扫描。海尔物流采用先进的过站式物流运作模式。在海尔，仓库不再是储存物资的"水库"，而是一条流动的"河"，"河"中流动的是按订单进行采购、制造的"活动物质"，这就要求库存信息系统在低库存乃至零库存的要求下，及时、准确地满足事业部连续大规模的流水线式生产。

（3）产成品下线扫描。成品生产完毕装箱后，在下线点使用有线扫描终端扫描成品条码，收集生产完工信息，并自动在ERP系统中对在拉料配送过程中增加的工位库存进行反冲，确保下次拉料配送的准确性。同时，扫描系统根据ERP系统中的订单信息，对下线产品的数量、型号进行闸口，以避免造成无订单或超订单生产。

（4）成品装车扫描。成品生产完毕，进入装车配送环节。在装车时使用无线条码扫描终端扫描成品条码，记录装车车号、产品型号、数量等关键信息，同时，扫描系统实时和ERP系统的订单信息校对，对错装、漏装、多装或不按照订单装货等错误操作进行闸口，有效避免了无效作业。同时，为提高装卸效率，通过对成品运单号扫描、装卸产品的扫描，可以实时监控到装车效率，实现成品运输装车零等待的目标。

(5) 成品仓储配送扫描。在成品装车、出口装箱时,通过条码技术,使车辆与每个集装箱的货物一目了然,并起到计算机自动校验审核的功能,每天能够准确地发运 10 万台以上的产品。成品在收货时,通过入库扫描,自动记录入库型号、数量、仓位等信息并实时记账,同时和 ERP 系统的运单或交货单信息进行核对,对错误信息实时闸口,提高效率。在出库操作时,根据提货单,扫描系统自动提示出库仓位,系统可根据成品库龄按先进先出原则指导出库,并在后台自动过账,使每天、每种产品的库存、库龄一目了然。

全过程的条码技术应用,不仅使海尔的库存信息准确率和出入库信息准确率都达到 99% 以上,呆滞物资降低 90%,库存资金减少 63%;同时,通过全过程的条码扫描管理,不仅实现了可视化的仓库管理、成品运输的透明追踪以及无纸化的作业环境,而且能够使各环节责任到人并对非按单作业自动跳闸,为集团每年节约大量资金,提高了企业的核心竞争力。

资料来源:百度文库.

思考题:

1. 海尔物流应用最为广泛的条码有哪些?
2. 海尔物流哪些环节应用条码扫描技术?

➡ 任务知识储备

一、自动识别技术概述

随着我国信息化建设和国际化发展进程的加快,自动识别技术已广泛应用于零售、物流运输、邮政通信、电子政务、工业制造等各个领域,在我国国民经济发展中发挥越来越重要的作用。常用的自动识别技术有条码识别技术、射频识别技术、语音识别技术、图像识别技术以及生物特征识别技术等。

(一) 自动识别的概念

自动识别(automatic identification,Auto-ID)是通过将信息编码进行定义、代码化,并装载于相关的载体中,借助特殊的设备,实现定义信息的自动采集,输入信息处理系统,从而得出结论的识别。

自动识别技术就是应用一定的识别装置,通过被识别物品和识别装置之间的接近活动,自动地获取被识别物品的相关信息,并提供给后台的计算机处理系统完成相关后续处理的一种技术。它是一种高度自动化的信息或者数据采集技术,其中包含自动识别、数据采集和移动计算三个方面的技术应用。

(二) 常见的自动识别技术

1. 条码技术

条码技术的核心是条码符号,我们所看到的条码符号是由一组规则排列的条、空以及相应的字符组成,这种用条、空组成的数据编码可以供机器识读,而且很容易译成二进制数和十进制数。这些条和空可以有各种不同的组合方法,从而构成不同的图形符号,即各种符号体系(也称码制)。不同码制的条码,适用于不同的应用场合。

2. 光学字符识别技术

光学字符识别(optical character recognition,OCR)是图形识别(pattern recognition,PR)

的一种技术,其目的就是要让计算机知道它到底看到了什么,尤其是文字资料。OCR技术能够使设备通过光学的机制来识别字符。

3. 射频识别技术

射频识别技术的基本原理是电磁理论。射频识别技术是一种利用射频通信实现的非接触式自动识别技术。RFID标签具有体积小、容量大、寿命长、可重复使用等特点,可支持快速读写、非可视识别、移动识别、多目标识别、定位及长期跟踪管理。RFID技术与互联网、通信等技术相结合,可实现全球范围内的物品跟踪与信息共享。

4. 磁条(卡)识别技术

磁条是一层薄薄的由定向排列的铁性强化粒子组成的磁性材料(也称为涂料),用树脂黏合剂将这些磁性粒子严密地黏合在一起,并黏合在诸如纸或者塑料这样的非磁性基片媒介上,就构成了磁卡或者磁条卡。磁卡属于磁记录介质卡片。

5. 接触式智能卡技术

智能卡是一种将具有处理能力、加密存储功能的集成电路芯片嵌装在一个与信用卡一样大小的基片中的信息存储技术,通过识读器接触芯片可以读取芯片中的信息。接触式智能卡的特点是具有独立的运算和存储功能,在无源情况下,数据也不会丢失,数据安全性和保密性都非常好,成本适中。智能卡与计算机系统相结合,可以方便地满足对各种各样信息的采集传送、加密和管理的需要,它在国内外的许多领域如银行、公路收费、水表煤气收费等得到了广泛应用。

6. 生物识别技术

生物识别技术是指利用可以测量的人体生物学或行为学特征来识别、核实个人身份的一种自动识别技术。生物特征分为物理特征和行为特点两类。物理特征包括指纹、掌形、眼睛(视网膜和虹膜)、人体气味、脸型、皮肤毛孔、手腕、手的血管纹理和DNA等;行为特点包括签名、语音、行走的步态、击打键盘的力度等。目前常见的生物识别技术主要包括声音识别技术、人脸识别技术、指纹识别技术、虹膜识别技术、基因识别技术等。

7. 图像识别技术

在人类认知的过程中,图形识别指图形刺激作用于感觉器官,人们进而辨认出该图像的过程,也叫图像再认。在信息化领域,图像识别是利用计算机对图像进行处理、分析和理解,以识别各种不同模式的目标和对象的技术。例如,地理学中指将遥感图像进行分类的技术。图像识别技术的关键信息,既要有当时进入感官(即输入计算机系统)的信息,也要有系统中存储的信息。只有通过存储的信息与当前的信息进行比较的加工过程,才能实现对图像的再认。

 相关链接

刷脸时代,不止智能出行

猝不及防,一个刷脸的时代已经到来了!

如果你看过《碟中谍4》,肯定会记得这样一个场景:茫茫人海中,特工利用隐形眼镜的人脸识别功能迅速锁定目标。

这听起来像科幻小说,但是,脸部识别科技的出现,已经让传奇变成了现实!

人脸识别是基于人的脸部特征信息进行身份识别的一种生物识别技术。用摄像机或摄像

头采集含有人脸的图像或视频流,并自动在图像中检测和跟踪人脸,进而对检测到的人脸进行识别的一系列相关技术,通常也叫作人像识别、面部识别。

人脸识别主要用于身份识别。由于视频监控正在快速普及,众多的视频监控应用迫切需要一种远距离、用户非配合状态下的快速身份识别技术,以求远距离快速确认人员身份,实现智能预警。人脸识别技术无疑是最佳的选择,采用快速人脸检测技术可以从监控视频图像中实时查找人脸,并与人脸数据库进行实时比对,从而实现快速身份识别。

目前人脸识别主要应用在以下几个领域。

(1)公安刑侦破案。通过查询目标人像数据,寻找数据库中是否存在重点人口基本信息。例如,在机场或车站安装该系统以抓捕在逃案犯。

(2)门禁系统。受安全保护的地区可以通过人脸识别辨识试图进入者的身份。人脸识别系统可用于企业、住宅安全和管理,如人脸识别门禁考勤系统,人脸识别防盗门等。

(3)摄像监视系统。可在机场、体育场、超级市场等公共场所对人群进行监视。例如,在机场安装监视系统以防止恐怖分子登机。用户卡片和密码被盗,就会被他人冒取现金,如果银行的自动提款机同时应用人脸识别就会避免这种情况的发生。

(4)网络应用。利用人脸识别辅助信用卡网络支付,可以防止非信用卡的拥有者使用信用卡等。

(5)身份辨识。如电子护照及身份证。这或许是未来规模最大的应用。国际民航组织已确定,从 2010 年 4 月 1 日起,其 118 个成员国家和地区,必须使用机读护照,人脸识别技术是首推识别模式,该规定已经成为国际标准。不仅乘坐飞机需要进行人脸识别,乘坐火车、地铁甚至进入旅游景区也可以刷脸通行了。

(6)支付系统。2013 年 7 月,芬兰一家企业推出全球首个"刷脸"支付系统。结账时,消费者只需在收银台面对 POS 机屏幕上的摄像头,系统自动拍照,扫描消费者面部,等身份信息显示出来后,在触摸显示屏上单击"确认"即可完成交易,无须信用卡、钱包或手机。整个交易过程不超 5 秒。

资料来源:https://baike.so.com。

二、条码技术

在经济全球化、信息网络化、生活国际化、文化国土化的信息化社会到来之时,起源于 20 世纪 40 年代、研究于 60 年代、应用于 70 年代、普及于 80 年代的条码与条码技术,以及各种应用系统,引起世界流通领域里的大变革正风靡世界。条码作为一种可印制的计算机语言被未来学家称为"计算机文化"。20 世纪 90 年代的国际流通领域将条码誉为商品进入国际市场的"身份证",使全世界对它刮目相看。印刷在商品外包装上的条码,像一条条经济信息纽带将世界各地的生产制造商、出口商、批发商、零售商和顾客有机地联系在一起。

无处不在的条码到底是怎样来的

(一)条码的基本概念

1. 代码

代码是用来表征客观事物的一个或一组有序的符号。

代码必须具备鉴别功能,即在一个分类编码标准中,一个代码只能唯一地标识一个分类对象,而一个分类对象也只能有一个唯一的代码。在不同的应用系统中,代码可以有含义,也可以无含义。前者表示一定的信息属性,如学科代码、学号 03010618;无含义代码则只作为分类对象的唯一标识,只代表对象的名称,而不提供对象的任何其他信息。

2. 条码

条码是由一组规则排列的条、空及其对应字符组成的标记,用以表示一定的信息,如图 2-1 所示。常见的条码是由反射率相差很大的黑条(简称条)和白条(简称空)排成的平行线图案。条码可以标出物品的生产国、制造厂家、商品名称、生产日期、图书分类号、邮件起止地点、类别、日期等许多信息,因而在商品流通、图书管理、邮政管理、银行系统等许多领域都得到了广泛的应用。

图 2-1 条码

3. 码制

条码的码制是指条码符号的类型,每种类型的条码符号都是由符合特定编码规则的条和空组合而成的。每种码制都有固定的编码容量和所规定的条码字符集。

4. 条码系统

条码系统是由条码符号设计、制作及扫描阅读组成的自动识别系统。条码系统主要由下列元素构成:条码编码方式、条码机、条码扫描器、编码器及解码器、应用界面。

5. 条码的基本术语

常用条码的基本术语如表 2-1 所示。

表 2-1 常用条码的基本术语

条(bar)	条码中反射率较低的部分
空(space)	条码中反射率较高的部分
空白区(clear area)	条码左右两端外侧与空的反射率相同的限定区域
保护框(bearer bar)	围绕条码且与条反射率相同的边或框
起始符(start character)	位于条码起始位置的若干条与空
终止符(stop character)	位于条码终止位置的若干条与空
中间分隔符(central separating character)	位于条码中间位置的若干条与空
条码字符(bar code character)	表示一个字符的若干条与空
条码数据符(bar code data character)	表示特定信息的条码字符
条码校验符(bar code check character)	表示校验码的条码字符
供人识别字符(human read able character)	位于条码符的下方,与相应的条码相对应的、用于供人识别的字符
条码填充符(filler character)	不表示特定信息的条码字符
条高(bar height)	构成条码字符的条的二维尺寸的纵向尺寸
条宽(bar width)	构成条码字符的条的二维尺寸的横向尺寸
空宽(space width)	构成条码字符的空的二维尺寸的横向尺寸
条宽比(bar width ratio)	条码中最宽条与最窄条的宽度比
空宽比(space width ratio)	条码中最宽空与最窄空的宽度比

续表

条码长度(bar code length)	从条码起始符前缘到终止后缘的长度
长高比(length to height ratio)	条码长度与条高的比
条码密度(bar code density)	单位长度的条码所表示的字符个数
对比度(print contrast signal)	表示的是条码符号中条的反射率 RL 与空的反射率 RD 的关系
模块(module)	组成条码的基本单位
条码字符间隔(bar code intercharacter gap)	相邻条码字符间不表示特定信息且与空的反射率相同的区域
单元(element)	构成条码字符的条、空
连续型条码(continuos bar code)	没有条码字符间隔的条码
非连续型条码(discrete bar code)	有条码字符间隔的条码
双向条码(bidirectional bar code)	左右两端均可作为扫描起点的条码
附加条码(add-on)	表示附加信息的条码
自校验条码(self-checking bar code)	条码字符本身具有校验功能的条码
定长条码(fixed length of bar code)	条码字符个数固定的条码
非定长条码(unfixed length of bar code)	条码字符个数不固定的条码
条码字符集(bar code character set)	其类型条码所能表示的字符集合

6. 条码的优点

条码技术的优点如下。

(1) 简单。条码符号制作容易,扫描操作简单易行。

(2) 信息采集速度快。普通计算机键盘录入速度是 200 字符/分钟,而利用条码扫描的录入信息的速度是键盘录入的 20 倍。

(3) 采集信息量大。利用条码扫描,依次可以采集几十位字符的信息,而且可以通过选择不同码制的条码增加字符密度,使采集的信息量成倍增加。

(4) 可靠性强。键盘录入数据,误码率为三百分之一,利用光学字符识别技术,误码率约为万分之一。而采用条码扫描录入方式,误码率仅为百万分之一,首读率可达 98% 以上。

(5) 灵活、实用。条码符号作为一种识别手段可以单独使用,也可以和有关设备组成识别系统实现自动化识别,还可以和其他控制设备联系起来实现整个系统的自动化管理。同时,在没有自动识别设备时,也可以实现手动键盘输入。

(6) 自由度大。识别装置与条码标签相对位置的自由度要比光学字符识别(OCR)大得多。

(7) 设备结构简单、成本低。条码符号识别设备的结构简单,容易操作,无须专门训练。与其他自动化技术相比,推广应用条码技术所需费用较低。

7. 条码符号的组成

一个完整的条码的组成次序依次为静区(前)、起始符、数据符、中间分割符(主要用于EAN 码)、校验符、终止符、静区(后)。

静区:指条码左右两端外侧与空的反射率相同的限定区域。它能使阅读器进入准备阅读的状态,当两个条码相距距离较近时,静区则有助于对它们加以区分,静区的宽度通常应不小于 6mm(或 10 倍模块宽度)。

起始符/终止符:指位于条码开始和结束的若干条与空,标志条码的开始和结束,同时,提供了码制识别信息和阅读方向的信息。

数据符:位于条码中间的条、空结构,它包含条码所表达的特定信息。

校验符：检验读取到的数据是否正确。不同编码规则可能会有不同的校验规则。

中间分割符：位于条码中间位置的若干条与空。

（二）条码的编码原则和编码方案

1. 条码的编码原则

（1）唯一性。唯一性是指商品项目与其标识代码一一对应，即一个商品项目只有一个代码，一个代码只标识同一商品项目。商品项目代码一旦确定，永不改变，即使该商品停止生产、停止供应了，在一段时间内（有些国家规定为 3 年）也不得将该代码分配给其他商品项目。

（2）无含义。无含义是指代码数字本身及其位置不表示商品的任何特定信息。平常说的"流水号"就是一种无含义代码。在 EAN 及 UPC 系统中，商品编码仅是一种识别商品的手段，而不是商品分类的手段。无含义使商品编码具有简单、灵活、可靠、充分利用代码容量、生命力强等优点，这种编码方法尤其适合于较大的商品系统。

（3）稳定性。商品代码一经分配，只要商品的基本特征没有发生变化就应保持不变。同一商品项目，无论是长期连续生产、还是间断式生产，都必须采用相同的标识代码。即使该商品项目停产，其标识代码应至少在 4 年内不能用于其他商品项目上。

2. 条码的两种编码方案

条码是利用"条"和"空"构成二进制的"0"和"1"，并以它们的组合来表示某个数字或字符，反映某种信息。但不同码制的条码在编码方式上有所不同，一般有以下两种。

（1）宽度调节编码法。宽度调节编码法即条码符号中的条和空由宽、窄两种单元组成的条码编码方法。按照这种方式编码，以窄单元（条或空）表示逻辑值"0"，宽单元（条或空）表示逻辑值"1"。宽单元通常是窄单元的 2～3 倍。如 25 码和交叉 25 码等采用宽度调节编码法。交叉 25 码是一种条、空均表示信息的连续型、非定长、具有自校验功能的双向条码。它的每一个条码数据符由 5 个单元组成，其中 2 个是宽单元（表示二进制的"1"），3 个是窄单元（表示二进制的"0"）。图 2-2 是交叉 25 码的一个示例。

（2）模块组配编码法。模块组配编码法即条码符号的字符由规定的若干个模块组成的条码编码方法。按照这种方式编码，条与空是由模块组合而成的。一个标准宽度的条模块表示二进制的"1"，一个标准宽度的空模块表示二进制的"0"。每一条码字符由 2 个条和 2 个空构成（各条和空的宽度不一），每一条或空由 1～4 个模块组成，每一条码字符的总模块数为 7，如图 2-3 所示。

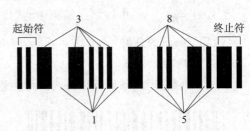

图 2-2 交叉 25 码编码

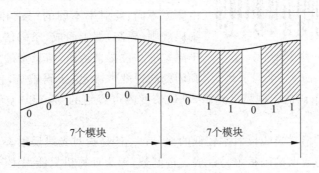

图 2-3 模块组配编码法

(三) 条码技术发展过程中的主要事件

1949 年,美国的 N. J. Woodland 申请了环形条码专利。

1960 年,美国提出铁路货车上用的条码识别标记方案。

1963 年,美国的相关学者在 1963 年 10 月《控制工程》杂志上发表了描述各种条码技术的文章。

1967 年,美国辛辛那提的一家超市首先使用条码扫描器。

1969 年,比利时邮政业采用用荧光条码表示信函投递点的邮政编码。

1970 年,美国成立 UCC,美国邮政局采用长短形条码表示信函的邮政编码。

1971 年,欧洲的一些图书馆采用 Plessey 码。

1972 年,美国提出库德巴码、交叉 25 码和 UPC 码。

1974 年,美国提出 39 码。

1977 年,欧洲采用 EAN 码。

1980 年,美国军事部门采纳 39 码作为其物品的编码。

1981 年,国际物品编码协会成立。实现自动识别的条码译码技术,128 码被推荐使用。

1982 年,手持式激光条码扫描器实用化,美国军用标准 military 标准 1189 被采纳,93 码开始使用。

1983 年,美国制定了 ANSI 标准 MH10.8M,包括交叉 25 码、39 码和库德巴码。

1984 年,美国制定医疗保健业用的条码标准。

1987 年,美国的 David Allairs 博士提出 49 码。

1988 年,可见激光二极管研制成功。美国的 Ted Willians 提出适合激光系统识读的新颖码制 16K 码。

1986 年,我国邮政确定采用条码信函分拣体制。

1988 年年底,我国成立"中国物品编码中心"。

1991 年 4 月,"中国物品编码中心"代表中国加入"国际物品编码协会"。

(四) 条码的分类

1. 按照维数分类

按照维数分类,条码可以分为一维条码和二维条码。

图 2-4 一维条码

1) 一维条码

一维条码只在一个方向(一般是水平方向)表达信息,而在垂直方向不表达任何信息,其一定的高度通常是为了便于阅读器的对准。一维条码(见图 2-4)由宽度不同、反射率不同的"条"和"空",按照一定的编码规则(码制)编制而成,条码信息靠"条"和"空"的不同宽度和位置来传递,信息量的大小由条码的宽度和印刷的精度来决定,条码越宽,包容的"条"和"空"越多,信息量越大;条码的印刷精度越高,单位长度内可容纳的"条"和"空"越多,传递的信息量也就越大。

编码中的"条"是指对光线反射率较低的部分;"空"是指对光线反射率较高的部分。这种用"条"和"空"组成的数据编码很容易译成二进制数,因为计算机只能识读二进制数据,所以条码符号作为一种为计算机信息处理而提供的光电扫描信息图形符号,也应满足计算机二进制的要求。

世界上有 225 种以上的一维条码,每种一维条码都有自己的一套编码规则,一般较流行的一维条码有 39 码、EAN 码、UPC 码、128 码,以及专门用于书刊管理的 ISBN、ISSN 等。

一维条码的应用可以提高信息录入的速度,减少差错率,但也存在一些不足之处。

(1) 数据容量较小,30 个字符左右。

(2) 只能包含字母和数字。

(3) 保密性能不高。

(4) 条码尺寸相对较大(空间利用率较低)。

(5) 条码遭到损坏后便不能阅读。

2) 二维条码

在水平和垂直方向的二维空间存储信息的条码称为二维条码。二维条码可以直接显示英文、中文、数字、符号、图形;储存数据容量大,可存放 1 千字节(KB)字符;可用扫描仪直接读取内容,无须另接数据库;数据可加密,保密性高;安全级别最高时,损污 50% 仍可读取完整信息。使用二维条码可以解决以下问题。

(1) 表示包括汉字、照片、指纹、签字在内的小型数据文件。

(2) 在有限的面积上表示大量信息。

(3) 对"物品"进行精确描述。

(4) 防止各种证件、卡片及单证的伪造。

(5) 在远离数据库和不便联网的地方实现数据采集。

二维条码分为堆叠式/行排式二维条码和矩阵式二维条码。

堆叠式/行排式二维条码形态上是由多行短截的一维条码堆叠而成的,它在编码设计、校验原理、识读方式等方面继承了一维条码的一些特点,识读设备与条码印刷与一维条码技术兼容。但由于行数的增加,需要对行进行判定,其译码算法与软件也不同于一维条码。有代表性的行排式二维条码有 Code 16K、Code 49、PDF417、MicroPDF417 等。

矩阵式二维条码以矩阵的形式组成,在矩阵相应元素位置上用"点"表示二进制"1",用"空"表示二进制"0",由"点"和"空"的排列组成代码,其中点可以是方点、圆点或其他形状的点。矩阵式二维条码是建立在计算机图像处理技术、组合编码原理等基础上的一种新型图形符号自动识读处理码制。具有代表性的矩阵式二维条码有 Code One、Maxi Code、QR Code、Data Matrix、Han Xin Code 等。

常用的码制有 PDF417 二维条码、Data Matrix 二维条码、QR Code、Code 49、Code 16K、Code One 等条码,如图 2-5 所示。

2. 按照码制分类

目前常用的一维条码的码制有 UPC 码、EAN 码、25 码、交叉 25 码、39 码、库德巴码、128 码和 93 码等。商品上最常使用的是 EAN 码。

(1) UPC 码。UPC 码(universal product code)是美国统一代码委员会制定的一种商品用条码,主要用于美国和加拿大,在美国进口的商品上可以看到。UPC 码是最早大规模应用的条码,是一种长度固定、连续性的条码,由于其应用范围广泛,故又被称为万用条码。UPC 码仅可用来表示数字,其字符集为数字 0~9。UPC 码共有 A、B、C、D、E 五种版本,常用的商品条码版本为 UPC-A 码和 UPC-E 码,如图 2-6 所示。UPC-A 码是标准的 UPC 通用商品条码

PDF417二维条码

Data Matrix二维条码

QR Code

Code 49

Code 16K

Code One

图 2-5　常用的二维条码

版本,UPC-E 码是 UPC-A 的压缩版。

UPC-A 码供人识读的数字代码只有 12 位,它的代码结构由厂商识别代码(6 位,包括系统字符 1 位)、商品项目代码(5 位)和校验码(1 位)三部分组成。UPC-A 码的代码结构中没有前缀码,它的系统字符为 1 位数字,用以标识商品类别。

图 2-6　UPC-A 码和 UPC-E 码

(2) EAN 码。1977 年,欧洲经济共同体各国按照 UPC 码的标准制定了欧洲物品编码 EAN 码(European article numbering),与 UPC 码兼容,而且两者具有相同的符号体系。EAN 系统目前已成为一种国际性的条码系统。EAN 条码系统的管理是由国际物品编码协会(International Article Numbering Association)负责各会员国的国家代表号码的分配与授权,再由各会员国的商品条码专职机构,对其国内的制造商、批发商、零售商等授予厂商代表号码。

EAN 码的字符编号结构与 UPC 码相同,也是长度固定的、连续型的数字式码制,其字符集是数字 0~9。它采用 4 种元素宽度,每个条或空是 1、2、3 或 4 倍单位元素宽度。EAN 码有两种类型,即标准版 EAN-13 码和缩短版 EAN-8 码,如图 2-7 所示。

(3) 25 码(标准 25 码)。25 码是根据宽度调节法进行编码,并且只有条表示信息的非连续型条码,如图 2-8 所示。每一个条码字符由规则的 5 个条组成,其中有 2 个宽单元,3 个窄单元,故称为"25 码"。它的字符集为数字字符 0~9。

6 901234 567892

6901 2341

123456

图 2-7　EAN-13 码和 EAN-8 码　　　　图 2-8　25 码

(4) 交叉 25 码。交叉 25 码(interleaved two of five,ITF)是一种长度可变的连续型自校验数字式码制,其字符集为数字 0~9,如图 2-9 所示。交叉 25 码采用两种元素宽度,每个条和空是宽或窄元素。编码字符个数为偶数,所有奇数位置上的数据以"条"编码,偶数位置上的数据以"空"编码。如果字符个数为奇数时,则在数据前补一位 0,以使字符为偶数个数位。交叉 25 码应用于商品批发、仓库、生产/包装识别、运输以及国际航空系统的机票顺序编号等,条码的识读率高,可适用于固定扫描器可靠扫描。

(5) 39 码。39 码(code three of nine)是 1974 年由美国 Intermec 公司研制的第一个字母数字式码制,如图 2-10 所示。它是可双向扫描的离散型自校验字母数字式码制。其字符集为数字 0～9,26 个大写字母、7 个特殊字符("－""." 、空格、"/""＋""％"和"＄")和 1 个 * 表示起始/终止符,共 44 个字符。每个字符由 9 个元素组成,其中有 5 条(2 个宽条,3 个窄条)和 4 个空(1 个宽空,3 个窄空),是一种离散码。

图 2-9　交叉 25 码　　　　　　　　　图 2-10　39 码

在 39 码供人识别的字符中,以星号 * 表示起始字符和终止字符,该字符不能在符号的其他位置作为数据的一部分,而且译码器不应将它输出。39 码是离散码,符号之间的两个相邻字符用一个位空分隔开,此位空不包含任何信息。

39 码具有编码规则简单、误读率低等优点,首先被应用于美国国防部,目前广泛应用于汽车行业、经济管理、材料管理、储运单位、邮政和医疗卫生等领域。我国于 1991 年研究制定了39 码标准(GB/T 12908—1991),推荐使用的领域包含运输、仓储、工业生产线、图书信息和医疗卫生等。

(6) 库德巴码。库德巴码(Codebar)出现于 1972 年,是一种非连续型、非定长、具有自校验功能的双向条码,如图 2-11 所示。其字符集为数字 0～9,6 个特殊字符("－"": ""/"" . ""＋"" ＄")和 4 个起始符/终止符: A、B、C 和 D,共 20 个字符。库德巴码每一个字符由 7 个单元构成,4 个条单元和 3 个空单元,其中 2 个或 3 个

图 2-11　库德巴码

是宽单元(用二进制"1"表示),其余是窄单元(用二进"0"表示)。库德巴码具有双向可读性,在阅读库德巴码符号时,扫描方向的判定是通过终止符和起始符实现的。库德巴码是一种具有强自校验功能的条码,适用于配送系统的货物追踪、供应链管理过程中的显示板系统(丰田生产模式的"看板")、邮政系统挂号邮件、图书馆图书管理、医疗卫生等场合。美国输血协会还将库德巴码规定为血袋标识代码。

(7) 128 码。128 码出现于 1981 年,是一种长度可变、连续型的字母数字条码,如图 2-12所示。与其他一维条码比较起来,128 码是较为复杂的条码系统,具有 A、B、C 三种不同的编码类型,可提供标准 ASCII 中 128 个字符的编码使用。因此,其所能支持的字符也相对比其他一维条码多,又有不同的编码方式可供交互运用,使用弹性较大。128 码的内容包括起始码、资料码、终止码、检查码四部分。其中检查码的精度极高,且记录密度高。128 码可表示从ASCII 0 到 ASCII 127 共 128 个字符,故称 128 码。

图 2-12　EAN/UCC-128 码

目前所推行的 128 码是 EAN/UCC-128 码,它是以 EAN/UCC-128 码作为标准将数据转变成条码符号,并采用 128 码逻辑,具有完整性、紧密性、连接性和高可靠度的特性,可运用于货运标签、携带式数据库、连续性数据段、流通配送标签等。

图 2-13　93 码

(8) 93 码。93 码是一种长度可变的连续型字母数字式码制,如图 2-13 所示。其字符集是数字 0~9、26 个英文大写字母和 7 个特殊字符("－""：""/""."%""＋""$")及 4 个控制字符。每个字符有 3 个"条"和 3 个"空"。

(五)条码识别技术的工作原理

在计算机技术与信息技术基础上发展起来的条码技术,集编码、印刷、识别、数据采集和处理于一身,其核心内容是利用光电扫描设备识读条码符号,从而实现机器的自动识别,并快速准确地将信息录入计算机进行数据处理,以达到自动化管理的目的。

揭开条码识读的面纱

1. 条码识读系统的组成

从系统结构和功能讲,条码识读系统由扫描系统、信号整形、译码等部分组成,如图 2-14 所示。扫描系统由光学系统及探测器,即光电转换器件组成,它完成对条码符号的光学扫描,并通过光电探测器,将条码图案的光信号转换成电信号。条码扫描系统可采取不同光源、扫描形式、光路设计实现其功能。

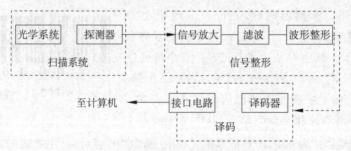

图 2-14　条码识读系统的组成

信号整形部分由信号放大、滤波、波形整形组成,它的功能在于将条码的光电扫描信号处理成为标准电位的矩形波信号,其高低电平的宽度和条码符号的条空尺寸相对应。各种条码识读设备都有自己的条码信号处理方法,随着条码识读设备的发展,判断条码符号条空边界的信号整形方法日趋科学、合理和准确。

译码部分由计算机方面的软、硬件组成,它的功能是对得到的条码矩形波信号进行译码,并将结果输出到条码应用系统中的数据采集终端。各种条码符号的标准译码算法来自各个条码符号的标准,不同的扫描方式对译码器的性能要求也不同。

2. 条码识读的原理

由于不同颜色的物体反射的可见光的波长不同,白色物体能反射各种波长的可见光,黑色物体则吸收各种波长的可见光,所以当条码扫描器光源发出的光经光栅及凸透镜 1 后,照射到黑白相间的条码上时,反射光经凸透镜 2 聚焦后,照射到光电转换器上,于是光电转换器接收到与白条和黑条相应的强弱不同的反射光信号,并转换成相应的电信号输出到放大整形电路,整形电路把模拟信号转化成数字电信号,再经译码接口电路译成数字字符信息,如图 2-15 所示。

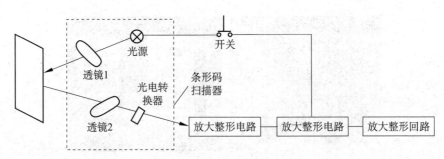

图 2-15　条码的识别过程

白条、黑条的宽度不同,相应的电信号持续时间长短也不同。但是,由光电转换器输出的与条码的条和空相应的电信号一般仅 10 毫伏(mV)左右,不能直接使用,因此先要将光电转换器输出的电信号送放大器放大。放大后的电信号仍然是一个模拟电信号,为了避免由条码中的疵点和污点导致错误信号,在放大电路后需加一整形电路,把模拟信号转换成数字电信号,以便计算机系统准确判读。

整形电路的脉冲数字信号经译码器译成数字、字符信息。它通过识别起始、终止字符判断出条码符号的码制及扫描方向;通过测量脉冲数字电信号 0、1 的数目判别条和空的数目。通过测量 0、1 信号持续的时间判别条和空的宽度。这样便得到被识读的条码符号的条和空的数目及相应的宽度和所用码制,根据码制所对应的编码规则,便可将条形符号转换成相应的数字、字符信息,通过接口电路传输给计算机系统进行数据处理与管理,完成条码辨读的全过程。

(六) 常见的条码识读设备

条码识读设备是用来读取条码信息的设备。它使用一个光学装置将条码的条空信息转换成电平信息,再由专用译码器翻译成相应的数据信息。条码识读设备一般不需要驱动程序,接上后可直接使用,如同键盘一样。

条码识别设备由条码扫描和译码两部分组成。现在绝大部分条码识读器都将扫描器和译码器集成为一体。人们根据不同的用途和需要设计了各种类型的扫描器。下面按条码识读器的扫描方式、操作方式、识读码制能力和扫描方向对各类条码识读器进行分类。

1. 光笔扫描器

光笔扫描器是最先出现的一种手持接触式条码识读设备,也是最为经济的一种条码识读设备,如图 2-16 所示。

光笔扫描器的原理:使用时,操作者须将光笔接触到条码表面,通过光笔的镜头发出一个很小的光点,当这个光点从左到右划过条码时,在"空"部分,光线被反射;在"条"部分,光线将被吸收,因此在光笔内部产生一个变化的电压,这个电压通过放大、整形后被用于译码。

图 2-16　光笔扫描器

2. CCD 扫描器

CCD(charge coupled device)扫描器主要采用电荷耦合装置,比较适合近距离和非接触阅读。依据形状和操作方式不同有手持式 CCD 扫描器和固定式 CCD 扫描器两种类型,如图 2-17 所示。这两种扫描器的扫描机理和主要元器件完全相同。

图 2-17　CCD 扫描器

CCD 扫描器的原理：CCD 条码识读设备使用一个或多个 LED,发出的光线能够覆盖整个条码,条码的图像被传到一排光探测器上,被每个单独的光电二极管采样,由邻近的探测器的探测结果为"黑"或"白"区分每一个条或空,从而确定条码的字符;换言之,CCD 条码识读设备阅读的不是每一个"条"或"空",而是条码的整个部分,并转换成可以译码的电信号。

3. 激光扫描器

激光扫描器是各种扫描器中价格相对较高的,但它所能提供的各项功能指标最高,因此在各个行业被广泛应用。依据形状和操作方式的不同,激光扫描器分为手持式与固定式两种类型,如图 2-18 所示。

图 2-18　激光扫描器

激光扫描器的原理：通过一个激光二极管发出一束光线,照射到一个旋转的棱镜或来回摆动的镜子上,反射后的光线穿过阅读窗照射到条码表面,光线经过条或空的反射后返回阅读器,由一个镜子进行采集、聚焦,再通过光电转换器转换成电信号,该信号将通过扫描器或终端上的译码软件进行译码。

4. 便携式数据采集器

便携式数据采集器是为了适应现场数据采集,如扫描笨重物体的条码符号而设计的,适合于脱机使用的场合,也称为便携式阅读器,如图 2-19 所示。

CASIO DT-X5　　　　CASIO DT-X900　　　　SYMBOL PPT8864

图 2-19　便携式数据采集器

便携式数据采集器是将扫描器带到物体的条码符号前扫描,因此又称为手持终端机或盘点机。

5.条码识读设备的选择

不同的应用场合对识读设备有不同的要求,用户必须综合考虑,以达到最佳的应用效果。在选择识读设备时,应考虑以下几个方面的问题。

（1）与条码符号相匹配。条码扫描器的识读对象是条码符号,所以在条码符号的密度、尺寸等已确定的应用系统中,必须考虑扫描器与条码符号的匹配问题。例如,对于高密度条码符号,必须选择高分辨率的扫描器。当条码符号的长度尺寸较大时,必须考虑扫描器的最大扫描尺寸,否则可能出现无法识读的现象;如果条码符号是彩色的,一定得考虑扫描器的光源,最好选用波长为 633 纳米(nm)的红光,否则可能出现对比度不足的问题而给识读带来困难。

（2）首读率。首读率是条码应用系统的一个综合指标,要提高首读率,除了要考虑提高条码符号的质量外,还要考虑扫描设备的扫描方式等因素。当手动操作时,首读率并非特别重要,因为重复扫描会补偿首读率低的缺点。但对于一些无人操作的应用环境,要求首读率为100%,否则会出现数据丢失现象。为此,最好选择移动光束式扫描器,以便在短时间内有几次扫描机会。

（3）工作空间。不同的应用系统都有特定的工作空间,所以对扫描器的工作距离及扫描景深有不同的要求。对于一些日常办公条码应用系统,对工作距离及扫描景深的要求不高,选用光笔、CCD扫描器这两种较小扫描景深和工作距离的设备即可满足要求。对于一些仓库、储运系统,一般要求离开一段距离扫描条码符号,所以要求扫描器的工作距离较大,选择有一定工作距离的扫描器如激光枪等。对于某些扫描距离变化的场合,则需要扫描景深大的扫描设备。

（4）接口要求。应用系统的开发,首先是确定硬件系统环境,而后才涉及条码识读器的选择问题,这就要求所选识读器的接口要符合该系统的整体要求。通用条码识读器的接口方式有串行通信口和键盘口两种。

（5）性价比。条码识读器由于品牌不同、功能不同,其价格也存在很大的差别,因此在选择识读器时,一定要注意产品的性能价格比,应本着满足应用系统的要求且价格较低的原则选购。扫描设备的选择不能只考虑单一指标,而应根据实际情况全面考虑。

三、GS1 系统

GS1(globe standard 1)系统即"全球统一标识系统",是以对贸易项目、物流单元、位置、资产、服务关系等进行编码为核心的集条码、射频等自动数据采集、电子数据交换、全球产品分类、全球数据同步、产品电子代码(EPC)等系统为一体的、服务于全球物流供应链的开放的标准体系。

GS1 拥有一套全球跨行业的产品、运输单元、资产、位置和服务的标识标准体系与信息交换标准体系,使产品在全世界都能够被扫描和识读;GS1 的全球数据同步网络(GD-SN)确保全球贸易伙伴都使用正确的产品信息;GS1 通过电子产品代码(EPC)、射频识别(RFID)技术标准提供更高的供应链运营效率;GS1 可追溯解决方案,帮助企业遵守国际的有关食品安全法规,实现食品消费安全。

（一）GS1（EAN·UCC）系统的建立

GS1 系统起源于美国,由美国统一代码委员会(UCC)于 1973 年创建。UCC 创造性地采用 12 位的数字标识代码(UPC)。1974 年,标识代码和条码首次在开放的贸易中得以应用。继 UPC 系统成功后,欧洲物品编码协会,即早期的国际物品编码协会(EAN International,2005 年更名为 GS1),于 1977 年成立并开发了与之兼容的系统并在北美以外的地区使用。EAN 系统设计意在兼容 UCC 系统,主要用 13 位数字编码。随着条码与数据结构的确定,GS1 系统得以快速发展。

1. 美国统一代码委员会(Uniform Code Council,UCC)

UCC 是负责开发和维护北美地区包括产品标识标准在内的国际标准化组织,创建于1972 年。截至 2002 年年底,UCC 已拥有系统成员 26 万家,推广 UPC 商品条码是它的一项业务。目前,UCC 正在面向 23 个行业开展活动,其主要对象是零售及食品行业。

2. 欧洲物品编码协会(European Article Numbering Association,EAN)

EAN 是不以营利为目的的国际标准化组织。1977 年,欧洲共同体开发出与 UPC 系统兼容的欧洲物品编码系统(European Article Numbering System,EAN 系统),并签署了欧洲物品编码协议备忘录,正式成立了 EAN。1981 年,随着协会成员的不断增加,EAN 组织已发展成为一个事实上的国际性组织,改称为"国际物品编码协会"(International Article Numbering Association,EAN International)。2002 年 11 月 26 日,EAN 正式接纳 UCC 成为系统成员,EAN 和 UCC 合并为一个全球统一的标识系统——EAN·UCC 系统,2005 年 2 月,EAN 和UCC 正式合并更名为 GS1。

(二)编码体系和代码结构

1. 编码体系

编码体系是整个 GS1 系统的核心,是对流通领域中所有的产品与服务(包括贸易项目、物流单元、资产、位置和服务关系等)的标识代码及附加属性代码,如图 2-20 所示。附加属性代码不能脱离标识代码独立存在。

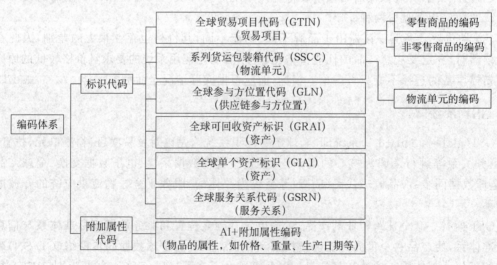

图 2-20　GS1 编码体系

2. 代码结构

(1) 全球贸易项目代码(global trade item number,GTIN)。全球贸易项目代码是编码系统中应用最广泛的标识代码。GTIN 是为全球贸易项目提供唯一标识的一种代码(称代码结构）。GTIN 有四种不同的编码结构：GTIN-14、GTIN-13、GTIN-12 和 GTIN-8，如图 2-21 所示。这四种结构可以对不同包装形态的商品进行唯一编码。标识代码无论应用在哪个领域的贸易项目上，每一个标识代码必须以整体方式使用。完整的标识代码可以保证在相关的应用领域内全球唯一。

GTIN-14 代码结构	包装指示符	包装内含项目的 GTIN(不含校验码)	检验码
	N_1	$N_2 \ N_3 \ N_4 \ N_5 \ N_6 \ N_7 \ N_8 \ N_9 \ N_{10} \ N_{11} \ N_{12} \ N_{13}$	N_{14}

GTIN-13 代码结构	厂商识别代码　　　商品项目代码	检验码
	$N_1 \ N_2 \ N_3 \ N_4 \ N_5 \ N_6 \ N_7 \ N_8 \ N_9 \ N_{10} \ N_{11} \ N_{12}$	N_{13}

GTIN-12 代码结构	厂商识别代码　　　商品项目代码	检验码
	$N_1 \ N_2 \ N_3 \ N_4 \ N_5 \ N_6 \ N_7 \ N_8 \ N_9 \ N_{10} \ N_{11}$	N_{12}

GTIN-8 代码结构	商品项目识别代码	校验码
	$N_1 \ N_2 \ N_3 \ N_4 \ N_5 \ N_6 \ N_7$	N_8

图 2-21　GTIN 的四种代码结构

对贸易项目进行编码和符号表示，能够实现商品零售（POS）、进货、存货管理、自动补货、销售分析及其他业务运作的自动化。

（2）系列货运包装箱代码（serial shipping container code，SSCC）。系列货运包装箱代码的代码结构如表 2-2 所示。系列货运包装箱代码是为物流单元（运输和/或储藏）提供唯一标识的代码，具有全球唯一性。物流单元标识代码由扩展位、厂商识别代码、系列号和校验码四部分组成，是 18 位的数字代码。它采用 UCC/EAN-128 条码符号表示。

表 2-2　SSCC 的代码结构

结构种类	扩展位	厂商识别代码	系列号	校验码
结构一	N_1	$N_2 \ N_3 \ N_4 \ N_5 \ N_6 \ N_7 \ N_8$	$N_9 \ N_{10} \ N_{11} \ N_{12} \ N_{13} \ N_{14} \ N_{15} \ N_{16} \ N_{17}$	N_{18}
结构二	N_1	$N_2 \ N_3 \ N_4 \ N_5 \ N_6 \ N_7 \ N_8 \ N_9$	$N_{10} \ N_{11} \ N_{12} \ N_{13} \ N_{14} \ N_{15} \ N_{16} \ N_{17}$	N_{18}
结构三	N_1	$N_2 \ N_3 \ N_4 \ N_5 \ N_6 \ N_7 \ N_8 \ N_9 \ N_{10}$	$N_{11} \ N_{12} \ N_{13} \ N_{14} \ N_{15} \ N_{16} \ N_{17}$	N_{18}
结构四	N_1	$N_2 \ N_3 \ N_4 \ N_5 \ N_6 \ N_7 \ N_8 \ N_9 \ N_{10} \ N_{11}$	$N_{12} \ N_{13} \ N_{14} \ N_{15} \ N_{16} \ N_{17}$	N_{18}

（3）参与方位置代码（global location number，GLN）。参与方位置代码是对参与供应链等活动的法律实体、功能实体和物理实体进行唯一标识的代码。参与方位置代码由厂商识别代码、位置参考代码和校验码组成，用 13 位数字表示，具体结构如表 2-3 所示。

表 2-3　参与方位置代码的结构

结构种类	厂商识别代码	位置参考代码	校验码
结构一	$N_1 \ N_2 \ N_3 \ N_4 \ N_5 \ N_6 \ N_7$	$N_8 \ N_9 \ N_{10} \ N_{11} \ N_{12}$	N_{13}
结构二	$N_1 \ N_2 \ N_3 \ N_4 \ N_5 \ N_6 \ N_7 \ N_8$	$N_9 \ N_{10} \ N_{11} \ N_{12}$	N_{13}
结构三	$N_1 \ N_2 \ N_3 \ N_4 \ N_5 \ N_6 \ N_7 \ N_8 \ N_9$	$N_{10} \ N_{11} \ N_{12}$	N_{13}

法律实体是指合法存在的机构，如供应商、客户、银行、承运商等。
功能实体是指法律实体内的具体的部门，如某公司的财务部。
物理实体是指具体的位置，如建筑物的某个房间、仓库或仓库的某个门、交货地等。

3. 编码原则

企业在对商品进行编码时,必须遵守编码唯一性、稳定性及无含义性原则。

(1) 唯一性。唯一性原则是商品编码的基本原则。它是指相同的商品应分配相同的商品代码,基本特征相同的商品视为相同的商品;不同的商品必须分配不同的商品代码,基本特征不同的商品视为不同的商品。

(2) 稳定性。稳定性原则是指商品标识代码一旦分配,只要商品的基本特征没有发生变化,就应保持不变。同一商品无论是长期连续生产还是间断式生产,都必须采用相同的商品代码。即使该商品停止生产,其代码也应至少在 4 年内不能用于其他商品上。

(3) 无含义性。无含义性原则是指商品代码中的每一位数字不表示任何与商品有关的特定信息。有含义的代码通常会导致编码容量的损失。厂商在编制商品代码时,最好使用无含义的流水号。

对于一些商品,在流通过程中可能需要了解它的附加信息,如生产日期、有效期、批号及数量等,此时可采用应用标识符(AI)满足附加信息的标注要求。应用标识符由 2～4 位数字组成,用于标识其后数据的含义和格式。

四、常用的一维物流条码

国际上通用的和公认的物流条码码制只有三种:ITF-14 条码、UCC/EAN-128 条码及EAN-13 码。选用条码时,要根据货物和商品包装的不同,采用不同的条码码制。单个大件商品,如电视机、电冰箱、洗衣机等商品的包装箱往往采用 EAN-13 码。储运包装箱常常采用ITF-14 条码或 UCC/EAN-128 条码,包装箱内可以是单一商品,也可以是不同的商品或多件商品的小包装。

(一) EAN-13 码

EAN 码是国际物品编码协会在全球推广应用的一种商品条码,是定长的纯数字型条码,它的字符集为数字 0～9。在实际应用中,EAN 码符号有标准版(EAN-13)和缩短版(EAN-8)两种。

认识 EAN-13 码

1. EAN-13 码的结构

一个完整的 EAN-13 码的结构(见图 2-22)的组成次序依次为静区(前)、起始符、数据符、中间分隔符(主要用于 EAN 码)、校验符、终止符、静区(后)。

左侧空白区	起始符	左侧数据符	中间分隔符	右侧数据符	校验符	终止符	右侧空白区
11	3	42	5	35	7	3	7

图 2-22　EAN-13 码的结构

（1）左侧空白区：位于条码符号最左侧的与空的反射率相同的区域,它能使阅读器进入准备阅读的状态,其最小宽度为 11 个模块宽。

（2）起始符：位于条码符号左侧空白区的右侧,表示信息开始的特殊符号,由 3 个模块组成。

（3）左侧数据符：位于起始符号右侧,中间分隔符左侧的一组条码字符,表示 6 位数字信息,由 42 个模块组成。

（4）中间分隔符：位于左侧数据符的右侧,是平分条码字符的特殊符号,由 5 个模块组成。

（5）右侧数据符：位于中间分隔符右侧,校验符左侧的一组条码字符,表示 5 位数字信息的一组条码字符,由 35 个模块组成。

（6）校验符：位于右侧数据符的右侧,是表示校验码的条码字符,由 7 个模块组成。

（7）终止符：位于校验符的右侧,是表示信息结束的特殊符号,由 3 个模块组成。

（8）右侧空白区：位于条码符号最右侧的与空的反射率相同的区域,其最小宽度为 7 个模块宽。

（9）供人识别字符：位于条码符号的下方,是与条码字符相对应的供人识别的 13 位数字,最左边一位称为前置码。供人识别字符优先选用 OCR-B 字符集,字符顶部和条码底部的最小距离为 0.5 个模块宽。标准版商品条码中的前置码印制在条码符号起始符的左侧。

目前,EAN 已将 690～695 分配给中国的物品编码中心使用,当(X_{13} X_{12} X_{11})为 690、691 时,其代码结构同结构一；当(X_{13} X_{12} X_{11})为 692 时,其代码结构同结构二。其结构如表 2-4 所示。

表 2-4　EAN-13 码的结构

结构种类	厂商识别代码	商品项目代码	校验码
结构一	X_{13} X_{12} X_{11} X_{10} X_9 X_8 X_7	X_6 X_5 X_4 X_3 X_2	X_1
结构二	X_{13} X_{12} X_{11} X_{10} X_9 X_8 X_7 X_6	X_5 X_4 X_3 X_2	X_1
结构三	X_{13} X_{12} X_{11} X_{10} X_9 X_8 X_7 X_6 X_5	X_4 X_3 X_2	X_1

厂商识别代码：由 7～9 个数字组成,用于对厂商的唯一标识。厂商识别代码是 EAN 在分配前缀码(X_{13} X_{12} X_{11})的基础上分配给厂商的代码。前缀码(X_{13} X_{12} X_{11})是标识各编码组织所在国家或地区的代码,由国际物品编码协会统一分配,确保了其在国际范围内的唯一性。部分编码组织的前缀码如表 2-5 所示。

表 2-5　部分编码组织的前缀码

前缀码	编码组织所在国家和地区	前缀码	编码组织所在国家和地区
00～13	美国和加拿大	628	沙特阿拉伯
20～29	店内码	629	阿拉伯联合酋长国
30～37	法国	64	芬兰
380	保加利亚	690～695	中国
383	斯洛文尼亚	70	挪威
385	克罗地亚	729	以色列
387	波黑	73	瑞典
40～44	德国	740	危地马拉

前缀码	编码组织所在国家和地区	前缀码	编码组织所在国家和地区
45~49	日本	741	萨尔瓦多
460~469	俄罗斯	742	洪都拉斯
471	中国台湾	743	尼加拉瓜
474	爱沙尼亚	744	哥斯达黎加
475	拉脱维亚	745	巴拿马
476	阿塞拜疆	746	多米尼加
477	立陶宛	750	墨西哥
478	乌兹别克斯坦	759	委内瑞拉
621	叙利亚	977	连续出版物
622	埃及	978、979	图书
624	利比亚	980	应收票据
625	约旦	981、982	普通流通券
262	伊朗	99	优惠券

商品项目代码：由 3~5 个数字组成,商品项目代码由厂商自行编码,厂商必须遵循商品编码的基本原则唯一性。

校验码：1 位数字,用于检验厂商识别代码和商品项目代码的正确性。

2. EAN-13 码的编码方式

1) 字符集

EAN-13 码在内的商品条码,每一条码数据字符由 2 个条和 2 个空构成,每一个条或空由 1~4 个模块组成,每一条码字符的总模块数为 7。用二进制 1 表示条的模块,用二进制 0 表示空的模块。

商品条码的字符集为 0~9。

2) 条码的二进制表示

条码的二进制表示方法有三个子集：A、B 和 C,如表 2-6 所示。

表 2-6   条码的二进制表示子集

数据字符	A 子集	B 子集	C 子集
0	0001101	0100111	1110010
1	0011001	0110011	1100110
2	0010011	0011011	1101100
3	0111101	0100001	1000010
4	0100011	0011101	1011100
5	0110001	0111001	1001110
6	0101111	0000101	1010000
7	0111011	0010001	1000100
8	0110111	0001001	1001000
9	0001011	0010111	1110100

注：0 为空白；1 为线条。

A 子集中条码字符所包含的条的模块的个数为奇数,称为奇排列;B、C 子集中条码字符所包含的条的模块的个数为偶数,称为偶排列。A 子集与 C 子集互为反相,B 子集与 C 子集互为镜像。

EAN-13 商品条码中的前置码不用条码字符表示,不包括在左侧数据符内,如图 2-23 所示。

(1) 前置码:为 EAN-13 码的最左边第一个数字,即国家代码的第一码,不用条码符号表示,仅作为左侧数据字符的编码设定之用,如表 2-7 所示。

图 2-23 EAN-13 商品条码字符

表 2-7 EAN-13 码的前置码

前置码	编码方式	前置码	编码方式
1	AAAAAA	6	ABBBAA
2	AABABB	7	ABABAB
3	AABBAB	8	ABABBA
4	ABAABB	9	ABBABA
5	ABBAAB		

(2) 商品条码的辅助字符:商品条码起始符、终止符的二进制表示都为 101(UPC-E 的终止符例外),中间分隔符的二进制表示为 01010(UPC-E 的无中间分隔符)。

(3) EAN-13 商品条码字符集的选用:选用 A 子集还是 B 子集表示左侧数据符取决于前置码的数值。左侧数据符字符集的选用规则如表 2-8 所示。

表 2-8 左侧数据符字符集的选用规则

前置码数值	代码位置序号					
	12	11	10	9	8	7
0	A	A	A	A	A	A
1	A	A	B	A	B	B
2	A	A	B	B	A	B
3	A	A	B	B	B	A
4	A	B	A	A	B	B
5	A	B	B	A	A	B
6	A	B	B	B	A	A
7	A	B	A	B	A	B
8	A	B	A	B	B	A
9	A	B	B	A	B	A

(4) EAN-13 码的校验符:EAN-13 商品条码中的校验符用字符集中的 C 子集表示,校验符的作用是检验前面 12 个数字是否正确,在条码机每次读入数据时,都会计算一次数据符的校验并与校验符进行比对。校验码是根据条码字符的数值及其所处的代码位置序号(代码位置序号是指包括校验码在内的,由右至左的顺序号,校验码的代码位置序号为 1)按一定的数学算法计算得出的。计算的步骤如下:①自右向左顺序编号;②从代码位置序号 2 开始,所有偶数位的数字代码求和;③将步骤②的和乘以 3;④从代码位置序号 3 开始,所有奇数位的

数字代码求和;⑤将步骤③与步骤④的结果相加;⑥用大于或等于步骤⑤所得结果且为10最小整数倍的数减去步骤⑤所得结果,其差即为所求校验码的值。

示例

求690123456789X的校验码。

校验码:代码690123456789X的校验码的计算如表2-9所示。

表2-9 校验码的计算

步 骤	举 例 说 明													
1. 自右向左顺序编号	位置序号	13	12	11	10	9	8	7	6	5	4	3	2	1
	代码	6	9	0	1	2	3	4	5	6	7	8	9	X
2. 从序号2开始求出偶数位的数字代码求和①	$9+7+5+3+1+9=34$ ①													
3. ①×3=②	$34\times3=102$ ②													
4. 从序号3开始求出奇数位上数字之和③	$8+6+4+2+0+6=26$ ③													
5. ②+③=④	$102+26=128$ ④													
6. 用大于或等于结果④且为10最小整数倍的数减去④,其差即为所求检验码的值	$130-128=2$ 检验码 X=2													

(二) 储运单元条码

1. 储运单元条码相关概念

储运单元条码通俗地说就是商品外包装箱上使用的条码标识(俗称箱码),是专门表示储运单元编码的一种条码,这种条码常用于搬运、仓储、订货和运输过程中,一般由消费单元组成的商品包装单元构成。储运单元条码又分为定量储运单元条码和变量储运单元条码。

(1) 消费单元:通过零售渠道直接销售给最终用户的商品包装单元。

(2) 定量消费单元:按商品件数计价销售的消费单元。

(3) 变量消费单元:按基本计量单位计价,以随机数量销售的消费单元。

(4) 储运单元:为便于搬运、仓储、订货、运输等,由消费单元组成的商品包装单元。

(5) 定量储运单元:由定量消费单元组成的储运单元。其中由多个相同零售商品组成标准的组合包装商品称为标准组合式储运包装商品;由多个不同零售商品组成标准的组合包装商品称为混合组合式储运包装商品。

(6) 变量储运单元:由变量消费单元组成的储运单元。

2. 储运单元的编码

1) 代码结构

储运包装商品一般采用13位或14位数字编码。

(1) 13位数字代码结构。采用13位数字代码结构编码应使用EAN/UPC-13商品条码的代码结构,如表2-10所示。

厂商识别代码由中国物品编码中心负责分配和管理,厂商识别代码中的2~3位数字是EAN分配给国家(或地区)编码组织的代码称为前缀码,前缀码由EAN统一分配和管理,EAN分配给中国物品编码中心的代码为690~695。

表 2-10　储运包装商品 13 位数字代码结构

结构种类	厂商识别代码	商品项目代码	校验码
结构一	$X_{13} X_{12} X_{11} X_{10} X_9 X_8 X_7$	$X_6 X_5 X_4 X_3 X_2$	X_1
结构二	$X_{13} X_{12} X_{11} X_{10} X_9 X_8 X_7 X_6$	$X_5 X_4 X_3 X_2$	X_1
结构三	$X_{13} X_{12} X_{11} X_{10} X_9 X_8 X_7 X_6 X_5$	$X_4 X_3 X_2$	X_1

商品项目是指按照商品的基本特征而划分的群类,商品项目代码由厂商自行编制,由 3~5 位数字组成。检验码的计算同 EAN-13 码。

（2）14 位数字代码结构。储运包装商品 14 位数字代码结构如表 2-11 所示。

表 2-11　储运包装商品 14 位数字代码结构

包装指示符	内部所含零售商品代码前 12 位	校验码
V	$X_{12} X_{11} X_{10} X_9 X_8 X_7 X_6 X_5 X_4 X_3 X_2 X_1$	C

储运包装商品中 14 位数字代码中的包装指示符用于指示储运包装商品的不同包装级别,取值范围为 1~8,其中 1~8 用于定量储运包装商品,9 用于变量储运包装商品。

内部所含零售商品代码前 12 位是指包含在储运包装商品内的零售商品代码去掉校验码后的 12 位数字,C 为校验码,计算方法同 EAN/UCC-13 商品条码的计算方法。该 14 位代码结构适合采用 ITF-14 条码符号时使用,如果使用 UCC/EAN-128 条码符号则应采用的代码结构如表 2-12 所示。

表 2-12　GTIN 的代码结构

应用标示符（AI）	全球贸易项目代码（GTIN）		
	包装指示符	厂商识别代码及商品项目代码	校验码
01	N_1	$N_2 N_3 N_4 N_5 N_6 N_7 N_8 N_9 N_{10} N_{11} N_{12} N_{13}$	N_{14}
标示 GTIN	1~8 内选择	厂商识别代码＋商品项目代码	加权计算而得

应用标识符“01”对应的编码数据的含义为 GTIN。当储运包装商品为定量储运包装商品时,包装指示符选 1~8,标识不同的包装级别,如果贸易项目为变量贸易项目时包装指示符选 9。厂商识别代码和商品项目代码取 EAN/UCC-13 商品条码去掉校验码后的 12 位,校验码采用加权计算的方法求得。

2）代码编制

（1）定量储运包装商品的编码。

① 与定量消费单元同为一体的定量储运单元的编码。当定量储运单元同时又是定量消费单元时,应按定量消费单元进行编码,如电冰箱等家用电器,其定量消费单元的编码等同于通用商品条码。

② 含相同种类定量消费单元的定量储运单元的编码。当含相同种类定量消费单元组成定量储运单元时,可给每一定量储运单元分配一个区别于它所包含的消费单元代码的 13 位数字代码,也可用 14 位数字进行编码。

③ 含不同种类定量消费单元的定量储运单元的编码。当定量储运单元内含不同种类定量消费单元时,该定量储运单元采用 13 位数字编码。

　　将定量消费单元的编码规则应用于定量储运单元的编码,给每一定量储运单元分配一个区别于它所包含的消费单元代码的 13 位数字代码。

　　(2)变量储运包装商品的编码。变量储运单元编码由 14 位数字的主代码和 6 位数字的附加代码组成,其代码结构如表 2-13 所示。

表 2-13　变量储运单元编码的代码结构

主　代　码			附加代码	
变量储运单元包装指示符	厂商识别代码及商品项目代码	校验符	商品数量	校验符
LI	$X_1 X_2 X_3 X_4 X_5 X_6 X_7 X_8 X_9 X_{10} X_{11} X_{12}$	C_1	$Q_1 Q_2 Q_3 Q_4 Q_5$	C_2

　　变量储运单元包装指示字符(LI)指示在主代码后面有附加代码,取值为 LI=9。厂商识别代码和商品项目代码有两种结构。当 $X_1 X_2 X_3$ 为 690、691 时,厂商识别代码为 $X_1 \sim X_7$,商品项目代码结构为 $X_8 \sim X_{12}$;否则,厂商识别代码为 $X_1 \sim X_8$,商品项目代码结构为 $X_9 \sim X_{12}$。

　　附加代码($Q_1 \sim Q_5$)是指包含在变量储运单元内,按确定的基本计量单位(如千克,米等)计量取得的商品数量。变量储运单元的主代码用 ITF-14 条码标识,附加代码用 ITF-6(6 位交叉 25 码)标识。变量储运单元的主代码和附加代码也可以用 EAN-128 条码标识。

　　3. 储运包装商品的条码表示与条码选择

　　1)储运包装商品的条码表示

　　储运包装商品通常采用 EAN/UPC、ITF-14 或 UCC/EAN-128 条码表示。

　　(1)13 位代码的条码表示。对于标准组合式储运包装商品,还应判断其是否同为零售商品,如果其既是包装商品又是零售商品,则直接使用内含零售商品的 13 位 EAN/UPC 条码。

　　定量储运包装商品,且该包装商品是由多个不同的零售商品组成的标准的组合包装商品即混合储运包装商品,因为这些零售商品的条码各不相同,所以应重新为该包装商品申请或编制一个 13 位的代码,用 EAN/UPC 条码表示。

　　(2)14 位代码的条码表示。变量储运包装商品则直接在原代码前加包装指示符 9,用 14 位的交叉二五码即 ITF-14 条码。

　　标准组合式储运包装商品不是零售商品,如果不区分包装级别,则在内含零售商品的条码前加 0 变为 14 位用 14 位的 ITF 或 14 位的 UCC/EAN-128 条码表示;如果区分包装级别则在原代码前加包装指示符 1~8,也用 ITF-14 条码或 UCC/EAN-128 条码表示。

　　2)储运包装商品的条码选择

　　具体储运包装商品的条码选择如表 2-14 所示。

　　4. ITF-14 条码

　　ITF-14 条码是一种条、空均表示信息的连续型、定长、具有自校验功能的双向条码。它的字符集为数字字符 0~9。

　　(1)ITF-14 条码的组成。ITF-14 条码是一种条、空都表示信息的双向条码。ITF-14 条码的条码字符集、条码字符的组成与交叉 25 码相同。它由矩形保护框、左侧空白区、条码字符、右侧空白区组成。

　　(2)ITF-14 条码的符号结构。ITF-14 条码由矩形保护框、左侧空白区、条码字符、右侧空白区组成其符号结构,如图 2-24 所示。

表 2-14 储运包装商品的条码选择

商品类别	包装商品的类型	与内含商品的关系	是否区分包装级别	采用的代码位数	编码方法	条码符号
定量储运包装商品	标准组合式储运包装商品	同时是零售商品	、无	13	使用原代码或重新申请	EAN-13 UPC-A
		不是零售商品	不区分包装级别	14	在原代码前加 0,变成 14 位	ITF-14 UCC/EAN-128
			区分包装级别	14	在源代码前加包装指示符(1~8 用于定量储运包装商品,9 用于变量储运包装商品)	
	混合式储运包装商品	无	无	13	重新申请一个不同于所含各零售商品代码的 13 位代码	EAN-13 UPC-A
变量储运包装商品	无	无	无	14	在原代码前加包装指示符 9	ITF-14 UCC/EAN-128

图 2-24 ITF-14 条码符号

（3）ITF-14 条码的符号尺寸与等级要求。ITF-14 条码符号标识的模块宽度范围为 0.495~1.016 毫米；条高大于或等于 32 毫米；当符号尺寸小于 0.635 毫米时,符号等级大于或等于 1.5/10/670；当模块尺寸大于或等于 0.635 毫米时,符号等级大于或等于 0.5/20/670。

ITF-14 条码用于标识非零售的商品。ITF-14 条码对印刷精度要求不高,比较适合直接印制（热转换或喷墨）于表面不够光滑、受力后尺寸易变形的包装材料如瓦楞纸或纤维板上。

5. 储运包装商品上条码符号的位置

储运包装商品上条码符号的粘贴位置参见 GB/T 14257 的要求。条码符号位置的选择应以符号位置相对统一、符号不易变形、便于扫描操作和识读为原则。

1）符号位置

每个完整的非零售商品包装上至少应有一个条码符号。包装项目上最好使用两个条码符号,放置在相邻的两个面上,短的面和长的面右侧各放一个,首选的条码符号位置宜在商品包装背面的右侧下半区域内。如果仅能放置一个条码符号,则应根据配送、批发、存储等的约束条件选择放置面,以保证在存储、配送及批发过程中条码符号便于识读。

2）符号方向

条码符号应横向放置,使条码符号的条垂直于直立面的下边缘。

3）边缘间距

（1）高度在 50mm 以上的储运包装商品。对于高度在 50mm 以上的储运包装商品,条码符号下边缘到所在直立面下边缘的距离不小于 32mm,推荐值为 32mm;条码符号到包装垂直边的距离不小于 19mm。储运包装箱上条码符号的位置如图 2-25 所示。

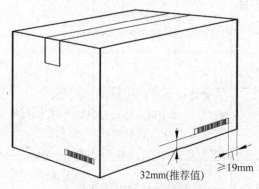

图 2-25　储运包装箱上条码符号的位置

（2）高度小于 50mm、大于或等于 32mm 的盒或箱。当包装盒或包装箱的高度小于 50mm,但大于或等于 32mm 时,供人识别字符可以放置在条码符号的左侧,并保证符号有足够宽的空白区。条码符号（包括空白区）到单元直立边的间距应不小于 19mm。

（3）高度小于 32mm 的盒或箱。当包装盒或包装箱的高度小于 32mm 时,可以把条码符号放在包装的顶部,并使符号的条垂直于包装顶部面的短边。条码符号到邻近边的间距应不小于 19mm。

4）附加的条码符号

商品项目已经放置了表示商品代码的条码符号,还需放置表示商品附加信息（如贸易量、批号、保质期等）的附加条码符号时,放置的附加符号不应遮挡已有的条码符号;附加符号的首选位置在已有条码的右侧,并与已有的条码符号保持水平,应保证已有的条码符号和附加符号都有足够的空白区。

如果表示商品代码的条码符号和附加条码符号的数据内容都能用 UCC/EAN-128 条码符号来标识,则宜把两部分数据内容连接起来,做成一个条码符号。

（三）物流单元条码

物流单元简单来说就是指在供应链过程中为运输、仓储、配送等建立的包装单元。例如,一箱有颜色和大小不同的 12 件裙子与 20 件夹克的组合包装,一个 40 箱饮料的托盘（每箱 12 盒装）都可作为一个物流单元。

物流单元的条码表示

1. 物流单元标识代码的结构

物流单元标识代码采用 SSCC 表示,由扩展位、厂商识别代码、系列号和校验码四个部分组成,是 18 位的数字代码,分为四种结构,如表 2-15 所示。其中,扩展位由 1 位数字组成,取值 0~9,厂商识别代码由 7~10 位数字组成,系列号由 6~9 位数字组成,校验码为 1 位数字。

表 2-15　SSCC 编码结构

结构种类	扩展位	厂商识别代码	系　列　号	校验符
结构一	N_1	$N_2 N_3 N_4 N_5 N_6 N_7 N_8$	$N_9 N_{10} N_{11} N_{12} N_{13} N_{14} N_{15} N_{16} N_{17}$	N_{18}
结构二	N_1	$N_2 N_3 N_4 N_5 N_6 N_7 N_8 N_9$	$N_{10} N_{11} N_{12} N_{13} N_{14} N_{15} N_{16} N_{17}$	N_{18}
结构三	N_1	$N_2 N_3 N_4 N_5 N_6 N_7 N_8 N_9 N_{10}$	$N_{11} N_{12} N_{13} N_{14} N_{15} N_{16} N_{17}$	N_{18}
结构四	N_1	$N_2 N_3 N_4 N_5 N_6 N_7 N_8 N_9 N_{10} N_{11}$	$N_{12} N_{13} N_{14} N_{15} N_{16} N_{17}$	N_{18}

扩展位:用于增加 SSCC 系列代码的容量,由厂商分配。例如,0 表示纸盒,1 表示托盘,2 表示包装箱等。

厂商识别代码:由中国物品编码中心负责分配给用户,用户通常是组合物流单元的厂商。SSCC 在世界范围内是唯一的,但并不表示物流单元内贸易项目的起始点。

系列号：由取得厂商识别代码的厂商分配的一个系列号，系列号一般为流水号。

物流单元标识代码的条码结构实例如图 2-26 所示。

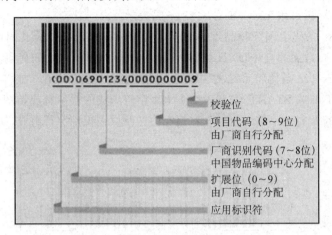

图 2-26　物流单元标识代码的条码结构

2. 附加信息代码的结构

（1）附加信息代码的结构。附加信息代码是标识物流单元相关信息，如物流单元内贸易项目的全球贸易项目代码、贸易与物流量度、物流单元内贸易项目的数量等信息的代码，由应用标识符和编码数据组成。如果使用物流单元附加信息代码，则需与 SSCC 一并处理。常用的附加信息代码结构如表 2-16 所示。

表 2-16　常用的附加信息代码结构

应用标识码	代 号 名 称	格　式	资 料 简 称
00	运送容器序号	n2＋n18	SSCC
01	全球交易品项号码	n2＋n14	GTIN
02	物流包装内装商品的 GTIN	n2＋n14	CONTENT
10	批次号	n2＋an..20	BATCH/LOT
11	生产日期（年/月/日）YYMMDD	n2＋n6	PROD DATE
12	到期日期（年/月/日）YYMMDD	n2＋n6	DUE DATE
13	包装日期（年/月/日）YYMMDD	n2＋n6	PACK DATE
21	连续号	n2＋an..20	SERIAL
310n	产品净重—交易包装用	n4＋n6	NET WEIGHT(kg)
311n	产品长度—交易包装用	n4＋n6	LENTH(m)
37	物流包装内商品数量	n2＋n..8	COUNT
400	订单号码	n3＋an..30	ORDER NUMBER
401	托运单号码	n3＋an..30	CONSIGHNMENT
402	运送单号码	n3＋n17	SHIPMENT NO.
410	收件人	n3＋n13	SHIP TO LOC
411	买方（发票对象）	n3＋n13	BILL TO
412	卖方	n3＋n13	PURCHASE FROM
8003	全球可回收资产识别号码	n4＋n14＋an..16	GRAI

（2）应用标识符。应用标识符（AI）是一个 2～4 位的代码，用于定义其后续数据的含义和格式。应用标识符及其对应的数据编码共同完成特定信息的标识。如（01）代表 14 位数的商品代号，（10）代表 20 位以内的字母数字的批号，（17）是 6 位数的有效日期，（30）是 8 位数以

内的商品数量,(310)代表重量,(410)代表送达对象的地址码等。

3. 物流单元条码表示

物流单元条码标识采用 UCC/EAN-128 条码表示。

UCC/EAN-128 条码由国际物品编码协会和美国统一代码委员会共同设计而成。它是一种连续型、非定长、有含义的高密度、高可靠性、两种独立的校验方式的代码。

(1) UCC/EAN-128 条码符号结构:UCC/EAN-128 条码符号由左侧空白区、一个起始符(START A,START B 或 START C)和一个 FNC1 字符组成的双字符起始图形、数据字符(包括应用标识符)、一个符号校验字符、终止符、右侧空白区及供人识别字符组成,如图 2-27 所示。

(01) 10614141000415

图 2-27 UCC/EAN-128 条码的符号结构

(2) 符号字符的结构:除终止符外,每个条码字符由 3 个条和 3 个空构成。每个条或空由 1~4 个模块组成,每个条码字符的总模块数为 11;终止符由 4 个条和 3 个空构成,共 13 个模块。每个符号字符中所有条的模块总数为偶数,所有空的模块总数为奇数,利用这一奇偶特性能够实现字符的自校验。

(3) 符号字符集:UCC/ EAN-128 条码有三个符号字符集,分别是字符集 A、字符集 B 和字符集 C。字符集 A 包括 ASCII 值为 00~95 的字符,即所有大写英文字母、数字 0~9、标点字符、控制字符;7 个特殊字符。字符集 B 包括 ASCII 值为 32~127 的字符,即所有大、小写英文字母、数字 0~9、标点字符;7 个特殊字符。字符集 C 包括 100 个两位的数字字符 00~99(这样每个符号字符可以表示两个数字);3 个特殊字符。

4. 物流标签

1) 信息的表示法

物流标签上表示的信息有两种基本的形式:由文本和图形组成的供人识读的信息和为自动数据采集设计的机读信息。作为机读符号的条码,是传输结构化数据的可靠而有效的方法,允许在供应链中的任何结点获得基础信息。表示信息的两种方法能够将一定的含义添加于同一标签上。EAN・UCC 物流标签由三部分构成,各部分的顶部包括自由格式信息,中部包括文本信息和对条码解释性的供人识读的信息,底部包括条码和相关信息。

2) 标签设计

物流标签的版面划分为三个区段:承运商区段、客户区段和供应商区段。当获得相关信息时,每个标签区段可在供应链上的不同结点使用,如图 2-28 所示。此外,为便于人、机分别处理,每个标签区段中的条码与文本信息是分开的。标签制作者,即负责印制和应用标签者,决定标签的内容、形式和尺寸。对所有 EAN・UCC 物流标签,SSCC 是唯一的必备要素。如果需要增加其他信息,则应符合《EAN・UCC 通用规范》的相关规定。

图 2-28 含承运商区段、客户区段和供应商区段的标签

（1）承运商区段。承运商区段所包含的信息，如到货地邮政编码、托运代码、承运商特定运输路线、装卸信息等，通常是在装货时知晓的。图 2-28 中最上面的一个标签为承运商的信息，其中"420"表示收货方与供货方在同一国家（或地区）收货方的邮政编码，从图 2-28 上的文字中不难看出，这个物流标签所标识的货物是从美国的 Boston 运送到 Dayton，是在同一个国家中进行运输；"401"表示货物托运代码。

（2）客户区段。客户区段所包含的信息，如到货地、购货订单代码、客户特定运输路线和装卸信息等，通常是在订购时和供应商处理订单时知晓的。图 2-28 中间的物流标签标识的是客户的信息，"410"后跟随的是交货地点的（运抵）位置码，也就是客户的位置码。

（3）供应商区段。供应商区段所包含的信息一般是供应商在包装时知晓的。SSCC 在此作为物流单元的标识。如果过去使用 GTIN，在此也可以与 SSCC 一起使用。对供应商、客户和承运商都有用的信息，如生产日期、包装日期、有效期、保质期、批号、系列号等，都可采用 UCC/EAN-128 条码符号表示。图 2-28 最下面的标签是供应商区段的内容，"00"后跟随的是要发运的物流单元。

五、二维条码技术

（一）基本概念

1. 二维条码/二维码的概念

二维条码/二维码（2-Dimensional Bar Code）是用某种特定的几何图形按一定规律在平面

二维码的原理

(二维方向上)分布的黑白相间的图形记录数据符号信息的;在代码编制上巧妙地利用构成计算机内部逻辑基础的"0""1"比特流概念,使用若干个与二进制相对应的几何形体来表示文字数值信息,通过图像输入设备或光电扫描设备自动识读以实现信息自动处理;它具有条码技术的一些共性;每种码制有其特定的字符集;每个字符占有一定的宽度;具有一定的校验功能等。同时,还具有对不同行的信息自动识别功能及处理图形旋转变化等特点。

2. 发展历程

国外对二维码技术的研究始于 20 世纪 80 年代末,在二维码符号表示技术研究方面已研制出多种码制,常见的有 PDF417、QR Code、Code 49、Code 16K、Code One 等。这些二维码的信息密度都比传统的一维码有了较大提高,如 PDF417 的信息密度是一维码 Code 39 的 20 多倍。在二维码标准化研究方面,国际自动识别制造商协会(AIM)、美国标准化协会(ANSI)已完成了 PDF417、QR Code、Code 49、Code 16K、Code One 等码制的符号标准。

在二维码设备开发研制、生产方面,美国、日本等国的设备制造商生产的识读设备、符号生成设备,已广泛应用于各类二维码应用系统。二维码作为一种全新的信息存储、传递和识别技术,自诞生之日起就得到了世界上许多国家的关注。美国、德国、日本等国家,不仅已将二维码技术应用于公安、外交、军事等部门对各类证件的管理,也将二维码应用于海关、税务等部门对各类报表和票据的管理,商业、交通运输等部门对商品及货物运输的管理、邮政部门对邮政包裹的管理,工业生产领域对工业生产线的自动化管理。

我国对二维码技术的研究开始于 1993 年。中国物品编码中心对几种常用的二维码 PDF417、QR Code、Data Matrix、Maxi Code、Code 49、Code 16K、Code One 的技术规范进行了翻译和跟踪研究。随着我国市场经济的不断完善和信息技术的迅速发展,国内对二维码这一新技术的需求与日俱增。中国物品编码中心在原国家质量技术监督局和国家有关部门的大力支持下,对二维码技术的研究不断深入,在消化国外相关技术资料的基础上,制定了两个二维码的国家标准:二维码网格矩阵码(SJ/T 11349—2006)和二维码紧密矩阵码(SJ/T 11350—2006),从而大大促进了我国具有自主知识产权技术的二维码的研发,完成了汉信码和龙贝码二维矩阵码的开发。

3. 二维条码的特点

二维条码与一维条码相比具有以下特点。

(1) 信息容量大。根据不同的条空比例,每平方英寸可以容纳 250～1100 个字符,比普通条码信息容量约高几十倍。

(2) 容错能力强。二维条码因穿孔、污损等引起局部损坏时,照样可以正确识读,损毁面积达 50% 仍可恢复信息,比普通条码译码错误率低得多,误码率不超过 1/10000000。

(3) 引入加密措施。引入加密措施后保密性、防伪性好。

(4) 印刷多样。二维条码不仅可以在白纸上印刷黑字,还可以进行彩色印刷,而且印刷机器和印刷对象都不受限制,印刷方便。

(5) 可影印及传真。二维条码经传真和影印后仍然可以使用,而一维条码在经过传真和影印后机器就无法进行识读。

4. 二维条码的分类

二维条码分为堆叠式/行排式二维条码和矩阵式二维条码(又称棋盘式二维条码)。

(1) 堆叠式/行排式二维条码。堆叠式/行排式二维条码的编码原理是建立在一维条码基础上,按需要堆积成二行或多行。它在编码设计、校验原理、识读方式等方面继承了一维条码的一些特点,识读设备、条码印刷与一维条码技术兼容。但由于行数的增加,需要对行进行行判定,其译码算法与软件也不完全相同于一维条码。有代表性的行排式二维条码有 Code 16K、Code 49、PDF417 等。

(2) 矩阵式二维条码。矩阵式二维条码(又称棋盘式二维条码)是在一个矩形空间通过黑、白像素在矩阵中的不同分布进行编码。在矩阵相应元素位置上,用点(方点、圆点或其他形状)的出现表示二进制的"1",点的不出现表示二进制的"0",点的排列组合确定了矩阵式二维条码所代表的意义。

矩阵式二维条码是建立在计算机图像处理技术、组合编码原理等基础上的一种新型图形符号自动识读处理码制。具有代表性的矩阵式二维条码有 Code One、Maxi Code、QR Code、Data Matrix 等。

(二) 常用的二维条码

在目前几十种二维条码中,常用的码制有 PDF417 二维条码、Data Matrix 二维条码、Maxi Code 二维条码、QR Code、Code 49、Code 16K、Code One 等。

1. PDF417 码

PDF417 码是由留美华人王寅敬(音)博士发明的。PDF 是取英文 Portable Data File 三个单词的首字母的缩写,意为"便携数据文件"。因为组成条码的每一符号字符都是由 4 个条和 4 个空构成,如果将组成条码的最窄条或空称为一个模块,则上述的 4 个条和 4 个空的总模块数一定为 17,所以称为 417 码或 PDF417 码。

1) PDF417 码的特点

(1) 信息容量大。PDF417 码除可以表示字母、数字、ASCII 字符外,还能表达二进制数。为了使编码更加紧凑,提高信息密度,PDF417 在编码时有三种格式:扩展的字母数字压缩格式,可容纳 1850 个字符;二进制/ASCII 格式,可容纳 1108 个字节;数字压缩格式,可容纳 2710 个数字。

(2) 错误纠正能力强。一维条码通常具有校验功能以防止错读,一旦条码发生污损将被拒读。而二维条码不仅能防止错误,而且能纠正错误,即使条码部分损坏,也能将正确的信息还原出来。

(3) 印制要求不高。普通打印设备均可打印,传真件也能阅读。

(4) 可用多种阅读设备阅读。PDF417 码可用带光栅的激光阅读器,线性及面扫描的图像式阅读器阅读。

(5) 尺寸可调以适应不同的打印空间。

2) PDF417 码的结构

每一个 PDF417 码由 3~90 横列堆叠而成,而为了方便扫描,其四周皆有静空区,静空区分为水平静空区与垂直静空区,至少应为 0.06cm,如图 2-29 所示。

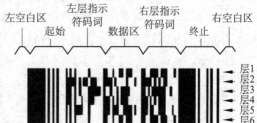

图 2-29 PDF417 码的结构

2. QR 码——快速矩阵二维条码(标准 ISO/IEC 18004)

QR 码(Quick Response Code)全称为快速响应矩阵码,是由日本 Denso Wave 公司于 1994 年发明并开始使用的一种矩阵二维码符号。QR 码不仅信息容量大、可靠性高、成本低,还可表示汉字及图像等多种文字信息,其保密防伪性强而且使用非常方便。

1) QR 码的特点

QR 码除具有其他二维条码所具有的信息容量大、可靠性高、可表示汉字及图像多种文字信息、保密防伪性强等优点外,QR 码还具有以下几个主要特点。

(1) 容量密度大:可以放入 1817 个汉字、7089 个数字、4200 个英文字母。QR 码用数据压缩方式表示汉字,仅用 13b(bit,比特)即可表示 1 个汉字,比其他二维条码表示汉字的效率提高了 20%。

(2) 超高速识读:从 QR Code 的英文名称 Quick Response Code 可以看出,超高速识读特点是 QR 码区别于 PDF417 码、Data Matrix 等二维码的主要特性。由于在用 CCD 识读 QR 码时,整个 QR 码符号中信息的读取是通过 QR 码符号的位置探测图形,用硬件来实现,因此,信息识读过程所需时间很短,它具有超高速识读的特点。用 CCD 二维条码识读设备,每秒可识读 30 个含有 100 个字符的 QR 码符号;对于含有相同数据信息的 PDF417 码符号,每秒仅能识读 3 个符号;对于 Data Martix 矩阵码,每秒仅能识读 2~3 个符号。QR 码的超高速识读特性使它能够广泛应用于工业自动化生产线管理等领域。

(3) 全方位识读:这是 QR 码优于行排式二维条码和 PDF417 码的另一个主要特点,由于 PDF417 码是将一维条码符号在行排高度上的截短来实现的,因此,它很难实现全方位识读,其识读方位角仅为 ±10°。

(4) 能够有效地表示中国汉字、日本汉字:由于 QR 码用特定的数据压缩模式表示中国汉字和日本汉字,它仅用 13b 即可表示一个汉字,而 PDF417 码、Data Martix 等二维码没有特定的汉字表示模式,因此仅用字节表示模式表示汉字,在用字节模式表示汉字时,需用 16 比特(两个字节)表示 1 个汉字,因此 QR 码比其他的二维条码表示汉字的效率提高了 20%。

(5) QR 码具有 4 个等级的纠错功能,即使污损或破损也能够正确识读。QR 码抗弯曲的性能强,每隔一定的间隔配置有校正图形,从码的外形求得推测校正图形中心点与实际校正图形中心点的误差修正各个模块的中心距离,即使将 QR 码贴在弯曲的物品上也能够快速识读。根据需要,可以设定 L、M、Q、H 四个纠错等级,分别可恢复传输或识读出错的约 7%、15%、25%、30% 的码字信息。

2) QR 码符号的结构

QR 码属于矩阵式二维条码,每个 QR 码符号都是由正方形模块组成的一个正方形阵列结构,它由功能图形和编码区域组成,功能图形不用于数据编码,它包括寻像图形、分隔符、定位图形和校正图形;编码区域包括数据码字、纠错码字、版本信息和格式信息。QR 码共有 40 种规格,分为版本 1~版本 40,规格为 21 模块×21 模块~177 模块×177 模块。QR 码具有高信息密度、高识别速度以及高可靠性等特点。QR 码版本 7 符号的结构如图 2-30 所示。

3. 汉信码(GB/T 21049—2007)

汉信码是中国物品编码中心承担国家"十五"重大科技专项"二维条码新码制开发与关键技术标准研究"取得的突破性成果。我国拥有完全自主知识产权的新型二维条码——汉信码,于 2005 年年末诞生在中国大地,填补了我国在二维条码码制标准应用中没有自主知识产权技

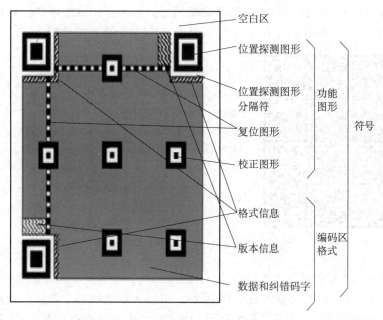

图 2-30　QR 码版本 7 符号的结构

术的空白。

（1）汉信码的优势。汉信码具有汉字表示能力强、编码范围广、信息容量大、抗污损、抗畸变能力强等优势，具体如表 2-17 所示。

表 2-17　汉信码的优势

符号规格	条码符号形状可变。支持 84 个版本：23×23（版本 1）～189×189（版本 84），由用户自主进行选择
数据类型与容量	数字最多 7829 个字符 英文最多 4350 个字符 汉字最多 2174 个字符 二进制信息最多 3262 Byte
数据表示方法	点的出现表示二进制的"1" 点的不出现表示二进制的"0" 点的不同排列组合表示矩阵二维码所表示的数据信息
纠错能力	L 级：约可纠错 8% 的数据码子 M 级：约可纠错 15% 的数据码子 Q 级：约可纠错 23% 的数据码子 H 级：约可纠错 30% 的数据码子
结构链接	可用 1～16 个 QR Code 条码符号
掩模	有 4 种掩模方案
扩充解释	可以用来表示数字、英文字母、汉字、图像、声音、照片、指纹、掌纹、签字等可数字化的信息
独立定位功能	有
识读设备	汉信码识读手机、在线式识读设备、嵌入式识读设备

（2）汉信码的符号结构。每个汉信码符号是由 $n×n$ 个正方形模块组成的一个正方形阵列构成的。整个正方形的码图区域由信息编码区与功能图形区构成，其中功能图形区主要包

括寻像图形、寻像图形分割区与校正图形。功能信息图形不用于数据编码。码图符号的四周为 3 模块宽的空白区。如图 2-31 所示是版本为 24 的汉信码符号结构图。

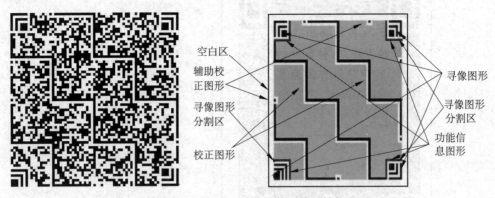

图 2-31　版本为 24 的汉信码符号结构

4. 一维条码与二维条码的比较

一维条码与二维条码的比较如表 2-18 所示。虽然一维条码和二维条码的原理都是用符号(symbology)来携带信息,达成信息的自动识别,但是从应用的观点看,一维条码偏重于标识商品,而二维条码则偏重于描述商品。因此相较于一维条码,二维条码不仅存关键值,还可将商品的基本信息编入二维条码中,可以直接通过阅读条码得到相应的信息,并且二维条码还有错误纠正及防伪功能,进一步提供许多一维条码无法达成的应用。

表 2-18　一维条码与二维条码的比较

项　目	一　维　条　码	二　维　条　码
信息密度与容量	密度低,容量小	密度高,容量大
错误侦测及自我纠正能力	可用检验码进行错误侦测,但没有错误纠正能力	有错误检验及错误纠正能力,并可根据实际应用设置不同的安全等级
垂直方向的信息	不储存信息,垂直方向的高度是为了识读方便,并弥补印刷缺陷或局部损坏	携带信息,因对印刷缺陷或局部损坏等可以错误纠正机制恢复信息
主要用途	主要用于对物品的标识	用于对物品的描述
数据库与网路依赖性	多数场合须依赖数据库及通信网路的存在	可不依赖数据库及通信网路的存在而单独应用
识读设备	可用线型扫描器,如光笔、线型CCD、激光扫描枪	对于堆叠式可用线型扫描器的多次扫描,或可用图像扫描仪识读。矩阵式则仅能用图像扫描仪识读

5. 二维条码的应用模式

二维条码的应用行业范围十分广泛,但它的应用模式目前主要有四种,分别是读取数据模式、解码上网模式、解码验证模式、解码通信模式。

(1) 读取数据模式是指通过手机或二维码识别设备,扫描二维码,解码软件解码后显示数据信息,以减少用户的输入,直接可以存入。最常见的应用有电子名片、信息溯源追踪等。

在制作名片时,可以将姓名、电话等信息用二维条码编码,打印在名片的一角。人们交换名片时,用手机拍摄二维条码图案,解码后就可将对方信息储存在自己手机的电话簿里,省略了传统的手工录入过程,也克服了目前使用名片识别软件对名片识别不准确的难题,即可实现电子数据交换,非常方便。

(2)解码上网模式是指手机或条码识读设备扫描二维码,显示相关的 URL 的链接,用户可以访问这一链接,进行数据浏览或数据下载的活动。最为基本的模式是网络信息浏览,如电子广告、商场特价区信息、网站信息查询、电子图书、电子地图查询等。

未来生活中,一般的商品、名片甚至报纸、杂志上的广告都会附有相应的二维码,把网站链接录入二维码,人们用内置二维条码阅读引擎的手机扫描二维码后,解析网址 IP,就可以自动链接到相应的 WAP 网站,可直接浏览商品、下载折扣券、用手机支付购票等。也可随时随地轻松体验像铃声、游戏、视频等流媒体信息,为消费者提供了一种全新的手机上网模式。

(3)解码验证模式是指手机或二维码识别设备扫描二维码,将数据提交于验证服务器,服务器将反馈结果发送回手机,核实产品或服务的有效性。最基本的应用在于产品防伪信息的识别,衍生模式多应用于物流或渠道管理中,也可应用于支付领域,用于支付凭证的核实等。

二维条码具有多重防伪特性,它可以采用密码防伪、软件加密及利用所包含的信息如指纹、照片等进行防伪,因此具有极强的保密防伪性能。二维条码防伪认证平台同时引入硬件和基于业务的结构,提供商品的基本信息和离线认证。厂家给每件出厂的商品分配二维编码,建立商品信息数据库,并提供给认证平台。用数据库系统作为商品防伪的认证平台。消费者购买商品时,用安装了二维条码阅读引擎的手机扫描产品上的二维码并查询生产商的商品信息数据库就可以辨识该商品的真伪。通过这种防伪技术,将对维护正常的市场秩序起到很大的推进作用。

(4)解码通信模式是指解码后结果显示为短信、邮件或电话号码的形式,多用于短信投票、邮件联系、电话咨询或 IVR 等业务形式。

六、销售时点系统

销售时点(point of sales,POS)系统是由收款机和计算机联机构成的商业网络系统。该系统对商店零售柜台的所有交易信息进行加工处理,实时跟踪销售情况、分析数据、传递反馈、强化商品的销售管理。在物流系统中,POS 系统可在分拣、配送、销售等环节发挥重要作用。

POS 系统需要在商品条码、EDI、增值网络和商品数据库等技术的支持下才能实施。其中商品数据库的作用是将商品的采购、验收、销售、库存等构成信息完整地存储起来,为商品的统计、分析和决策服务。

POS 系统一般包括前台系统和后台 MIS 系统两大基本部分,如图 2-32 所示。

图 2-32　固定 POS 机和无线 POS 机

前台 POS 系统通过自动读取设备(如收银机),在销售或配送商品时利用商品的条形码直接读取商品信息,如名称、单价、销售数量、销售店铺、购买顾客等,实现前台销售业务的自动化,对商品交易进行实时服务,并通过计算机网络传送到后台数据库,由管理信息系统进行销售商品的统计、计算和分析,为管理者提供决策依据。

　　后台 MIS 系统负责整个配送中心、商场的进、销、调、存系统的管理以及财务管理、库存管理、考勤管理等。它可根据商品进货信息对生产商进行管理,又可根据前台 POS 系统提供的销售数据控制库存和进货数量,还可分析统计各种销售报表,快速准确地计算成本和毛利等。后台数据可通过网络向总部传输,以便在更大的范围内进行决策。

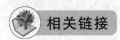

条码的申请

　　1. 申请商品条码的条件

　　(1) 凡在我国依法取得法人资格的企业、事业单位,以及具有营业执照的私营企业、个体工商户,均可申请注册中国商品条码厂商代码(以下简称厂商代码)。

　　(2) 在商品上使用注册商标的企业,申请注册中国商品条码厂商代码,原则上应拥有商标注册权;合法使用他人注册商标的单位,只有在不违背商品编码唯一性的前提下,方能申请注册中国商品条码厂商代码。

　　2. 商品条码申请程序

　　(1) 企业向中国物品编码中心(以下简称中心)或其分支机构索取中国商品条码厂商代码注册申请书,按规定填写完整。

　　(2) 企业应提供企业法人营业执照(未取得法人资格的私营企业或个体工商户应提供营业执照)复印件及商标注册证明(如商品上不使用注册商标,企业应出具证明),并与厂商代码注册申请书一起送交中心或其分支机构。

　　(3) 企业应按照财政部和国家物价局规定的收费标准交纳有关费用。

　　(4) 注册完毕,中心将厂商代码以书面形式通知企业,并向企业颁发《中国商品条码系统成员证书》。

　　(5) 中心将对企业及其注册的厂商代码予以公告。

　　(6) 厂商代码有效期为 2 年,期满后应进行复审。

　　(以上为大致流程,具体环节请咨询中心。)

　　3. 企业义务

　　(1) 一个厂商代码只给一个企业使用,企业不得转让或与其他企业共用自己的厂商代码。

　　(2) 为保证商品条码的唯一性,企业应将其厂商代码只用于本企业生产、经营的商品上,但为他人加工或使用他人注册商标的商品,原则上应使用商标注册者为该种商品编制的商品条码。

　　(3) 企业使用商品条码应遵循国家标准,以保证商品流通各环节能够准确识别商品信息。

　　(4) 企业应该按规定交纳有关费用。

　　(5) 企业应该按规定参加复审。

七、条码技术在物流中的应用

条码技术提供了一种对供应链中的物品进行表示和描述的方法,是实现 POS 系统、EDI、电子商务、供应链管理的技术基础,是实现物流管理现代化、提高企业管理水平和竞争能力的重要技术手段。

(一)条码在供应链上的物流信息标识

条码在供应链上的物流信息标识如图 2-33 所示。

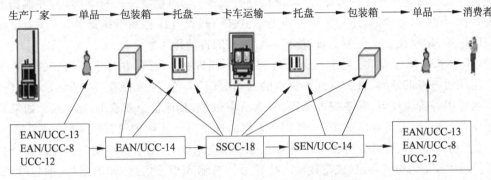

图 2-33　条码在供应链上的物流信息标识

(二)条码技术在物流各环节中的应用

条码技术是在计算机的应用实践中产生和发展起来的一种自动识别技术。它是一种实现快速、准确而可靠地采集数据的有效手段。条码技术的应用解决了数据录入和数据采集的"瓶颈"问题,为现代物流及供应链管理提供了有效的技术支持,在物流各环节得到广泛应用。

一维条码在商品销售中的应用

1. 物流条码在包装环节的应用

物流条码应用于包装环节,其目的是在流通过程中保护产品、方便储运、促进销售。在包装环节中应用物流条码,可使用数据采集器对产品外包装上的条码进行扫描,采集货物的相关信息,如货物的生产日期、厂家、保质期等信息,便可查询来源于厂家或销售部门的关于产品的信息,信息采集后会反馈到计算机,自动录入数据并存档,通过使用条码技术,可以使企业快速地采集货物的信息,提高作业的效率,同时结合信息系统、利用网络技术,可以做到整个供应链信息的实时共享。

2. 物流条码在装卸搬运环节的应用

在装卸搬运环节中,装卸员先扫描货物上的条码,获取货物的信息,与数据库的货物信息、数量进行核对、验证;数据采集器通过扫描条码,自动计算出采集的货物的数量;在自动分拣时,固定的输送带上的扫描器扫描货物条码来获取信息,从而进行自动分拣;当进行大批量的作业时,不能采用人工测量包裹尺寸,这时采用自动测量系统,通过对包裹上的条码进行扫描,系统与动态电子秤相结合,能准确地提供包裹的尺寸、重量等信息;在货物通道上安装全方位扫描器,能把包裹上的所有条形码全方位扫描,读取包裹的所有信息,传送到控制系统上进行存储。

3. 物流条码在仓储环节的应用

在仓储环节中,将库存品贴上条码以便日后的数据采集;对库位进行科学的编码,并加贴条码,入库时能及时采集库存品的库位数据,以便日后能够快速地进行库位定位,提高仓库的作业效率;手持终端扫描采集数据,并与仓储系统相结合,能实时更新数据,进行科学的仓储管理,实时监控库存,使"零库存"变为现实。具体应用如下。

1) 货物入库

(1) 货物入库之前,应先做好以下准备工作:①对仓库的库位进行科学编码,并用条码符号加以标识,实现仓库的库位管理,并在入库时采集物质所入的库位,同时导入管理系统。仓库的库位管理有利于在仓库或多品种仓库快速定位库存品所在的位置,有利于实现先进先出的管理目标及提高仓库作业的效率,从而降低仓管成本。②对货物进行科学编码,并根据不同的管理目标(如要追踪单品,还是实现保质期/批次管理)设计库存品条码标签,入库前打印出货物条码标签,粘贴在货物包装上,以便于以后数据的自动化采集。

(2) 具体操作步骤如下。①物资入库时,扫描不同货物的条码,并将条码相应的内容录入系统。这样通过查询条码,就会看到该物资的入库时间、单价、存放位置、供应商等相关信息。在物资的领用等流动环节,只要扫入条码,写入所需数量,其他信息都会自动载入。如果原包装商品没有条码,要准备好内部条码,货到后先将内部条码标签贴到没有原条码的相应商品包装上。②货物入库后按照其分类和属性将其安排到相应库位上,用手持终端扫描要放置商品的条码后扫描货架上的位置条码(或直接输入库位号),再输入相关信息,如单据号、捆包号、实际重量等,使不同条码的货物与仓库位置相对应,提高盘货和取货的效率。③所有货物摆放好后,将手持终端与计算机系统相连,将商品的到货和库存位置数据传送给计算机,完成最后的操作。

2) 货物出库

仓库的人员按单据的需要在指定的货位进行拣货,并将所发的货送到公共发货区,使用数据采集终端扫描货品货位及货品条码,输入实发货品数量(如果所发的货品与出库单号数量不相符,终端自动显示及报警提示,避免错误操作),仓库人员或管理人员可以查询相关发货数据。物资出库,在手持终端上添加出库单,然后扫描物资条码办理出库,具体操作步骤如下。

(1) 仓库管理人员根据提货单生成出库单,打印出库单的同时生成出库单号及其商品条码,打印后交给发货员。

(2) 仓管人员把出库单数据下载到手持终端上,并将相对应的货物的库存地址列出,方便直接取货,然后示意发货员按照订单发货。

(3) 发货时,发货员先扫描准备发货的出库单号及其单据上的商品条码,可扫描多个出库单(代替数据下载)。如果一次下载了多个出库单,先输入准备发货的出库单号,然后用手持终端扫描准备发货的商品条码,如果不正确,给予提示报警信息。

(4) 正确点货后,将货物装车运走,完成发货。

3) 盘点货物

盘点是定期或不定期地对仓库的货品进行清点,比较实际库存与数据统表单的差异,提高库存数据的准确性。其目的在于:①确定现存量;②确认企业资产的损益;③核实商品管理成效。通过盘点可以发现作业与管理中存在的问题,并通过解决问题来改善作业流程和作业方式,提高人员素质和企业的管理水平。系统可以根据仓库区域生成盘点的计划,具体操作步骤如下。

(1) 仓管人员使用手持终端盘点机在指定仓库区对货位的货品进行盘点:扫描货位条码、货品条码,并输入货品盘点数量。

(2) 所有货品盘点完毕后,即可获得实际库存数量。同时产生系统库存与实际库存的差异报表。如果库存差异在可以接受的范围内,经管理人员确认后,系统按盘点结果更新库存数据,否则需要复盘处理。

（3）盘点完毕后,根据盘点的实际库存和账面物资进行对比,形成盘亏盘盈表。根据盘盈盘亏表进行盘盈入库和盘亏出库,使账面和实物相符。

4）移库管理

仓库对实物按库位进行管理,系统提供移库管理功能,可实现库位间的相互移动,以达到各库位间商品的准确性,为保管员发货提供方便。企业可以根据所需的要求进行移库操作,具体操作步骤如下。

（1）移库前,仓管员先确定要移库的货物,扫描相应的货物条形码,然后输入新的库位。

（2）移库时,工作人员扫描相应货物后点出,并将目的仓库输入计算机系统。

（3）移库后,仓管人员确定移库是否正确。如果不正确则要检查出错原因并做相应改正。

4. 物流条码在运输环节的应用

物流条码在运输环节的应用如下。

（1）运输车辆的调度和管理。通过在运输车辆上贴条码,并结合无线通信技术和 GIS、GPS,实现合理地调度和管理车辆。工作人员利用设备扫描车辆上的条码,录入车辆的信息后,在车辆运行过程中结合 GPS 可以进行实时监控,任务完成后系统会自动进行车辆的调度,大大提高车辆的管理效率。

（2）货物的跟踪和识别。利用条码技术和 GIS、GPS、通信系统的结合,当货物到达物流中心或中转站进行集装运输时,工作人员手持终端扫描货物上的条码,通过系统并结合网络技术,将货物信息反馈给发货单位,发货单位从而可以对货物进行实时跟踪。

5. 物流条码在配送环节的应用

在现代化配送中心的管理中,条码已被广泛应用。在所用到的条码中,除了商品的条码外,还有货位条码、装卸台条码、运输车条码等,涉及配送中心的业务处理中的收货、拣货、仓储、配货、补货等。

典型的配送中心的作业从收货开始。送货卡车到达后,叉车司机在卸车时用手持式扫描器识别所卸的货物,条码信息通过无线数据通信技术传给计算机,计算机向叉车司机发出作业指令,显示在叉车的移动式终端上,或者把货物送到某个库位存放,或者直接把货物送到捡货区或出库站台。在收货站台和仓库之间一般都有运输机系统,叉车把货物放到输送机上后,输送机上的固定式扫描器识别货物上的条码,计算机确定该货物的存放位置。输送机沿线的转载装置根据计算机的指令把货物转载到指定的巷道内。随即,巷道堆垛机把货物送到指定的库位。出库时,巷道堆垛机取出指定的托盘,由运输机系统送到出库台,叉车到出库台取货。首先用手持式扫描器识别货物上的条码,计算机随即向叉车司机提出作业指令,或者把货物直接送到出库站台,或者为捡货区补充货源。捡货员在手持式终端上输入订单号,计算机通过货架上的指示灯指出需要捡货的位置,捡货员用手持式扫描器识别货品上的条码,计算机确认无误后,在货架上显示出拣选的数量。捡出的货品放入货盘内,连同订单一起运到包装区。包装工人进行检验和包装后,将实时打印的包含发运信息的条码贴在包装箱上。包装箱在通过分拣机时,根据扫描器识别的条码信息被自动拨到相应的发运线上。

6. 物流条码流通加工环节的应用

通过对产品进行编码,并粘贴标签,当产品在加工线上流动时,通过流水线上的设备扫描,迅速地采集相关数据,可以进行产品在生产线上每一步骤的实时跟踪,找出生产的瓶颈,快速地统计和查询数据,为生产的调度、排单提供科学的依据。对于不合格品,可以迅速查询生产过程,找出原因,进行实行性分析,解决产品质量追溯问题。

彩色三维码

彩色三维码的全称是彩色图像三维矩阵,英文名 Colormobi,又称色码、三维码、三维彩色码、彩链。简单来说它是索引信息的一把钥匙,只需手机用 Colormobi 彩色码解读器扫描就能读取码内的信息,无论是文字、图片还是视频,都能在手机上快速浏览。

上海彩链(SMART ICON)信息科技有限公司于 2012 年年初正式成立,公司致力于以渠道溯源需求与移动信息服务为导向,创造并发展全新的移动网络服务模式,为社会公众信息创新服务市场建设完善、便捷而贴心的辅助服务环境。Colormobi 彩色三维码是公司的核心产品,其 32BIT 色彩识读解析技术与 Microsoft TAG 并列国际仅有的两项专利独有技术。在编码界面设计及信息编辑与数据互通管理上都处于国际高端的领先水平。

Colormobi 彩色三维码是在传统黑白二维码基础上发展而来的一种全新的图像信息矩阵产品。相比传统的黑点为"1",空白为"0"的二进制编码结构,彩色三维码已革新至由原有的平面矩阵二维,巧妙地利用构成色块识读逻辑基础的 RGBK 色系概念,组合与十六进制相对应的几何形体表示数值信息构成三维矩阵。它的原理是运用手机读取器向服务器发送索引资讯,在服务器上转换成 URL 资讯,然后跳转到相应的网页上。它的组合高达 28 京兆亿次,完全能满足各个领域的需求应用。它本身不是信息携带型码,它提供的是后台内容的快速指向和数据双向管理。

作为解决二维码技术和应用瓶颈而发展起来的新型矩阵技术,彩色三维码对手机摄像头的技术要求不高,即便支持普通摄像功能的中低端手机都能主动识别。彩色三维码从技术上来看是一个 5×5 的矩阵图,25 个矩阵单位各由四种相关性最大的单一颜色红、绿、蓝、黑组成,外框通过线条封闭。相比 QR 码技术,彩色三维码具有较高的容错能力,对图形和色彩设计的容忍范围更大,因此整体形态可以表现得十分丰富,可通过平面创意设计,将企业形象、品牌、服务及 CIS 标志融合其中,形成具有视觉意义的新 LOGO。

彩色三维码的应用范围极其广泛,可应用在商品溯源防伪、品牌衍生营销、品牌传播推广、综合信息服务、公共信息服务、票务验证服务、会务展览服务、会员管理服务、电商延伸服务、物流渠道管理、广告传媒服务、用户消费导航、商品电子标识、出版物延伸服务、影视发行延伸服务、医疗服务管理、食品溯源信息服务、企业商务管理、会议课件扩展、教育课件扩展、社区互动服务等方面。作为国内最大的互联网综合平台,腾讯率先在腾讯微博、CF、QQ 飞车、DNF 的赛事活动中应用了彩码技术。

资料来源:http://www.colormobi.com/.

世界进入"拍码时代"——用你的手机链接实物

听起来像科幻影片:想买房的人开车经过"此房出租"的招牌,停下车,掏出手机,启动"照相机"，对着招牌上的一个方形码按下 OK 键，手机屏幕上立即显示此房的"要价、卧室数、是否可以洗澡"等详尽细节。

　　"通过手机读取条码信息"这种技术的应用，在日本已经很普遍，在美国也蓄势待发，准备占领大街小巷。

　　手机读取印在物品表面的"条码"，再通过互联网找出对应这个"条码"的物品信息呈现在手机上。不管是一栋楼房，还是一棵古树，只要上面印有条码，并在互联网上有它的相关信息，就可以在手机屏幕上呈现与它相关的图片、文本材料甚至录像。

　　手机被很多人称为科技产品中的"瑞士军刀"。集合各种功能的它正引领"条码"潮流汹涌向前。

　　这时，手机变成了一个数字遥控器。"它是物质世界和虚拟世界的桥梁。"CBS 公司手机应用部门主管勒丁说。

　　在日本，走进麦当劳的客人可以用手机拍摄汉堡上的"方形码"来了解这个汉堡的营养成分。人们也可以拍摄刊登在杂志上的广告条码查看产品价目表。上飞机时也不再需要出示纸质飞机票，只要带着手机就行。

　　在美国，这门技术的应用步伐仿佛慢了一点。之所以晚日本一步，据很多广告公司分析，是因为"美国手机出厂时不安装相应的解码软件，要想给手机增加这个功能，还得亲自手动下载软件并安装"。

　　实际上，现在世界大多数国家和地区的人们，日常生活的大部分时间都不能浏览互联网，比如乘地铁、看电视、开车的时候。但是随着这种新技术的出现，现实和虚拟世界的这堵墙有望被推倒。

　　"使用了这种手机新技术，就不需要时不时打开计算机查看信息。"惠普英国实验室一位高级研究员说，"站在一栋大楼前，想知道关于它的一些信息，只需用手机照下大楼某处贴着的二维码就行。我们管这种'二维码'叫'实物超链接'。"

　　"现实中的任何一件事物，都与互联网虚拟世界某个角落里的信息有关联，包括我们自己以及我们坐的椅子和用的桌子。"美国 NeoMedia 科技集团首席执行官弗里茨说。这家公司正在致力于发展手机的解码功能。

　　这种"黑白方点马赛克图"的出现，让条码技术的应用前景更加光明，因为这种平面二维图所包含的信息远远多于传统的竖杠条码。

　　实际上，这种技术在美国的实验室里已经酝酿多年，随着越来越多的手机配备摄像头，这种二维码开始"走出实验室"，出现在超市商品的包装袋上。

　　虽然扫描日常物品的技术并非只能通过二维码，但这是最便宜、最方便、发展也最成熟的技术，普通人都可以用得起。

　　在日本，这种很有潜力的技术一直默默无闻，直到日本几家手机生产巨头开始把二维码的读码器嵌入出厂的手机里。现在，日本有数以百万计的人的手机具备"读码"功能，并且经常使用它解码广告牌、路标甚至三明治包装袋上的信息。

　　早在 20 世纪 90 年代末期，很多小公司就开始尝试生产一种专用的"解码设备"，用于拍摄简单的文字和广告图片，通过互联网搜索与此相关的详细信息，并呈现在"解码设备"上。但是事实证明，消费者对这种"专门"的设备缺乏热情。

　　随着手机的出现、普及和日渐强大，事情逐渐有了转机，这种新技术终于发现了最佳搭档。

　　尽管美国有 8400 万个家庭拥有手机，并且 1/3 有摄像头。但是如今，很少有人专门跑去下载软件读码。

　　在日本,人们则更适应这种"读码、解码的生活"。很多矗立在高速公路旁的广告牌上,醒目地印着二维码,大得可以让行驶中的人们用手机拍下来了解详细信息;医生也用这种二维码"写"处方,以便药剂师可以迅速拿药而不用一板一眼地研读;超市肉制品上印着二维码,用手机扫一下就可以得到保质期等详细信息,甚至还可以查到这块肉是哪家农场生产的。

　　最流行的一种用法是免除打印飞机票的麻烦,只要出示存有二维码的手机就可以搞定登机手续。日本 Nippon 航空公司的 1/10 乘客在飞国内航线时,就使用这种虚拟机票。

　　这种新技术,甚至允许手机读取计算机屏幕上的信息。急着出门的人可以把打开的网页的"网址"扫进手机,出门后在手机上继续阅读。MySpace(美国著名交友网站)的用户可以在个人主页上放一枚"二维码",亲朋好友就可以方便地将其扫入手机,路上慢慢品味更新的博客。

　　对于广告商来说,也有好消息。这种新方法可以用来检测他们投放的广告是不是有效:只需要数一下刊登在此处的二维码在网站上被"单击"多少次,就可以准确地知道广告宣传是否令人满意了。

　　对于传统媒体来说,这种技术也越来越风行。在英国,新闻集团报业公司(隶属于新闻集团)正在尝试在一些体育文章旁印一枚"二维码",读者可以方便地扫描"代码",把与该文章相配的视频文件下载到手机上观看。尽管前途无量,这种二维码的普及仍然需要时间和努力。"消费者们需要一个理由去使用二维码,"美国 Nextcode 条码公司首席执行官吉姆·列文说,"他们不会像刚睡醒一样,说'嘿,伙计们,让我们一起去扫扫二维码吧!'"

　　资料来源:电脑之家网.

📶 实训任务实施一

条码设计、打印和识读

1. 实训目标

(1) 掌握一维、二维条码的基本概念、条码分类和编码方法。

(2) 熟练掌握条码的生成、打印操作。

(3) 掌握条码识读设备的操作。

2. 实训要求

(1) 按照实训任务单,完成各项任务。

(2) 按照规范要求,提交实训报告。

(3) 遵守实训中心的纪律,爱护设备,实训认真,注意安全。

3. 实训准备

(1) 教师准备好实训任务书,讲清该任务实施的目标和条码知识要点。

(2) 实训中心准备好实训设备和条码生成、打印和检测软件。

(3) 学生根据任务目标通过教材和网络收集相关资料并做好知识准备。

(4) 根据任务要求,对学生进行分组,5～7人一组,设组长1名。

4. 实训任务

(1) 每组制作商品条码、储运单元条码、物流单元条码、PDF417 码和 QR 码各一张。

① EAN-13 码：要求打印内容为 690123456789，最后一位为系统自动生成的校验位。

② ITF-14 码：要求打印内容为 16922065711336。

③ UCC/EAN-128 码：要求打印内容为（01）16903128100250（13）150520（15）160519 表示贸易项目代码为 16903128100250，该产品包装日期为 2015 年 05 月 20 日，保质期到 2016 年 05 月 19 日。

④ PDF417 码：要求打印内容为自己的班级、姓名和学号。

⑤ QR 码：要求打印内容为自己的班级、姓名和学号。

（2）条码识读。

（3）撰写实训报告、制作 PPT 和汇报。

5. 实训操作

（1）打开 Zebradesigner。双击打开 Zebradesigner 条码软件，选中"创建新标签"，单击"完成"按钮。

（2）标签设置向导。在"选择打印机"窗体里单击"属性"，选中"ZDesigner 888-DT"，单击"下一步"按钮，如图 2-34 所示。

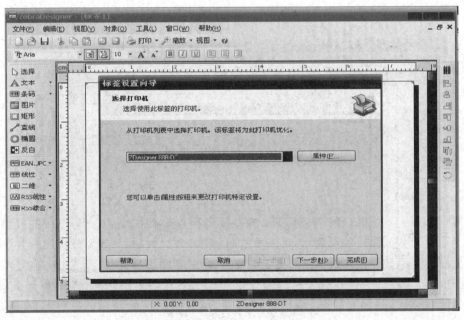

图 2-34　标签设置打印机选择界面

选择标签库的作用：预定义标签格式（标签库）可以加速标签设计。单击"下一步"按钮。

在"页面大小"设置窗体里选择所需的页面尺寸，可以选择"自动调整大小"或"页面大小"在其中设计条码的宽度、高度。单击"下一步"按钮。

在"标签布局"选择一个最符合要求的页面布局。根据设计条码标签的类型，选择条码打印方向"纵向"或"横向"，如图 2-35 所示。

在"标签尺寸"中设置标签版面尺度，选择合适的衡量单位。根据标签的大小设置"标签宽度""标签高度"等变量。

（3）标签设计。选择想设计的标签，例如，设计 EAN·UCC 类型条码，选择 EAN·UCC 条码，单击选中 EAN-13 码，单击右侧空白区，如图 2-36 所示。

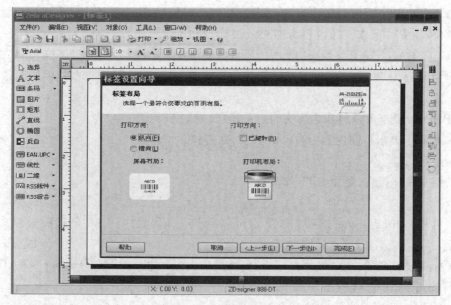

图 2-35　标签设置向导

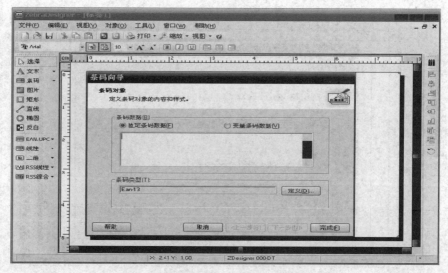

图 2-36　条码内容设计界面

单击"定义"按钮开始编辑条码,符号高度设置为 2.0cm,X 方向放大因子为 4,条码校验位选择"自动生成条码校验位",人眼可识别码选择"条码下方",单击"确定"按钮完成条码编辑,如图 2-37 所示。

(4) 条码标签代码的生成。单击选择"固定条码数据",输入自定义条码符号如"690123456789"12 位符号,单击"完成"按钮,如图 2-38 所示。然后,单击"文件"选择"打印",如图 2-39 所示。

(5) 按照上述步骤依次生成。ITF-14 码:要求打印内容为 16922065711336;UCC/EAN-128 码:要求打印内容为(01)16903128100250(13)150520(15)160519 表示贸易项目代码为16903128100250,该产品包装日期为 2015 年 05 月 20 日,保质期到 2016 年 05 月 19 日;PDF417 码:要求打印内容为自己的班级、姓名和学号;QR 码:要求打印内容为自己的班级、

图 2-37　条码类型选择界面

图 2-38　条码生成界面

姓名和学号。

（6）识读条码：对上述生成的条码使用条码扫描枪进行识读条码练习。

6. 撰写实训报告

由学生完成。

图 2-39　打印选择界面

7. 制作 PPT 和汇报

由学生完成。

8. 技能训练评价

完成实训后,填写技能训练评价表(见表 2-19)。

表 2-19　技能训练评价表

专业:		班级:		被考评小组成员:		
考评时间			考评地点			
考评内容			条码设计、打印和识读			
考评标准	内　　容		分值	小组互评 （50%）	教师评议 （50%）	考评得分
	实训过程中遵守纪律,礼仪符合要求,团队合作好		15			
	实训记录内容全面、真实、准确,PPT 制作规范,表达正确		15			
	条码生成、打印软件操作正确,按要求完成条码生成与打印任务		30			
	会条码扫描仪操作且正确		20			
	会使用条码识读设备对条码正确识读		20			
综合得分						

指导教师评语:

实训任务实施二

POS 系统前台收银模拟操作

1. 实训目标

(1) 了解零售业的运作流程,帮助学生理解物流供应链的"链"的概念。

(2) 认识 POS 系统的组成、结构,理解 POS 机的工作原理。

(3) 熟悉零售商末端的收银结算方法,掌握超市收银系统的各项操作。

2. 实训要求

(1) 按照实训任务单,完成各项任务。

(2) 按照规范要求,提交实训报告。

(3) 遵守实训中心的纪律,爱护设备,实训认真,注意安全。

3. 实训准备

(1) 教师准备好实训任务书,讲清该任务实施的目标和 POS 系统的知识要点。

(2) 实训中心准备好 POS 系统实训设备和商品。

(3) 学生根据任务目标通过教材和网络收集相关资料并做好知识准备。

(4) 根据任务要求,对学生进行分组,5~7 人一组,设组长 1 名。

4. 实训任务

熟悉"百威 9000 前台收银系统"的各项操作,包括系统登录、前台当班、前台收银、销售明细、前台交班、修改密码、数据交换、练习收银和前台盘店。

5. 实训操作

在安装有"百威 9000 商业管理系统"POS 产品的 Windows 桌面上双击"百威 9000 前台收银系统"图符,出现如图 2-40 所示的登录窗口。输入收银员编号和密码,按 Enter 键进入系统。

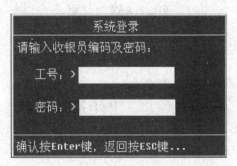

图 2-40 "百威 9000 商业管理系统"登录窗口

按照实训指导书,依次完成前台当班、前台收银、销售明细、前台交班、修改密码、数据交换、前台盘点等操作。

6. 撰写实训报告

由学生完成。

7. 制作 PPT 和汇报

由学生完成。

8. 技能训练评价

完成实训后,填写技能训练评价表(见表 2-20)。

表 2-20　技能训练评价表

专业:	班级:		被考评小组成员:		
考评时间			考评地点		
考评内容			POS 系统前台收银模拟操作		
考评标准	内　　容	分值	小组互评 (50%)	教师评议 (50%)	考评得分
	实训过程中遵守纪律,礼仪符合要求,团队合作好	15			
	POS 系统软件前台模拟操作正确,按要求完成实训任务	40			
	实训记录内容全面、真实、准确,实训报告撰写规范	15			
	PPT 制作规范,汇报语言清楚,概念表达正确	30			
综合得分					

指导教师评语:

任 务 小 结

　　本任务介绍了条码的起源与发展、条码的基础知识和识读原理,以及条码技术在物流领域中的应用,介绍了 GS1 系统。通过条码设备和模拟软件的操作,加深对条码技术的认识。

练 习 题

一、单选题

1. EAN-13 商品条码的前缀码是用来表示(　　　)的代码。
　　A. 商品项目　　　　　　　　　　　　B. 厂商
　　C. 各编码组织所在国家地区　　　　　D. 国际编码组织
2. EAN-13 商品条码的校验码由(　　　)位数字组成,用以校验条码的正误。
　　A. 1　　　　　　B. 2　　　　　　C. 3　　　　　　D. 4
3. EAN-13 码的编码必须遵循(　　　)原则。
　　A. 标准性、唯一性、简明性　　　　　B. 通用性、可扩展性、永久性
　　C. 唯一性、永久性、无含义　　　　　D. 唯一性、不变性、标准性
4. 条码识读器通常由光源、接收装置、(　　　)、译码电路和计算机接口组成。
　　A. 发射装置　　　　　　　　　　　　B. 数据库
　　C. 光电转换部件　　　　　　　　　　D. 天线
5. 条码阅读设备的分辨率是指在正确扫描时,检测读入的(　　　)。
　　A. 最窄条符的宽度　　　　　　　　　B. 有效工作范围
　　C. 条码信息物理长度值　　　　　　　D. 标签数与扫描标签总数的比值

6. 采用条码技术的误码率为(　　)。

    A. 三百分之一 　　　　　　　　　B. 万分之一

    C. 百万分之一 　　　　　　　　　D. 低于百万分之一

7. 条码扫描译码过程是(　　)。

    A. 光信号→数字信号→模拟电信号

    B. 光信号→模拟信号→数字信号

    C. 模拟电信号→光信号→数字信号

    D. 数字信号→光信号→模拟电信号

8. EAN/UCC-13 厂商识别代码由(　　)位数字组成,由中国物品编码中心负责分配和管理。

    A. 4~6 　　　　　　　　　　　　B. 7~9

    C. 8~10(EAN/UCC-8) 　　　　　D. 9~11

9. 条、空的(　　)颜色搭配可获得最大对比度,所以是最安全的条码符号颜色设计。

    A. 红白 　　　　B. 黑白 　　　　C. 蓝黑 　　　　　　D. 蓝白

10. 条码在物流中的作用是(　　)。

    A. 车辆定位 　　　　　　　　　　B. 货物名称识别

    C. 防伪标志 　　　　　　　　　　D. 所属货主的识别

二、判断题

1. 条码只在一个方向(一般是水平方向)表达信息,而在垂直方向不表达任何信息。

                                   (　　)

2. 编码中的"条"指对光线反射率较低的部分,"空"指对光线反射率较高的部分。 (　　)

3. 构成条码的基本单位是"条"和"空"。 (　　)

4. 接触式识读设备包括光笔与卡槽式条码扫描器;非接触式识读设备包括 CCD 扫描器、激光扫描器。 (　　)

5. 激光条码识读器可以识读常用的一维条码,还能识读行排式和矩阵式的二维条码。

                                   (　　)

6. 二维条码因穿孔、污损等引起局部损坏时,照样可以正确识读,损毁面积达 50% 仍可恢复信息。 (　　)

7. 条码技术的应用解决了数据录入和数据采集的瓶颈问题,为物流管理提供了有力的技术支持,并贯穿于物流管理的全过程。 (　　)

三、简答题

1. 简述条码的概念。

2. 简述 EAN-13 商品条码的结构和模块构成。

3. 简述条码识别系统的组成。

4. 简述二维条码与一维条码的区别。

5. 二维条码有哪两种? 各有哪些常用条码?

6. 二维条码有哪些特点? 主要应用在哪些方面?

7. 简述条码的识读原理。

四、案例分析

伊藤洋华堂是日本的知名超市型零售企业,取得今天的良好经营业绩与它在 1982 年以后进行的三次业务革新有关,其中 POS 系统的导入对华堂商场的影响是相当显著的。由于 POS 系统是通过扫描商品上的条码进行记账,减少了结算过程中的出错率,降低了工人的劳动强度;更重要的是 POS 数据能及时把握每个商品的销售动向,从而确定哪种商品是畅销商品或者是滞销商品,为管理层提供决策依据。同时,企业总部计算机可以对 POS 数据进行分析和处理,并结合时间、地点和天气情况把握各门店的销售特点、顾客特性和销售动向,从而针对性地制定各种销售政策。除此之外,还利用 POS 系统进行进货管理,大力改善与上游供应商的关系,形成紧密、协调一致的商品生产和配送管理团队,使商品能够在特定的时间送到指定的门店。

思考题:

1. 什么是 POS 系统?其销售过程是什么?

2. POS 系统的作用有哪些?

任务二   射频识别技术(RFID)应用

深圳远望谷铁路车号自动识系统

深圳远望谷为铁道部开发的 ATIS(铁路车号自动识别系统)是我国最早应用 RFID 的系统,可实时、准确无误地采集机车、车辆的运行状态数据,如机车车次、车号、状态、位置、去向和到发时间等信息,实时追踪机车车辆。目前,该系统已应用在全国 18 个铁路局、7 万多公里铁路线上,包括拥有自备铁路线和自备车辆的大企业,也广泛使用车号自动识别系统进行车辆运输和调度管理。

1. ATIS 系统的主要构成

(1) 货车/机车电子标签(TAG)。安装在机车、货车底部的中梁上,由微带天线、虚拟电源、反射调制器、编码器、微处理器和存储器组成。电子标签相当于每辆车的"身份证"。

(2) 地面识别系统(AEI)。由安装在轨道间的地面天线、车轮传感器及安装在探测机房的 RF 微波射频装置、读出计算机(工控机)等组成。对运行的列车及车辆进行准确识别。

(3) 集中管理系统(CPS)。车站主机房配置专门的计算机,把工控机传送来的信息通过集中管理系统进行处理、存储和转发。

(4) 铁道部中央数据库管理系统。全路标签编程站的总指挥部。把标签编程站申请的每批车号与中央车号数据库进行核对,对重车号则重新分配新车号。再向标签编程站返回批复的车号信息。即集中统一地处理、分配和批复车号信息,同时又是一个信息管理和信息查询中心,像人脑的中枢神经系统。

2. ATIS 为铁路运输带来的直接效益

ATIS 为铁路运输带来的直接效益主要体现在三个方面。

(1) 准确的货车占用费清算,避免了货车占用费的流失,每年可为铁道部增收近 3 亿元。

(2) 配合 5T 系统,根据车次、车号、车辆的端位对运行车辆进行故障准确预报和跟踪。举例来说,单 THDS(红外线轴温探测系统)一项,原来没有车次、车号信息,每年误扣、甩车数量高达 1 万辆(即 1 万列)以上,打乱行车秩序造成的经济效益无法估量。

（3）系统信息为列车实时追踪和电子确保系统提供了实时、准确的基础数据,有利于铁路现场管理和车辆调度,提高了铁路运输效率。过去,车号的抄录和汇总全靠口念、笔记、手抄的人工方式进行,错漏多、效率低,劳动强度大,由于漏抄车号造成了铁道部货车占用费的大量流失。此外,路用货车数量庞大,车辆分散于全国各地,铁道部每年都需要抽调大量人力、物力进行清查、盘点,耗时费力。

资料来源:RFID世界网.

思考题:

1. 什么是RFID?
2. 简述ATIS系统的主要构成。

任务知识储备

认识无线射频
识别技术

一、射频识别技术概述

（一）RFID技术的概念

RFID技术是21世纪发展最快的一项高科技技术,随着与传统网络的结合,RFID技术展现出巨大的市场应用潜力,被称为"物联网"和"第二代Internet"。RFID技术被列为21世纪十大重要技术项目之一。

射频识别是通过射频信号识别目标对象并获取相关数据信息的一种非接触式的自动识别技术(GB/T 18354—2006)。"非接触式"是指它可以通过无线电信号识别特定目标并读写相关数据,而无须识别系统与特定目标之间建立机械或光学的接触。其基本原理是利用射频信号通过空间耦合(交变磁场或电磁耦合)或雷达反射的传输特性,实现对被识别物体的自动识别。RFID技术可识别高速运动物体并可同时识别多个标签,操作快捷方便。

（二）RFID技术的发展历程

RFID直接继承了雷达的概念,并由此发展出一种生机勃勃的自动识别和数据采集(AIDC)新技术——RFID技术。1948年,哈里·斯托克曼发表的《利用反射功率的通信》奠定了射频识别的理论基础。射频识别技术的发展可按10年期划分如下。

1940—1950年:雷达的改进和应用催生了射频识别技术,1948年奠定了射频识别技术的理论基础。

1950—1960年:早期射频识别技术的探索阶段,主要处于实验室实验研究阶段。

1960—1970年:射频识别技术的理论得到了发展,开始了一些应用尝试。

1970—1980年:射频识别技术与产品研发处于一个大发展时期,各种射频识别技术测试得到加速,出现了一些最早的射频识别应用。

1980—1990年:射频识别技术及产品进入商业应用阶段,各种规模应用开始出现。

1990—2000年:射频识别技术标准化问题日趋得到重视,产品得到广泛采用。射频识别产品逐渐成为人们生活的一部分。

2000年至今:标准化问题日趋被人们所重视,射频识别产品种类更加丰富,有源电子标签、无源电子标签及半无源电子标签均得到发展,电子标签成本不断降低,规模应用行业扩大。

射频识别技术的理论得到丰富和完善。单芯片电子标签、多电子标签识读、无线可读可写、无源电子标签的远距离识别、适应高速移动物体的射频识别技术与产品正在成为现实并走向应用。

(三) RFID 技术国内外发展状况

RFID 技术在国外的发展较早也较快。尤其是在美国、英国、德国、瑞典、瑞士、日本、南非,目前均有较为成熟且先进的 RFID 系统。

其中,低频近距离 RFID 系统主要集中在 125kHz、13.56MHz,高频远距离 RFID 系统主要集中在 UHF 频段 915MHz、2.45GHz、5.8GHz。UHF 频段的远距离 RFID 系统在北美得到了很好的发展,欧洲则是有源 2.45GHz 系统得到了较多的应用。5.8GHz 系统在日本和欧洲均有较为成熟的有源 RFID 系统。

在 RFID 技术发展的前 10 年中,有关 RFID 技术的国际标准的研讨空前热烈,国际标准化组织 ISO/IEC 联合技术委员会 JTC1(Joint Technical Committee 1)下的 SC31 委员会成立了 RFID 标准化研究工作组 WG4。尤其是在 1999 年 10 月 1 日正式成立的,由美国麻省理工学院发起的 Auto-ID Center 非营利性组织,在规范 RFID 应用方面发挥的作用越来越明显。Auto-ID Center 所作的主要贡献如下。

(1) 提出产品电子代码(electronic product code,EPC)的概念及其格式规划,为简化电子标签芯片功能设计、降低电子标签成本、扩大 RFID 应用领域奠定了基础。

(2) 提出了实物互联网的概念及构架,为 EPC 进入互联网搭建了桥梁。

(3) 建立了开放性的国际自动识别技术应用公用技术研究平台,为推动低成本的 RFID 标签和读写器的标准化研究开创了条件。

我国在 RFID 技术的研究方面也发展很快,比较典型的是在中国铁路车号自动识别系统中,推出了完全拥有自主知识产权的远距离自动识别系统。

在近距离 RFID 应用方面,许多城市已经实现公交射频卡作为预付费电子车票应用,预付费电子饭卡等。

在 RFID 技术研究及产品开发方面,国内已具有了自主开发低频、高频与微波 RFID 电子标签与读写器的技术能力及系统集成能力。与国外 RFID 先进技术之间的差距主要体现在 RFID 芯片技术方面。2006 年 6 月 9 日以来,国家相继颁布了《中国射频识别技术政策白皮书》《800/900MHz 频段试运行规定》等相关政策,表明我国已经开始 RFID 的技术研发和标准制定,中国的 RFID 产业进入加速发展的轨道。

(四) RFID 技术的特点

(1) 快速扫描。传统条码识别技术一次只能有一个条码受到扫描;RFID 识读器可同时辨识读取数个 RFID 标签。

(2) 体积小型化、形状多样化。RFID 在读取上并不受尺寸大小与形状限制,不须为了读取精确度而配合纸张的固定尺寸和印刷品质。此外,RFID 标签更可往小型化与多样形态发展,以应用于不同产品。

(3) 抗污染能力和耐久性。传统条码的载体是纸张,因此容易受到污染,但 RFID 标签对水、油和化学药品等物质具有很强抵抗性。此外,由于条码是附于塑料袋或外包装纸箱上,所以特别容易受到折损;RFID 标签是将数据存在芯片中,因此可以免受污损。

(4) 可重复使用。现今的条码印刷上去之后就无法更改,RFID 标签则可以重复地新增、修改、删除 RFID 卷标内储存的数据,方便信息的更新。

（5）穿透性和无屏障阅读。在被覆盖的情况下，RFID能够穿透纸张、木材和塑料等非金属或非透明的材质，并能够进行穿透性通信。而条码扫描机必须在近距离而且没有物体阻挡的情况下，才可以辨读条码。

（6）数据的记忆容量大。一维条码的容量是50B，二维条码的最大容量可储存2710个数字字符，RFID标签最大的容量则有数兆字节。随着记忆载体的发展，数据容量也有不断扩大的趋势。未来物品所需携带的资料量会越来越大，对标签所能扩充容量的需求也相应增加。

（7）安全性高。由于RFID承载的是电子式信息，其数据内容可经由密码保护，使其内容不易被伪造。

（五）RFID系统的组成

RFID系统是由射频标签、识读器和计算机网络组成的自动识别系统。通常，识读器在一个区域发射能量形成电磁场，射频标签经过这个区域时检测到识读器的信号后发送存储的数据，识读器接收射频标签发送的信号，解码并校验数据的准确性以达到识别的目的。

在具体的应用过程中，根据不同的应用目的和应用环境，RFID系统的组成会有所不同。一个典型的可应用RFID系统一般由标签、读写器、天线和主机系统组成，如图2-41所示。

1. 标签

射频标签安装在被识别对象上，存储被识别对象的相关信息的电子装置。电子标签又称为射频标签、应答器、数据载体。

电子标签主要由存有识别代码的大规模集成线路芯片、收发天线和载体组成，组成如图2-42所示。芯片的内存用来保存ID等特定信息，天线用来接收和

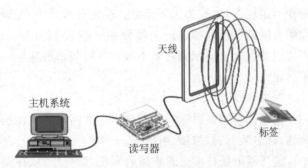

图 2-41　RFID系统的组成

发送信息及指令，载体用来安装和保护芯片及天线。每个RFID标签具有唯一的电子编码，附在物体上标识目标对象。电子标签携带电子产品编码，它记录每个物品的全球唯一标识，由1个版本号加上另外3段数据组成，位数有64位、96位和256位等多种格式。

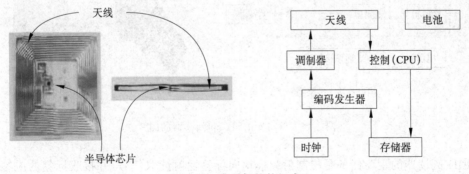

图 2-42　电子标签的组成

RFID标签分为主动标签和被动标签两种，如图2-43所示。主动标签自身带有电池供电，读/写距离较远，体积较大，与被动标签相比成本更高，也称为有源标签。这种标签一般具有较远的阅读距离，其不足之处是电池不能长久使用，能量耗尽后需更换。由于自带电源，主动标

签能在较高的频率下工作,如 455MHz、2.45GHz 及 5.8GHz 等,这取决于实际的识别距离和存储器需求。在这些频率下,读写器可以在 20~100m 内工作。

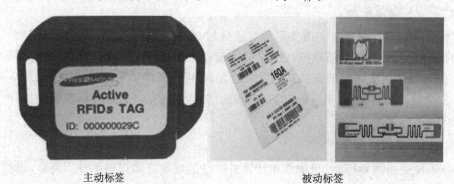

主动标签   被动标签

图 2-43   RFID 标签

被动标签在接收到阅读器(读出装置)发出的微波信号后,将部分微波能量转化为直流电供自己工作,一般可做到免维护、成本很低并具有很长的使用寿命,比主动标签更小也更轻,读写距离则较近,也称为无源标签。相比有源系统,无源系统在阅读距离及适应物体运动速度方面略有限制。被动标签的工作频率一般为 128kHz、13.6MHz、915MHz 及 2.4GHz 等,识别距离因此在几十厘米到几米不等。系统频率的选取一般由环境因素、传输介质及识别范围需求决定。

2. 读写器

射频读写器是射频识别系统中一种固定式或便携式自动识别与数据采集设备,又称为阅读器、读出装置、扫描器、通信器。

读写器的硬件部分通常由收发机、微处理器、存储器、外部传感器/执行器/报警器的输入/输出接口、通信接口以及电源等部件组成,如图 2-44 所示。

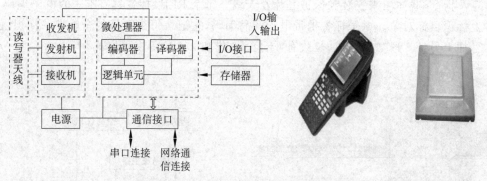

图 2-44   读写器的组成和阅读器的图片

RFID 阅读器的主要任务是控制射频模块向标签发射读取信号,并接收标签的应答,对标签的对象标识信息进行解码,将对象标识信息连带标签上其他相关信息传输到主机以供处理。

3. 天线

天线是 RFID 标签与读写器之间实现射频信号空间传播和建立无线通信连接的设备。RFID 系统中包括两类天线:一类是 RFID 标签上的天线;另一类是读写器天线,既可以内置于读写器中,也可以通过同轴电缆与读写器的射频输出端口相连。目前的天线产品多采用收发分离技术实现发射和接收功能的集成。

4．主机系统

主机系统是针对不同行业的特定需求而开发的应用软件系统，它可以有效地控制阅读器对标签信息的读写，并且对收到的目标信息进行集中统计与处理。

主机系统可以集成到现有的电子商务和电子政务平台，通过与 ERP、CRM 和 SCM 等系统集成，提高工作效率。

（六）RFID 技术的基本工作原理

RFID 技术的基本工作原理并不复杂，由阅读器通过发射天线发送特定频率的射频信号，当电子标签进入有效工作区域时产生感应电流，从而获得能量、电子标签被激活，使电子标签将自身编码信息通过内置射频天线发送出去；阅读器的接收天线接收到从标签发送来的调制信号，经天线调节器传送到阅读器信号处理模块，经解调和解码后将有效信息送至后台主机系统进行相关的处理；主机系统根据逻辑运算识别该标签的身份，针对不同的设定做出相应的处理和控制，最终发出指令信号控制阅读器完成相应的读写操作。RFID 技术的基本工作原理如图 2-45 所示。

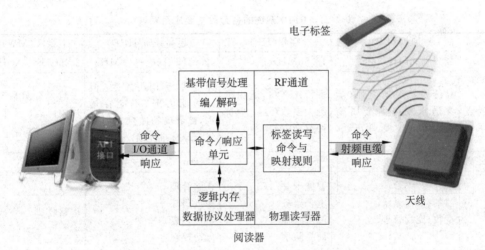

图 2-45　RFID 技术的基本工作原理

阅读器和电子标签之间的射频信号的耦合类型有两种：电感耦合和电磁反向散射耦合，如图 2-46 所示。

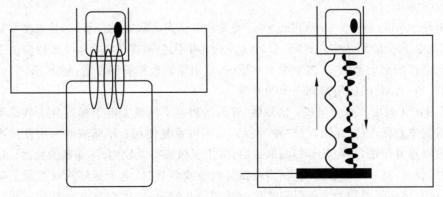

图 2-46　阅读器和电子标签之间的射频信号的耦合类型

（1）电感耦合。变压器模型,通过空间高频交变磁场实现耦合,依据的是电磁感应定律。电感耦合方式一般适合于中、低频工作的近距离射频识别系统,典型的工作频率有 125kHz、225kHz 和 13.56MHz,识别作用距离小于 1m,典型作用距离为 10～20cm。

（2）电磁反向散射耦合。发射出去的电磁波,碰到目标后反射,同时携带回目标信息,依据的是电磁波的空间传播规律。电磁反向散射耦合方式一般适合于高频、微波工作的远距离射频识别系统,典型的工作频率有 433MHz、915MHz、2.45GHz、5.8GHz,识别作用距离大于 1m,典型作用距离为 3～10m。

（七）RFID 系统的分类

按照不同的分类方法,RFID 系统有不同的分类。

1. 按照系统工作频率的不同划分

按照系统工作频率的不同,RFID 系统可以分为低频(low frequency,LF,30～300kHz)、高频(high frequency,HF,3～30MHz)、超高频(ultra high frequency,UHF,300～1000MHz)以及微波(micro wave,MW,2.45GHz、5.8GHz)系统。RFID 系统的各频段主要应用领域如表 2-21 所示。

表 2-21　RFID 系统的各频段主要应用领域

参　数	低频(LF)	高频(HF)	超高频(UHF)	微波(MW)
频率	125～134kHz	13.56MHz	433MHz、860～960MHz	2.45GHz、5.8GHz
技术特点	穿透及绕射能力强(能穿透水及绕射金属物质);但速度慢、距离近	性价比适中,适用于绝大多数环境;但抗冲突能力差	速度快、作用距离远;但穿透能力弱(不能穿透水,被金属物质全反射),且全球标准不统一	一般为有源系统,作用距离远;但抗干扰能力差
作用距离	<10cm	1～20cm	3～8m	>10m
主要应用	门禁、防盗系统 畜牧、宠物管理	智能卡 电子票务 图书管理 商品防伪	仓储管理 物流跟踪 航空包裹 自动控制	道路收费

2. 按照 RFID 系统完成功能的不同划分

按照 RFID 系统完成功能的不同,RFID 系统可以粗略地分为四种类型：EAS 系统、便携式数据采集系统、物流控制系统和定位系统。

1) EAS 系统

EAS(electronic article surveillance)系统又称电子商品防窃(盗)系统,是大型零售行业广泛采用的商品安全措施之一。EAS 于 20 世纪 60 年代中期在美国问世,最初应用于服装行业,现在已经扩展到全世界 80 多个国家和地区,应用领域也扩展到百货、超市、图书等行业,尤其在大型超市(仓储)的应用得到充分的开发。

EAS 系统主要由三部分组成：检测器、解码器和电子标签。电子标签分为软标签和硬标签,软标签成本较低,直接黏附在较"硬"商品上,不可重复使用;硬标签的一次性成本较软标签高,但可以重复使用,须配备专门的取钉器,多用于服装类柔软的、易穿透的物品。解码器多为非接触式设备,有一定的解码高度,当收银员收银或装袋时,电子标签无须接触消磁区域即可解码。也有将解码器和激光条码扫描仪合成到一起的设备,做到商品收款和解码一次性完成,方便收银员的工作,此种方式则须和激光条码供应商相配合,排除二者间的相互干扰,提高解码灵敏度。未经解码的商品带离商场,在经过检测器装置(多为门状)时,会触发报警,从而提醒收银人员、顾客和商场保安人员及时处理。

EAS 的工作原理:在超市的出口或者收银通道处设置检测器,检测器包括发射器和接收器,当发射器以特定的频率发出信号时,由接收器接收这一信号,进而产生一个监测的区域。当未经过收银员处理的 EAS 标签通过检测区域时,会造成干扰,接收器检测到这个干扰,就会触发声频报警。

市场上 EAS 采用的主流技术有两种:一种是射频技术;另一种是声磁技术。全球市场中采用射频技术的 EAS 系统约占 52%,采用声磁技术的 EAS 系统约占 30%。

(1) 射频技术。射频系统采用 RF 技术,中心频率为 8.2MHz,扫频宽度约 1MHz 的调制波,在发射机和接收机之间形成一个稳定的电场置于商场出口。标签由电感和电容组成谐振回路,频率约 8.2MHz。标签贴附于受保护的商品上,当商品被盗标签进入上述电场时,谐振回路的电感线圈感应到电波并在谐振点共振,使电场出现瞬间变化,该变化被接收机检测出来报警。

(2) 声磁技术。发射机发出射频(约 58kHz)脉冲信号,从而激活监视区域内的标签。脉冲结束时,标签将像音叉一样发射单一射频信号作响应。当发射机在脉冲间歇期关闭时,标签信号就能被接收机检测到。接收机对检测到的信号进行检验,以确保它具有正确的频率、与发射机在时间上同步、具有合适的信号级别并具有正确的重复率。如果所有这些标准都能满足,就会发出警报。

2) 便携式数据采集系统

便携式数据采集系统是使用带有 RFID 阅读器的手持式数据采集器采集 RFID 标签上的数据。这种系统具有比较大的灵活性,适用于不宜安装固定式 RFID 系统的应用环境。手持式阅读器(数据输入终端)可以在读取数据的同时,通过无线电波数据传输方式实时地向主计算机系统传输数据,也可以暂时将数据存储在阅读器中,再一批一批地向主计算机系统传输数据。

3) 物流控制系统

在物流控制系统中,固定布置的 RFID 阅读器分散布置在给定的区域,并且阅读器直接与数据管理信息系统相连,信号发射机是移动的,一般安装在移动的物体上面。当物体经过阅读器时,阅读器会自动扫描标签上的信息并把数据信息输入数据管理信息系统存储、分析、处理,达到控制物流的目的。

4) 定位系统

定位系统用于自动化加工系统中的定位以及对车辆、轮船等进行运行定位支持。阅读器放置在移动的车辆、轮船上或者自动化流水线中移动的物料、半成品、成品上,信号发射机嵌入操作环境的地表下面。信号发射机上存储有位置识别信息,阅读器一般通过无线的方式或者有线的方式连接到主机系统,如铁路车号自动识别、不停车收费等。

(八) RFID 主要技术标准体系

目前 RFID 存在三个主要的技术标准体系,总部设在美国麻省理工学院(MIT)的 Auto-ID Center(自动识别中心)、日本的 Ubiquitous ID Center(泛在 ID 中心,UIC)和 ISO 标准体系。

1. EPC Global

EPC Global 是由美国统一代码协会和国际物品编码协会于 2003 年 9 月共同成立的非营利性组织,其前身是 1999 年 10 月 1 日在美国麻省理工学院成立的非营利性组织 Auto-ID 中心。

Auto-ID 中心以创建"物联网"(internet of things)为使命,与众多成员企业共同制定一个统一的开放技术标准。它旗下有沃尔玛集团、英国 Tesco 等 100 多家欧美的零售流通企业,同时有国际商业机器公司(IBM)、微软、飞利浦、Auto-ID Lab 等公司提供技术研究支持。

目前 EPC Global 已在加拿大、日本、中国等国建立了分支机构,专门负责 EPC 码段在这些国家的分配与管理、EPC 相关技术标准的制定、EPC 相关技术在本国的宣传普及,以及推广应用等工作。

EPC Global"物联网"体系架构由 EPC 编码、EPC 标签及读写器、EPC 中间件、ONS 服务器和 EPCIS 服务器等部分构成。

EPC 赋予物品唯一的电子编码的位长通常为 64 位或 96 位,也可扩展为 256 位。对不同的应用规定有不同的编码格式,主要存放企业代码、商品代码和序列号等。最新的 GEN2 标准的 EPC 编码可兼容多种编码。

EPC 中间件对读取到的 EPC 编码进行过滤和容错等处理后,输入企业的业务系统。它通过定义与读写器的通用接口(API)实现与不同制造商的读写器兼容。

ONS 服务器根据 EPC 编码及用户需求进行解析,以确定与 EPC 编码相关的信息存放在哪个 EPCIS 服务器上。

EPCIS 服务器存储并提供与 EPC 相关的各种信息。这些信息通常以 PML 的格式存储,也可以存放于关系数据库中。

2. Ubiquitous ID

日本在电子标签方面的发展,始于 20 世纪 80 年代中期的实时嵌入式系统 TRON。T-Engine 是其中核心的体系架构。

在 T-Engine 论坛领导下,泛在 ID 中心于 2003 年 3 月成立,并得到日本政府经产省和总务省以及大企业的支持,目前包括索尼、三菱、日立、日电、东芝、夏普、富士通、NTT DoCoMo、KDDI、J-Phone、伊藤忠、大日本印刷、凸版印刷、理光等重量级企业。

泛在 ID 中心的泛在识别技术体系架构由泛在识别码(U-code)、信息系统服务器、泛在通信器和 U-code 解析服务器四部分构成。

U-code 采用 128 位记录信息,提供了 340×1036 编码空间,并可以以 128 位为单元进一步扩展至 256 位、384 位、512 位。U-code 能包容现有编码体系的元编码设计,可以兼容多种编码,包括 JAN、UPC、ISBN、IPv6 地址,甚至电话号码。U-code 标签具有多种形式,包括条码、射频标签、智能卡、有源芯片等。泛在 ID 中心把标签进行分类,设立了 9 个级别的不同认证标准。

信息系统服务器存储并提供与 U-code 相关的各种信息。

U-code 解析服务器确定与 U-code 相关的信息存放在哪个信息系统服务器上。U-code 解析服务器的通信协议为 U-codeRP 和 eTP,其中 eTP 是基于 eTron(PKI)的密码认证通信协议。

泛在通信器主要由 IC 标签、标签读写器和无线广域通信设备等部分构成,把读到的 U-code 送至 U-code 解析服务器,并从信息系统服务器获得有关信息。

3. ISO 标准体系

国际标准化组织(ISO)以及其他国际标准化机构如国际电工委员会(IEC)、国际电信联盟(ITU)等是 RFID 国际标准的主要制定机构。大部分 RFID 标准都是由 ISO(或与 IEC 联合组成)的技术委员会(TC)或分技术委员会(SC)制定的。

(九) RFID 的典型应用

近年来,RFID 技术因其所具备的远距离读取、高储存量等特性而备受瞩目。RFID 的典型应用在以下几个领域。

1. 高速公路自动收费及智能交通系统

高速公路自动收费及智能交通系统是射频识别技术最成功的应用之一。目前中国的高速公路发展非常快,地区经济发展的先决条件就是有便利的交通条件,而高速公路收费却存在一些问题:一是交通堵塞,在收费站口,许多车辆要停车排队交费,成为交通瓶颈问题;二是少数不法的收费员贪污收取的过路费,使国家蒙受了财政收入损失。REID 技术应用在高速公路自动收费上能够充分体现该技术的优势。在车辆高速通过收费站的同时自动完成缴费,解决了交通的瓶颈问题,提高了车行速度,避免了拥堵,提高了收费计算效率,同时可以解决收费员贪污收取过路费的问题。

2. 生产的自动化及过程控制

RFID 技术因其具有抗恶劣环境能力强、非接触识别等特点,在生产过程控制中有很多应用。通过在大型工厂的自动化流水作业线上使用 RFID 技术,实现了物料跟踪和生产过程自动控制、监视,提高了生产效率,改进了生产方式,降低了成本。在生产线的自动化及过程控制方面,德国 BMW 公司为保证汽车在流水线各位置准确地完成装配任务,将 RFID 技术应用在汽车装配线上。Motorola 公司则采用 RFID 技术的自动识别工序控制系统,满足了半导体生产对环境的特殊要求,同时提高了生产效率。

RFID 技术的应用领域

3. 车辆的自动识别以及防盗

通过建立采用 RFID 技术的自动车号识别系统,能够随时了解车辆的运行情况,不仅实现了车辆的自动跟踪管理,还可以大大减少发生事故的可能性,并且可以通过射频识别技术对车辆的主人进行有效验证,防止车辆偷盗发生,在车辆丢失以后可以有效寻找丢失的车辆。采用 RFID 技术可以对道路交通流量进行实时监控、统计、调度,还可以用作车辆闯红灯记录报警、被盗(可疑)车辆报警与跟踪、特殊车辆跟踪、肇事逃逸车辆排查等。据报道,英国计划在汽车上安装射频芯片,行驶超速时将被自动"举报"。

4. 电子票证

使用电子标签来代替各种"卡",实现非现金结算,解决了现金交易不方便、不安全以及以往的各种磁卡、IC 卡容易损坏等问题。同时电子标签用起来方便、快捷,还可以同时识别几张电子标签,并行收费。RFID 系统,特别是非接触 IC 卡(电子标签)应用潜力最大的领域之一就是公共交通领域。用电子标签作为电子车票,具有使用方便、可以缩短交易时间、降低运营成本等优势。

5. 货物跟踪管理及监控

RFID 技术为货物的跟踪管理及监控提供了方便、快捷、准确的自动化技术手段。以RFID 技术为核心的集装箱自动识别,成为全球范围内最大的货物跟踪管理应用。将记录有集装箱位置、物品类别、数量等数据的电子标签安装在集装箱上,借助 RFID 技术,可以确定集装箱在货场内的确切位置。系统还可以识别未被允许的集装箱移动,有利于管理和安全。

6. 仓储、配送等物流环节

将 RFID 技术应用于智能仓库货物管理,可以有效地解决仓库里与货物流动相关的信息的管理问题、监控货物信息、实时了解库存情况、自动识别货物、确定货物的位置。

7. 邮件、邮包的自动分拣系统

RFID 技术已经被成功应用到邮政领域的邮包自动分拣系统中,该系统具有非接触、非视线数据传输的特点,所以包裹传送中可以不考虑包裹的方向性问题。另外,当多个目标同时进入识别区域时,可以同时识别,大大提高了货物分拣能力和处理速度。另外,由于电子标签可以记录包裹的所有特征数据,更有利于提高邮包分拣的准确性。

8. 动物跟踪和管理

RFID 技术可以用于动物跟踪与管理。将用小玻璃封装的电子标签植于动物皮下,可以标识牲畜,监测动物健康状况等重要信息,为牧场的管理现代化提供了可靠的技术手段。在大型养殖场,可以通过采用 RFID 技术建立饲养档案、预防接种档案等,达到高效、自动化管理牲畜的目的,同时为食品安全提供保障。在动物的跟踪及管理方面,许多发达国家采用 RFID 技术,通过对牲畜的个体识别,保证在牲畜大规模疾病暴发期间对感染者的有效跟踪及对未感染者进行隔离控制。

9. 门禁保安

门禁保安系统可以应用电子标签实现一卡多用,比如做工作证、出入证、停车证、饭店住宿证甚至旅游护照等。使用电子标签可以有效地识别人员身份,进行安全管理以及高效收费,简化了出入手续,提高了工作效率,并且有效地进行了安全保护。人员出入时该系统会自动识别身份,非法闯入时会有报警。安全级别要求高的地方,还可以结合其他的识别方式,将指纹、掌纹或颜面特征存入电子标签。

10. 防伪

伪造问题在世界各地都是令人头疼的问题,现在应用的防伪技术如全息防伪等同样会被不法分子伪造。将 RFID 技术应用在防伪领域有它自身的技术优势,它具有成本低又很难伪造的优点。电子标签的成本相对便宜,且芯片的制造需要有昂贵的工厂,使伪造者望而却步。电子标签本身具有内存,可以储存、修改与产品有关的数据,利于进行真伪的鉴别。利用这种技术不用改变现行的数据管理体制,唯一的产品标识号完全可以做到与已用数据库体系兼容。

二、产品电子代码技术概述

20 世纪 70 年代,商品条码的出现引发了商业的第一次革命,一种全新的商业运作形式大大减轻了员工的劳动强度,顾客可以在一个全新的环境当中选购商品,商家也获得了巨大的经济效益。时至今日,几乎每个人都享受了条码技术带来的便捷和好处。21 世纪的今天,一种基于 RFID 技术的电子产品标签 EPC(electronic product code,产品电子代码)标签产生了,它将再次引发商业模式的变革,购物结账时,再也不必等售货员将商品一一取出、扫描条码、结账,而是在瞬间实现商品的自助式智能结账,人们称为 EPC 系统。EPC 系统是在计算机互联网的基础上,利用 RFID、无线数据通信等技术构造的一个覆盖世界上万事万物的实物互联网(internet of things)。

（一）EPC 的概念

EPC 是基于 RFID 和 Internet 的一项物流信息管理技术。EPC 通过给每一个实体对象分配一个全球唯一的代码来构建一个全球物品信息实时共享的实物互联网，可以实现对所有实体对象（包括零售商品、物流单元、集装箱、货运包装等）的唯一有效标识。

EPC 是 GS1 全球统一标识系统的重要组成部分。它能够提高物流效率、降低物流成本，是物品追踪、供应链管理、物流现代化的关键。

（二）EPC 技术的发展

1998 年，美国麻省理工学院（MIT）的 Sarma、Brock、Siu 创造性地提出将信息互联网络技术与 RFID 技术有机地结合，即利用全球统一的物品编码 EPC 作为物品标识，利用 RFID 实现自动化的"物品"与 Internet 的连接，无须借助特定系统，即可在任何时间、任何地点，实现对任何物品的识别与管理。

1999 年，由美国统一代码委员会和吉列、宝洁等组织与企业共同出资，在美国麻省理工学院成立 Auto-ID Center 的几年中，英国、澳大利亚、日本、瑞士、中国、韩国的 6 所著名大学相继加入 Auto-ID Center，对 EPC 系统相关研究实行分工合作，开展系统化研究，提出最初 EPC 系统构架由射频标签、识读器、Savant 软件、对象名称解析服务（ONS）、实体标记语言服务器（PML-Server）组成。

2003 年 11 月 1 日，国际物品编码组织出资正式接管 EPC 系统，并组成 EPC Global 进行全球推广与维护。

EPC Global 授权 EAN/UCC 在各国的编码组织成员负责本国的 EPC 工作，各国编码组织的主要职责是管理 EPC 注册和标准化工作，在当地推广 EPC 系统和提供技术支持以及培训 EPC 系统用户。在我国，EPC Global 授权中国物品编码中心作为唯一代表负责我国 EPC 系统的注册管理、维护及推广应用工作。EPC Global 于 2003 年 11 月 1 日将 Auto-ID 中心更名为 Auto-ID Lab，为 EPC Global 提供技术支持。

EPC Global 旨在改变整个世界，搭建一个可以在任何地方对任何事物进行自动识别的开放性的全球网络。在 EPC 系统中，通过无线数据通信网络把 RFID 标签中存储的 EPC 代码自动采集到中央信息系统，实现对物品的识别。进而通过开放的计算机网络实现信息交换和共享，实现对物品的透明化管理。

（三）EPC 的特点

1. 开放的结构系统

EPC 系统采用全球最大的公用的 Internet 网络系统。这就避免了系统的复杂性，同时也大大降低了系统的成本，并且有利于系统的增值。

2. 独立的平台与高度的互动性

EPC 系统识别的是十分广泛的实体对象，因此，不可能有哪一种技术适用所有的识别对象。同时，不同地区、不同国家的 RFID 技术标准也不相同。因此，开放的结构体系必须具有独立的平台和高度的交互操作性。EPC 系统网络建立在 Internet 网络系统上，并且可以与 Internet 网络所有可能的组成部分协同工作。

3. 灵活的可持续发展的系统

EPC 系统是一个灵活的开放的可持续发展的系统，在不替换原有系统的情况下就可以做到系统升级。

EPC 系统是一个全球的大系统,供应链的各个环节、各个节点、各个方面都可受益,但对低价值的识别对象,如食品、消费品等来说,它们对 EPC 系统引起的附加价格十分敏感。EPC 系统正在考虑通过本身技术的进步,进一步降低成本,同时通过系统的整体改进使供应链管理得到更好的应用,提高效益,以便抵消或降低附加价格。

(四) EPC 系统的组成

EPC 系统是一个先进的、综合性的、复杂的系统,如表 2-22 和图 2-47 所示。它由 EPC 的编码体系、RFID 系统及信息网络系统三个部分组成,主要包括六个方面:EPC 编码标准、EPC 标签、识读器、EPC 中间件、对象名称解析服务(ONS)和 EPC 信息服务(EPCIS)。

表 2-22　EPC 系统构成

系统构成	名　称	注　释
EPC 的编码体系	EPC 编码标准	识别目标的特定代码
RFID 系统	EPC 标签	贴在物品上或者内嵌在物品中
	识读器	识读 EPC 标签
信息网络系统	EPC 中间件	EPC 系统的软件支持系统
	对象名称解析服务(object naming service, ONS)	进行物品解析
	EPC 信息服务(EPCIS)	提供产品相关信息接口,采用可扩展标记语言(XML)进行信息描述

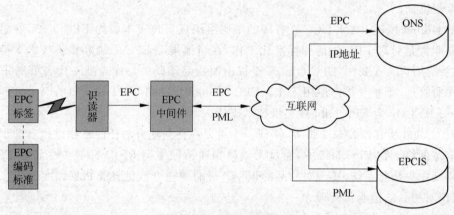

图 2-47　EPC 系统组成结构

1. EPC 编码标准

EPC 编码标准是新一代的与 GTIN 兼容的编码标准,它是全球统一标识系统的拓展和延伸,是全球统一标识系统的重要组成部分,是 EPC 系统的核心与关键。

1) EPC 编码的结构

电子产品编码是构成 EPC Global 网络中所有标准和接口的基本元素,是由一个标头字段加上另外三段数据(依次为 EPC 管理者代码、对象分类代码、序列号)组成的一组数字,其组成结构如表 2-23 所示。

表 2-23　EPC 编码的结构

标 头 字 段	管理者代码	对象分类代码	序 列 号
N 位	N 位	N 位	N 位

标头字段标识了 EPC 的类型,使 EPC 随后的码段具有不同的长度;管理者代码描述与此
EPC 相关的生产厂商的信息;对象分类代码记录产品精确类型的信息;序列号是货品的唯一
标识。这种电子产品编码在使用现有编码标准的同时保证了其通用性、唯一性、简单性和网络
寻址的效率。

(1) EPC 的标头字段(EPC header)。标头字段标识的是 EPC 的版本号。设计者采用版
本号标识 EPC 的结构,指出 EPC 中编码总位数和其他三部分中每部分的位数。EPC 已定义
的 7 个版本的编码结构如表 2-24 所示。

表 2-24　EPC 已定义的 7 个版本的编码结构

版　　本	类　　型	标 头 字 段	EPC 管理者	对 象 分 类	序　列　号
EPC-64	Type 1	2	21	17	24
	Type 2	2	15	13	34
	Type 3	2	26	13	23
EPC-96	Type 1	8	28	24	36
EPC-256	Type 1	8	32	56	160
	Type 2	8	64	56	128
	Type 3	8	128	56	64

3 个 64 位的 EPC 版本号只有两位,即 01、10、11。为了和 64 位的 EPC 相区别,所有长度
大于 64 位的 EPC 版本号的前两位须为 00,这样就定义了所有 96 位的 EPC 版本号开始的位
序列是 001。同样,所有长度大于 96 位的 EPC 的版本号的前三位是 000;同理,定义所有的
256 位 EPC 开始的位序列是 00001。

(2) EPC 管理者(EPC manager)。EPC 体系架构的设计原则之一是分布式架构,具体是
通过 EPC 管理者的概念来实现的。EPC 管理者是指那些得到电子产品编码分配机构授权的
组织,它们可以在授权的一个或多个编码段内自主地为各类实体指定编码,并负责保证该编码
段内编码的唯一性,以及维护对象域名解析系统中的记录。

在电子产品编码分配机构向 EPC 管理者授权时,首先为 EPC 管理者分配一个唯一代码,
即 EPC 管理者代码。一个 EPC 用户可以同时拥有多个 EPC 管理者代码,以此管理和维护多
个 EPC 编码段。在产品电子编码的定义中,EPC 管理者代码作为独立的一部分,可以通过产
品电子编码直接识别出 EPC 管理者的信息,以保证系统的可扩展性。

(3) 对象分类(object class)。对象分类部分用于一个产品电子码的分类编号,标识厂家
的产品种类。对于拥有特殊对象分类的编号者来说,对象分类编号的分配没有限制。但是
Auto-ID 中心建议第 0 号对象分类编号不要作为产品电子码的一部分来使用。

(4) 序列号(serial number)。序列号部分用于产品电子码的序列号编码。此编码只是简
单地填补序列号值的二进制。一个对象分类编号的拥有者对其序列号的分配没有限制,但是
Auto-ID 中心建议第 0 号序列号不要作为产品电子码的一部分来使用。

当前最常用的 EPC 编码标准采用的是 96 位数据结构。EPC-96 编码提供占有 8 个数字
位的版本号编码,28 位被分配给了具体的 EPC 管理者,24 位被用于标识产品具体的分类信
息,最后的 36 位序列具体地标识了具体的产品的个体。这样可以为 2.68 亿个公司提供唯一
标识,每个生产厂商可以有 1600 万个对象种类,并且每个对象种类可以有 680 亿个序列号,这
对未来世界所有产品而言已经够用了。

2）EPC 代码的特性

（1）科学性，结构明确，易于使用、维护。

（2）兼容性，EPC 编码标准与目前广泛应用的 EAN·UCC 编码标准是兼容的，GTIN 是 EPC 编码结构中的重要组成部分，目前广泛使用的 GTIN、SSCC、GLN 等都可以顺利转换到 EPC 中去。

（3）全面性，可在生产、流通、存储、结算、跟踪、召回等供应链的各环节全面应用。

（4）合理性，由 EPC Global、各国 EPC 管理机构、被标识物品的管理者分段管理、共同维护、统一应用。

（5）国际性，不以具体国家、企业为核心，编码标准全球协商一致。

（6）无歧视性，编码采用全数字形式，不受地方色彩、语言、经济水平、政治观点的限制。

2. EPC 标签

EPC 标签是产品电子代码的信息载体，主要由天线和芯片组成。EPC 标签中存储的唯一信息是 96 位或者 64 位产品电子代码。EPC 标签有主动型、被动型和半主动型三种类型。主动型标签有一个电池，这个电池为微芯片的电路运转提供能量，并向识读器发送信号（同蜂窝电话传送信号到基站的原理相同）；被动型标签没有电池，相反，它从识读器获得电能，识读器发送电磁波，在标签的天线中形成电流；半主动型标签用一个电池为微芯片的运转提供电能，但是发送信号和接收信号时却是从识读器处获得能量。为了降低成本，EPC 标签通常是被动式射频标签。

3. 识读器

识读器是用来识别 EPC 标签的电子装置，与信息系统相连实现数据的交换。识读器使用多种方式与 EPC 标签交换信息，近距离读取被动标签最常用的方法是电感耦合方式。只要靠近，盘绕识读器的天线与盘绕标签的天线之间就形成一个磁场。标签利用这个磁场发送电磁波给识读器，返回的电磁波被转换为数据信息，也就是标签中包含的 EPC 代码。

识读器的基本任务就是激活标签，与标签建立通信并且在应用软件和标签之间传送数据。EPC 识读器和网络之间不需要个人计算机作为过渡，所有的识读器之间的数据交换直接可以通过一个对等的网络服务器进行。

识读器的软件提供了网络连接能力，包括 Web 设置、动态更新、TCP/IP 识读器界面、内建兼容 SQL 的数据库引擎。

当前 EPC 系统尚处于测试阶段，EPC 识读器技术也还在发展完善之中。Auto-ID Labs 提出的 EPC 识读器工作频率为 860～960MHz。

4. EPC 中间件

EPC 中间件具有一系列特定属性的"程序模块"或"服务"，是加工和处理来自识读器的所有信息和事件流的软件，是连接识读器和企业应用程序的纽带，并被用户集成以满足他们的特定需求，EPC 中间件以前被称为 Savant。

每件产品都加上 RFID 标签之后，在产品的生产、运输和销售过程中，识读器将不断收到一连串的 EPC 码。整个过程中最为重要，同时也是最困难的环节就是传送和管理这些数据。自动识别产品技术中心于是开发了一种被称为 Savant 的软件技术，相当于该新式网络的神经系统。

每一个层次上的 Savant 系统将收集、存储和处理信息，并与其他的 Savant 系统进行交流，其主要任务是在将数据送往企业应用程序之前进行标签数据校对、识读器协调、数据传送、数据存储和任务管理。EPC 中间件组件及其与其他应用程序通信如图 2-48 所示。

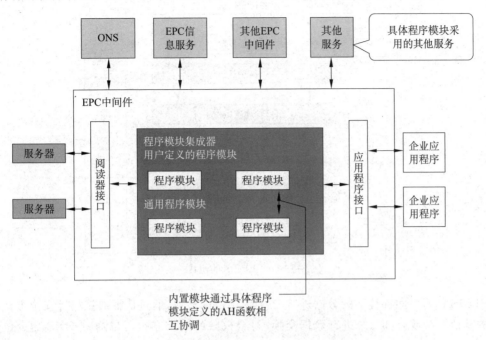

图 2-48　EPC 中间件组件及其与其他应用程序通信

5. ONS

ONS 的作用是将一个 EPC 映射成一个或多个 URL，通过这些 URL 可以查找到在 PML（产品标识语言）服务器上产品的详细信息，是联系前台 Savant 软件和后台 PML 服务器的枢纽，并且设计与架构都以互联网 DNS 为基础。

ONS 的工作过程如图 2-49 所示。实体标记语言（PML）是 EPC 系统中的通用语言，用来定义物理对象的数据。它以可扩展标志语言 XML 的语法为基础。PML 服务器内部存放了制造商生产的所有物品相关数据信息的 PML 文件。

6. EPCIS

EPCIS 是 EPC 网络中重要的一部分，利用单一标准的采集和分享信息的方式，为 EPC 数据提供一套标准的接口，各个行业和组织可以灵活应用。EPCIS 标准构架在全球互联网的基础上，支持强大的商业用例和客户利益，如包装箱追踪、产品鉴定、促销管理、行李追踪等。

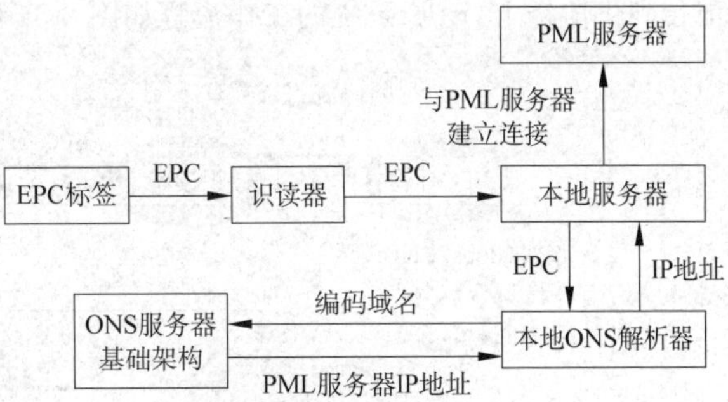

图 2-49　ONS 的工作过程

EPCIS 主要包括客户端模块、数据存储模块和数据查询模块 3 个部分，如图 2-50 所示。客户端模块主要实现物联网 EPC 标签信息向指定 EPCIS 服务器传输；数据存储模块将通用数据存储于数据库中，在产品信息初始化的过程中调用通用数据生成针对每一个产品的属性信息，并将其存储于 PML 文档中；数据查询模块根据客户端的查询要求和权限，访问相应的 PML 文档，生成 HTML 文档，返回给客户端。

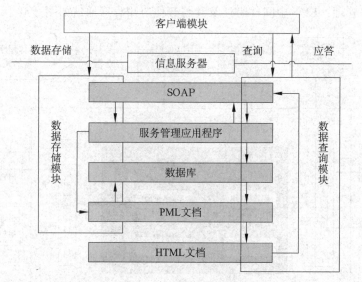

图 2-50 EPCIS 的组成

EPCIS 针对中间件传递的数据进行 EPCIS 标准的转换,通过认证或授权等安全方式与企业内的其他系统或外部系统进行数据交换,符合权限的请求方也可以通过 ONS 的定位向目标 EPCIS 进行查询。EPCIS 服务器通过发送 XML 文件与其他计算机或信息系统交换商品的信息文件。

(五)EPC 系统的工作流程

在由 EPC 标签、识读器、EPC 中间件、Internet、ONS、EPCIS,以及众多数据库组成的实物互联网中,识读器读出的 EPC 只是一个信息参考(指针),由这个信息参考从 Internet 找到 IP 地址并获取该地址中存放的相关的物品信息,并采用分布式的 EPC 中间件处理由识读器读取的一连串 EPC 信息。由于在标签上只有一个 EPC 代码,计算机需要知道与该 EPC 匹配的其他信息,就需要 ONS 提供一种自动化的网络数据库服务,EPC 中间件将 EPC 代码传给 ONS,ONS 指示 EPC 中间件到 EPCIS 查找,该文件可由 EPC 中间件复制,因而文件中的产品信息就能传到供应链上,EPC 系统的工作流程如图 2-51 所示。

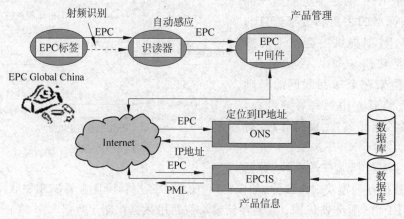

图 2-51 EPC 系统的工作流程

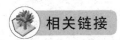

相关链接

沃尔玛全面推进 RFID/EPC 在供应链中的应用

30 多年来,沃尔玛力推的条码以及 POS 识别系统的应用,极大地提高了库存管理和供应链效率,有效地节省了时间和成本,形成了核心竞争力,从而一跃成为零售业界的翘楚,多年来稳坐第一的宝座。

从 1973 年美国统一编码协会建立了 UPC 条码系统以来,条码来到我们生活的每一个角落,便利店的商品上、快递公司的包裹上,甚至汽车零件的生产线上,条码随处可见。

今天,就像当年引领条码代替价格标签一样,沃尔玛期望历史重演,以 RFID 技术为支持的 EPC 可以再次缔造一个新的时代。沃尔玛于 2008 年年初对其供应商发出通知,要求他们在 2009 年 1 月 30 日前,在所有发往美国山姆会员店分销中心的产品包装箱应用 EPC 标签;在 2010 年 1 月 30 日之前,对所有单品应用 EPC 标签。RFID 的应用加速了沃尔玛物流系统的运转,如图 2-52 所示,从而提高从原材料到生产线、包装以及库存管理整个过程中产品信息的可见度。

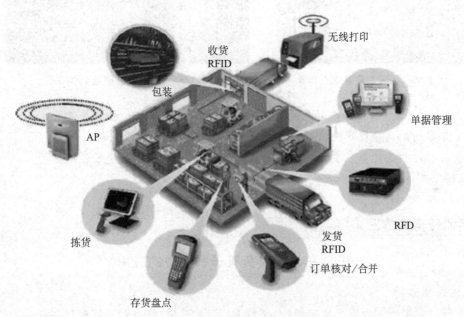

图 2-52　RFID 的应用加速物流系统运转

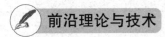

前沿理论与技术

麻省理工全新 RFID 技术,无人机管理大型仓库

麻省理工学院(MIT)最近研发了一种 RFIy 系统,该系统结合射频识别技术(RFID)和无人机技术,可让无人机在仓库中更加智能地进行库存管理,企业也可以使用体积更小且更安全的无人机在大型建筑当中寻找货物。据了解,这项技术兼容先行的 RFID 读取系统、软件和标签,并协助人们寻找和记忆库存,避免货物无故失踪的情况发生。无人机能在数十米距离外读出仓库库存货物的 RFID 标签,新的标签只有米粒大小,系统会对无人机的位置进行三角测量,将被扫描标签的定位控制在几英寸内。

　　虽然仓库密集,环境拥挤,但小型无人机依然可以自由飞行。MIT 研究人员使用 Parrot Bebop 2 无人机,规格仅为 32cm×38cm×9cm。不过受体积限制,无人机最多负重 200g。此外无人机搭载了 RFID 扫描器,因此机身被直接改装成信号中继器,作为 RFID 扫描器与标签之间的信号传输桥梁。无人机库存盘点作业如图 2-53 所示。

　　RFIy 系统利用无人机自动执行点算货物的程序,真正的技术成就在于减少无人机的各种信号干扰和误差,确保货物位置资讯及时和准确,提高效率,并兼容现成的 RFID 软件和硬件设备。在仓库中 RFID 标签已经开始替代条形码了,目的是帮助实现库存管理的自动化,并提高准确度。这种小巧的标签可被阅读器发射的无线电频率激活,应用空间相当广泛,比如作为可植入芯片植入宠物或人体。无人机准确地识别货品如图 2-54 所示。

图 2-53　无人机库存盘点作业　　　　　　图 2-54　无人机准确地识别货品

　　根据 MIT 的数据,目前美国全国零售业失踪的货物年均价值为 452 亿美元。RFIy 在防止记录与库存错配及寻找货物位置方面起到重大作用。若该产品能正式投入运用,除了能更有效地利用资源和满足客户要求之外,它还能促进物流业无人机派送服务的发展。

　　资料来源:http://www.21ic.com/.

💬 实训任务实施三

RFID 在超市收费管理系统中的应用

1. 实训目标

(1) 通过模拟超市收银的快速便捷,了解 RFID 的性质、特点和发展趋势。

(2) 熟悉 RFID 系统的组成部分:识读器、天线、中间件、相关应用软件。

(3) 通过 RFID 超市收费管理系统的使用,掌握 RFID 的工作流程。

(4) 学会运用 RFID 软件对标签的信息进行编辑、收费管理。

2. 实训要求

(1) 按照实训任务单完成各项任务。

(2) 按照规范要求提交实训报告。

(3) 遵守实训中心的纪律,爱护设备,实训认真,注意安全。

3. 实训准备

(1) 教师准备好实训任务书,讲清该任务实施的目标和 RFID 知识要点。

(2) 实训中心准备好实训设备和 RFID 超市收费管理系统。

(3) 学生根据任务目标,通过教材和网络收集相关资料并做好知识准备。

（4）根据任务安排对学生进行分组，每 5 人为一组，角色如下：收银员 1 名、顾客 2 人、出入口管理人员 1 人、理货员 1 人。

4. 实训任务

利用 RFID 超市管理系统，完成超市商品电子标签的读写、入出库和收费操作，掌握 RFID 的工作流程。

5. 实训操作

第一步，打开"rfid 超市收费系统 .exe"程序，提示"开读写器成功！"，如图 2-55 所示。

第二步，写入信息，单击"编辑"按钮，如图 2-56 所示。

图 2-55　打开程序提示界面　　　　　　　　　　图 2-56　写入信息界面

第三步，输入商品信息，单击"写入"按钮，EPC 码要求 9 位数字，如图 2-57 所示。提示写入成功，如图 2-58 所示。

第四步，选择标价签地址，即货架位置，单击"确定"按钮，设置完毕如图 2-59 所示。

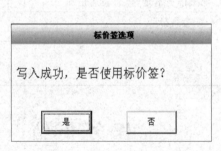

图 2-57　输入商品信息界面　　　图 2-58　提示写入成功界面　　　图 2-59　选择标价签
　　　　　　　　　　　　　　　　　　　　　　　　　　　　　　　　　地址界面

第五步，进行收银，单击"收银"→"开始计价"按钮，如图 2-60 所示。

第六步，结束计价如图 2-61 所示。

第七步，清除信息，重新开始计价。重复上述步骤。

6. 撰写实训报告

由学生完成。

7. 制作 PPT 和汇报

由学生完成。

图 2-60　进行收银界面　　　　　　　图 2-61　结束计价界面

8. 技能训练评价

完成实训后,填写技能训练评价表(见表 2-25)。

表 2-25　技能训练评价表

专业:	班级:		被考评小组成员:		
考评时间			考评地点		
考评内容		RFID 在超市收费管理系统中的应用			
考评标准	内　　容	分值	小组互评(50%)	教师评议(50%)	考评得分
	实训过程中遵守纪律,礼仪符合要求,团队合作好	15			
	RFID 超市系统软件模拟操作正确,按要求完成实训任务	40			
	实训记录内容全面、真实、准确,实训报告撰写规范	15			
	PPT 制作规范,汇报语言清楚,概念表达正确	30			
	综合得分				

指导教师评语:

任 务 小 结

本任务介绍了 RFID 的组成、分类、基本工作原理、标准体系和应用;介绍了 EPC 系统的组成、特点及其应用等内容。同时,学生进行了:①条码设计、打印和识读;②POS 系统前台销售收银操作;③RFID 超市管理系统实训。

练 习 题

一、单选题

1. 主动式标签和被动式标签的主要区别在于(　　　)。

A. 是否带电源　　　　　　　　　B. 电池供电方式

C. 价格的高低　　　　　　　　　D. 标签的大小

2. RFID 技术的低频系统和高频系统的主要区别在于(　　)。

A. 成本的高低　　　　　　　　　B. 频率的不同

C. 标签内存的大小　　　　　　　D. 阅读距离

3. 高频系统一般指其工作频率大于 400MHz,典型的工作频段不是(　　)MHz。

A. 915　　　　　B. 2450　　　　　C. 5800　　　　　D. 433

4. 在国内,不属于 RFID 技术的主要应用领域的是(　　)。

A. 仓储管理　　　　　　　　　　B. 各类防盗系统

C. 高速公路自动收费　　　　　　D. 物资跟踪

5. 目前一些先进的物流管理部门在信息采集时使用射频技术,可以主动发射存储信息,并具有较大的信息存储空间,这种设备是(　　)。

A. RFID　　　　B. GPS　　　　　C. GSM　　　　　D. GIS

6. EPC 系统包括全球产品 EPC 编码系统、RFID 系统和(　　)。

A. 电子数据交换系统　　　　　　B. 信息网络系统

C. 决策支持系统　　　　　　　　D. 调度跟踪系统

7. 不属于 RFID 高频系统的基本特点的是(　　)。

A. 阅读距离较远　　　　　　　　B. 电子标签成本高

C. 适应物体低速运动　　　　　　D. 阅读器成本高

8. RFID 系统通常由三部分组成:计算机网络系统、射频标签和(　　)。

A. 芯片　　　　B. 识读器　　　　C. 时钟　　　　　D. 天线

9. (　　)不是 RFID 技术的特点。

A. 全自动快速识别多目标　　　　B. 数据记忆量大

C. 应用面广　　　　　　　　　　D. 安全性能不高

10. RFID 技术的信息载体是(　　)。

A. 射频模块　　B. 射频标签　　　C. 读写模块　　　D. 天线

二、简答题

1. 简述 RFID 系统的组成。

2. 简述 RFID 技术的基本工作原理。

3. 根据 RFID 系统完成的功能不同,可以粗略地把 RFID 系统分成哪四种类型?

4. 简述 EPC 系统的组成。

三、案例分析

北京某商场以前经常出现商品丢失情况,造成了不必要的损失。经过领导层的多方协商,决定通过现代信息技术解决这一问题。于是引入 RFID 技术,建立了电子物品监视系统 EAS。引入 EAS 后,只有当商品被正常购买或合法移出时,商品才可以被取走,因此商场的监管人员减少了一半,贵重商品也不必要放在封闭的玻璃柜中,实现了所有商品开架销售。

思考题:

1. 通过 EAS 的组成、工作原理分析为什么 EAS 可以解决商品丢失问题?

2. 总结 EAS 对商场管理的改进有哪些。

项目三

信息传输技术应用

项目描述

信息的可传输性与时效性是信息的主要特征。有效信息的价值在不同的时间、场合,对不同的对象又有不同的意义,况且信息本身经过交换、引申、推导也会增值。利用各种技术将信息以特定的形式存储,并在其失效之前以更快、更便利的方式在需要的范围内传输与交换,可获取更大的信息价值。此外,物流信息的动态性和复杂性也决定了物流信息传输与交换的重要性。

在实践中,常见的物流信息传输与交换技术有计算机网络技术和 EDI 技术。本项目通过实际操作、角色扮演和理论讲解相结合的方式,介绍常见的局域网、无线网、互联网技术的应用,促进学生对 EDI 技术基础理论知识的理解和物流信息系统中 EDI 实际应用能力的提高。

项目目标

1. 知识目标

(1) 了解计算机网络的基本概念以及计算机网络的应用范围和发展前景。

(2) 了解网络类型的分类,以及各种网络类型的特点。

(3) 掌握 OSI 参考模型的优点、各层的功用。

(4) 掌握 TCP/IP 模型的四个分层,以及与 OSI 参考模型的关系。

(5) 初步掌握局域网的构建。

(6) 认识常见网络安全技术。

(7) 掌握 EDI 基础理论知识和当前 EDI 技术在物流信息系统中的实际应用。

(8) 了解当前物流企业的信息传输现状和发展趋势。

2. 技能目标

(1) 能够为物流企业构建办公自动化网络系统。

(2) 会使用常见的杀毒软件。

(3) 能够利用 EDI 技术实现物流信息的传输。

任务一　计算机网络技术应用

 引导案例

从顺丰速运看物流信息化管理

1993 年,顺丰诞生于广东顺德。作为国内领先的综合物流服务商,顺丰致力于成为独立

第三方行业解决方案的数据科技服务公司。经过多年的发展,顺丰建立了为客户提供一体化综合物流服务能力,不仅提供配送端的高质量物流服务,还向产业链上下游延伸,为行业客户提供贯穿采购、生产、流通、销售、售后的高效、稳定、敏捷的数字化、一体化的供应链解决方案,助力行业客户产业链升级。

顺丰以物流营运全部环节为主体逐步推进信息化路径,共有信息系统160多套,实现物流全部环节与配套环节的信息化管理。

1. 收派件环节应用信息化手段

顺丰速运在收派件环节应用电信无线分组交换技术GPRS,实现订单的自动派发和快件信息的上传,便于用户及时掌握快件的流转地理位置;应用电子签名技术,使客户识别签收人;还包括手持终端使用条形码识别技术、热敏打印技术、电子签名、手写识别技术以及可以预见的先进技术的接口等。

2. 信息化综合集成应用全面

顺丰坚持以科技提升服务,大力进行科技投入。由公司内部营运与IT人员组成团队研发,投入巨资,陆续实施上线了HHT手持终端、全/半自动分拣系统、呼叫中心、营运核心平台系统、客户关系管理系统、GPS全球定位系统和航空管理系统等先进的软硬件设施设备,率先在国内实现了对货物从下单到派送的全程监控、跟踪及查询,并全部采用全自动与半自动机械化操作,优化快件的操作流程。

通过运用手持式数据终端、全球卫星定位、全自动分拣等高科技手段,顺丰整合了包括航空货运、公路运输、铁路运输等多种运输方式,在不同运输方式的衔接环节保持运作调度、信息流转和操作标准的高度融合和协调一致,从而确保快件安全、快速地送达客户手中。同时,通过整合,使单位能耗逐步降低,为节能减排作出贡献。充分应用计算机技术、网络技术及相关的关系型数据库、条形码技术、EDI等技术,高度集成物流系统的各个环节,借助信息技术对生产过程进行运筹和决策,集中反映应用现代信息技术改造传统物流业的方法和趋势,通过物流信息化水平的提升推动物流业务的发展。

物流全过程业务信息系统包括对客户下单、上门收件、运输调度、储存保管、转运分拨、快件集散、流通加工、信息服务等诸多物流功能要素的数据收集与监管,且和项目实施方所处行业的运作体制、标准化、电子化及自动化等基础环境高度匹配。其中业务核心系统、客户核心系统、财务等信息系统均实现底层数据无缝对接,客户服务实现对客户管理系统的动态资源管理;收派服务环节应用GPRS通用无线分组业务;运输调度通过后台指挥中心实现对车辆全程车载监控、GPS定位功能;转运分拨实现全自动分拣和半自动分拣方式,并在实体到达之前对运单信息分析,提前知晓快件流向;派件采用电子签收、MSG服务。

3. 全生命周期管理效益显著

在信息化综合集成的基础上,顺丰根据物流快递的行业特性,提出了快件全生命周期的概念,据此进行信息化的模式创新。快件生命周期包括5个组成部分:客户环节、收派环节、仓储环节、运输环节和报关环节。目前,各个环节的信息化应用已经取得显著成效。

在客户环节,呼叫中心已经能够做到每一通呼叫都可记录对应的通话原因,每个客户投诉都有完整的处理流程。通过呼叫中心系统数据记录统计,已整理100个左右的解决方案,普通坐席人员可以很有信心地处理90%的客户来电,从而降低了呼叫中心员工的工作压力,提高了员工工作绩效,也为优秀员工提供了职业发展空间。

在收派环节,手持终端程序的最大优势就是减少人工操作中的差错和提高操作人员的工作效率,目前顺丰使用的第四代手持终端系统使收派员的工作效率提高了 20% 以上。

在仓储环节,顺丰的全自动分拣系统能连续、大批量地分拣货物并不受气候、时间、人的体力等限制,可以连续运行。自动分拣系统单位时间分拣件数多,每小时可分拣 7000 件包装商品,如用人工则每小时只能分拣 150 件左右,同时分拣人员也不能在这种劳动强度下连续工作 8 小时。而且,自动分拣系统的分拣误差率极低,分拣误差率主要取决于所输入分拣信息的准确性,顺丰的全自动分拣系统采用条形码扫描输入,除非条形码的印刷本身有差错或损坏,否则不会出错,系统识别准确率高达 99%。

在运输环节,GPS 对车辆的动态控制功能,完成了运输过程的透明化管理,可以对运输方案、车辆配置及时中止优化,运输成本综合降低 25%。

另外,在为电子商务客户服务方面,顺丰通过信息化与电子商务客户的系统实现对接,以安全、快速的客户体验赢得了电子商务企业与个人客户的逐步信赖,深刻地改变着网购快递的使用习惯,顺丰网购收入增长率超过 70%。

资料来源:https://wenku.baidu.com/.

思考题:
1. 什么是计算机网络?
2. 计算机网络为顺丰速运带来哪些效应?

➡ 任务知识储备

一、计算机网络概述

计算机网络是计算机技术与通信技术相结合的产物,它的诞生使计算机的体系结构发生了巨大变化。在当今社会发展中,计算机网络起着非常重要的作用,并对人类社会的进步作出了巨大贡献。

认识计算机网络

现在,计算机网络的应用遍布全世界各个领域,并已成为人们社会生活中不可缺少的重要组成部分。从某种意义上讲,计算机网络的发展水平不仅反映了一个国家的计算机科学和通信技术的水平,也是衡量其国力及现代化程度的重要标志之一。

(一)计算机网络的产生和发展

从 20 世纪 60 年代开始,计算机网络从简单到复杂、从单机到多机、由终端与计算机之间的通信演变到计算机与计算机之间的直接通信。计算机网络发展经历了以下 4 个阶段。

第一代计算机网络:20 世纪 50—60 年代,其特点是一个主机、多个终端。

第二代计算机网络:20 世纪 60—70 年代,其特点是分散管理、多个主机互联成系统。

第三代计算机网络:20 世纪 70 年代末至 90 年代初,其特点是标准化、开放化。

第四代计算机网络:20 世纪 90 年代至今,其特点是高速、综合、移动。

目前,全球以 Internet 为核心的高速计算机互联网络已经形成,Internet 已经成为人类最重要的、最大的知识宝库。网络互联和高速计算机网络就成为第四代计算机网络。其结构如图 3-1 所示。

(二)计算机网络的定义

到目前为止,计算机网络并没有一个确切的定义。可以简单地描述:计算机网络是通过

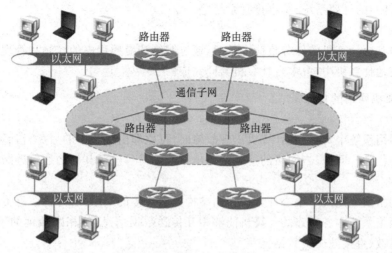

图 3-1　第四代计算机网络结构

通信线路连接起来的自治的计算机集合。该描述包括了以下三个方面的含义。

（1）必须有两台或两台以上、具有独立功能的计算机系统相互连接起来，以达到共享资源为目的。

（2）计算机互相通信交换信息，必须有一条通道。这条通道的连接是物理的，由物理介质来实现（如铜线、光纤、微波、卫星等）。

（3）计算机系统之间的信息交换，必须要遵守某种约定和规则。

以上从三个方面概括了计算机网络的基本内涵。因此，可以认为，计算机网络是把分布在不同地点，并具有独立功能的多个计算机系统通过通信设备和线路连接起来，在功能完善的网络软件和协议的管理下，以实现网络中资源共享为目标的系统。

（三）计算机网络的主要功能

1. 资源共享

（1）硬件资源，包括各种类型的计算机、大容量存储设备、计算机外部设备，如彩色打印机、静电绘图仪等。

（2）软件资源，包括各种应用软件、工具软件、系统开发所用的支撑软件、语言处理程序、数据库管理系统等。

（3）数据资源，包括数据库文件、数据库、办公文档资料、企业生产报表等。

（4）信道资源，通信信道可以理解为电信号的传输介质。通信信道的共享是计算机网络中最重要的共享资源之一。

2. 网络通信

通信通道可以传输各种类型的信息，包括数据信息和图形、图像、声音、视频流等各种多媒体信息。

3. 分布处理

把要处理的任务分散到各个计算机上运行，而不是集中在一台大型计算机上。这样，不仅可以降低软件设计的复杂性，还可以大大提高工作效率和降低成本。

4. 集中管理

对地理位置分散的组织和部门，可通过计算机网络来实现集中管理，如数据库情报检索系统、交通运输部门的订票系统、军事指挥系统等。

5. 均衡负荷

当网络中某台计算机的任务负荷太重时,通过网络和应用程序的控制和管理,将作业分散到网络中的其他计算机中,由多台计算机共同完成。

(四)计算机网络的特点

1. 可靠性

在一个网络系统中,当一台计算机出现故障时,可立即由系统中的另一台计算机来代替其完成所承担的任务。同样,当网络的一条链路出了故障时可选择其他的通信链路进行连接。

2. 高效性

计算机网络系统摆脱了中心计算机控制结构数据传输的局限性,并且信息传递迅速,系统实时性强。网络系统中各相连的计算机能够相互传送数据信息,使相距很远的用户之间能够即时、快速、高效、直接地交换数据。

3. 独立性

网络系统中各相连的计算机是相对独立的,它们之间的关系是既相互联系又相互独立。

4. 扩充性

在计算机网络系统中,人们能够很方便、灵活地接入新的计算机,从而达到扩充网络系统功能的目的。

5. 廉价性

计算机网络使微机用户也能够分享到大型机的功能特性,充分体现了网络系统的"群体"优势,能节省投资和降低成本。

6. 分布性

计算机网络能将分布在不同地理位置的计算机进行互联,可将大型、复杂的综合性问题实行分布式处理。

7. 易操作性

对计算机网络用户而言,掌握网络使用技术比掌握大型机使用技术简单,实用性也很强。

(五)计算机网络的应用

计算机网络技术的发展给传统的信息处理工作带来了革命性的变化,同时也给传统的管理带来了很大的冲击。目前,计算机网络的应用主要体现在以下几个方面。

1. 数字通信

数字通信是现代社会通信的主流,包括网络电话、可视图文系统、视频会议系统和电子邮件服务。

2. 分布式计算

分布式计算包括两个方面:一方面是将若干台计算机通过网络连接起来,将一个程序分散到各计算机上同时运行,然后把每一台计算机计算的结果进行汇总,得出结果;另一方面是通过计算机将需要大量计算的题目送到网络上的大型计算机中进行计算并返回结果。

3. 信息查询

信息查询是计算机网络提供资源共享的最好工具,通过"搜索引擎",用少量的"关键"词来概括归纳出这些信息内容,很快地把你所感兴趣的内容所在的网络地址一一罗列出来。

4. 远程教育

远程教育是利用 Internet 技术开发的现代在线服务系统,它充分发挥网络可以跨越空间和时间的特点,在网络平台上向学生提供各种与教育相关的信息,做到"任何人在任何时间、任何地点可以学习任何课程"。

5. 虚拟现实

虚拟现实是计算机软硬件技术、传感技术、机器人技术、人工智能及心理学等高速发展的结果。虚拟现实与传统的仿真技术都是对现实世界的模拟,两者都是基于模型的活动,而且都力图通过计算机及各类装置使现实世界尽可能精确地再现。随着计算机科学技术的飞速发展,虚拟现实技术与仿真技术必将在 21 世纪异彩纷呈,绚丽夺目。

6. 电子商务

广义的电子商务包括各行各业的电子业务、电子政务、电子医务、电子军务、电子教务、电子公务和电子家务等;狭义的电子商务是指人们利用电子化网络化手段进行的商务活动。

7. 办公自动化

办公自动化能实现办公活动的科学化、自动化,最大限度地提高工作质量、工作效率和改善工作环境。

8. 企业管理与决策

随着计算机网络的广泛应用,各类企业采用管理科学与信息技术相结合的方式,开发企业管理和决策信息系统,为企业管理和决策提供支持服务。目前,正在朝着开发"智能化"的决策支持系统的方向迅速发展。

二、计算机网络的基本组成与拓扑结构

(一)计算机网络的基本组成

计算机网络是一个非常复杂的系统,从系统组成的角度来说,计算机网络包括硬件系统与软件系统两大部分,网络硬件提供的是数据处理、数据传输和建立通信通道的物质基础,而网络软件是真正控制数据通信的,软件的各种网络功能需依赖硬件完成,二者缺一不可。

1. 计算机网络的硬件系统

计算机网络的硬件系统由计算机(主机、客户机、终端)、通信处理机(集线器、交换机、路由器)、通信线路(同轴电缆、双绞线、光纤)、信息变换设备(Modem、编码解码器)等构成,如图 3-2 所示。

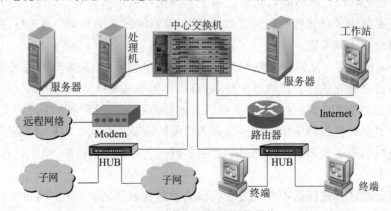

图 3-2 计算机网络的硬件系统

(1) 主计算机。在一般的局域网中,主机通常被称为服务器,是为客户提供各种服务的计算机,因此对其有一定的技术指标要求,特别是对其主、辅存储容量及其处理速度要求较高。根

据服务器在网络中所提供的服务不同,可将其划分为文件服务器、打印服务器、通信服务器等。

(2) 网络工作站。除服务器外,网络上的其余计算机主要是通过执行应用程序来完成工作任务的,这种计算机称为网络工作站或网络客户机,它是网络数据主要的发生场所和使用场所,用户主要是通过使用工作站来利用网络资源并完成自己作业的。

(3) 网络终端。网络终端是用户访问网络的界面,它可以通过主机联入网内,也可以通过通信控制处理机联入网内。

(4) 通信处理机。通信处理机一方面作为资源子网的主机、终端连接的接口,将主机和终端连入网内;另一方面作为通信子网中分组存储转发的节点,完成分组的接收、校验、存储和转发等功能。

(5) 通信线路。通信线路(链路)为通信处理机与通信处理机、通信处理机与主机之间提供通信信道。

(6) 信息变换设备。信息变换设备是对信号进行变换的设备,包括调制解调器、无线通信接收和发送器、用于光纤通信的编码解码器等。

2. 计算机网络的软件系统

在计算机网络系统中,除了各种网络硬件设备外,还必须具有网络软件。计算机网络的软件系统包括网络操作系统、网络协议软件、网络管理软件、网络通信软件、网络应用软件。

(1) 网络操作系统。网络操作系统是网络软件中最主要的软件,用于实现不同主机之间的用户通信,以及全网硬件和软件资源的共享,并向用户提供统一的、方便的网络接口,便于用户使用网络。目前网络操作系统有三大阵营: UNIX、NetWare 和 Windows。目前,我国最广泛使用的是 Windows 网络操作系统。

(2) 网络协议软件。网络协议是网络通信的数据传输规范,网络协议软件是用于实现网络协议功能的软件。目前,典型的网络协议软件有 TCP/IP 协议、IPX/SPX 协议、IEEE 802 标准协议系列等。其中,TCP/IP 是当前网络互联应用最为广泛的网络协议软件。

(3) 网络管理软件。网络管理软件是用来对网络资源进行管理以及对网络进行维护的软件,如性能管理、配置管理、故障管理、计费管理、安全管理、网络运行状态监视与统计等。

(4) 网络通信软件。网络通信软件是用于实现网络中各种设备之间进行通信的软件,使用户能够在不必详细了解通信控制规程的情况下,控制应用程序与多个站进行通信,并对大量的通信数据进行加工和管理。

(5) 网络应用软件。网络应用软件为网络用户提供服务,其最重要的特征是它研究的重点不是网络中各个独立的计算机本身的功能,而是如何实现网络特有的功能。

从系统功能的角度来讲,一个计算机网络又可分为通信子网和资源子网两大部分。

通信子网是指计算机网络中实现网络通信功能的设备及其软件的集合,通信线路、通信设备、网络通信协议、通信控制软件等都属于通信子网。它是网络的内层,负责信息的传输,是网络的重要组成部分。

资源子网是指计算机网络中实现资源共享的设备和软件的集合,主机和终端都属于资源子网。通信子网为资源子网提供信息传输服务,资源子网上用户之间的通信建立在通信子网的基础上。没有通信子网,网络不能工作;而没有资源子网,通信也就失去了意义。通信子网和资源子网共同组成了统一的资源共享的完善的网络。

通信子网和资源子网结构如图 3-3 所示。

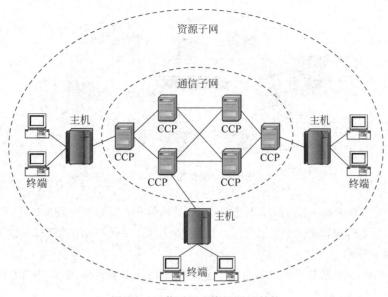

图 3-3 通信子网和资源子网结构

（二）计算机网络的拓扑结构

计算机网络的拓扑结构是指计算机网络中的通信线路和节点相互连接的几何排列方法和模式。拓扑结构影响整个网络的设计、功能、可靠性和通信费用等，是决定局域网性能优劣的重要因素之一。

计算机网络的拓扑结构主要有总线型拓扑结构、星型拓扑结构、树型拓扑结构、环型拓扑结构、网状拓扑结构。

1. 总线型拓扑结构

总线型拓扑结构是指所有结点共享一根传输总线，所有的站点都通过硬件接口连接在这根传输线上，如图 3-4 所示。

图 3-4 总线型拓扑结构

总线型拓扑结构的优点是结构简单，价格低廉、安装使用方便，其缺点是故障诊断和隔离比较困难。

2. 星型拓扑结构

星型拓扑结构是以中央节点为中心，把若干外围结点连接起来的辐射式互连结构，如图 3-5 所示。

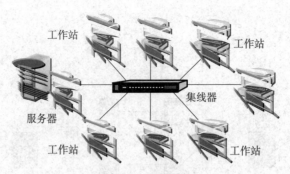

图 3-5　星型拓扑结构

　　星型拓扑结构的优点：单点故障不影响全网,结构简单；增删节点及维护管理容易；故障隔离和检测容易,延迟时间较短。其缺点是成本较高,资源利用率低；网络性能过于依赖中心节点。

　　3. 树型拓扑结构

　　树型拓扑结构是星型拓扑结构的扩展,由根节点和分支节点构成,如图 3-6 所示。

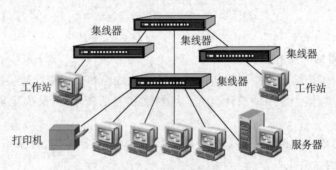

图 3-6　树型拓扑结构

　　树型拓扑结构的优点是结构比较简单、成本低、扩充节点方便灵活,其缺点是对根的依赖性大。

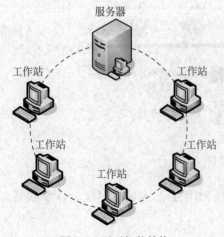

图 3-7　环型拓扑结构

　　4. 环型拓扑结构

　　环型拓扑结构将所有网络节点通过点到点通信线路连接成闭合环路,数据将沿一个方向逐站传送,每个节点的地位和作用相同,且每个节点都能获得执行控制权,如图 3-7 所示。

　　环型拓扑结构的显著特点是每个节点用户都与两个相邻节点用户相连。

　　环型拓扑结构的优点是简化路径选择控制、传输延迟固定、实时性强、可靠性高,其缺点是节点过多时影响传输效率,环某处断开会导致整个系统的失效,节点的加入和撤出过程复杂。

　　5. 网状拓扑结构

　　网状拓扑结构中的所有节点之间的连接是任意的,没有规律。实际存在与使用的广域网基本都采用网状拓扑结构,如图 3-8 所示。

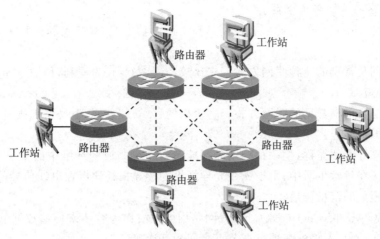

图 3-8　网状拓扑结构

网状拓扑结构的优点是具有较高的可靠性。某一线路或节点有故障时,不会影响整个网络的工作。缺点是结构复杂,需要路由选择和流量控制功能,网络控制软件复杂,硬件成本较高,不易管理和维护。

三、计算机网络的分类

由于计算机网络自身的特点,其分类方法有多种。根据不同的分类原则,计算机网络可以分成不同的类型。

1. 根据网络连接的地理范围分类

根据网络连接的地理范围可将计算机网络分成局域网(local area network,LAN)、城域网(metropolitan area network,MAN)、广域网(wide area network,WAN)3 种类型。

(1) 局域网。局域网是指连接近距离的计算机组成的网络,其分布范围一般在几米至几千米。局域网最大的特点是分布范围小、布线简单、使用灵活、通信速度也比较快、可靠性强、传输中误码率较低。

(2) 城域网。城域网介于局域网与广域网之间,是使用于一个地区、一个城市或一个行业系统的网络,其分布范围一般在十几千米至上百千米。

(3) 广域网。广域网是指连接远距离的计算机组成的网络,其分布范围一般在几千千米至上万千米,甚至于跨国界、洲际。比如因特网是一个典型的广域网,它的分布横贯世界各大洲,形成一个庞大的全球性网络,可以利用它查阅各国图书馆的资料,也可以坐在家里浏览各国名胜古迹,了解各民族文化、风土人情等。

3 种网络类型的比较如表 3-1 所示。

表 3-1　3 种网络类型的比较

网络类型	范　　围	传输速度	成　本
局域网	几米至几千米,同一栋建筑物内	快	便宜
城域网	十几千米至上百千米,同一城市内	中等	昂贵
广域网	几千千米至上万千米,可跨越国家或洲界	慢	昂贵

2. 根据网络的传输介质分类

(1) 有线网(wired network)。有线网是指采用同轴电缆、双绞线和光纤来连接的计算机网络。

同轴电缆网是常见的一种联网方式。它比较经济,安装较为便利,传输率和抗干扰能力一般,传输距离较短。

双绞线网是目前最常见的联网方式。它价格便宜,安装方便,但易受干扰,传输率较低,传输距离比同轴电缆要短。

光纤是光导纤维的简称,是一种利用光在玻璃或塑料制成的纤维中的全反射原理而达成的光传导工具。在日常生活中,由于光在光导纤维的传导损耗比电在电线传导的损耗低得多,光纤被用作长距离的信息传递。

(2) 无线网(wireless network)。无线网是用电磁波作为载体来传输数据的网络,普遍和电信网络结合在一起,不需电缆即可在节点之间相互连接。

四、计算机网络的体系结构

(一) 网络体系结构的相关概念

计算机网络体系结构是对复杂网络系统的逻辑抽象,是系统、实体、层次、协议的集合,是计算机网络及其部件所应完成功能的精确定义。这样便于实现网络系统的交流、升级、标准化与互联。它是将整个网络进行层次划分构造成纵向和横向结构关系,纵向的网络层次通过层间的接口进行联系,横向的对等层实体间通信协议实现联系。目前主要有两种模型:一种是理论标准模型 OSI/RM 参考模型;另一种是实际应用模型 TCP/IP 协议栈模型。

1. 网络层次结构

为了简化计算机网络的复杂性,网络系统功能被分解为不同层次。通常将系统中能提供某种或某类型服务功能的逻辑构造称为层。每一层都建立在它的下层的基础上,不同的网络中,层次的数量、各层的名字、内容和功能也不尽相同。但是所有的网络中,每一层的目的都是向它的上一层提供一定的服务,而把如何实现这一服务的细节对上一层加以屏蔽。计算机网络体系结构中存在两种关系:一种是纵向的上下层之间的服务关系;另一种是横向的对等层之间的通信关系。事实上,计算机网络体系结构是网络层次结构和相关协议的集合。

2. 实体

每一层中的活动元素称为实体。可以是软件实体(如进程),也可以是硬件实体(如 I/O 芯片)。不同机器的同一层实体称为对等层实体。

3. 服务

服务是每一层向上一层提供的一组操作。通过服务原语实现相邻层之间上一层使用下一层的服务。

4. 接口

接口是相邻层之间进行信息交换的界面,它定义了低层向高层提供的原始操作和服务。

5. 协议

协议是对等层实体进行通信交换信息所规定的一套规则集合。

(1) 语法:规定如何进行通信,即对通信双方采用的数据格式、编码等进行定义。

(2) 语义:规定用于协调双方动作的信息及其含义,它是发出的命令请求、完成的动作和返回的响应组成的集合,即对发出的请求、执行的动作以及对方的应答做出解释。

（3）时序：规定事件实现顺序的详细说明，即确定通信状态的变化和过程，如通信双方的应答关系，是采用同步传输还是异步传输等。

6. 数据单元

数据单元是层间或对等实体间传送的数据组。经每一层的服务访问点传送的数据组称为接口数据单元（interface data unit，IDU）；经协议传送的数据组称为协议数据单元（protocol data unit，PDU）。N 层实体经 N 协议通过网络传送到对等 N 层实体，并提交给 $N+1$ 层的数据组称为 N 层服务数据单元，也就是 $N+1$ 层的 PDU。

（二）OSI/RM 模型

OSI/RM（open system interconnection/reference model）即开放系统互联参考模型，一般都叫 OSI 参考模型，是国际标准化组织（ISO）在 1985 年研究的网络互联模型。OSI 参考模型是一种具有指导作用的抽象模型，并不是计算机网络协议的具体实现实例。在 OSI 参考模型的基础上，计算机网络协议的具体实现还有很多灵活性和可扩展空间。

1. OSI/RM 模型的层次结构及功能

OSI 参考模型只给出了一些原则性的说明，并不是一个真正具体的网络，它将网络划分为7 个层次：物理层、数据链路层、网络层、传输层、会话层、表示层和应用层，如图 3-9 所示。

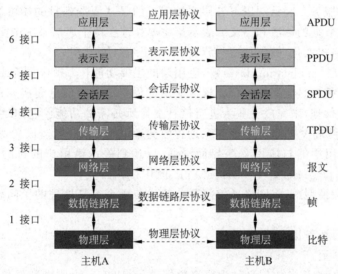

图 3-9 OSI 参考模型

各层功能概括如下。

第1层：物理层（physical layer）。物理层的主要功能：定义了系统的电气、机械、过程和功能标准，如电压、物理数据速率、最大传输距离、物理联接器和其他的类似特性利用传输介质为数据链路层提供物理连接，负责数据流的物理传输工作。物理层传输的基本单位是比特流，即 0 和 1，也就是最基本的电信号或光信号。物理层常用设备有集线器、中继器、调制解调器、网线、双绞线、同轴电缆。

第2层：数据链路层（data link layer）。数据链路层的主要功能：在通信实体间建立数据链路连接，传输的基本单位为帧，并为网络层提供差错控制和流量控制服务，本层指定拓扑结构并提供硬件寻址。数据链路层由 MAC（介质访问控制子层）和 LLC（逻辑链路控制子层）组成，常用设备有网卡、网桥、交换机。

第3层：网络层(network layer)。网络层的主要功能：通过寻址来建立两个节点之间的连接，为源端的运输层送来的分组选择合适的路由和交换节点，正确无误地按照地址传送给目的端的运输层。它包括通过互联网络来路由和中继数据；除了选择路由之外，网络层还负责建立和维护连接，控制网络上的拥塞以及在必要的时候生成计费信息。网络层提供的服务有面向连接的服务和面向无连接的服务两种，常用设备有路由器。

第4层：传输层(transport layer)。传输层的主要功能：网络体系结构中高低层之间衔接的一个接口层。传输层主要为用户提供 End to End(端到端)服务，处理数据报错误、数据包次序等传输问题。传输层是计算机通信体系结构中的关键一层，它向高层屏蔽了下层数据的通信细节，使用户完全不用考虑物理层、数据链路层和网络层工作的详细情况。传输层使用网络层提供的网络连接服务，依据系统需求可以选择数据传输时使用面向连接的服务或是面向无连接的服务。

第5层：会话层(session layer)。会话层的主要功能：在两个节点之间建立端连接，为端系统的应用程序提供了对话控制机制。会话层在应用进程中建立、管理和终止会话。会话层还可以通过对话控制来决定使用何种通信方式，是全双工通信或半双工通信。会话层通过自身协议对请求与应答进行协调。

第6层：表示层(presentation layer)。表示层的主要功能：为在应用过程之间传送的信息提供表示方法的服务。表示层以下各层主要完成的是从源端到目的端可靠地的数据传送，更关心的是所传送数据的语法和语义。表示层主要处理在两个通信系统中交换信息的表示方式，主要包括数据格式变化、数据加密与解密、数据压缩与解压等。

第7层：应用层(application layer)。应用层的主要功能：为操作系统或网络应用程序提供访问网络服务的接口。应用层不仅要提供应用进程所需要的信息交换和远程操作，还要作为应用进程的用户代理，来完成一些为进行信息交换所必需的功能。它包括文件传送访问和管理 FTAM、虚拟终端 VT、事务处理 TP、远程数据库访问 RDA、制造报文规范 MMS、目录服务 DS 等协议；应用层能与应用程序界面沟通，以达到展示给用户的目的。常见的协议有HTTP、HTTPS、FTP、TELNET、SSH、SMTP、POP3 等。

总之，OSI 参考模型中，将网络通信问题分解成若干个容易处理的子问题，然后各层逐个加以解决。

2. OSI/RM 的数据传输

1) 数据传输单元

在 OSI/RM 中，被传送的信息称为协议数据单元(PDU)，由服务数据单元和协议控制信息组成。

(1) 服务数据单元(service data unit, SDU)：用户数据，是上一层传下来的数据单元。

(2) 协议控制信息(protocol control information, PCI)：本层的控制信息，用来协调本层对等实体之间的通信。

PDU、PCI 和接口控制信息(interface control information, ICI)共同组成了接口数据单元(interface data unit, IDU)。下层接收到 IDU 后，从 IDU 中去掉 ICI，这时的数据包被称为SDU；随着 SDU 一层层向下传送，每一层都要加入自己的信息。当 SDU 较长时，要分成几段，每段加上本层的控制信息，构成多个 PDU。

2) 数据传输过程

在 OSI 中，数据传输的源点和终点要具备 OSI 参考模型中的 7 层功能，图 3-10 表示系统A 与系统 B 通信时数据传输的过程。

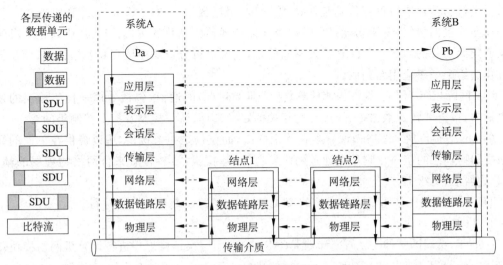

图 3-10 数据传输过程

（三）TCP/IP 模型

1. TCP/IP 模型结构

TCP/IP 模型结构是当前世界最大的、开放的互联网的体系结构，是 Internet 由众多网络相互连接而成的特定的计算机网络，通过 TCP/IP 协议族使世界各地的计算机用户共享信息资源。TCP/IP 是 Internet 的核心协议。在 TCP/IP 模型中，网络划分四层体系结构，自低向上分为网络接口层、网际层（或网络层）、传输层（或运输层）和应用层。TCP/IP 模型的结构与 OSI 参考模型的结构的对应关系如图 3-11 所示。

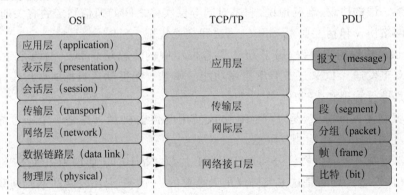

图 3-11 TCP/IP 模型的结构与 OSI 参考模型的结构的对应关系

2. TCP/IP 模型各层的功能

（1）应用层：是 TCP/IP 参考模型的最高层，它向用户提供一些常用应用程序，如电子邮件等。应用层包括了所有的高层协议，并且总是不断有新的协议加入。应用层协议主要有：网络终端协议 TELNET，用于实现互联网中的远程登录功能；文件传输协议 FTP，用于实现互联网中交互式文件传输功能；简单电子邮件协议 SMTP，用于实现互联网中电子邮件发送功能；域名服务 DNS，用于实现网络设备名字到 IP 地址映射的网络服务；网络文件系统 NFS，用于网络中不同主机间的文件系统共享。

（2）传输层（TCP 层）：提供可靠的端到端数据传输，确保源主机传送分组到达并正确到达目标主机。传输层协议有传输控制协议 TCP,用户数据报协议 UDP。TCP 协议是一种可靠的面向连接的协议,主要功能是保证信息无差错地传输到目的主机。UDP 协议是一种不可靠的面向无连接的协议,与 TCP 协议不同的是,它不进行分组顺序检查和差错控制,而是把这些工作交给上一级应用层完成。

(3) 网际层(IP 层):负责相邻计算之间(即点到点)的通信,包括处理来自传输层的发送分组请求,检查并转发数据报,处理与此相关的路径选择、流量控制及拥塞控制等问题。

(4) 网络接口层:严格来说它不是一个层次,而仅仅是一个接口,用以提供在下面的数据链路层和物理层的接口。它负责通过网络发送 IP 数据报,或者接收来自网络物理层的帧,转为 IP 数据报,交给 IP 层。

TCP/IP 协议也采用对等层通信的模式,封装和解除封装也在各层进行。

3. TCP/IP 协议栈

1969 年,美国国防部高级研究计划局(ARPA)按照层次结构思想进行计算机网络模块化研究,开发了一组从上到下单向依赖关系的协议栈(protocol stack),也叫作协议族,如表 3-2 所示。

表 3-2　TCP/IP 协议栈

应用层	FTP、TELNET、HTTP		SNMP、TFTP、NTP	
传输层	TCP		UDP	
网络互联层	IP			
主机到网络层	以太网	令牌环网	802.2	HDLC、PPP、FRAME-RELAY
			802.3	EIA/TIA-232、499、V.35、V.21

所谓网络协议,就是为进行计算机网络中的数据交换而建立的规则、标准或约定的集合。协议总是指某一层的协议,准确地说,它是对同等层实体之间的通信制定的有关通信规则和约定的集合。网络协议包括三要素:语义、语法和交换规则。

TCP 协议是传输控制协议,属于 OSI 参考模型中的传输层。TCP 的两个主要特征是多路复用和全双工发送。TCP 还具有重排序功能。如果数据报到达目标时顺序发生混乱,重排序功能将对其进行管理和重排序。

IP 协议又称为网际协议,是 TCP/IP 协议使用的传输机制。这是一个不可靠、无连接的数据报协议,它不提供差错检测或跟踪。

局域网常用的三种通信协议分别是 TCP/IP 协议、NetBEUI 协议和 IPX/SPX 协议。

TCP/IP 协议毫无疑问是这三大协议中最重要的一个,作为互联网的基础协议,没有它就根本不可能上网,任何和互联网有关的操作都离不开 TCP/IP 协议。不过 TCP/IP 协议也是这三大协议中配置起来最麻烦的一个,单机上网还好,而通过局域网访问互联网,就要详细设置 IP 地址、网关、子网掩码、DNS 服务器等参数。

TCP/IP 尽管是目前最流行的网络协议,但 TCP/IP 协议在局域网中的通信效率并不高,使用它在浏览"网上邻居"中的计算机时,经常会出现不能正常浏览的现象。此时安装 NetBEUI 协议就能解决这个问题。

NetBEUI 协议是一个基本协议,它提供工作组及计算机的网络标识名,而且不需要配置网络地址。NetBEUI 协议还具备一些通信功能,但并不支持路由选择。

IPX/SPX 协议具有很强大的适应性,它突破了多网段的限制,具有强大的路由功能,可用于大型内联网。

五、IP 地址和域名系统

在日常生活中，通信双方借助于彼此的地址和邮政编码进行信件的传递。Internet 中的计算机通信与此相类似，网络中的每台计算机都有一个网络地址，发送方在要传送的信息中写上接收方计算机的网络地址信息才能通过网络传递到接收方。

基于 TCP/IP 协议的网络系统中，连接在网络上的每台计算机与设备都被称为主机，主机之间的沟通是通过 IP 地址、子网掩码和 IP 路由交换这三个"桥梁"实现的。

（一）IP 地址与子网掩码

1. IP 地址的概念

在 Internet 上，每台主机、终端、服务器，以及路由器都必须有唯一的编号用于标识该机在 Internet 中的位置，这个编号称为 IP 地址。IP 地址标识一个连接，它是网络上的通信地址，是计算机、服务器、路由器在 Internet 上的地址。在网络通信中，每个数据报中包含有发送方的 IP 地址和接收方的 IP 地址。

IP 地址是一个 32 位二进制数，分为 4 段，每段 8 位（1 个字节），段与段之间用句点分隔。为了便于表达和识别，IP 地址是以十进制形式表示的，每段所能表示的十进制数最大不超过 255。为方便起见，通常将其表示为 $w.x.y.z$ 的形式。其中 w、x、y、z 分别为一个 $0\sim255$ 的十进制整数，对应二进制表示法中的一个字节。这样的表示叫作"点分十进制表示"。例如，某台机器的 IP 地址为 11001010 11100010 01000000 00000010，则写成点分十进制表示形式是：202.114.64.2。IP 地址有五种类型，分别适用于不同规模的网络。

IP 地址的分类如图 3-12 所示。

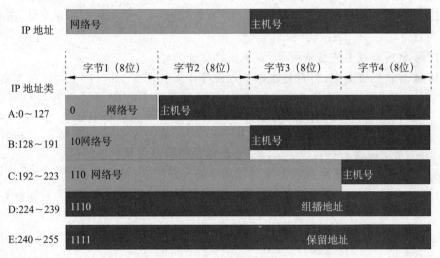

图 3-12　IP 地址的分类

A 类、B 类、C 类地址分别适用于大规模、中规模、小规模的网络。使用 D 类地址的网络用于多点传送给多个主机，包传递给网络上用户的选定子网，只有注册为包传送地址的主机才能接受包。D 类地址中后 28 位用于有兴趣的主机识别的地址。E 类地址是一个实验地址，保留给将来使用。本书对 D 类、E 类地址不做过多讨论。IP 地址每一部分的长度都是经过精心设计的，在分配网络地址和本地地址时提供了最大的灵活性。对 C 类地址来说，大约允许网络数可有 200 万个，每个网络可有主机设备 254 个。但由于历史的原因，当今一些美国大学被划分给 A 类网络,而其他大部分国家的 Internet 系统只能被划分为 C 类网络。

2. 子网掩码

子网掩码(subnet mask)又叫网络掩码、地址掩码、子网络遮罩,它是一种用来指明一个 IP 地址的哪些位标识的是主机所在的子网,以及哪些位标识的是主机的位掩码。子网掩码不能单独存在,必须结合 IP 地址一起使用。子网掩码能分出 IP 地址中哪些位是网络 ID,哪些位是主机 ID。通过它和 IP 地址进行按位"逻辑与(AND)"运算,可以屏蔽掉 IP 地址中的主机部分,得到 IP 地址的网络 ID。子网掩码的另一个作用是将一个网络 ID 再划分为若干个子网,以解决网络地址不够用的问题。

子网掩码是一个 32 位地址,用于屏蔽 IP 地址的一部分以区别网络标识和主机标识,并说明该 IP 地址是在局域网上,还是在远程网上。

对于 A 类地址来说,默认的子网掩码是 255.0.0.0;对于 B 类地址来说,默认的子网掩码是 255.255.0.0;对于 C 类地址来说默认的子网掩码是 255.255.255.0。

利用子网掩码可以把大的网络划分成子网,即可变长子网掩码(VLSM),也可以把小的网络归并成大的网络(即超网)。

 相关链接

IPv6 协 议

1. IPv6 的研究背景

由于 IPv4 本身存在一些局限性,因而面临着以下问题。

(1) IP 地址的消耗引起地址空间不足:IP 地址只有 32 位,可用的地址有限,最多接入的主机数不超过 2^{32}。

(2) IPv4 缺乏对服务质量优先级、安全性的有效支持。

(3) IPv4 协议配置复杂,特别是随着个人移动计算机设备上网、网上娱乐服务的增加、多媒体数据流的加入,以及安全性等方面的需求,迫切要求新一代 IP 协议的出现。

为此,互联网工程任务组 IETE 开始着手下一代互联网协议的制定工作。IETE 于 1991 年提出了请求说明,1994 年 9 月提出了正式草案,1995 年底确定了 IPng 的协议规范,被称为 IPv6,1995 年 12 月开始进入 Internet 标准化进程。

2. IPv6 地址的分类

IPv6 地址长度为 128 位,按其传输类型划分为单播、任播和多播三种,取消了原 IPv4 中的广播。

(1) 单播地址:用来标识单一网络接口,目标地址是单播地址的数据包将发送给以这个地址标识的网络接口。

(2) 任播地址:又称泛播地址,用来标识一组网络接口,目标地址是任播地址的数据包将发送给其中路由意义上最近的一个网络接口,地址范围是除了单播地址外的所有范围。

(3) 多播地址:用来标识一组网络接口,目标地址是多播地址的数据包发送给本组中所有的网络接口。

此外,还有回送或返回地址。这是一个测试地址,该地址除最低位是 1 外,其余的位全是 0。

3. IPv6 的地址格式

IPv6 的地址有三种格式,即首选格式、压缩格式和内嵌格式。

（1）首选格式：在 IPv6 中，128 位地址采用每 16 位一段，每段被转换成 4 位十六进制数，并用"："分隔，结果用"冒号十六进制数"来表示。例如，二进制格式的 IPv6 地址：

    00100001110110100000000001101001100000000000000000010l1111100111011
    00000010101010100000000011111111111111110001010001001110001011010

每 16 位分为一段：

    0010000111011010 0000000011010011 0000000000000000 0010111100111011
    0000001010101010 0000000011111111 1111110001010000 1001110001011010

将每个 16 位段转换成十六进制数字，用"："分隔，结果如：

    21DA:00D3:0000:2F3B:02AA:00FF:FE28:9C5A

（2）压缩格式：用 128 位表示地址时往往会含有较多 0 甚至一段全为 0，可将不必要的 0 去掉，即把每个段中开头的零删除。

这样，上述地址就可以表示为

    21DA:D3:0:2F3B:2AA:FF:FE28:9C5A

其实还可以一步简化 IPv6 地址的表示，冒号十六进制数格式中被设置为 0 的连续 16 位信息段可以被压缩为::（即双冒号）。

例如，EF70:0:0:0:2AA:FF:FE9A:4CA2 可以被压缩为 EF70::2AA:FF:FE9A:4CA2。

（3）内嵌格式：这是作为过渡机制中使用的一种特殊表示方法。IPv6 地址的前面部分使用十六进制表示，而后面部分使用 IPv4 地址的十进制表示。例如：

    0:0:0:0:0:0:192.168.1.201 或::192.168.1.201
    0:0:0:0:0:ffff:192.168.1.201 或::ffff:192.168.1.201

4. IPv6 域名系统的体系结构

IPv6 网络中的 DNS 与 IPv4 中的 DNS 在体系结构上是一致的，都是采用树形结构的域名空间。虽然 IPv6 协议与 IPv4 协议不同，但并不意味着需要单独设置 IPv6 DNS 体系和 IPv4 DNS 体系。相反，只有是同一体系，才能共同拥有统一的域名空间。也只有这样，在 IPv4 到 IPv6 的过渡阶段，域名可以同时对应多个 IPv4 和 IPv6 的地址。

总之，IPv6 与 IPv4 相比，在地址空间、地址设定、路由地址构造、安全保密性、网络多媒体等方面有了明显的改进和提高。随着 IPv6 网络的普及，IPv6 地址将逐渐取代 IPv4 地址。

（二）域名系统

1. 域名系统的概念

域名系统是互联网的一项核心服务，它作为可以将域名和 IP 地址相互映射的一个分布式数据库，能够使人更方便地访问互联网，而不用去记住能够被机器直接读取的 IP 数串。

虽然互联网上的节点都可以用 IP 地址唯一标识，并且可以通过 IP 地址被访问，但即使是将 32 位的二进制 IP 地址写成 4 个 0～255 的十位数形式，也依然太长、太难记。因此，人们发明了域名，域名可将一个 IP 地址关联到一组有意义的字符上。用户访问一个网站时，既可以输入该网站的 IP 地址，也可以输入其域名，对访问而言，两者是等价的。例如，微软公司的 Web 服务器的 IP 地址是 207.46.230.229，其对应的域名是 www.microsoft.com，不管用户在浏览器中输入的是 207.46.230.229 或 www.microsoft.com，都可以访问其 Web 网站。

2. 域名的分配和管理

域名由互联网域名与地址管理机构（internet corporation for assigned names and numbers，ICANN）管理，这是为承担域名系统管理、IP 地址分配、协议参数配置，以及主服务器系统管理等职能而设立的非营利机构。ICANN 为不同的国家或地区设置了相应的顶级域名，这些域名通常都由两个英文字母组成。例如，uk 代表英国，fr 代表法国，jp 代表日本。中国的顶级域名是 cn,cn 下的域名由 CNNIC 进行管理。

Internet 的域名系统和 IP 地址一样，采用典型的层次结构，每一层由域或标号组成，其结构如表 3-3 所示。

表 3-3　Internet 的域名系统层次结构

层　次	国内外常用域名结构			
	美国商业组织	政府组织	教育机构	中国教育机构（北京大学域名结构）
顶层域	com（IBM 公司域名结构）	gov	edu	cn
第二层	ibm（IBM 公司）			edu（教育系统网）
第三层	www（IBM 的 Web 服务器）			pku（北京大学）
第四层				www（北大 Web 主机）

3. DNS 服务

用户使用域名访问 Internet 上的主机时，需要通过提供域名服务的 DNS 服务器将域名解析（转换）成对应的 IP 地址，如图 3-13 所示。

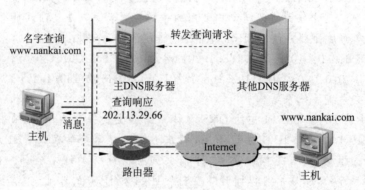

图 3-13　DNS 服务器把域名解析为 IP 地址

六、局域网的组建

要组建一个基本的网络，只需要一台集线器（hub）或一台交换机、几块网卡和几十米 UTP 电缆就能完成。这样搭建起来的小网络虽然简易，却是全球数量最多的网络。在只有二三十人的小型公司、办公室、分支机构中，都能看到这样的小网络。

事实上，这样的简单网络是更复杂网络的基本单位。把这些小的、简单的网络互联到一起，就形成了更复杂的局域网。再把局域网互联到一起，就组建出广域网。

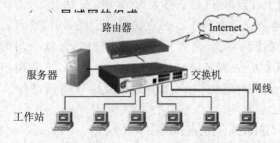

图 3-14　简单的网络拓扑连接

现在办公局域网绝大多数都采用了安装容易、经济实用、性能不错的快速以太网，采用星型布线，采用一台路由器通过 2～3 条 ISDN 或 DDN 专线连接至互联网上。确定后的网络拓扑结构如图 3-14 所示。

通常一个局域网由网络传输介质、网络

设备、网络服务器和工作站等组成。

1. 网络传输介质

网络传输介质是指在网络中传输信息的载体,常用的传输介质可分为有线传输介质和无线传输介质两大类。

1)有线传输介质

有线传输介质是指在两个通信设备之间实现的物理连接部分,它能将信号从一方传输到另一方,目前常见的有线传输介质主要有双绞线、同轴电缆和光纤,如图3-15所示。

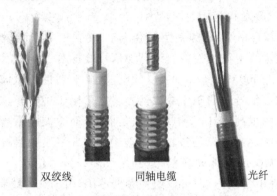

双绞线　　　　　同轴电缆　　　　　光纤

图3-15　双绞线、同轴电缆和光纤

(1)双绞线电缆,简称双绞线(twisted pair,TP),是综合布线系统中最常用的一种传输介质。双绞线电缆中封装着一对或一对以上的双绞线,为了降低信号的干扰程度,每一对双绞线一般由两根绝缘铜导线相互缠绕而成。双绞线能提供良好的传导率,既可以传输模拟信号,也可以传输数字信号。

双绞线及其制作

根据有无屏蔽层,双绞线可分为屏蔽双绞线(shielded twisted pair,STP)与非屏蔽双绞线(unshielded twisted pair,UTP);根据电气性能,双绞线可分为一类线(CAT1)、二类线(CAT2)、三类线(CAT3)、四类线(CAT4)、五类线(CAT5)和超五类线(CAT5e)、六类线(CAT6)和超六类线(CAT6A)等。

目前,有两种线序的排列标准,即EIA/TIA568A布线标准(简称T568A标准)和EIA/TIA568B布线标准(简称T568B标准)。T568A标准描述的线序从左到右依次:1—绿白、2—绿、3—橙白、4—蓝、5—蓝白、6—橙、7—棕白、8—棕;T568B标准描述的线序从左到右依次:1—橙白、2—橙、3—绿白、4—蓝、5—蓝白、6—绿、7—棕白、8—棕。直通双绞线的一头如果采用了某一标准排列,则另一头的线序也要按照这一标准排列。交叉双绞线的一头如果采用了某一标准排列,而另一头的线序则要按照另一标准排列。

(2)同轴电缆(coaxial cable)是指有两个同心导体,而导体和屏蔽层又共用同一轴心的电缆。最常见的同轴电缆由绝缘材料隔离的铜线导体组成,在里层绝缘材料的外部是另一层环形导体及其绝缘体,然后整个电缆由聚氯乙烯或特氟纶材料的护套包住。

同轴电缆从用途上可分为基带同轴电缆和宽带同轴电缆(即网络同轴电缆和视频同轴电缆)。同轴电缆分50Ω基带电缆和75Ω宽带电缆两类。基带电缆又分细同轴电缆和粗同轴电缆。基带电缆仅仅用于数字传输,数据率可达10Mb/s。

(3)光纤是由一组光导纤维组成的用来传播光束的、细小而柔韧的传输介质,按传输模式可分为单模光纤(含偏振保持光纤、非偏振保持光纤)、多模光纤。

用光纤做传输介质,就需要在发送端将电信号用特殊的设备转换成光信号,经光纤传输到接收端后,再将光信号转换成电信号。光纤的优点很多,比如带宽高、衰减很小、耐腐蚀不受电磁干扰、不导电、体积小、重量轻、韧性好和安全性很高等,深受用户的喜爱,主要用于要求传输距离较长、布线条件特殊的主干网连接。

2) 无线传输介质

在计算机网络中,无线传输可以突破有线网的限制,利用空间电磁波实现站点之间的通信,可以为广大用户提供移动通信。最常用的无线传输介质有无线电波、微波、红外线、激光和蓝牙。

带你了解关于
5G技术的一切

(1) 无线电波是指在自由空间(包括空气和真空)传播的射频频段的电磁波。无线电技术是通过无线电波传播声音或其他信号的技术。

(2) 微波是指频率为300MHz～300GHz的电波,微波通信用微波作为载体传输信号,用被传输的模拟信号或数字信号来调制该载波信号。它可用于传输模拟信号,又可用于传输数字信号。微波的工作效率很高,但由于地球表面是曲面,而微波是沿直线传播的,所以微波的传输距离一般在40～60km,但可以通过地面微波中继站或卫星通信来延长其通信距离。

(3) 红外线通信通常又叫红外光通信,是利用红外线传送信息的一种通信方式。红外线的传输距离不远,一般在十米以内,但可以避免频谱占用,由于红外线有很强的方向性,很难被窃听、插入和干扰,因此保密性较好。但其缺点是传输距离有限,易受环境的干扰,如雨、雾等。

(4) 激光是利用激光发生器激发半导体材料而产生的高频波。激光通信是利用激光束来传输信号,即将激光束调制成光脉冲,以传输数据,激光通信必须配置一对激光收发器,且安装在视线范围内,它与红外线一样不能传输模拟信号。激光具有很好的聚光性和方向性,因而很难被窃听、插入数据和进行干扰,能提供很高的带宽而成本较低。其缺点是不能穿透雨和浓雾,空气中扰乱的气流会引起偏差。

(5) 蓝牙(bluetooth)是一种无线技术标准,可实现固定设备、移动设备和楼宇个人域网之间的短距离数据交换(使用2.4～2.485GHz的ISM波段的UHF无线电波)。蓝牙技术最初由电信巨头爱立信公司于1994年创制,当时是作为RS-232数据线的替代方案。蓝牙可连接多个设备,克服了数据同步的难题。

2. 网络设备

网络设备是指用于网络通信的设备,包括网卡、中继器、集线器、交换机、网桥、路由器、网关等多种设备。

(1) 网卡。网卡(network interface card,NIC)是网络接口卡的简称,也称为网络适配器,是计算机网络中必不可少的基本网络设备。它是计算机和计算机之间直接或间接传输介质互相通信的接口,插在计算机的扩展槽中。网卡的作用是将计算机与通信设施相连接,将计算机的数字信号转换成通信线路能够传送的电子信号或电磁信号。

每块网卡都有一个世界唯一的ID号,也叫作MAC(media access control)地址。MAC地址用于在网络中标识计算机的身份,实现网络中不同计算机之间的通信和信息交换,如图3-16所示。

(2) 中继器。中继器(RP repeater)是一种简单的网络互联设备,工作于OSI的物理层。它主要负责在两个节点的物理层上按位传递信息,完成信

图3-16   网卡

号的复制、调整和放大功能,以此来延长网络的长度。一般情况下,中继器的两端连接的是相同的媒体。以太网络标准中就约定了一个以太网上只允许出现 5 个网段,最多使用 4 个中继器,而且其中只有 3 个网段可以挂接计算机终端。

（3）集线器。集线器(hub)：hub 是"中心"的意思,它是工作在物理层上的连接设备。集线器的主要功能是对接收到的信号进行再生、整形和放大,以扩大网络的传输距离,同时把所有节点集中在以它为中心的节点上,其实质是一个多端口的中继器。在局域网中常以集线器为中心,用双绞线将所有分

图 3-17 集线器

散的工作站与服务器连接在一起,形成星型拓扑结构的局域网系统。这样的网络连接,在网上的某个节点发生故障时,不会影响其他节点的正常工作,如图 3-17 所示。

图 3-18 交换机

（4）交换机。交换机(switch)是工作在数据链路层的连接设备。交换机能基于目标 MAC 地址转发信息,而不是以广播方式传输,在交换机中存储并且维护着一张计算机网卡地址和交换机端口的对应表,对接收到的所有帧进行检查,读取帧的源 MAC 地址字段后,根据所传递的数据包的目的地

址,按照对应表中的内容进行转发,每一个独立的数据包都可以从源端口送到目的端口,以避免和其他端口发生冲突,对应表中如果没有对应的目的地址,则转发给所有端口。最常见的交换机是以太网交换机,如图 3-18 所示。

（5）网桥。网桥(bridge)是一种在数据链路层实现中继,常用于连接两个或更多个局域网的网络互联设备。其主要功能是延长网络跨度,同时提供智能化连接服务,即根据数据包终点地址处于哪一个网段来进行转发和滤除。

带你认识常见的网络设备:路由器和交换机

（6）路由器。路由器(router)工作在网络层,是互联网络的枢纽设备。路由器的主要功能：连通不同的网络(可以是局域网也可以是互联网),组成更大的网络;会根据信道的情况自动选择和设定路由,以最佳路径,按前后顺序发送数据。路由器和交换机之间的主要区别就是交换机发生在 OSI 参考模型第二层(数据链路层),而路由发生在第三层,即网络层。

（7）网关。网关(gateway)是在采用不同体系结构或协议的网络之间进行连通时,用于提供协议转换、数据交换等网络兼容功能的设备,又称网间连接器、协议转换器。网关在网络层以上实现网络互连,是最复杂的网络互联设备,仅用于两个高层协议不同的网络互连。网关既可以用于广域网互连,也可以用于局域网互联。

3. 网络服务器

广义上来讲,服务器(server)是指网络环境中能对其他机器提供某些服务的计算机系统;狭义上来讲,服务器是网络中为客户端计算机提供各种服务的高性能的计算机。它在网络操作系统的控制下为网络环境里的客户机(如 PC)提供共享资源(包括查询、存储、计算等)的高性能计算机,也能为网络用户提供信息发布及数据管理等服务。服务器主要为客户机提供 Web 应用、数据库、文件、打印服务。

4. 工作站

工作站(workstation)是一种高端的通用微型计算机。它是为了单用户使用并提供比个人计算机更强大的性能,尤其是图形处理能力、任务并行方面的能力。另外,连接到服务器的

终端机也可称为工作站。用户可以在工作站上处理日常工作,并随时向服务器索取各种信息及数据,请求服务器提供各种服务(如传输文件、打印文件等)。

（二）局域网的参考模型与标准

1. 局域网的参考模型

局域网的体系结构只包含了数据链路层和物理层,其中,数据链路层分为逻辑链路控制(logical link control,LLC)和介质访问控制(medium access control,MAC)两个功能子层,如图 3-19 所示。

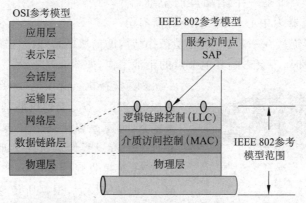

图 3-19　OSI 与 IEEE 802 的对应关系

IEEE 802.1 标准规定局域网的低三层的功能如下。

(1) 物理层。物理层与 OSI/RM 的物理层相对应,但所采用的具体协议标准的内容直接与传输介质有关。物理层主要处理物理链路上传输的比特流,实现比特流的传输与接收,同步前序的产生和删除等,建立、维护、撤销物理连接,处理机械、电气和过程的特性。该层规定了所使用的信号、编码、传输媒体、拓扑结构和传输速率。

(2) 介质访问控制(MAC)层。MAC 层具体管理通信实体接入信道而建立数据链路的控制过程。IEEE 802 标准制定了几种媒体访问控制方法,同一个 LLC 子层能与其中任何一种媒体访问方法(如 CSMA/CD、Token Ring、Token Bus 等)接口。

(3) 逻辑链路控制(LLC)层。LLC 层提供一个或多个服务访问点,以复用的形式建立多点—多点之间的数据通信连接,并包括寻址、差错控制、顺序控制和流量控制等功能。这些功能基本上与 HDLC 规程一致。此外,在 LLC 层还提供本属于 OSI/RM 中网络层提供的两项服务,即面向无连接的数据报服务和面向连接的虚电路服务。

2. 局域网的标准

1980 年 2 月,IEEE 成立了局域网标准委员会,专门从事局域网标准化工作,并制订了 IEEE 802 标准。

ISO 把这个 802 规范称为 ISO 802 标准,因此,许多 IEEE 标准也是 ISO 标准。例如, IEEE 802.3 标准就是 ISO 802.3 标准。

IEEE 802 规范定义了网卡如何访问传输介质(如光纤、双绞线等),以及如何在传输介质上传输数据的方法,还定义了传输信息的网络设备之间连接建立、维护和拆除的途径。遵循 IEEE 802 标准的产品包括网卡、桥接器、路由器以及其他一些用来建立局域网络的组件。

目前 IEEE 已经制定局域网标准有 10 多个,主要的标准如表 3-4 所示。

表 3-4　局域网主要标准

局域网标准	标 准 描 述
IEEE 802.1a	局域网体系结构
IEEE 802.1b	寻址、网络互联与网络管理
IEEE 802.2	逻辑链路控制（LLC）
IEEE 802.3	CSMA/CD 访问控制方法与物理层规范
IEEE 802.3i	10Base-T 访问控制方法与物理层规范
IEEE 802.3u	100Base-T 访问控制方法与物理层规范
IEEE 802.3ab	1000Base-T 访问控制方法与物理层规范
IEEE 802.3z	1000Base-SX 和 1000Base-LX 访问控制方法与物理层规范
IEEE 802.4	Token-Bus 访问控制方法与物理层规范
IEEE 802.5	Token-Ring 访问控制方法
IEEE 802.6	城域网访问控制方法与物理层规范
IEEE 802.7	宽带局域网访问控制方法与物理层规范
IEEE 802.8	FDDI 访问控制方法与物理层规范
IEEE 802.9	综合数据话音网络
IEEE 802.10	网络安全与保密
IEEE 802.11	无线局域网访问控制方法与物理层规范
IEEE 802.12	100VG-AnyLAN 访问控制方法与物理层规范

（三）局域网的网络模式

网络模式也称计算模式或应用模式，它是计算机网络处理信息的方式。不同的网络模式具有不同的工作特点和服务方式。目前，局域网最常用的计算模式有客户机/服务器模式、浏览器/服务器模式和对等服务器模式。

1. 客户机/服务器（client/server，C/S）模式

C/S 模式是一种开放式结构、集中式管理、协作式处理的主从式网络应用模式。

C/S 模式把计算任务分成服务器部分和客户机部分，分别由服务器和客户机完成，数据库在服务器上。客户机接收用户请求，进行适当处理后，把请求发送给服务器，服务器完成相应的数据处理功能后，把结果返回给客户机，客户机以方便用户的方式把结果提供给用户。C/S模式的逻辑结构示意如图 3-20 所示。

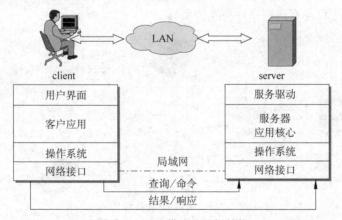

图 3-20　C/S 模式的逻辑结构

2. 浏览器/服务器模式

随着 Internet 的广泛应用，基于局域网的企业网开始采用 Web 技术构筑和改建自己的企业网（Intranet）。于是，浏览器/服务器（B/S）新型结构模式应运而生。B/S 三层模式的体系

结构如图 3-21 所示。

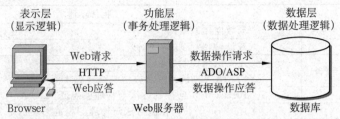

图 3-21   B/S 三层模式的体系结构

3. 对等服务器模式

对等服务器模式中没有专用服务器,每一台计算机的地位平等,在网上的每一台计算机既可以充当服务器,又可以充当客户机,彼此之间进行互相访问,平等地进行通信。典型的对等局域网结构如图 3-22 所示。

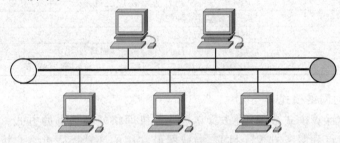

图 3-22   对等局域网结构

(四)无线局域网

通信网络随着 Internet 的飞速发展,从传统的布线网络发展到了无线网络,作为无线网络之一的无线局域网,满足了人们实现移动办公的梦想,创造了一个丰富多彩的自由天空。

1. 无线局域网的基本概念

(1)无线局域网的定义。无线局域网是以射频无线电波通信技术构建的局域网,虽不采用缆线,但也能提供传统有线局域网的所有功能。无线数据通信不仅可以作为有线数据通信的补充及延伸,还可以与有线网络环境互为备份,如图 3-23 所示。

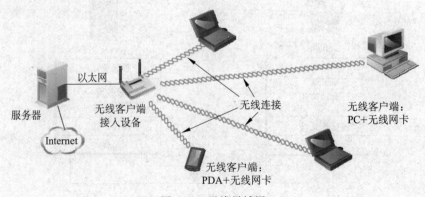

图 3-23   无线局域网

(2)无线 AP。无线访问节点(access point,AP)是一个包含很广的名称,它不仅包含单纯性无线接入点,也是无线路由器、无线网关等类设备的统称。

无线 AP 主要是提供无线终端对有线局域网和从有线局域网对无线终端的访问,在访问接入点覆盖范围内的无线工作站时可以通过它进行相互通信。在无线网络中,AP 就相当于有线网络的集线器,它能够把各个无线终端连接起来,无线终端所使用的网卡是无线网卡,传输介质是空气。

(3) 无线网桥。无线网桥顾名思义就是无线网络的桥接,它利用无线传输方式在链路层实现 LAN 互联的存储转发设备,可用于固定数字设备与其他固定数字设备之间的远距离、高速无线组网。

无线网桥可以用于连接两个或多个独立的网络段,这些独立的网络段通常位于不同的建筑内,相距几百米到几十千米。无线网桥工作在 2.4GHz 和 5.8GHz 的免申请无线执照的频段,比其他有线网络更方便部署。

2. 无线局域网的网络结构

一般地,无线局域网有两种网络结构:对等网络和基础结构网络。

(1) 对等网络。对等网络由一组有无线接口卡的计算机组成。这些计算机以相同的工作组名、ESSID 和密码等对等的方式相互直接连接,在无线局域网的覆盖范围内进行点对点与点对多点之间的通信。Ad-Hoc 也叫对等网络,是指安装有无线网络适配器(无线网卡)的多台计算机组成的局域网,它们通过无线适配器进行通信。对等网络下的所有无线终端必须使用相同的工作信道,如图 3-24 所示。

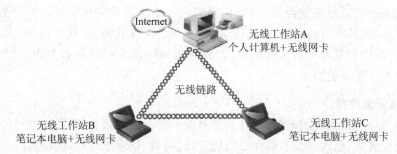

图 3-24　对等网络

(2) 基础结构网络。在基础结构网络中,具有无线接口卡的无线终端以无线接入点 AP 为中心,通过无线网桥 AB、无线接入网关 AG、无线接入控制器 AC 和无线接入服务器 AS 等将无线局域网与有线网网络连接起来,可以组建多种复杂的无线局域网接入网络,实现无线移动办公的接入,如图 3-25 所示。

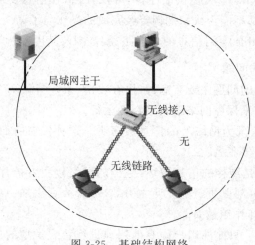

图 3-25　基础结构网络

 相关链接

Wi-Fi 是什么

所谓 Wi-Fi,其实就是 IEEE 802.11b 的别称,是由一个名为"无线以太网相容联盟"(wireless ethernet compatibility alliance,WECA)的组织所发布的业界术语,中文译为"无线相容认证"。它是一种无线传输技术,是在 1997 年 6 月由大量的局域网以及计算机专家审定通过的标准,该标准定义物理层和媒体访问控制(MAC)规范。物理层定义了数据传输的信号特征和调制,定义了两个 RF 传输方法和一个红外线传输方法。随着技术的发展,以及 IEEE 802.11a 及 IEEE 802.11g 等标准的出现,现在 IEEE 802.11 这个标准已被统称作 Wi-Fi,从而保证了各个厂家产品的兼容性。从应用层面来说,要使用 Wi-Fi,用户首先要有 Wi-Fi 兼容的用户端装置。

七、计算机网络安全

随着计算机应用范围的扩大和互联网技术的迅速发展,计算机信息技术已经渗透到人们生活的方方面面,网上购物、商业贸易、金融财务等经济行为都已经实现网络运行,"数字化经济"引领世界进入一个全新的发展阶段。然而,由于 Internet 所具有的互联性、开放性、国际性和自由性等特征,致使网络易受黑客、恶意软件和其他不轨人员的攻击,计算机网络安全问题日益突出,对网络安全提出了更高的要求。

物流信息安全
基本要求

(一) 网络安全的概念

网络安全是指网络系统的硬件、软件及其系统中的数据受到保护,不受偶然的因素或者恶意的攻击而遭到破坏、更改、泄漏,确保系统能连续、可靠、正常地运行,网络服务不中断。网络的安全属性主要表现在以下几个方面。

(1) 保密性(secrecy):信息不泄露给非授权的用户、实体或进程。

(2) 完整性(integrity):信息在存储或传输过程中保持不被修改、不被破坏和丢失的特性。

(3) 可用性(available):可被授权实体访问并按需求使用的特性。

(4) 真实性(authenticity):又称认证性、不可抵赖性,在信息交互过程中,确以参与者的真实同一性,所有参与者都不能否认和抵赖曾经完成的操作与承诺。

(5) 可控性(controllable):对信息的传播路径、范围及其内容所具有的控制能力。

(二) 影响网络安全的问题

常见的影响网络安全的问题主要有病毒、黑客攻击、系统漏洞、资料篡改等,这就需要建立一套完整的网络安全体系来保障网络安全可靠地运行。

(1) 信息泄密,主要表现为网络上的信息被窃听。这种仅窃听而不破坏网络中传输信息的网络侵犯者被称为消极侵犯者。

(2) 信息被篡改。这是纯粹的信息破坏,这样的网络侵犯者被称为积极侵犯者。积极侵犯者截取网上的信息包,并对其进行更改使之失效,或者故意添加一些有利于自己的信息,起到信息误导的作用,其破坏作用最大。

(3) 传输非法信息流。只允许用户同其他用户进行特定类型的通信,但禁止其他类型的

通信,如允许电子邮件传输而禁止文件传送。

（4）网络资源的错误使用。如不合理的资源访问控制,一些资源有可能被偶然或故意地破坏。

（5）非法使用网络资源。非法用户登录系统使用网络资源,造成资源的消耗,损害了合法用户的利益。

（6）环境影响。自然环境和社会环境对计算机网络都会产生极大的影响,如恶劣的天气、灾害、事故会对网络造成损害。

（7）软件漏洞。软件漏洞包括操作系统、数据库及应用软件、TCP/IP 协议、网络软件和服务、密码设置等的安全漏洞。这些漏洞一旦遭受计算机病毒的攻击,就会带来灾难性的后果。

（8）人为安全因素。除了技术层面上的原因外,人为的因素也构成了目前较为突出的安全因素,无论系统的功能是多么强大或者配备了多少安全设施,如果管理人员不按规定正确地使用,甚至人为泄露系统的关键信息,则其造成的安全后果是难以估量的。这主要表现在管理措施不完善、安全意识薄、管理人员的误操作等方面。

（三）计算机网络安全的主要技术

网络安全技术随着人们网络实践的发展而发展,其涉及的技术面非常广,主要有认证技术、加密技术、防火墙技术及入侵检测技术等,这些都是网络安全的重要防线。

1. 数据加密技术

数据加密（data encryption）、认证和签名是保护信息的机密性、完整性、不可否认性等的主要技术措施,也是加密技术的重要应用。

1）数据加密技术的概念

数据加密技术是指将信息（或称明文,plain text）经过加密钥匙（encryption key）及加密函数转换,变成无意义的密文（cipher text）,而接收方则将此密文经过解密函数、解密钥匙（decryption key）还原成明文。数据加密技术是网络安全技术的基石,按加密算法可分为对称密钥和公开密钥两种。

（1）对称密钥。对称密钥又称单密钥,加密和解密时使用同一个密钥,即同一种算法。当一个文本要加密传送时,该文本用密钥加密构成密文,密文在信道上传送,收到密文后用同一个密钥将密文解出来,形成普通文体供阅读。使用单密钥对数据加密时,通信双方必须交换彼此密钥,密钥的管理极为重要,一旦密钥丢失,密文将无密可保。这种加密方法的优点是速度很快,很容易在硬件和软件中实现,因而被广泛采用。如"密电码"采用的就是对称密钥。

（2）公开密钥。非对称密码算法又叫公开密钥密码算法,公开密钥密码体制最主要的特点就是加密和解密使用不同的密钥,每个用户保存着一对密钥,公开密钥 PK 和秘密密钥 SK,因此,这种体制又称为双钥或非对称密钥密码体制。在公钥加密算法下,公钥是公开的,任何人可以用公钥加密信息,再将密文发送给私钥拥有者;私钥是保密的,用于解密其接收的公钥加密过的信息。RSA 是典型的公钥加密算法,在互联网上通过浏览器进行数据安全传输,如 Netscape Navigator 和 Microsoft Internet Explorer 都使用了该算法。RSA 加密算法使用了两个非常大的素数来产生公钥和私钥。即使通过因数分解从一个公钥可以得到私钥,但这个运算所包含的计算量是非常巨大的,以至于实际上是不可行的。公钥密码的优点是可以适应网络的开放性要求,且密钥管理问题也较为简单,尤其可方便地实现数字签名和验证。但其算法复杂,加密数据的速率较低,难以鉴别发送者,即任何得到公开密钥的人都可以生成和发送报文。数字签名机制提供了一种鉴别方法,以解决伪造、抵赖、冒充和篡改等问题。

2) 数字签名

(1) 数字签名。数字签名又称公钥数字签名,是只有信息的发送者才能产生的别人无法伪造的一段数字串,这段数字串同时也是对信息的发送者发送信息真实性的一个有效证明。它是一种类似写在纸上的普通的物理签名,但是使用了公钥加密领域的技术来实现,用于鉴别数字信息的方法。一套数字签名通常定义两种互补的运算,一种用于签名,另一种用于验证。数字签名是非对称密钥加密技术与数字摘要技术的应用。

(2) 数字摘要。数字摘要是将任意长度的消息变成固定长度的短消息,它类似于一个自变量是消息的函数,也就是 Hash 函数。数字摘要就是采用单向 Hash 函数将需要加密的明文"摘要"成一串固定长度(128 位)的密文。这一串密文又称为数字指纹,它有固定的长度,而且不同的明文摘要成密文,其结果总是不同的,而同样的明文,其摘要必定一致。

(3) 签名过程。发送报文时,发送方用一个哈希函数从报文文本中生成报文摘要,然后用发送方的私钥对这个摘要进行加密,这个加密后的摘要将作为报文的数字签名和报文一起发送给接收方,接收方首先用与发送方一样的哈希函数从接收到的原始报文中计算出报文摘要,再用接收方的公钥来对报文附加的数字签名进行解密,如果这两个摘要相同,那么接收方就能确认该数字签名是发送方的。

数字签名一般采用非对称加密技术(如 RSA),通过对整个明文进行某种变换,得到一个值,作为核实签名。接收者使用发送者的公开密钥对签名进行解密运算,如其结果为明文,则签名有效,证明对方的身份是真实的。当然,签名也可以采用多种方式,如将签名附在明文之后。数字签名普遍用于银行、电子贸易等。

3) 数字证书

数字证书是互联网通信中标志通信各方身份信息的一系列数据,提供了一种在 Internet 上验证身份的方式,其作用类似于司机的驾驶执照或日常生活中的身份证。它是由权威机构,又称为证书授权(certificate authority)中心发行的,人们可以在网上用它来识别对方的身份。

数字证书是一个经证书授权中心数字签名的包含公开密钥拥有者信息以及公开密钥的文件。最简单的证书包含一个公开密钥、名称以及证书授权中心的数字签名。一般情况下,证书中还包括密钥的有效时间、发证机关(证书授权中心)的名称、该证书的序列号等信息,证书的格式遵循 ITUT X.509 国际标准。一个标准的 X.509 数字安全证书包含以下内容。

(1) 证书的版本信息。

(2) 证书的序列号,每个证书都有一个唯一的证书序列号。

(3) 证书所使用的签名算法。

(4) 证书的发行机构名称,命名规则一般采用 X.500 格式。

(5) 证书的有效期,现在通用的证书一般采用 UTC 时间格式。

(6) 证书所有人的名称,命名规则一般采用 X.500 格式。

(7) 证书所有人的公开密钥。

(8) 证书发行者对证书的签名。

4) 公钥基础设施

公钥基础设施(public key infrastructure,PKI)基于一种非对称密钥的密码理论和公钥加密技术,为电子商务、电子政务等提供安全服务的技术和规范。PKI 由公钥技术、数字证书、证书发放机构和关于公钥的安全策略等基本部分构成,用于保证网络通信和网上交易的安全。PKI 的主要目的是自动管理密钥和数字证书,为用户建立安全的网络运行环境,使用户可以在多种应用下方便地使用加密和数字签名技术。PKI 包括以下几个方面。

（1）认证机构，简称 CA，即数字证书的颁发机构，是 PKI 的核心，必须具备权威性，为用户所信任。

（2）数字证书库，存储已颁发的数字证书和公钥，以供用户查询。

（3）密钥备份和恢复系统，对用户密钥进行备份，便于丢失恢复。

（4）证书吊销系统与身份证一样，在证书有效期以内也可能需要作废、失效。

（5）PKI 应用接口系统，便于各种各样的应用能够以安全可信的方式与 PKI 交互，确保所建立的网络环境可用。

2. 防火墙技术

1）防火墙的概念

防火墙是指一个由软件和硬件设备组合而成的在内部网和外部网之间、专用网与公共网之间的边界上构造的保护屏障，其目的就是防止外部网络用户未经授权的访问。

防火墙配置及使用

网络防火墙技术是一种用来加强网络之间访问控制、防止外部网络用户以非法手段通过外部网络进入内部网络、访问内部网络资源、保护内部网络操作环境的特殊网络互联设备。它对两个或多个网络之间传输的数据包如链接方式按照一定的安全策略来实施检查，以决定网络之间的通信是否被允许，并监视网络运行状态。防火墙布置如图 3-26 所示。

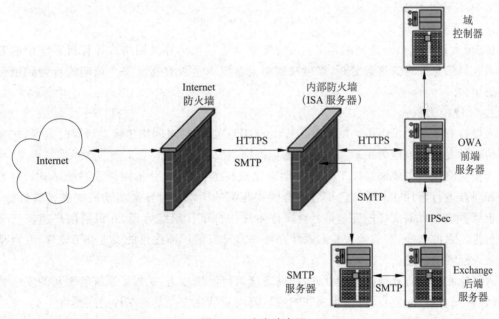

图 3-26　防火墙布置

防火墙主要由服务访问政策、验证工具、包过滤和应用网关 4 个部分组成。

2）防火墙种类

从实现原理上分，防火墙可分为网络级防火墙（也叫包过滤型防火墙）、应用级网关、电路级网关和规则检查防火墙。

（1）网络级防火墙：一般是基于源地址和目的地址、应用、协议以及每个 IP 包的端口来作出通过与否的判断。

(2) 应用级网关：应用级网关能够检查进出的数据包,通过网关复制传递数据,防止在受信任服务器和客户机与不受信任的主机间直接建立联系。应用级网关能够理解应用层上的协议,能够做复杂的访问控制,并做精细的注册和稽核。

(3) 电路级网关：电路级网关用来监控受信任的客户或服务器与不受信任的主机间的 TCP 握手信息,决定该会话是否合法,还提供重要的安全功能——代理服务器(proxy server)。

(4) 规则检查防火墙：该防火墙结合了网络级防火墙、电路级网关和应用级网关的特点。它与网络级防火墙一样,能够在 OSI 网络层上通过 IP 地址和端口号过滤进出的数据包。它与电路级网关一样,能够检查 SYN 和 ACK 标记和序列数字是否逻辑有序。它也与应用级网关一样,可以在 OSI 应用层上检查数据包的内容,查看这些内容是否符合企业网络的安全规则。

大多数防火墙都采用几种功能相结合的形式来保护自己的网络不受恶意传输的攻击,其中最流行的技术有静态分组过滤、动态分组过滤、状态过滤和代理服务器技术,它们的安全级别依次升高,但具体实践中既要考虑体系的性价比,又要考虑安全兼顾网络连接能力。此外,现今良好的防火墙还采用了 VPN、检视和入侵检测技术。

防火墙的安全控制主要是基于 IP 地址的,难以为用户在防火墙内外提供一致的安全策略;而且防火墙只实现了粗粒度的访问控制,也不能与企业内部使用的其他安全机制(如访问控制)集成使用;另外,防火墙难于管理和配置,由多个系统(路由器、过滤器、代理服务器、网关、堡垒主机)组成的防火墙,管理上难免有所疏忽。

3. 入侵检测技术

1) 入侵检测的定义

ICSA 入侵检测系统论坛的定义：入侵检测是通过从计算机网络或计算机系统中的若干关键点收集信息并对其进行分析,以发现网络或系统中是否有违反安全策略的行为和遭到袭击的迹象。

2) 入侵检测系统

入侵检测系统(intrusion detection system,IDS)是一种对网络传输进行即时监视,在发现可疑传输时发出警报或者采取主动反应措施的网络安全设备。

入侵检测系统主要通过以下几种活动来完成任务：监视、分析用户及系统活动;对系统配置和弱点进行审计;识别与已知的攻击模式匹配的活动;对异常活动模式进行统计分析;评估重要系统和数据文件的完整性;对操作系统进行审计跟踪管理,并识别用户违反安全策略的行为。除此之外,有的入侵检测系统还能够自动安装厂商提供的安全补丁软件,并自动记录有关入侵者的信息。

入侵检测是对防火墙的合理补充,帮助系统对付网络攻击,扩展了系统管理员的安全管理能力(包括安全审计、监视、进攻识别和响应),提高了信息安全基础结构的完整性。

3) 入侵检测分类

入侵检测根据所采用的技术可分为特征检测与异常检测两种。

(1) 特征检测。这一检测假设入侵者活动可以用一种模式来表示,系统的目标是检测主体活动是否符合这些模式,它可以将已有的入侵方法检查出来,但对新的入侵方法无能为力。

(2) 异常检测。异常检测的假设是正常主体的活动,根据这一理念建立主体正常活动的档案,将当前主体活动状况与档案相比较,如果主体活动与档案不匹配则认为是入侵行为。

4. 虚拟专用网(VPN)技术

虚拟专用网技术就是在公共网络上建立专用网络,使数据通过安全的"加密管道"在公共网络中传播。在公共通信网络上构建 VPN 有两种主流的机制：路由过滤技术和隧道技术。

目前 VPN 主要采用了如下四项技术来保障安全：隧道技术（tunneling）、加解密技术（encryption & decryption）、密匙管理技术（key management）和使用者与设备身份认证技术（authentication）。其中流行的隧道技术主要为 PPTP、L2TP 和 IPsec。

VPN 隧道技术应能提供不同层次的安全服务，这些安全服务包括不同强度的源鉴别、数据加密和数据完整性等。

VPN 可根据不同的划分标准进行分类。按 VPN 的应用分类，可分为以下 3 种。

（1）access VPN（远程接入 VPN）：客户端到网关，使用公网作为骨干网在设备之间传输 VPN 数据流。

（2）intranet VPN（内联网 VPN）：网关到网关，通过公司的网络架构连接来自同公司的资源。

（3）extranet VPN（外联网 VPN）：与合作伙伴企业网构成 extranet，将一个公司与另一个公司的资源进行连接。

5．网络反病毒技术

1）计算机病毒的概念

计算机病毒（computer virus）最早是由美国计算机病毒研究专家 F. Cohen 博士提出的。计算机病毒有很多种定义，国外最流行的定义：计算机病毒，是一段附着在其他程序上的可以实现自我繁殖的程序代码。在《中华人民共和国计算机信息系统安全保护条例》中的定义：计算机病毒是指编制或者在计算机程序中插入的破坏计算机功能或者数据，影响计算机使用并且能够自我复制的一组计算机指令或者程序代码。

网络病毒是以网络为平台，对计算机产生安全威胁的所有程序的总称，如木马病毒（trojan）、蠕虫病毒（worm）、网页病毒等。

2）主要反病毒技术

目前主要的反病毒技术主要有计算机病毒检测、计算机病毒防治和反病毒软件。

（1）计算机病毒检测。计算机病毒的检测主要有两种方式：①异常情况判断，计算机工作出现异常现象，则有可能感染了病毒；②计算机病毒的检查，通过检查计算机系统的相应特征来确定是否感染病毒。

（2）计算机病毒防治。计算机病毒的防治是一项长期而全面的工作，首先要建立、健全法律和管理制度，加强教育和宣传，并采取一些有效的技术措施提高系统的安全性，如进行软件过滤和文件加密、注意生产过程控制和后备恢复以及其他有效措施。

（3）反病毒软件。

① 杀毒软件的概念。杀毒软件也称反病毒软件或防毒软件，是用于消除计算机病毒、特洛伊木马和恶意软件等计算机威胁的一类软件。

杀毒软件通常集成监控识别、病毒扫描和清除和自动升级等功能，有的杀毒软件还带有数据恢复、防范黑客入侵、网络流量控制等功能，是计算机防御系统（包含杀毒软件、防火墙、特洛伊木马和其他恶意软件的查杀程序，入侵预防系统等）的重要组成部分。

② 杀毒软件的原理。反病毒软件的任务是实时监控和扫描磁盘。部分反病毒软件通过在系统添加驱动程序的方式进驻系统，并且随操作系统启动。大部分的杀毒软件还具有防火墙功能。

反病毒软件的实时监控方式因软件而异。有的反病毒软件是通过在内存里划分一部分空间,将计算机里流过内存的数据与反病毒软件自身所带的病毒库(包含病毒定义)的特征码相比较,以判断是否为病毒。另一些反病毒软件则在所划分到的内存空间里面,虚拟执行系统或用户提交的程序,根据其行为或结果作出判断。

③ 病毒的处理步骤。计算机病毒的处理包括防毒、查毒、杀毒三个方面。防毒是根据系统特性,采用相应的系统安全措施预防病毒的入侵,采取防毒措施可以实时监测由硬盘、局域网、因特网之间进行的传输,能够在病毒侵入时系统发出警报,记录携带病毒的文件,即时清除其中的病毒。查毒是指对于确定环境下,能够准确报出病毒名称,该环境包括内存、文件、引导区、网络等,通过查毒能准确发现计算机是否被病毒感染,并能查找出病毒来源,给出报告,用户即时处理病毒。杀毒是将感染病毒的文件清除,使之恢复正常运行的文件。

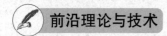
前沿理论与技术

云安全技术

一、云安全概述

在云计算、云存储之后,云安全(cloud security)也出现了。云安全是指基于云计算商业模式应用的安全软件、硬件、用户、机构、安全云平台的总称。云安全是网络时代信息安全的最新体现,它融合了并行处理、网格计算、未知病毒行为判断等新兴技术和概念,通过网状的大量客户端对网络中软件行为的异常监测,获取互联网中木马、恶意程序的最新信息,传送到 Server端进行自动分析和处理,再把病毒和木马的解决方案分发到每一个客户端。整个互联网变成了一个超级大的杀毒软件,这就是云安全计划的宏伟目标。

引入云计算架构后,杀毒行业真正实现了从杀毒到防毒的改变。把病毒码放到服务器的云端,服务器集群遇到进入用户终端的病毒码时可以自动查杀,这样就可以使用户终端变得很轻松,不用每天升级,也不必再因为杀毒软件而占用内存和带宽。不一定要等到用户中毒之后再去解决,重要的是预防问题。趋势、熊猫、瑞星、赛门铁克等杀毒厂商目前都在部署自己的云计算机架构,用以组成云端的服务器集群从数百台到上万台不等。在未来,用户只要安装了某一款接入云端的杀毒软件,在上网时,服务器端会根据已经预存的海量病毒库来判断哪些网页行为是恶意的,甚至是木马程序,并自动为用户清除。

二、云安全的关键技术

基于信誉的安全技术补充了传统安全技术的不足,通过收集匿名用户使用情况的样本,从而辨别 URI、Web、邮件、文件安全与否。技术的核心集中在如何凭借指定 URI、Web、邮件、文件的部分使用情况信息来辨别该 URI、Web、邮件、文件是否安全。基于信誉的安全技术充分利用多方数据资源,包括由数亿用户计算机上的代理提供的匿名数据、软件发行商提供的数据以及在针对大型企业用户发起的数据收集项目中获得的数据。这些数据会持续不断地更新到信誉引擎,以此确定每一 URI、Web、邮件、文件的安全信誉等级,不需要对该 URI、Web、邮件、文件进行扫描。从技术实现的角度而言,云安全全球化的信息采集和分析模式使其可以采用新的防御模式和技术,主要归纳为以下几点。

(1) 双向自动反馈机制。云计算防恶意软件技术不再需要客户端保留恶意软件库特征,所有的信息都将存放于互联网中。当全球任何角落的终端用户连接到互联网后,与云端的服务器保持实时联络,当发现异常行为或恶意软件等风险后,自动提交到云端的服务器群组中,由云计算技术进行集中分析和处理。之后,云计算技术会生成一份对风险的处理意见,同时对全世界的客户端进行统一分发。客户端可以自动进行阻断拦截、查杀等操作。将恶意软件特征库放置于云中,不仅可以节省因恶意软件不断泛滥而造成的软硬件资源开支,还能获得更加高效的恶意软件防范能力。

(2) 根据资源的 URL 地址来判断其风险程度。云安全可以从整个互联网上收集源信息,判断用户的互联网搜索、访问、应用的对象是不是恶意信息。这种模式与病毒代码的比对不同,病毒代码是用特征码进行识别。传统病毒代码分析依靠大量人工,而云安全则利用基于历史用户反馈的统计学分析方式不停地对互联网进行判断。只要全球范围内有 1% 的用户提交需求给云端服务器,15 分钟之后全球的云安全库就会对该 URL 的访问行为进行策略控制。

(3) Web 信誉服务。借助全球域信誉数据库,Web 信誉服务按照恶意软件行为分析所发现的网站页面、历史位置变化和可疑活动迹象等因素来指定信誉分数,从而追踪网页的可信度。然后通过该技术继续扫描网站并防止用户访问被感染的网站。为提高准确性、降低误报率,Web 信誉服务为网站的特定网页或链接指定信誉分值,而不是对整个网站进行分类或拦截,因为通常合法网站只有一部分受到攻击,而信誉可以随时间不断变化。通过信誉分值的比对,就可以知道某个网站潜在的风险级别。当用户访问具有潜在风险的网站时,就可以及时获得系统提醒或阻止,从而帮助用户快速地确认目标网站的安全性。通过 Web 信誉服务,可以防范恶意程序源头。由于对"零日攻击"的防范是基于网站的可信度而不是真正的内容,因此能有效预防恶意软件的初始下载,用户进入网络前就能够获得防护能力。

(4) 电子邮件信誉服务。电子邮件信誉服务按照已知垃圾邮件来源的信誉数据库检查 IP 地址,同时利用可以实时评估电子邮件发送者信誉的动态服务对 IP 地址进行验证。信誉评分通过对 IP 地址的行为、活动范围以及以前的历史不断分析而加以细化。按照发送者的 IP 地址,恶意电子邮件在"云"中即被拦截,从而防止僵尸或僵尸网络等 Web 威胁到达网络或用户的计算机。

(5) 文件信誉服务。文件信誉服务技术可以检查位于端点、服务器或网关处的每个文件的信誉。检查的依据包括已知的良性文件清单和已知的恶性文件清单,即现在的防病毒特征码。高性能的内容分发网络和本地缓冲服务器将确保在检查过程中使延迟时间降到最低。由于恶意信息被保存在"云"中,所以可以立即到达网络中的所有用户。此外,与占用端点空间的传统防病毒特征码文件下载相比,这种方法降低了端点内存和系统消耗。

(6) 行为关联分析技术。利用行为分析的相关性技术把威胁活动综合联系起来,确定其是否属于恶意行为。按照启发式观点来判断 Web 威胁的单一活动是否实际存在威胁,可以检查潜在威胁不同组件之间的相互关系。来自世界各地的研究将补充客户端反馈内容,全天候威胁监控和攻击防御,以探测、预防并清除攻击,综合应用各种技术和数据收集方式(包括蜜罐、网络爬行器、反馈以及内部研究)获得关于最新威胁的各种情报。

资料来源:https://wiki.mbalib.com/.

实训任务实施一

组建无线局域网

1. 实训目标

(1) 了解无线局域网常用的网络设备。

(2) 掌握无线 AP 的设置。

（3）掌握三台及以上计算机组建无线局域网的方法。

2．实训要求

（1）按照实训任务单完成各项任务。

（2）按照规范要求提交实训报告。

（3）遵守实训中心的纪律，爱护设备，实训认真，注意安全。

3．实训准备

（1）教师准备好实训任务书，讲清该任务实施的目标和条码知识要点。

（2）实训中心准备好实训设备，每组设备：TP-LINK TL-WR740N 型号无线路由器 1 台，USB 无线网卡 1 块，笔记本电脑 2 台，交换机 1 台，网线若干。

（3）学生根据任务目标通过教材和网络收集相关资料并做好知识准备。

（4）根据任务要求，对学生进行分组，5 人一组，设组长 1 名。

4．实训任务

（1）宇通物流公司二区分部有三台计算机，为加强信息管理，要组建无线局域网，实现资源共享。

（2）撰写实训报告、制作 PPT 和汇报。

5．实训操作

（1）对无线 AP 进行安装、设置。

① 设置安装有无线网卡计算机的 IP 地址。将该计算机的网关设置为 192.168.1.1，IP 地址设置为 192.168.1.2，子网掩码设置为 255.255.255.0。设置完成后，在浏览器中输入 http://192.168.1.1，就可以看到 AP 的设置界面，如图 3-27 所示。

图 3-27　AP 的设置界面

② 设置无线网络的基本参数。

SSID：用于识别无线设备的服务集标志符，可采用默认值 TP-LINK，也可根据自己的喜好更改为一个容易记忆的数字或字母或两者的组合。

频道：用于确定本网络工作的频率段，选择范围从 1~11，默认值是 6。

模式：用于设置 AP 的工作模式，一般不必做改动，默认就可以。

开启无线功能：使 TL-WR641G 的无线功能打开或关闭。

允许 SSID 广播：默认情况下，AP 都是向周围空间广播 SSID 通告自己的存在，这种情况下无线网卡都可以搜索到这个 AP 的存在。

开启安全设置：在无线网络基本设置对话框内配置完无线 AP 的基本参数后单击"保存"按钮，如图 3-28 所示。这时，会在 WR641G 周围生成一个无线网络，该网络的 SSID 标识符是 TP-LINK，工作信道是 6，网络没有加密，可以提供给无线网卡来连接。

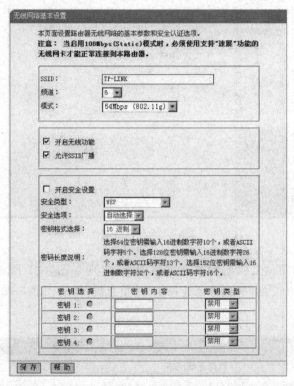

图 3-28 无线网络的基本参数设置

③ WAN 口设置。在 AP 的设置界面内，单击"网络参数"选项，在展开的列表中再单击"WAN 口设置"选项，显示如图 3-29 所示。设置各参数具体值后单击"保存"按钮，完成无线 AP 的设置。

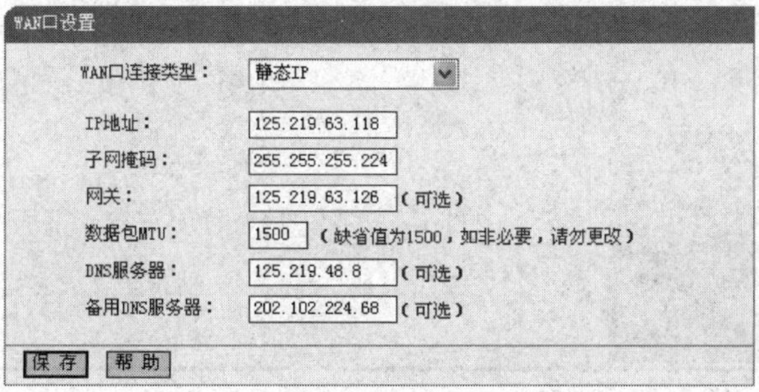

图 3-29 WAN 口设置

（2）三台计算机通过无线 AP 方式组建无线局域网。

① 在客户端计算机上双击无线网卡，即可看到所有当前可用的无线网络，如图 3-30 所示。注意图 3-30 中有两个网络：一个是前面刚提到的计算机到计算机网络，网络名是 nau-1；另一个是网络名 nau-2 是 AP 的 ESSID，该网络才是需要连接的网络。

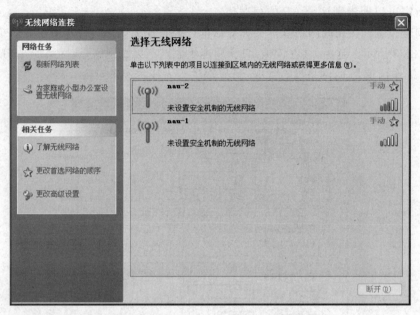

图 3-30　客户端无线网络属性的设置

② 双击网络名为 nau-2 的图标进行网络连接，出现如图 3-31 所示的页面。图 3-30 与图 3-31 的区别在于 nau-2 的网络有"已连接上"的信息提示，表明客户端计算机已成功连接上无线网络。

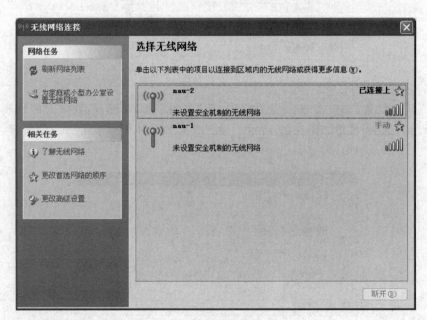

图 3-31　客户端连接成功

③ 设置客户端的 IP 地址。右击"网络邻居"，选择"属性"，右击"无线网络连接"，单击"属性"按钮，在"Internet 协议（TCP/IP）"选项中单击"属性"按钮。配置客户计算机 IP 地址等参数如图 3-32 所示，单击"确定"按钮。这样，客户端计算机通过浏览器就可以连接 Internet 了。

④ 上述参数都设置好以后，在"常规"栏里就可以看到当前有哪些用户已经连接到无线 AP 上，如图 3-33 所示。

⑤ 验证网络连通性。为检验两台计算机通过无线网卡组建点对点对等网的连通情况，可选择任意一台计算机，在 MS-DOS 下采用 ping 命令，如用 192.168.1.18 去 ping192.168.1.2，结果如图 3-34 所示。图 3-34 的结果显示，两台计算机通过无线网卡组建点对点对等网的连通情况良好。

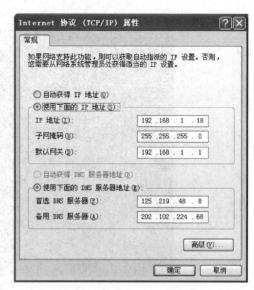

图 3-32　客户端的 IP 地址设置

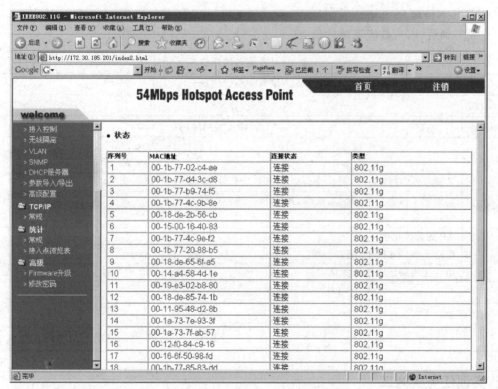

图 3-33　无线 AP 的"常规"栏显示内容

6. 撰写实训报告
由学生自己完成。
7. 制作 PPT 和汇报
由学生自己完成。

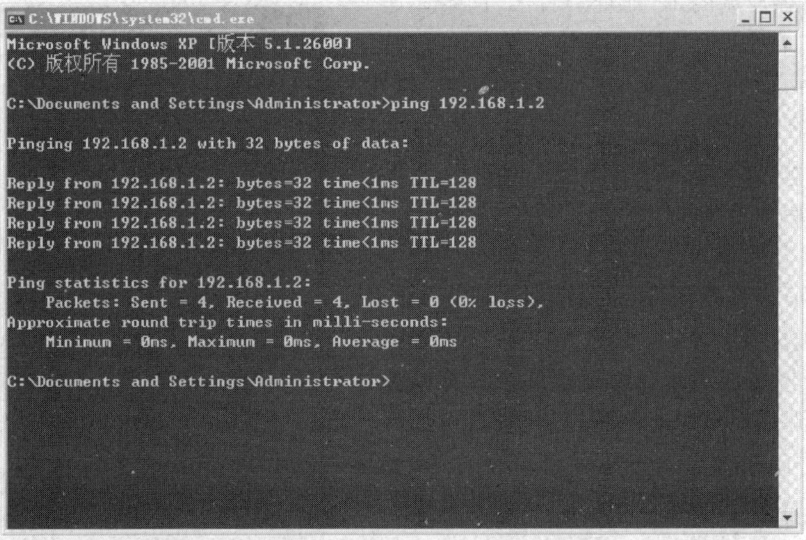

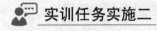

图 3-34　点对点无线网络的连通性测试

8. 技能训练评价

完成实训后,填写技能训练评价表(见表 3-5)。

表 3-5　技能训练评价表

专业:		班级:	被考评小组成员:		
考评时间			考评地点		
考评内容			组建无线局域网		
考评标准	内　容	分值	小组互评 (50%)	教师评议 (50%)	考评得分
	实训过程中遵守纪律,礼仪符合要求,团队合作好	15			
	实训记录内容全面、真实、准确,PPT 制作规范,表达正确	15			
	AP 的设置正确	30			
	组建无线局域网 IP 配置合理	20			
	组建无线局域网网连通测试正确	20			
	综合得分				

指导教师评语:

💬 实训任务实施二

瑞星杀毒软件的使用

1. 实训目标

(1) 掌握杀毒软件的安装。

(2) 掌握杀毒软件的使用。

(3) 掌握杀毒软件的设置。

2. 实训要求

（1）按照实训任务单完成各项任务。

（2）按照规范要求提交实训报告。

（3）遵守实训中心的纪律，爱护设备，实训认真，注意安全。

3. 实训准备

（1）教师准备好实训任务书，讲清该任务实施的目标和瑞星软件的安装、参数设置及对计算机进行病毒的查杀过程。

（2）实训中心准备好实训设备和网络环境。

（3）学生根据任务目标通过教材和网络收集相关资料并做好知识准备。

4. 实训任务

（1）学会瑞星杀毒软件的使用。

（2）撰写实训报告。

5. 实训步骤

1）安装瑞星杀毒软件。

（1）将瑞星的安装光盘放入光驱，或直接启动其安装程序图标，软件开始准备安装。

（2）准备结束后，进入"选择语言"界面，选择使用的语言为"中文简体"，再单击"确定"按钮。

（3）这时进入"瑞星欢迎"界面，在该界面中会出现一些安装的注意事项。

（4）单击"下一步"按钮，可以看到"最终用户许可协议"界面，在这里显示的是用户的使用各项协议，选择"我接受"单选钮，再单击"下一步"按钮。

（5）弹出"定制安装"界面，选择要安装的组件，默认情况为全选。

（6）单击"下一步"按钮，进入"选择目标文件夹"界面，这时需要选择把瑞星杀毒软件安装到哪个目录，默认在 C 盘下。选择好后，单击"下一步"按钮。

（7）这时，会进入"选择开始菜单文件夹"界面，选择该软件在开始菜单中的位置，然后单击"下一步"按钮。

（8）进入"安装磁盘"界面，显示前面设置的安装信息。

（9）单击"下一步"按钮，进入"安装过程中"界面，开始安装软件。

（10）安装完成后，进入"结束"界面，单击"完成"按钮，重新启动计算机。

（11）重新启动计算机后，打开瑞星杀毒软件的主窗口。

2）对计算机杀毒。

（1）单击"杀毒"选项卡。

（2）单击"开始杀毒"按钮，主界面左边的扫描对象就不能再选择，且在下面显示扫描文件数等。

（3）单击"更多信息"链接，打开一个界面，详细显示了扫描的进度以及当前扫描的文件。

（4）扫描完成后，会打开"杀毒结束"提示框，显示查杀的文件数、发现病毒数、查杀所用的时间等信息。

（5）对于查杀某个单独的文件，可以直接右击该文件，在弹出的快捷菜单中选择"瑞星杀毒"选项。

（6）在扫描过程中，发现病毒后会弹出"发现病毒"提示框，显示感染病毒的文件名、病毒名及处理方式。

(7) 单击"清除病毒"按钮,将病毒清除,如果该文件内还有病毒则继续弹出提示对话框。

(8) 在工作界面中会显示扫描的文件和发现的病毒及处理情况。

(9) 病毒清理完成后,整个扫描结束,在弹出的"杀毒结束"窗口中会显示查杀的病毒个数。

3) 其他设置。

(1) 瑞星还有监控功能,单击"监控"选项卡显示其界面。

(2) 单击"文件监控"按钮,显示的是文件监控的设置,开始有默认项,可以根据需要修改这些设置。

(3) 单击"邮件监控"按钮,显示并对邮件进行保护。

(4) 单击"网页监控"按钮,显示并设置对网页的保护。

6. 撰写实训报告

由学生自己完成。

7. 技能训练评价

完成实训后,填写技能训练评价表(见表3-6)。

表 3-6　技能训练评价表

专业:		班级:		被考评小组成员:		
考评时间			考评地点			
考评内容		瑞星杀毒软件的使用				
考评标准	内　　容		分值	小组互评 (50%)	教师评议 (50%)	考评得分
	实训过程中遵守纪律、礼仪符合要求,团队合作好		20			
	实训记录内容全面、真实、准确,表达正确		20			
	瑞星杀毒软件安装正确		30			
	瑞星杀毒软件使用正确		30			
综合得分						

指导教师评语:

任 务 小 结

本任务主要讲述了计算机网络概述、网络体系结构和协议、网络传输介质及设备、局域网的构建和网络安全基础等方面的内容。

练 习 题

一、单选题

1. 以下不是分组交换的特点的是(　　)。

　　A. 高效　　　　B. 灵活　　　　C. 可靠　　　　D. 精确

2. 以下(　　)网络传输协议是事实上的国际标准。

　　A. TCP/IP　　　B. OSI　　　　C. HTTP　　　　D. FTP

3. 以下（　　）是常用的 C 类 IP 地址。

    A. 127.0.0.1　　　　　　　　　　B. 222.195.191.177

    C. 172.19.44.51　　　　　　　　　D. 0.0.0.1

4. 以下是用于连接互联网的中继系统与对应的设备，（　　）不正确。

    A. 物理层中继系统：转发器　　　　B. 数据链路层中继系统：网桥或桥接器

    C. 网络层中继系统：交换机　　　　D. 网络层以上的中继系统：网关

5. TTL 指的是（　　）。

    A. 服务类型　　B. 生存时间　　　C. 总长度　　　　D. 片偏移

6. 网络服务机构的通用顶级域名是（　　）。

    A. .com　　　　B. .net　　　　　C. .edu　　　　　D. .cn

7. 以下（　　）不是网卡的功能。

    A. 数据的封装与解封　　　　　　　B. 链路管理

    C. 数据加密　　　　　　　　　　　D. 编码与译码

8. VPN 指的是（　　）。

    A. 虚拟专用网络　　　　　　　　　B. 虚拟局域网

    C. 虚拟广域网　　　　　　　　　　D. 虚拟互联网

9. 将域名转换为 IP 地址的协议为（　　）。

    A. DNS　　　　　B. ICMP　　　　C. ARP　　　　　D. RARP

10. 计算机网络安全的内容不包括（　　）。

    A. 保密性　　　　　　　　　　　　B. 安全协议的设计

    C. 接入控制　　　　　　　　　　　D. 密码防盗

二、填空题

1. 国家正在推广"三网融合"，三个网分别是＿＿＿＿、＿＿＿＿、＿＿＿＿。

2. 世界上最早投入运行的计算机网络是＿＿＿＿。

3. "＿＿＿＿"是数字信道所能传送的"最高数据率"的同义语，单位是"比特每秒"，或 b/s(bit/s)。

4. 数据经历的总时延就是＿＿＿＿、＿＿＿＿和＿＿＿＿之和。

5. 在局域网中，硬件地址又称为物理地址或＿＿＿＿地址。

6. 广域网中的一个重要问题就是＿＿＿＿和＿＿＿＿。

7. 一个网络地址由＿＿＿＿和＿＿＿＿两部分组成。

8. IPv6 将地址从 IPv4 的 32bit 增大到了＿＿＿＿bit。

9. 电子邮件由＿＿＿＿和＿＿＿＿两部分组成。

10. 万维网高速缓存代表浏览器发出 HTTP 请求，因此又称为＿＿＿＿。

11. HTML 中文名称为＿＿＿＿，URL 中文名称为＿＿＿＿。

12. 截获信息的攻击称为＿＿＿＿，而更改信息和拒绝用户使用资源的攻击称为＿＿＿＿。

13. ＿＿＿＿是由软件、硬件构成的系统，用来在两个网络之间实施接入控制策略。

14. 速率达到或超过 100Mb/s 的以太网称为＿＿＿＿。

15. OSI 参考模型共分为 7 层：物理层、＿＿＿＿、网络层、＿＿＿＿、会话层、表示层、＿＿＿＿。

三、判断题

1. 每一个分组的首部都含有地址等控制信息。　　　　　　　　　　　(　　)
2. 严格说来,以太网应当是指符合 802.3 标准的局域网。　　　　　(　　)
3. 广域网就是指覆盖范围很广的互联网。　　　　　　　　　　　　(　　)
4. 相比于 IPv4 数据报首部,IPv6 数据报首部更为简单、灵活。　　(　　)
5. 以大写字母 I 开始的 Internet 是一个专用名词,它指当前全球最大的、开放的、由众多网络相互连接而成的特定计算机网络,其前身是美国的 ARPANET。　　　　(　　)
6. www.upc.edu.cn 是一个三级域名。　　　　　　　　　　　　　(　　)
7. 公开密钥密码体制使用相同的加密密钥与解密密钥。　　　　　　(　　)
8. 计算机病毒是一种程序。　　　　　　　　　　　　　　　　　　(　　)

四、简答题

1. 简述计算机网络的不同分类。
2. 局域网有哪些优点?
3. IP 地址具有哪些重要的特点?

任务二　EDI 技术应用

 **引导案例**

我国较早的 EDI 系统使用者——中远集团

1. 中远集团背景资料

中国远洋运输(集团)总公司是国内最早实施 EDI 的企业之一,它的前身是成立于 1961 年 4 月 27 日的中国远洋运输公司。1993 年 2 月 16 日组建以中国远洋运输(集团)总公司为核心企业的中国远洋运输集团。2015 年 12 月 11 日,中国远洋运输(集团)总公司与中国海运(集团)总公司实施重组,新集团名称为中国远洋海运集团有限公司。截至 2020 年 9 月 30 日,中国远洋海运集团经营船队综合运力 10933 万载重吨/1371 艘,排名世界第一。其中,集装箱船队规模 316 万 TEU/537 艘,居世界第三;干散货船队运力 4192 万载重吨/440 艘,油轮船队运力 2717 万载重吨/214 艘,杂货特种船队 423 万载重吨/145 艘,均居世界第一。中国远洋海运集团完善的全球化服务筑就了网络服务优势与品牌优势。码头、物流、航运金融、修造船等上下游产业链形成了较为完整的产业结构体系。集团在全球投资码头 59 个,集装箱码头 51 个,集装箱码头年吞吐能力 12675 万 TEU,居世界第一。全球船舶燃料销量超过 2770 万吨,居世界第一。集装箱租赁业务保有量规模达 370 万 TEU,居世界第二。海洋工程装备制造接单规模以及船舶代理业务也稳居世界前列。

2. 中远集团采用的技术

中远集团真正实验运作 EDI 系统是从 1988 年开始的,中远系统的代理公司在 PC 上借用日本 Shipnet 网的单证通信格式,通过长途电话,从日本或中国香港的 TYMNET 网络节点入网,单向地向国外中远代理公司传输货运舱单数据。

20 世纪 90 年代初,中远集团与国际著名的 GEIS 公司合作开始了 EDI 中心的建设,由该公司为中远集团提供报文传输服务。1995年，中远集团正式立项，1996年至1997年完成了中远集团EDI中心和EDI网络的建设，该EDI网络基本覆盖了国内50多家大小中货和外代网点，实现了对海关和港口的EDI报文交换，并通过北京EDI中心实现了与GEISEDI中心的互联，连通了中远集团海外各区域公司。1997年1月，中远集团总公司正式开通公司网站。1998年9月，中远集团在网站上率先推出网上船期公告和订舱业务。目前，中远集团已经通过EDI实现了对舱单、船图、箱管等数据的EDI传送。

在标准化工作方面，中远集团重点开发了基于EDIFACT标准、符合中国国情的、适用于行业内部的"货物跟踪信息EDI报文标准""船期表EDI报文标准"和"货运单证EDI报文标准（3.1版）"等。

为适应国内港口对EDI的需求，中远总公司和东南大学、南京航空航天大学合作开发了"货运单证交换服务系统"，它是按照ISO/OSI开放系统互联标准开发的软件包，通信网络是电话网和分组交换网。中心服务系统由单证邮箱管理功能和进一步开发EDI应用的应用编程接口（API）两部分组成；用户端软件由入网通信功能和用户应用程序编程接口（API）两部分组成。目前，中心服务系统所有模块均在北京总公司AS/400机的操作系统下运行，并且能够移植在IBM大型机上运行，成为中远集团在国内各远洋公司、代理公司、汽车运输公司及其他所属企业间的EDI服务网络系统。

自1988年在微机上试验的中美航线舱单传输系统开始，到目前为止，中远集团已经开发和正在开发、测试的多套应用系统都取得了很大进展，如"出口理货单证数据EDI应用系统""代理公司进口货运单证EDI应用系统""代理公司出口货运单证EDI应用系统""远洋船舶运费舱单EDI应用系统"等。

1995年，原交通部组织实施了《国际集装箱运输电子信息传输和运作系统及示范工程》，该工程以上海、天津、青岛、宁波四个港口以及中国远洋运输（集团）总公司作为示范工程建设单位（简称"四点一线"EDI示范工程）。

3. 中远集团实施EDI的效益分析

1990年，中远集团从国内到日本的集装箱一般有5000个标准箱位，而仅按其中的1000个标准箱位计算，大约需要150多张仓单，用传真需要2个小时才能传过去，而采用EDI后仅需几分钟就可以传完，节省的不只是时间，以当年的业务量计算，中远集团光传真费就节省了70万美元。而现在，中远集团的业务量比1990年增长了许多倍，可想而知，EDI的应用为中远集团节省了多少的费用和时间。

1991年，新加坡政府要求所有入关船只要提前将仓位图用计算机传输到欲进港口，否则推迟该船的卸货时间并处以罚款。中远集团由于在一年前就搭建了完整的图文处理网络系统，所以没有一项业务受到影响。

中远的EDI系统在为集团带来巨大经济效益的同时，也受到了社会各界的关注。1995年，交通部启动"四点一线"（四点即天津港、青岛港、大连港和上海港，一线即远洋业）工程，旨在加快我国远洋运输业的发展，扶持一批重点远洋运输企业，中远集团下属20多个公司被批准加入该工程。

为了充分利用专网提高日常办公效率和业务处理速度，中远集团成立了电子邮件中心和EDI中心，利用报文系统进行费用结算、仓单处理等业务。中远集团每年的仓单数以吨计，以往有100多人专职整理也无法整理清楚，而采用EDI报文系统后，只有几个人工作，每天的仓单就能处理得当。

思考题:
1. 什么是 EDI?
2. 中远集团实施 EDI 取得了哪些效益?

电子数据交换
(EDI)工作模
型及运行

➡ 任务知识储备

一、走进 EDI 技术

EDI 是由国际标准化组织推出使用的国际标准,它是指一种为商业或行政事务处理,按照一种国际公认的标准格式,形成结构化的事务处理或消息报文格式,从计算机到计算机的电子传输方法。由于使用 EDI 可以减少甚至消除贸易过程中的纸面文件,因此 EDI 又被人们通俗地称为"无纸贸易"。它是一种在公司之间传输订单、合同、发票等单证文件的电子化手段。它通过专用的通信网络收集贸易、运输、保险、银行和海关等行业信息,实现各有关部门或企业之间的数据交换与处理,并完成以贸易为中心的全部过程。它是 20 世纪 80 年代发展起来的一种新颖的电子化贸易工具,是计算机、通信和现代管理技术相结合的产物。

1. EDI 的定义

由于 EDI 的应用领域不同、实施目的不同,导致 EDI 的定义有所区别,难以统一,现列举如下。

定义一:1995 年版的《美国电子商务辞典》(Haynes.E,1995)将 EDI 定义为:"为了商业用途在计算机之间所进行的标准格式单据的交换。"

定义二:美国国家标准局 EDI 标准委员会对 EDI 的解释是:"EDI 指的是在相互独立的组织机构之间所进行的标准格式、非模糊的具有商业或战略意义的信息的传输。"

定义三:联合国 EDIFACT 培训指南认为,"EDI 指的是在最少的人工干预下,在贸易伙伴的计算机应用系统之间的标准格式数据的交换"。

从上述 EDI 定义中不难看出,EDI 包含了三个方面的内容,即计算机应用、通信网络和数据标准化。其中计算机应用是 EDI 的前提条件,通信环境是 EDI 的应用基础,标准化是 EDI 的主要特征。这三个方面相互衔接、相互依存,构成 EDI 的基础框架。

2. EDI 的应用类型

EDI 当前不仅应用在商业、外贸、制造业、化工、石油、汽车、金融、银行、交通运输、海关等商贸领域,也应用于政府、广告、教育、司法、保险等领域。EDI 已越过"无纸贸易"这一领域而广泛用于经济、行政等部门。

根据所承担的功能的不同,EDI 可分为以下四大类。

第一类是前面所述的订货信息系统,也是应用最广泛的 EDI 系统。它又可称为贸易数据互换系统(trade data interchange,TDI),它用电子数据文件来传输订单、发货票和各类通知。

第二类常用的 EDI 系统是电子金融汇兑系统(electronic fund transfer,EFT),即在银行和其他组织之间实行电子费用汇兑。EFT 已使用多年,但它仍在不断改进中。最大的改进是同订货系统联系起来,形成一个自动化水平更高的系统。

第三类常见的 EDI 系统是交互式应答系统(interactive query response,IQR)。它可应用在旅行社或航空公司作为机票预定系统。这种 EDI 在应用时要询问到达某一目的地的航班,要求显示航班的时间、票价或其他信息,然后根据旅客的要求确定所要的航班,打印机票。

第四类是带有图形资料自动传输的 EDI。最常见的是计算机辅助设计(computer aided

design,CAD)图形的自动传输。比如,设计公司完成一个厂房的平面布置图,将其传输给厂房负责人,以供他们提出修改意见。一旦该设计被认可,系统将自动输出订单,发出购买建筑材料的报告。在收到这些建筑材料后,系统自动开出收据。

3. EDI 的特点

EDI 改变了贸易方式,其特点如下。传统方式与 EDI 方式传输单证对比如图 3-35 所示。

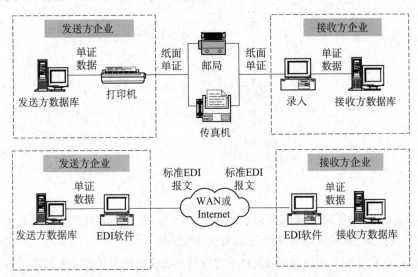

图 3-35　传统方式与 EDI 方式传输单证对比

(1) EDI 的使用对象是不同的组织,EDI 传输的是企业间的报文,EDI 是企业间信息交流的一种方式。

(2) EDI 所传送的资料是一般业务资料,如发票、订单等,而不是一般性的通知。

(3) EDI 传输的报文是格式化的,是符合国际标准的,这是计算机能够自动处理报文的基本前提。

(4) EDI 使用的数据通信网络一般是增值网、专用网。

(5) 数据传输由收送双方的计算机系统直接传送、交换资料,不需要人工介入操作。

(6) EDI 与传真或电子邮件的区别是:传真与电子邮件,需要人工的阅读判断处理才能进入计算机系统。人工将资料重复输入计算机系统中,既浪费人力资源,也容易发生错误,而EDI 不需要再将有关资料人工重复输入系统。

4. EDI 的构成

构成 EDI 系统的三个要素是 EDI 数据标准、EDI 软件和硬件、通信网络。EDI 系统结构如图 3-36 所示。下面就针对 EDI 的三个要素分别论述。

1) EDI 数据标准

数据标准是整个 EDI 最关键的部分,由于 EDI 以实现商定的报文格式形式进行数据传输和信息交换,制定统一的 EDI 标准至关重要。EDI 的标准包括 EDI 网络通信标准、EDI 处理标准、EDI 联系标准和 EDI 语义语法标准等。

EDI 网络通信标准解决 EDI 通信网络应该建立在何种通信网络协议之上的问题,以保证各类 EDI 用户系统的互联。目前国际上主要采用 MHX(X.400)作为 EDI 通信网络协议,以解决 EDI 的支撑环境。

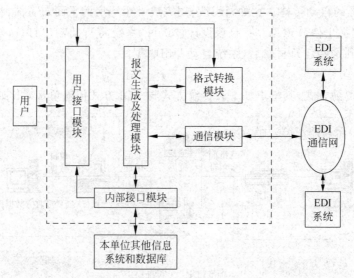

图 3-36　EDI 系统结构

EDI 处理标准研究不同地域不同行业的各种 EDI 报文、相互共有的"公共元素报文"的处理标准。它与数据库、管理信息系统等接口有关。

EDI 联系标准解决 EDI 用户所属的其他信息管理系统或数据库与 EDI 系统之间的接口问题。

EDI 语义语法标准(又称 EDI 报文标准)解决各种报文类型格式、数据元编码、字符集和语法规则以及报表生成应用程序设计语言等问题。

这里的 EDI 语议语法标准又是 EDI 技术的核心。

EDI 自产生起,EDI 标准的国际化就成为人们日益关注的焦点之一。早期的 EDI 使用的大都是各处的行业标准,不能进行跨行业 EDI 互联,严重影响了 EDI 的效益,阻碍了全球 EDI 的发展。例如,美国就存在汽车工业的 AIAG 标准、零售业的 UCS 标准、货栈和冷冻食品储存业的 WINS 标准;日本有连锁店协会的 JCQ 行业标准、全国银行协会的 Aengin 标准和电子工业协会的 EIAT 标准等。

为促进 EDI 的发展,世界各国都在不遗余力地促进 EDI 标准的国际化,以求最大限度地发挥 EDI 的作用。目前,在 EDI 标准上,国际上最有名的是联合国欧洲经济委员会(UN/ECE)下属第四工作组(WP4)于 1986 年制定的《用于行政管理、商业和运输的电子数据互换》标准,即 EDIFACT(electronic data interchange for administration,commerce and transport)标准。EDIFACT 已被国际标准化组织 ISO 接收为国际标准,编号为 ISO 9735。同时还有广泛应用于北美地区的,由美国国家标准化学会(ANSI)特许公认标准委员会(ASC)X12 于 1985 年制定的 ANSI X.12 标准。

目前,欧洲使用 EDIFACT 标准。1991 年,欧洲汽车业、化工业、电子业和石油天然气业已全部采用 EDIFACT。此外,建筑、保险等行业也宣布将放弃其行业标准,转而采用 EDIFACT。北美则使用 ANSI X.12,ANSI X.12 已遍及北美各行业,有 100 多个数据交易集。亚太地区则主要使用 EDIFACT。

EDI 迅猛发展,其影响已波及全球。但目前存在的 EDIFACT 和 ANSI X.12 两大标准在某种程度上制约了 EDI 全球互通的发展。例如,当一个美国的公司要与它在欧洲或亚洲的子公司或贸易伙伴联系时,因双方所采用的 EDI 标准不同,就要进行复杂的技术转换才能达到目的。虽然绝大多数翻译软件的制造厂商都支持这两个标准,但仍会给用户或厂商造成一些不必要的麻烦。

在 EDIFACT 被 ISO 接受为国际标准之后,国际 EDI 标准就逐渐向 EDIFACT 靠拢。ANSI X.12 和 EDIFACT 两家已一致同意全力发展 EDIFACT,使之成为全世界范围内能接受的 EDI 标准。1992 年 11 月,美国 ANSI X.12 特许公认标准委员会又投票决定,1997 年美国将全部采用 EDIFACT 来代替现有的 ANSI X.12 标准。ANSI 官员说:"1997 年之后,现在所有的 ANSI X.12 标准仍将保留,但新上项目将全部采用 EDIFACT 标准。"美国国家标准化协会欧共体事务主席 John Russell 先生指出:"ANSI X.12 向 EDIFACT 转变意味着美国的公司今后可在欧洲的市场上加快资金流动、改善用户服务。同时,从用户的角度来看,今后面对的将是唯一的国际标准。"

UN/EDIFACT 标准包括一系列电子交换标准、指南、规则、目录和标准报文组成,主要有以下 9 个:①EDIFACT 语法规则;②报文设计指南;③语法应用指南;④EDIFACT 数据元目录;⑤代码表;⑥EDIFACT 复合数据元目录;⑦EDIFACT 段目录;⑧EDIFACT 标准报文格式;⑨贸易数据交换格式总览。

2) EDI 软件和硬件

EDI 系统的各个功能的实现有赖于软、硬件模块的支撑,构成 EDI 系统所需的硬件大致有计算机、网络以及打印机等其他外设,这里不多赘述,重点介绍 EDI 的软件构成。

构成 EDI 系统的软件模块按其所实现的功能可分为报文生成及处理模块、用户接口模块、内部接口模块、格式转换模块和通信模块 5 个部分。

(1) 报文生成及处理模块。该模块的作用有两项:第一项是接受来自用户接口模块和内部接口模块的命令和信息,按照 EDI 标准生成订单、发票、合同以及其他各种 EDI 报文和单证,经格式转换模块处理之后,由通信模块经 EDI 网络转发给其他 EDI 用户。在生成 EDI 单证的过程中,要把用户常见的单证格式转换成有序的、标准的格式化数据,以便格式转换模块能够处理。第二项是自动处理由其他 EDI 系统发来的 EDI 报文。按照不同的 EDI 的报文类型,应用不同的过程进行处理,在处理过程中要与本单位其他信息系统相互作用。一方面,从信息系统中取出必要的信息回复给发来单证的 EDI 系统;另一方面,将单证中的有关信息送给本单位其他信息系统。

(2) 用户接口模块。EDI 系统能自动处理各种报文,但是用户界面友好的人机接口仍是必不可少的。由于使用 EDI 系统的大多是非计算机专业的业务管理人员,不可能要求他们了解更多的计算机甚至网络的技术。这样,从用户的观点来看,操作起来越简单、越直观越好。

用户接口模块包括用户界面和查询统计。用户界面是 EDI 系统的外包装,它的设计是否美观、使用是否方便,直接关系到 EDI 系统产品的外在形象。

(3) 内部接口模块。使用 EDI 系统的用户,在某种程度上都有自己的计算机应用,也就是企业内部的管理信息系统(MIS)。内部接口模块是 EDI 系统和本单位内部其他信息系统及数据库的接口,一个单位信息系统应用程度越高,内部接口模块也就越复杂。一份来自外部的 EDI 报文,经过 EDI 系统处理之后,大部分相关内容都需要经过内部接口模块送往其他的信息系统,或查询其他的信息系统才能给对方 EDI 报文以确定的答复。

例如,一份到货通知到达后,EDI 系统可以通过内部接口模块自动修改财务、库存等 MIS 系统的记录,使新数据立刻在这些系统中得到反映。

(4) 格式转换模块。由于 EDI 要在不同国家和地区、不同行业内应用,EDI 通信双方应用的信息系统、通信手段、操作系统、文件格式等都有可能不同,因此,按照统一的国际标准和行业标准是必不可少的。所以,所有 EDI 单证都必须转换成标准的交换格式,如加上 UNH、UNT 等。同时经过通信模块接收到的来自其他 EDI 系统的 EDI 报文也要经过相反过程的处理才能交给其他模块处理。在格式转换过程中要进行语法检查,对于语法出错的 EDI 应该拒收,通知对方重发,因为语法错误的 EDI 报文可能会导致语义出错,甚至把商业文件的原意弄错。

目前,EDI 标准体系还没有完全统一,同时,不同行业的 EDI 标准也有所不同,格式转换模块必须能够适应和识别不同的 EDI 标准,做出相应的转换处理,还必须能够将一种标准的 EDI 报文转换成另一种标准格式,以便和国际上广泛存在的 EDI 系统互通。

(5)通信模块。该模块是 EDI 系统与 EDI 通信网络的接口。根据 EDI 通信网络的结构不同,该模块功能也有所不同。但是有些基本的通信功能,如执行呼叫、自动重发、合法性和完整性检查、出错报警、自动应答、通信记录、报文拼装和拆卸等都是必备的,有些还需要地址转换等工作。在某种程度上,通信模块与通信网络是一体的,它们的作用就是使 EDI 系统能够在一个安全、可靠、方便的通信平台上运行。

另外,在上述所有模块中都应包含安全功能,它们分别执行不同的数据安全和加密/解密的工作。例如,在用户接口模块中,必须具备用户身份识别功能,防止非授权用户任意操作或使用 EDI 系统,以免受到意外的破坏或损失。在报文生成和处理模块与金融系统交换 EDI 报文时,必须使用电子签名的加密方法保证传送的数据不会被篡改、抵赖或窃取。另外,所有模块都可以具备身份验证和终端确认等功能。事实上,由于信息技术的发展,利用 EDI 交换商业金融数据,要比用人工传递有形凭证更为安全可靠。

3)通信网络

通信网络是实现 EDI 的技术基础。为了传递文件,必须有一个覆盖面广、高效安全的数据通信网络作为其技术支撑环境。由于 EDI 传输的是具有标准格式的商业或行政有价文件,因此除了要求通信网具有一般的数据传输和交换功能之外,还必须具有格式校验、确认、跟踪防篡改、防盗窃、电子签名、文件归档等一系列安全保密功能,并且在用户间出现法律纠纷时能够提供法律证据。EDI 的开发、应用就是通过计算机通信网络实现的,从其所使用的网络技术来讲,主要有以下三种方式。

(1)点对点(PTP)方式。点对点方式即 EDI 按照约定的格式,通过通信网络进行信息的传递和终端处理,完成相互的业务交往。早期的 EDI 通信一般都采用此方式,但它有许多缺点,如当 EDI 用户的贸易伙伴不再是几个而是几十个甚至几百个时,这种方式很费时间,需要许多重复发送。同时这种通信方式是同步的,不适于跨国家、跨行业之间的应用。

(2)增值网(VAN)方式。增值数据业务(VADS)公司利用已有的计算机与通信网络设备,除完成一般的通信任务外,增加 EDI 的服务功能。VADS 公司提供给 EDI 用户的服务主要是租用信箱及协议转换,后者对用户是透明的。信箱的引入实现了 EDI 通信的异步性,提高了效率,降低了通信费用。另外,EDI 报文在 VADS 公司自己的系统(即 VAN 中)中传递也是异步的,即存储转发的。

(3)信息处理系统(MHS)方式。MHS 是 ISO 和 ITU-T 联合提出的有关国际电子邮件服务系统的功能模型。它建立在 OSI 开放系统的网络平台上,适应多样化的信息类型,并通过网络连接,具有快速、准确、安全、可靠等特点。它是以存储转发为基础的、非实时的电子通信系统,非常适合作为 EDI 的传输系统。MHS 为 EDI 创造了一个完善的应用软件平台,减少了 EDI 设计开发上的技术难度和工作量。ITU-T X.435/F.435 规定了 EDI 信息处理系统和通信服务,把 EDI 和 MHS 作为 OSI 应用层的正式业务。EDI 与 MHS 互连,可将 EDI 报文直接放入 MHS 的电子信箱中,利用 MHS 的地址功能和文电传输服务功能,实现 EDI 报文的完善传送。

5. EDI 系统的工作流程

EDI 的实现过程就是用户将相关数据从自己的计算机信息系统传送到有关交易方的计算机信息系统的过程,该过程因用户应用系统及外部通信环境的差异而不同。

EDI 通信网络是建立在 MHS 数据通信平台上的信箱系统,其通信机制是信箱间信息的存储和转发。

一个典型的 EDI 系统的工作流程由四个步骤组成,如图 3-37 所示。

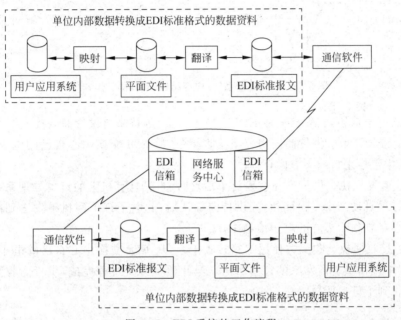

图 3-37 EDI 系统的工作流程

(1) 生成平面文件。用户的应用系统从数据库中取出数据,通过转换软件把数据转换为标准的 Flat file,平面文件是一种通信的文本文件,其作用在于生成 EDI 电子单证,以及用于内部计算机系统的交换和处理等。

(2) 翻译生成标准格式文件。通过翻译软件将平面文件生成 EDI 标准格式文件,即电子单证或电子票据。它是 EDI 用户之间进行贸易和业务往来的依据,具有法律效力。

(3) 通信。通信软件按照通信协议的要求为已转换成标准格式的 EDI 报文加上信封、信头、信尾、投送地址、安全要求及其他辅助信息,经通信网传送到对方的信箱中。

(4) EDI 接收和处理。接收和处理过程是发送过程的逆过程。用户从自己的信箱中将 EDI 报文接收到计算机中,经过翻译和转换还原成应用文件,并进一步对应用文件进行编辑和处理。一般对 EDI 报文的处理都由管理系统自动进行,越是自动化程度高的系统,人的干预越少。

EDI 翻译系统(内部结构)的具体工作方式如图 3-38 所示。

为了理解 EDI 如何工作,下面跟踪一个简单的 EDI 应用过程,以订单与订单回复为例。

第一步:制作订单。购买方根据自己的需求在计算机订单处理系统上制作一份订单,并将所有必要的信息以电子传输的格式存储下来,同时产生一份电子订单。

第二步:发送订单。购买方将此电子订单通过 EDI 系统传送给供货商,此订单实际上是

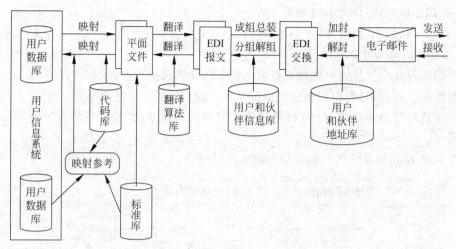

图 3-38　EDI 翻译系统(内部结构)的具体工作方式

发向供货商的电子信箱,它先存放在 EDI 交换中心上,等待来自供货商的接收指令。

第三步:接收订单。供货商使用邮箱接收指令,从 EDI 交换中心自己的电子信箱中收取全部邮件,其中包括来自购买方的订单。

第四步:签发回执。供货商在收妥订单后,使用自己计算机上的订单处理系统,为来自购买方的电子订单自动产生一份回执,经供货商确认后,此电子订单回执被发送到网络,再经由 EDI 交换中心存放到购买方的电子信箱中。

第五步:接收回执。购买方使用邮箱接收指令,从 EDI 交换中心自己的电子信箱中收取全部邮件,其中包括供货商发来的订单回执。至此整个订货过程完成,供货商收到订单,客户(购买方)则收到了订单回执。

二、EDI 在运输和商贸领域中的应用

(一) EDI 在运输领域中的应用

物流 EDI 是指货主、承运业主以及其他相关的单位之间,通过 EDI 系统进行物流数据交换,并以此为基础实施物流作业活动的办法。其组成框架结构如图 3-39 所示。

物流 EDI 的运作过程如下。

(1) 发送货物业主在接到订货后制订货物配送计划,并把运送货物的清单及运送时间安排等信息通过 EDI 发送给物流运输业主和接收货物业主,以便物流运输业主预先制订车辆调配计划,接收货物业主制订接收计划。

(2) 发送货物业主依据顾客订货要求和货物运送计划下达发货指令,分拣配货,将物流条码标签贴在货物包装箱上,同时把运送货物品种、数量、包装等信息通过 EDI 发送给物流运输业主和接收货物业主。

(3) 物流运输业主从发送货物业主处取运货物时,利用车载扫描读数仪读取货物标签的物流条形码,核实与先前送到的货物运输数据是否一致,以确认运送货物。

(4) 物流运输业主对货物进行整理、集装,制作送货清单,并通过 EDI 向接收货物业主发送发货信息。在货物运抵接收方后,物流运输业主通过 EDI 向发送货物业主发送完成运送业务信息和运费请示信息。

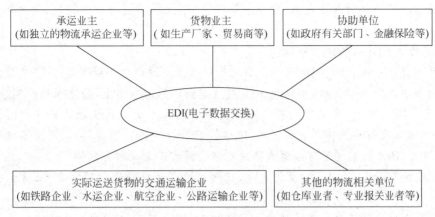

图 3-39 物流 EDI 组成框架结构

(5) 接收货物业主在货物到达时,利用扫描读数仪读取货物标签的物流条形码,并与先前收到的货物运输数据进行核对确认,开出收货发票,货物入库,同时通过 EDI 向物流运输业主和发送货物业主发送收货确认信息。

在运输行业,通过采用集装箱运输电子数据交换业务,可以将船运、空运、陆路运输、外轮代理公司、港口码头、仓库、保险公司等企业之间各自的应用系统联系在一起,从而解决传统单证传输过程中的处理时间长、效率低下等问题,可以有效提高货物运输能力,实现物流控制电子化,从而实现国际集装箱多式联运,进一步促进港口集装箱运输事业的发展。

(二)EDI 在国际贸易领域中的应用

在商业贸易领域,通过采用 EDI 技术,可以将不同制造商、供应商、批发商和零售商等商业贸易之间各自的生产管理、物料需求、销售管理、仓库管理、商业 POS 系统有机地结合起来,从而使这些企业能大幅提高经营效率,并创造出更高的利润。商贸 EDI 业务特别适用于具有一定规模和良好计算机管理基础的制造商、采用商业 POS 系统的批发商和零售商、为国际著名厂商提供产品的供应商。

(三)EDI 在通关自动化领域中的应用

在外贸领域,通过采用 EDI 技术,可以将海关、商检、卫检等口岸监管部门与外贸公司、来料加工企业、报关公司等相关部门和企业紧密地联系起来,从而可以避免企业多次往返多个外贸管理部门进行申报、审批等,大大简化进出口贸易程序,提高货物通关的速度。最终起到改善经营投资环境、加强企业在国际贸易中的竞争力的目的。

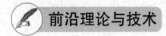 前沿理论与技术

基于 XML/EDI 的电子商务物流

1. 引言

随着计算机与 Internet 网络等技术在企业的广泛普及,很多企事业单位的计算机系统存储的业务数据越来越多。但是,在现在物流企业中还没有一个完整、通用的物流数据交换标准,因此大量有价值、有意义的数据都因操作系统平台不同、数据格式不统一而无法进行实时数据交换和共享,被分割成无数信息孤岛。如果制定好的物流信息数据交换标准,就可以直接

进行物流数据交换与实时信息交流,由此消除物流企业之间的信息孤岛问题,实现物流信息数据共享与实时交流。

2. 传统物流 EDI 系统技术瓶颈

EDI 系统是将标准、协议规范化和格式化的经济信息通过电子数据网络,在单位的计算机系统之间进行自动交换和处理,但传统 EDI 建立在封闭的增值网上,需要专用的硬件、软件和线路,具有经济投入较大、只能存储转发批量文件而无法在两个系统之间进行数据的实时交互、文档必须采用通用格式等弱点和不足,阻碍了 EDI 技术的应用普及,以及商务电子化的发展。因此,传统 EDI 的架构不可避免地要进行部分调整以满足相关条件。

(1) EDI 数据,如订单、发票、提货单等,必须通过各种标准进行数据交换,而各企业和国家所采用的标准都有差异。

(2) 商业合作伙伴必须达成一致的相关标准和协议,购买或开发相应的软件支持平台和应用软件。

(3) EDI 遵循"计算机到计算机间结构化的事务数据交换",为网络的扩展、用户的增加造成一定的障碍。

(4) 覆盖面窄,采用封闭的 VAN,只能与有限的贸易伙伴连接,增加了企业贸易信息化的成本。

(5) EDI 报文的传输有较多限制,只能使用指定的网络协议和安全保密协议。传统的 EDI 是通过使用简单邮件传送协议和文件传输协议(FTP)来进行数据格式转换的。

3. XML 所具备的应用优势

XML 是 Internet 联合组织创建的一组规范,以便软件开发人员和内容创作者在网页上组织信息,其目的不仅满足不断增长的网络应用需求,而且希望借此能够确保通过网络进行贸易时,具有良好的可靠性和互操作性。可以将来源不同的原始资料组装在同一个文件中,利用文件格式自由定义文件结构、添加标记或验证电子文件是否遵循 DTD 所定义的结构。EDI 就其核心而言,是一系列通过预先定义的标准结构化了的能被机器自动处理的电子文档,用 XML 技术也可以实现电子文档在 Internet 上传送。而 XML 还是专门为 Internet 通信而设计的,通过一套统一的数据格式可以使数据管理和交换成本更低,也更易于管理。通过用来定义 XML 文件的语法、句法和数据结构标准的 DTD 规范和 XML-Schema,用户可以很容易地将文件的属性映射到数据结构或分级结构中,使用户端的浏览器和数据库之间来回传输文件变得更可靠。利用结构化的 XML 文件作为中介体,异构数据库之间数据可灵活转移。因而,XML 是对 EDI 的有益补充,使 EDI 得以迅速普及。

4. XML/EDI 电子商务物流模型

XML 技术以其自身的特点,在对 EDI 的补充和改进上,突破了 EDI 的发展瓶颈。为此建立基于 XML 的电子商务物流也越来越普及。针对传统 EDI 的要求,所有的合作伙伴都必须有唯一的解决方案和基本严格事务处理的标准,缺乏灵活性和简便性,开发和维护的复杂性,以及标准升级和通信的高成本等问题,提出了基于 XML/EDI 的数据交换平台系统结构模型如图 3-40 所示。

在 XML/EDI 系统中,XML 服务器将其中的 XML/EDI 电子商务物流系统结构模型资料转换成 XML/EDI 数据,传送给 Web 服务器。通过系统提供的接口,企业(供应商、分销商)可以利用已有的应用程序(物流管理软件)、浏览器、PDA 等来访问 Web 服务器,送出订单和接收订单。通过此结构模型,XML/EDI 电子商务物流系统平台不但可以应付客户 EDI 下单动作,而且卖方会根据 EDI 中的需求,经由数据仓库或者网络搜寻用户提供的资料(包括 Web

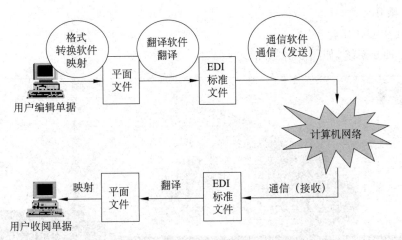

图 3-40　基于 XML/EDI 的数据交换平台系统结构模型

上的商品目录及数据库),并使用 XML 服务器将它们转换成标准的 XML 数据,并送往 Web 浏览器,而浏览端则可利用 JavaScript 或 Java Applet 做出 XML 数据的处理和校验。

EDI 经过几十年实际应用的积累,已经成为一个国际标准体系,而 XML 技术代表了一种先进的、成熟的电子数据交换技术,通过将 EDI 所具备的全球性、交易范围大和标准成熟的优点和 XML 所具有的简单灵活、成本低、可扩展以及跨平台的优势进行有机结合,可以充分发挥二者的优势、避免二者的不足,因此基于 XML/EDI 来构建电子商务系统将是未来的发展方向。

实训任务实施三

EDI 应用系统模拟

1. 实训目标

(1) 了解 EDI 的基本概念、系统组成。

(2) 掌握 EDI 的工作流程。

(3) 掌握 EDI 的工作流程操作。

2. 实训要求

(1) 按照实训任务单完成各项任务。

(2) 按照规范要求提交实训报告。

(3) 遵守实训中心的纪律,爱护设备,实训认真,注意安全。

3. 实训准备

(1) 教师准备好实训任务书,讲清该任务实施的目标和知识要点。

(2) 实训中心准备好实训设备、德意电子商务软件和网络环境。

(3) 学生根据任务目标通过教材和网络收集相关资料并做好知识准备。

4. 实训任务

(1) 学生以"出口单位"的身份,应用德意电子商务软件 EDI 应用系统模块,模拟完成 EDI 单证填写、报文生成、报文发送等环节。

(2) 撰写实训报告。

5. 实训操作

(1) EDI 中心初始化。

① 登录 EDI 系统,如图 3-41 所示。

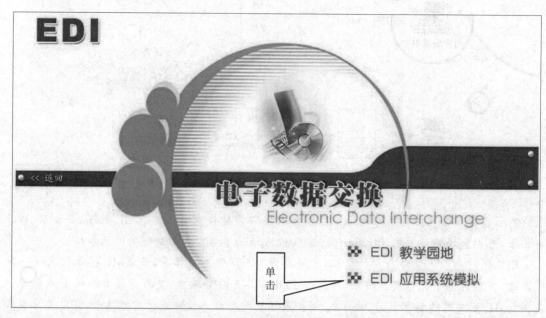

图 3-41　EDI 系统界面

② 贸易伙伴管理,操作界面如图 3-42 所示。

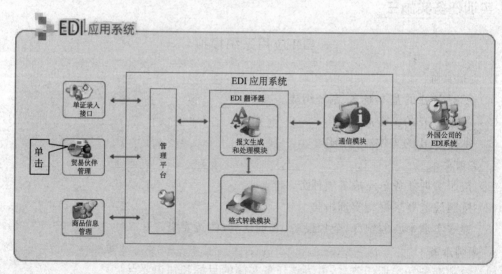

图 3-42　贸易伙伴管理操作界面

　　贸易伙伴管理步骤:第一,新增贸易伙伴类型;第二,填写贸易伙伴类型信息;第三,新增类型成功后,返回新增贸易伙伴;第四,填写贸易伙伴信息(记住名称);第五,填写完毕,保存并返回。

　　③ 商品信息管理,操作界面如图 3-43 所示。

　　新增商品步骤:第一,填写商品信息,选择贸易伙伴;第二,填写完毕,保存并返回。

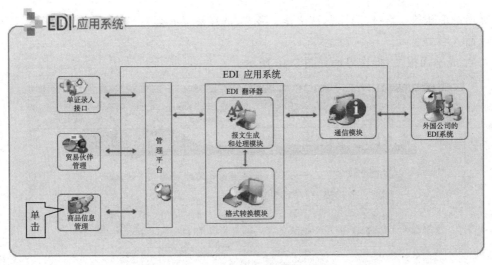

图 3-43 商品信息管理操作界面

④ EDI 单证录入、转换和传送过程,如图 3-44 所示。

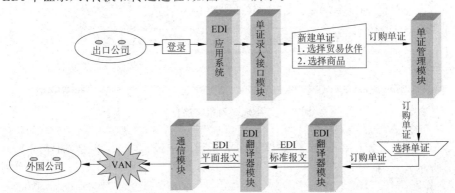

图 3-44 EDI 单证录入、转换和传送过程

(2) EDI 单证处理。

① 新增单证,操作界面如图 3-45 所示。

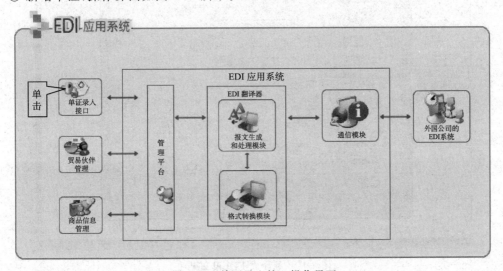

图 3-45 单证录入接口操作界面

新增单证步骤：第一，选择贸易伙伴；第二，选择商品；第三，记录该单证编号；第四，保存并返回。

② 生成平面报文，操作界面如图 3-46 所示。

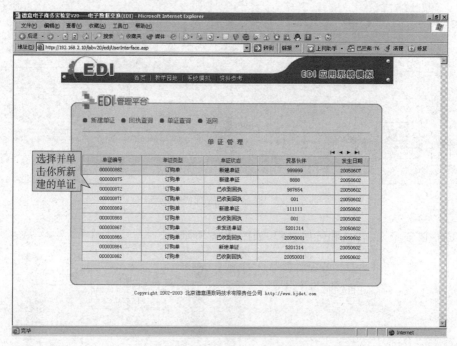

图 3-46　生成平面报文操作界面

生成平面报文步骤：第一，选择并单击你所新建的单证；第二，单击"翻译成 EDI 报文"，如图 3-47 所示。

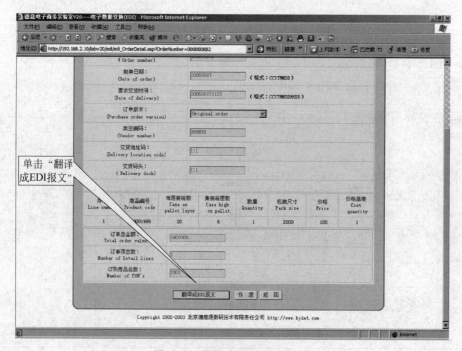

图 3-47　翻译成 EDI 报文界面

③ 生成 EDI 报文，如图 3-48 所示。

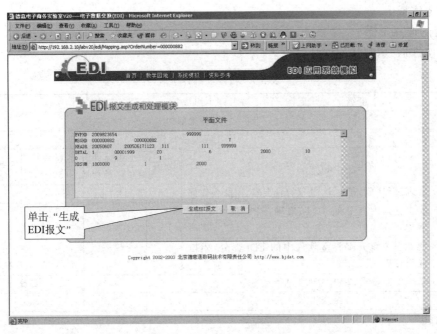

图 3-48　生成 EDI 报文界面

④ 发送报文，如图 3-49 所示。

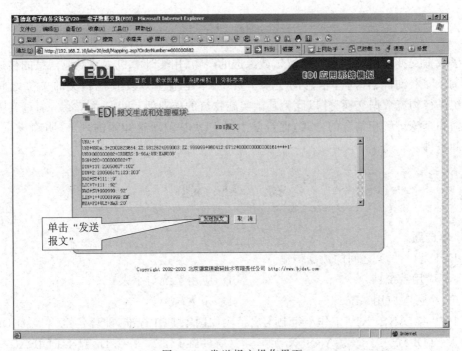

图 3-49　发送报文操作界面

⑤ 报文发送完成，结束操作。

6. 撰写实训报告

由学生完成。

7. 技能训练评价

完成实训后，填写技能训练评价表（见表 3-7）。

表 3-7　技能训练评价表

专业：		班级：		被考评小组成员：			
考评时间			考评地点				
考评内容			EDI 应用系统模拟				
考评标准	内　　容			分值	小组互评（50%）	教师评议（50%）	考评得分
	实训过程中遵守纪律，礼仪符合要求，团队合作好			20			
	实训记录内容全面、真实、准确，PPT 制作规范，表达正确			20			
	德意电子商务实验室软件中的 EDI 部分，模拟操作正确			40			
	学生按照要求，写出实训报告			20			
	综合得分						

指导教师评语：

任 务 小 结

电子数据交换是信息技术向商贸领域渗透的产物，用于计算机之间商业信息的传递，包括日常咨询、计划、询价、合同等信息的交换。货主、承运业主以及其他相关的单位之间，通过 EDI 系统进行物流数据交换，并以此为基础实施物流的作业活动也日益广泛。通过实际操作、角色扮演和理论讲解相结合的方式，促进学生对 EDI 基础理论知识的理解，明确该系统的应用环境和条件。

练 习 题

一、单选题

1. EDI 是（　　）之间的数据传输。

    A. 应用系统　　　　　　　　　　B. 应用系统与个人

    C. 个人与应用系统　　　　　　　D. 个人

2. 1979 年，ANSI X12 工作小组制定出了美国国家 EDI 标准，即著名的（　　）EDI 标准。

    A. TDI　　　　B. ANSI X.12　　　　C. GTDI　　　　　D. UN/EDIFACT

3. 数据标准化、（　　）、通信网络是构成 EDI 系统的三要素。

    A. 翻译功能　　　　　　　　　　B. EDI 软件及硬件

    C. 数据编辑功能　　　　　　　　D. 数转模

4. EDI 软件所涉及的基本功能有格式转换功能、（　　）、通信功能。

  A. 图片识读 B. 翻译功能 C. 数据编辑功能 D. 数转模

5. EDI 应用系统硬件设备有(　　)、调制解调器及电话线。

  A. 计算机 B. 条码阅读器 C. RFID 阅读器 D. 视频接受天线

6. EDI 租用电信部门通信线路的专用网络称为(　　)。

  A. 专网 B. EDI 网 C. 增值网 D. 商用网

7. EDI 网络传输的数据是(　　)。

  A. EDI 标准报文   B. 自由文件

  C. 用户端格式   D. 平面文件

8. EDI 所传送的资料是一般(　　),如发票、订单等,而不是一般性的通知。

  A. 广告 B. 业务资料 C. 产品说明书 D. 图片

9. EDI 采用(　　)的格式,这也是其与一般 E-mail 的区别。

  A. 企业标准化   B. 无固定形式

  C. 非格式化   D. 共同标准化

10. 目前,国际上使用最广泛的 EDI 标准是(　　)。

  A. UN/EDIFACT   B. ANSI X. 12

  C. 欧洲标准   D. ISO 标准

11. EDI 的数据元是已经被确认的用于标示、描述和价值表达的一个(　　)。

  A. 数据值 B. 数据单元 C. 数据常量 D. 数字

12. EDI 中含有两个或多个成分数据元的数据元是(　　)。

  A. 复合数据元   B. 数据单元

  C. 成分数据元   D. 简单数据元

13. 数据段由一组(　　)组成。

  A. 数据值 B. 数据元 C. 数据常量 D. 数字

14. 在 EDI 工作过程中,所交换的报文都是(　　)的数据,整个过程都是由 EDI 系统完成的。

  A. 半结构化 B. 无固定格式 C. 非结构化 D. 结构化

15. EDI 系统与 EDI 通信网络的接口模块为(　　)。

  A. 通信模块 B. 无固定模式 C. 非结构化 D. 结构化

16. (　　)模块是 EDI 系统与 EDI 通信网络的接口。

  A. 格式转换   B. 通信

  C. 用户接口   D. 内部接口

17. EDI 既准确又迅速,可免去不必要的人工处理,节省人力和时间,同时可减少人工作业可能产生的差错,大大提高了贸易(　　)。

  A. 效率 B. 效用 C. 效果 D. 效应

18. EDI 的应用领域不包括(　　)。

  A. 远程教学 B. 海关 C. 国际贸易 D. 运输业

19. EDI 具有一系列(　　)功能,如文件跟踪、确认、防篡改、防冒领、电子签名等,而传真、用户电报没有这些功能。

  A. 跟踪确认   B. 安全密钥

  C. 防篡改、防冒领   D. 电子签名

二、判断题

1. EDI 就是按照商定的协议将商业文件分类，并通过计算机网络在贸易伙伴的计算机网络系统之间进行数据交换和自动处理。　　　　　　　　　　　　　　　　（　　）

2. 相互通信的 EDI 的用户必须使用相同类型的计算机。　　　　　　　　　（　　）

3. EDI 采用共同标准化的格式，这也是其与一般 E-mail 的区别。　　　　　（　　）

4. EDI 传输的是标准的格式化的文件，并具有格式校验功能。而传真、电传和电子信箱等传送的是自由格式的文件。　　　　　　　　　　　　　　　　　　　（　　）

5. EDI 的使用对象是具有固定格式的业务信息和具有经常性业务联系的单位。（　　）

6. 增值网是 EDI 发展的产物。它是利用现有的网络系统，增加 EDI 的服务功能，向客户提供传递数据和加工数据的网络服务系统。　　　　　　　　　　　　　（　　）

7. 由于采用 EDI 方式出口手续简便，可减少单据费用的开支，并缩短国际贸易文件的处理周期，因此给使用 EDI 的企业带来了巨大的经济利益。　　　　　　　（　　）

8. EDI 系统可处理的物流单证包括提单、订仓确认书、多式联运单证、货物运输收据、铁路发货通知单、陆运单、空运单、联运提单、货物仓单、装货清单、集装箱装货单和到货通知等。
　　　　　　　　　　　　　　　　　　　　　　　　　　　　　　　　　（　　）

9. 在 EDI 实施的过程中，有一个环节是通过 EDI 转换程序将订单平面文件翻译成 EDI 报文。　　　　　　　　　　　　　　　　　　　　　　　　　　　　　　（　　）

10. EDI 用户要连接进入 VAN。VAN 本身有些缺陷，如贸易伙伴可能选择不同的 VAN，但 VAN 之间可能因为竞争等原因而不愿意互联，影响用户之间的连接。　（　　）

三、简答题

1. 简述构成 EDI 系统的三个要素。

2. 简述 EDI 的定义和特点。

3. 简述 EDI 的工作流程。

4. EDI 的实现过程需要运用哪三种软件？它们的功能各是什么？

四、论述题

试论述 EDI 系统面临的安全问题。

自动定位跟踪技术应用

项目描述

物流管理的最终目标是降低成本、提高服务水平。对运输型物流企业来讲,使用自动定位跟踪技术能够及时、准确、全面地掌握运输车辆的信息,对运输车辆实现实时监控调度,是降低物流成本的有效途径之一。

能够展现位置信息的主要技术有两类。一类是地理信息系统(geographic information system,GIS),是面向空间相关信息,采集、存储、检查、操作、分析和显示地理数据的系统。其主要功能是将表格型数据转换为地理图形显示,即时提供多种空间的、动态的地理信息。另一类就是全球导航卫星系统(global navigation satellite system,GNSS),是利用卫星星座(通信卫星)、地面控制部分和信号接收机对对象进行动态定位的系统。GNSS 能对静态、动态对象进行动态空间信息的获取,快速、精度准、不受天气和时间限制地反馈空间信息。

本项目通过讲解、查阅资料和相关的软件系统操作,让学生掌握 GNSS 和 GIS 技术的基本知识、GSM 无线通信技术的基本应用,理解自动定位跟踪技术对物流企业优化资源配置、提高市场竞争力所起到的促进作用。

项目目标

1. 知识目标

(1)掌握 GIS 的基本概念,GIS 系统的组成、功能。

(2)理解 GIS 在物流系统中的应用。

(3)掌握 GPS(全球卫星定位系统)的概念、特点、系统构成。

(4)掌握 GPS 的工作原理。

(5)了解 GPS 在物流领域中的应用。

2. 技能目标

(1)能熟练使用百度地图查询地理信息。

(2)熟练操作其他基于 GIS 的查询软件。

(3)学会使用 GPS 车辆监控系统。

任务一　地理信息系统(GIS)应用

引导案例

杭州佑康配送公司的 GIS 解决方案

一套功能完善、使用方便、信息量丰富、细致、实时反映交通网络变化的 GIS 是实现现代物流配送中心城市车辆优化调度的先决条件,同时也是现代物流企业网络建设的一个基础信息平台。

浙江省测绘局地理信息中心为杭州佑康配送公司开发了一套 GIS。

佑康配送 GIS 具有下述特点。

(1)电子地图的基本操作功能,包括地图的放大、缩小、平移,近 3000 家主要零售网点位置的标注,鼠标交互的距离和面积的量算,查询地理对象的属性信息等。据应用分析,佑康配送 GIS 信息量丰富、标注细致,如街道宽窄按比例绘制、街道门牌号自动显示等;同时信息更新及时,维护管理到位。

(2)零售网络分析功能,如零售网点之间的最短路径查询、经济距离计算、最近设施查找,辐射区域分析。例如,可在电子地图上自动求出任意两点间的最短经济距离(满意解),自动求出这两点间所经过的街道名称和送货先后顺序。

(3)提供地理信息的维护功能,包括基础地理信息和专题信息的维护,如设置修改驾驶员的信息(包括姓名、编号、待命状态、送货区域等参数),车辆的信息(包括车型、车牌、编号、容载量、车龄、待命状态等参数)。

(4)交通道路信息设置,主要是指从物流中心到各零售网点的道路情况,主要设置线路编号、派车时间、各街道距离(精确到 1m)、始发点、终端点等参数。

(5)对零售网点的主要设置,包括序号、名称、客户级别、联系方式等数据的设置修改。

思考题:

1. GIS 电子地图在城市物流配送中有何作用?

2. 佑康配送 GIS 有何特点? 它有何具体的作用?

任务知识储备

一、地理信息

1. 地理信息的概念

地理信息是指空间地理分布的有关信息,它表示地表物体和环境固有的数量、质量、分布特征、联系和规律的数字、文字、图形、图像等的总称。地理信息已经得到了广泛应用,服务于我们的生活、工作中,并带来便利。电子地图、卫星导航、遥感影像等地理信息产业链上的新生事物正在创造奇迹,效益已经显现。GIS 集地球数字化于一身,能装下整个地球的超量信息。目前,全球 GIS 这一新技术产业的年增长率已超过 35%。

认识地理信息和地理信息系统

2. 地理信息的特性

（1）空间分布性。其位置的识别是与数据联系在一起的，这是地理信息区别于其他类型信息的一个最显著的标志。

（2）多维结构的特征。在二维空间的基础上，实现多专题的第三维的信息结构，而各个专题或实体型之间的联系是通过属性码进行的，为地理系统各圈层的综合性研究提供了可能性。

（3）时序特征十分明显。可以按照时间的尺度进行地理信息的划分，分为超短期的（如台风、地震）、短期的（如江河洪水、秋季低温）、中期的（如土地利用、作物估产）、长期的（如水土流失、城市化）和超长期的（如地壳变动、气候变化）地理信息等，这对地理事物的预测、预报，以及为科学决策提供依据很重要。

（4）具有丰富的信息。GIS 不仅包含丰富的信息，还包含与地理信息有关的其他信息，如人口分布、环境污染、区域经济情况、交通情况等。

二、GIS

1. GIS 的定义

古往今来，几乎所有人类活动都是发生在地球上，都与地球表面位置（即地理空间位置）息息相关，随着计算机技术的日益发展和普及，GIS 以及在此基础上发展起来的"数字地球""数字城市"在人们的生产和生活中起着越来越重要的作用。

不同的研究方向和应用领域的专家学者，对 GIS 的理解是不一样的。有人认为 GIS 是以计算机为工具，具有地理图形和空间定位功能的空间型数据管理系统。有人认为 GIS 是在计算机硬件和软件支持下，运用系统工程和信息科学理论，科学管理和综合分析具有空间内涵的地理数据，以提供对规划、管理、决策和研究所需信息的空间信息系统等。所有定义都是从以下三个方面考虑的。

（1）GIS 使用的工具：计算机软、硬件系统。

（2）GIS 研究对象：空间物体的地理分布数据及属性。

（3）GIS 数据建立过程：空间数据的获取、存储、显示、编辑、处理、分析、输出和应用。

总体来说，GIS 是由计算机软硬件环境、地理空间数据、系统维护和使用人员四部分组成的空间信息系统。该系统可对整个或部分地球表层（包括大气层）空间中有关地理分布数据进行采集、储存、管理、运算、分析显示和描述。

2. 地理信息系统的特点

（1）具有采集、管理、分析和输出多种地理空间信息的能力。

（2）以地理研究和地理决策为目的，以地理模型方法为手段，具有空间分析、多要素综合分析和动态预测的能力，并能产生高层次的地理信息。

（3）具有公共的地理定位基础，所有的地理要素要按经纬度或者特有的坐标系统进行严格的空间定位，才能将具有时序性、多维性、区域性特征的空间要素进行复合和分解，将隐含其中的信息变为显示表达，形成空间和时间上连续分布的综合信息基础，支持空间问题的处理与决策。

（4）由计算机系统支持进行空间地理数据管理，并由计算机程序模拟常规的或专门的地理分析方法，作用于空间数据，产生有用的信息，完成难以完成的任务。

（5）从外部来看，GIS 表现为计算机软硬件系统，而其内涵却是由计算机程序和地理数据组织而成的地理空间信息模型，是一个逻辑缩小的、高度信息化的地理系统。

三、GIS 的类型

GIS 依据其内容、功能和作用的不同,可分为工具型 GIS 和应用型 GIS 两种类型。

1. 工具型 GIS

工具型 GIS 也称 GIS 开发平台,它是具有 GIS 基本功能,供其他系统调用或用户进行二次开发的操作平台。用 GIS 技术解决实际问题时,有大量软件开发任务,用户重复开发是对人力、财力很大的浪费。工具型 GIS 为使用者提供技术支持,使用户能借助 GIS 工具中的功能直接完成应用任务,或者利用工具型 GIS 加上专题模型完成应用任务。目前国外已有很多商品化的工具型 GIS,如 ARC/INFO、GENAMAP、MAPINFO、MGE 等。国内近几年正在迅速开发工具型 GIS,并取得了很大的成绩,已开发出 MAPGIS、Geostar、Citystar 等。

2. 应用型 GIS

应用型 GIS 是根据用户的需求和应用目的而设计的一种解决一类或多类实际应用问题的 GIS,除了具有 GIS 基本功能外,还具有解决地理空间实体及空间信息的分布规律、分布特性及相互依赖关系的应用模型和方法。它可以在比较成熟的工具型 GIS 基础上进行二次开发完成,工具型 GIS 是建立应用型 GIS 的一条捷径。

应用型 GIS 也可以是为某专业部门专门设计研制的,此系统针对性明确、专业性强、系统开销小。应用型 GIS 按研究对象性质和内容又可分为专题 GIS 和区域 GIS。

专题 GIS 是具备有限目标和专业特点的 GIS,为特定的专门领域服务。如水资源管理信息系统、农作物估产信息系统、土地利用信息系统、城市管网系统、通信网络管理系统、城市规划系统等都属于应用型 GIS。区域 GIS 主要以区域综合研究和全面信息服务为目标,可以有不同的规模,如国家级、地区或省级、市级和县级等为不同级别行政区服务的区域信息系统,也可以有以自然分区或流域为单位的区域信息系统。

 相关链接

Web 地图

近些年,地图应用爆炸性地蔓延于网站,如谷歌地图和 Bing 地图。这些网站使公众获取了大量的地理数据。它们中的一部分,像谷歌地图和 OpenLayers,公布了 API,使用户能够创建自定义的应用。这些工具包一般提供街道地图、天线/卫星图像、地理编码、搜索和路由的功能。其他出版网络上的地理信息的应用包括 Cadcorp 的 GeognoSIS,ESRI 的 ArcIMS 服务器,谷歌地球,谷歌融合表和开源的替代品 MapServer,Mapnik 和 GeoServer。

四、GIS 的组成

GIS 由五个主要部分构成,即硬件、软件、数据、人员和方法。

1. GIS 的硬件

硬件是指运行 GIS 所需的计算机资源。目前的 GIS 软件可以在很多类型的硬件上运行,从中央计算机服务器到桌面计算机,从单机到网络环境。一个典型的 GIS 硬件系统除计算机外,还包括数字化仪、扫描仪、绘图仪、磁带机等外部设备,如图 4-1 所示。

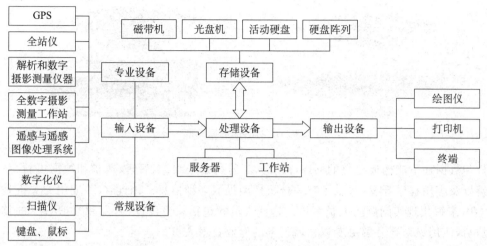

图 4-1　GIS 的硬件

2. GIS 的软件

软件是指 GIS 运行所必需的各种程序，主要包括计算机系统软件和 GIS 软件两部分，如图 4-2 所示。GIS 软件提供存储、分析和显示地理信息的功能和工具。主要包含操作系统软件、数据库管理软件、系统开发软件，还有输入和处理地理信息的工具、数据库管理系统工具、支持地理查询、分析和可视化显示的工具，以及便于客户使用这些工具的图形用户界面（GUI）。GIS 软件的选型直接影响其他软件的选择，影响系统解决方案，也影响系统建设周期和效益。

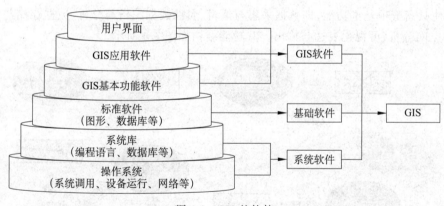

图 4-2　GIS 的软件

3. GIS 的数据

数据是 GIS 最基础的组成部分，也是 GIS 的灵魂和生命。数据组织和处理是 GIS 建设中的关键环节。空间数据是 GIS 的操作对象，是现实世界经过模型抽象的实质性内容。

GIS 必须建立在准确合理的地理数据基础上。数据来源包括室内数字化和野外采集，以及其他数据的转换。数据包括空间数据和属性数据，空间数据的表达可以采用栅格和矢量两种结构，如图 4-3 所示。空间数据表现了地理空间实体的位置、大小、形状、方向以及几何拓扑关系。

4. GIS 的人员

人是 GIS 中重要的构成要素，GIS 不同于一幅地图，它是一个动态的地理模型，仅有系统

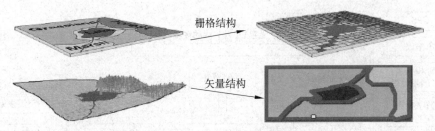

图 4-3　GIS 的数据类型

软硬件和数据还不能构成完整的 GIS,需要人工进行系统组织、管理、维护和数据更新、系统扩充完善以及应用程序开发,并采用空间分析模型提取多种信息。因此,GIS 应用的关键是掌握实施 GIS 来解决现实问题的人员素质。这些人员既包括从事设计、开发和维护 GIS 的技术专家,也包括使用该系统并解决专业领域任务的专业技术人员。

一个完整的 GIS 的运行团队应有项目负责人、信息技术专家、应用专业领域技术专家、若干程序员和 GIS 操作员组成。

5. GIS 的方法

GIS 的方法主要是指空间信息的综合分析方法,即常说的应用模型。它是在对专业领域的具体对象与过程进行大量研究的基础上总结出的规律的表示。GIS 应用就是利用这些模型对大量空间数据进行综合分析来解决实际问题的。

五、GIS 的主要功能

GIS 应具备五项基本功能,即数据采集与编辑、属性数据编辑与分析、数据存储与管理、空间查询与空间分析、可视化表达与输出。其功能结构如图 4-4 所示。

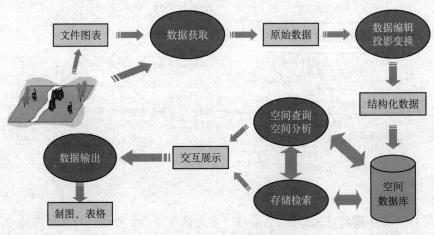

图 4-4　GIS 的功能结构

1. 数据采集与编辑

GIS 的核心是一个地理数据库,所以建立 GIS 的第一步是将地面的实体图形数据和描述它的属性数据输入数据库中,即数据采集。为了消除数据采集的错误,需要对图形及文本数据进行编辑和修改,如图 4-5 所示。

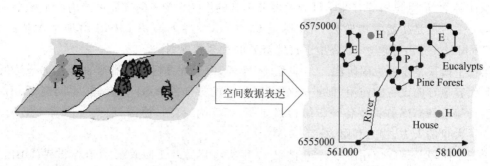

图 4-5 数据采集与编辑功能

2. 属性数据编辑与分析

属性数据比较规范，适应于表格表示。所以，许多 GIS 都采用关系数据库管理系统（RDBMS）管理。通常的关系数据库管理系统都为用户提供了一套功能很强的数据编辑和数据库查询语言，即 SQL。系统设计人员可据此建立友好的用户界面，以方便用户对属性数据的输入、编辑与查询。除文件管理功能外，属性数据库管理模块的主要功能之一是用户定义各类地物的属性数据结构。由于 GIS 中各类地物的属性不同，描述他们的属性项及值域也不同，所以系统应提供用户自定义数据结构的功能，还应提供修改结构的功能，以及提供复制结构、删除结构、合并结构等功能。

3. 数据存储与管理

地理对象经过数据采集与编辑后，形成庞大的地理数据集。对此需要利用数据库管理系统来进行管理。GIS 一般都装配有地理数据库，其功效类似对图书馆的图书进行编目、分类存放，以便于管理人员或读者快速查找所需的图书。

4. 空间查询与空间分析

通过空间查询与空间分析得出决策结论，是 GIS 的出发点和归宿。在 GIS 中这属于专业性、高层次的功能。与制图和数据库组织不同，空间分析很少能够规范化，这是一个复杂的处理过程，需要懂得如何应用 GIS 目标之间的内在空间联系，并结合各自的数学模型和理论来制定规划与决策。由于它的复杂性，目前的 GIS 在这方面的功能总的来说是比较低下的。典型的空间分析有拓扑空间查询、缓冲区分析、叠置分析、空间集合分析等。

5. 可视化表达与输出

中间处理过程和最终结果的可视化表达是 GIS 的重要功能之一。通常以人机交互方式来选择显示的对象与形式，对于图形数据，根据要素的信息密集程度，可选择放大或缩小显示。GIS 不仅可以输出全要素地图，也可以根据用户需要，分层输出各种专题图、各类统计图、图表及数据等。

除上述五大功能外，还有用户接口模块，用于接收用户的指令、程序或数据，是用户和系统交互的工具，主要包括用户界面、程序接口与数据接口。由于 GIS 功能复杂，且用户又往往为非计算机专业人员，用户界面是 GIS 应用的重要组成部分，使 GIS 成为人机交互的开放式系统。

六、GIS 技术的发展现状和趋势

1. GIS 技术的发展现状

GIS 技术是一门综合性的技术，它的发展是与地理学、地图学、摄影测量学、遥感技术、数学和统计科学、信息技术等有关学科的发展分不开的。GIS技术的发展可分为以下四个阶段。

第一个阶段是初始发展阶段。20世纪60年代,世界上第一个GIS由加拿大测量学家R. F. Tomlison提出并建立,主要用于自然资源的管理和规划。

第二个阶段是发展巩固阶段。20世纪70年代,由于计算机硬件和软件技术的飞速发展,尤其是大容量存储设备的使用,促进了GIS向实用的方向发展,不同专题、不同规模、不同类型的各具特色的GIS在世界各地纷纷付诸研制,如美国、英国、德国、瑞典等国对GIS的研究都投入了大量的人力、物力和财力。

第三个阶段是推广应用阶段。20世纪80年代,GIS逐步走向成熟,并在全世界范围内全面推广,应用领域不断扩大,并与卫星遥感技术结合,开始应用于全球性的问题,这个阶段涌现出一大批GIS软件,如ARC/INFO、GENAMAP、SPANS、MAPINFO、ERDAS、Microstation等。

第四个阶段是蓬勃发展阶段。20世纪90年代,随着地理信息产品的建立和数字化信息产品在全世界的普及,GIS成为确定性的产业,并逐渐渗透各行各业,成为人们生活、学习和工作不可缺少的工具和助手。

2. GIS技术的发展趋势

1) 数据管理方面

(1) 多比例尺、多尺度和多维空间数据的表达。对于多比例尺数据的显示,将运用影像金字塔技术、细节分层技术和地图综合等技术;为了实现GIS的动态、实时和三维可视化,出现存储真三维坐标数据的3DGIS和真四维时空GIS,其中涉及空间数据的海量存储、时空数据处理与分析以及快速广域三维计算与显示等多项理论与技术。

(2) 三库一体化的数据结构方向。空间数据库向着真正面向对象的数据模型和图形矢量库、影像栅格库和DEM格网库三库一体化数据结构的方向发展。这种三库一体化的数据结构改变了以图层为处理基础的组织方式,实现了直接面向空间实体的数据组织,使多源空间数据的录入与融合成为可能,从而为GIS与遥感技术的集成创造了条件。

(3) 基于空间数据仓库(spatial data warehouse)的海量空间数据管理的研究。空间数据量非常大,而且数据大多分散在政府、私人机构、公司的各个部门,数据的管理与使用就变得非常复杂,但这些空间数据又具有极大的科学价值和经济价值,因此,大多数发达国家都比较重视空间数据仓库的建立工作,许多研究机构和政府部门都参与到空间数据仓库建立的研究工作中。

(4) 利用数据挖掘技术进行知识发现。空间数据挖掘是从空间数据库中抽取隐含的知识、空间关系,以及其他非显式的包含在空间数据库中但以别的模式存在的信息供用户使用,这是GIS应用的较高层次。由于目前空间数据的组织与管理仍局限于二维、静态、单时相,且仍以图层为处理基础,因此,当前的GIS软件和空间数据库还不能有效地支持数据挖掘。

2) 技术集成方面

(1) "3S"集成。"3S"是GPS(全球定位系统)、RS(遥感)和GIS的简称,"3S"集成是指将RS、GPS和GIS这三种对地观测技术有机地集成在一起。地理信息是一种信息流,RS、GPS和GIS中任何一个系统都只侧重于信息流特征中的一个方面,而不能满足准确、全面地描述地理信息流的要求。因此,无论从物质运动形式、地学信息的本质特征,还是"3S"各自的技术特征来说,"3S"集成都是科技发展的必然结果。

(2) GIS与虚拟现实(virtual reality)技术的结合。虚拟现实是一种有效地模拟人在自然环境中视、听、动等行为的高级人机交互技术,是当代信息技术高速发展和集成的产物。从本质上说,虚拟现实就是一种先进的计算机用户接口,通过计算机建立一种仿真数字环境,将数据转换成图形、声音和接触感受,利用多种传感设备使用户"投入"该环境中,用户可以如同在真实世界那样"处理"计算机系统所产生的虚拟物体。将虚拟和重建逼真的、可操作的地理三维实体,GIS 用户在客观世界的虚拟环境中能更有效地管理、分析空间实体数据。因此,开发虚拟 GIS 已成为 GIS 发展的一大趋势。

(3) 分布式技术、万维网与 GIS 的结合。目前,随着 Internet 技术的迅猛发展,其应用已经深入各行各业,作为与日常生活息息相关的 GIS 也不例外,它们的结合产生了 WebGIS。WebGIS 是基于网络的客户机/服务器(client/server)分布式系统,以 Web 页面作为 GIS 软件的用户界面,把 Internet 和 GIS 技术结合在一起,能够进行交互操作。

(4) 移动通信技术与 GIS 的结合发展。WAP/WML 技术作为无线互联网领域的一个热点,已经显示了其巨大的应用前景和市场价值。WAP/WML 技术与 GIS 技术的结合产生了移动 GIS(mobile GIS)应用和无线定位服务(location-based services,LBS)。通过 WAR/WML 技术,移动用户几乎可以在任何地方、任何时间获得网络提供的各种服务。无线定位服务将提供一个机会使 GIS 突破其传统行业的角色而进入主流的 IT 技术领域。很多分析家都认为,无线网络将成为全球数据传送的主要途径。GIS 的未来将会由其机动性所决定。

(5) GIS 与决策支持系统(DSS)的集成。目前,绝大多数的 GIS 还仅限于图形的分析处理,缺乏对复杂空间问题的决策支持,而目前绝大多数的 DSS 则无法向决策者提供一个友好的可视化的决策环境。因此,将 GIS 与 DSS 相集成,最终形成空间决策支持系统(SDSS),借助 GIS 强大的空间数据处理分析功能,并在 DSS 中嵌入空间分析模块,从而辅助决策者求解复杂的空间问题,这是 GIS 应用向较高层次的发展。其中,SDSS 中知识的表达、获取和知识推理,以及模型库、知识库、数据库三库接口的设计是亟待解决的关键问题。

七、GIS 在物流领域中的应用

GIS 的交叉性极强、运用极其灵活,它的功能十分强大,其应用领域十分广泛,在物流领域中的主要应用如下。

1. 车辆路线模型

车辆路线模型用于解决一个起始点、多个终点的货物运输中如何降低物流作业费用并保证服务质量的问题,包括决定使用多少车辆、每辆车的路线等。

2. 网络物流模型

网络物流模型用于解决寻求最有效的分配货物路径问题,也就是物流网点布局问题,如将货物从 N 个仓库运往 M 个商店,每个商店都有固定的需求量,因此需要确定由哪个仓库提货送给哪个商店且所耗的运输代价最小。

3. 分配集合模型

分配集合模型可以根据各个要素的相似点把同一层上的所有要素或部分要素分为几个组,用以解决服务范围和销售市场范围的确定等问题。例如,某公司要设立 X 个分销店,要求这些分销点覆盖某一地区,而且每个分销点的客户数目大致相等。

4. 设施定位模型

设施定位模型用于确定一个或多个设施的位置。运用适当的软件,结合相应的空间和属性数据,如一个地区的人口、人均收入、年龄分布、驾车时间等,综合这几个图层可以得出在既定区域内设有多少个仓库或配送中心等设施,每个仓库或配送中心的位置和规模,以及各个设施之间的物流关系等问题。

5. 提供跟踪服务

通过运用 GPS 和 GIS,适时跟踪车辆、货物或旅客的运动,及时确定他们的准确位置,这项技术正在道路运输特别是物流中得到越来越广泛的应用。车辆跟踪是通过全球移动通信网络的短消息服务进行数据连接,车辆上安装的设备有 GPS 信号接收仪、一个调制解调器和一个呼叫控制器,而地面站由地面调制解调器和 GIS 工作站组成。通过空间的卫星通信,GIS 工作站的电子地图能显示车辆当前的位置和当时的速度。监控中心在了解车辆目前的运行状况和所处的地理位置后,利用短消息或语音的方式对车辆进行合理调度,还能把车辆运行的轨迹在电子地图上进行回放。

6. 监控交通运输情况

GIS 可以将各种交通流量信息、气象数据、事故定点信息、场外监控数据等各种数据有效结合,并且结合 GPS 数据,可以对各个高速公路、交警、城市紧急救援单位监控中心进行支持,动态监控道路状况,实时调度车辆和指挥交通。

 前沿理论与技术

嵌入式 GIS(移动 GIS)

与其他学科相比,GIS 是一门新兴学科。目前,随着计算机技术的迅速发展,GIS 更加趋向于可运行性、分布性、开放性、网络化和全球性。在未来几十年内,GIS 将向着数据标准化、数据多维化、系统集成化、系统智能化、平台网络化和应用社会化(数字地球)的方向发展。因此,分析 GIS 当下的发展热点及技术前沿将有助于 GIS 更加有规划地发展,并且易于对 GIS 的前景进行展望。随着 GIS 技术的迅速发展,嵌入式 GIS、三维 GIS、Component GIS、WebGIS、CYberGIS、物联网以及数字地球等成为其中的热点。

把 GIS 与嵌入式技术融合在一起,形成一个嵌入式的地理空间集成平台,是当前 GIS 研究领域的重要趋势。与传统 GIS 相比较,嵌入式 GIS 具有跨平台、开发好、易集成、易渗透和融合好等特点,而且价格低,为地理信息技术融入其他信息技术提供了良好的技术基础。

移动 GIS 是以移动互联网为支撑,以 GPS 智能手机为终端的 GIS,是继桌面 GIS、WebGIS 之后又一新的技术热点,移动定位、移动 MIS、移动办公等越来越成为企业或个人的迫切需求,嵌入式 GIS 就是其中的集中代表,使随时随地获取信息变得轻松自如。

随着无线移动位置服务技术的迅猛发展,人们正日趋享受着越来越多嵌入式 GIS 的服务。移动 GIS 主要由移动终端设备、无线通信网络、地理应用服务器及空间数据库组成。移动终端设备是一种便携式、低功耗、适合地理应用,并且可以用来快速、精确定位和地理识别的设备。其硬件主要包括掌上电脑(PDA)、便携式计算机、WAP 手机、GPS 定位仪器等。其软件主要是嵌入式的 GIS 应用软件。无线通信网络是连接用户终端和应用服务器的纽带,它将用户的需求无线传输给地理信息应用服务器,再将服务器的分析结果传输给用户终端。地理应用服务器是整个系统的关键部分,也是系统的 GIS 引擎。它位于固定场所,为移动 GIS 用户提供大范围的地理服务以及潜在的空间分析和查询操作服务。空间数据库用于组织和存储

与地理位置有关的空间数据及相应的属性描述信息,移动空间数据库是移动 GIS 的数据存储中心,并且能对数据进行管理,为移动应用提供各种空间位置数据,是地理应用服务器实现地理信息服务的数据来源。

涉及移动 GIS 的关键技术主要如下。

(1) 嵌入式技术。移动 GIS 的无线终端是一种嵌入式系统,具有代表性的嵌入式无线终端设备包括掌上电脑和手机等。

嵌入式是一种专用的计算机系统,作为装置或设备的一部分。通常,嵌入式系统是一个控制程序存储在 ROM 中的嵌入式处理器控制板。事实上,所有带有数字接口的设备,如手表、微波炉、录像机、汽车等,都使用嵌入式系统,有些嵌入式系统还包含操作系统,但大多数嵌入式系统都是由单个程序实现整个控制逻辑。嵌入式系统由嵌入式硬件系统、嵌入式操作系统和嵌入式 GIS 软件组成,是以应用为中心的专用计算机系统,其软硬件可以根据应用需要进行"裁剪"。嵌入式 Java 技术是移动终端中比较常用的一种开发技术。

(2) 无线网络技术。无线网络技术摆脱了线缆束缚,真正实现了随时随地的无线接入。在移动通信领域,无线接入技术可以分为两类:一类是基于数字蜂窝移动电话网络的接入技术,目前已有 CDMA、GPRS、GSM、TDMA、CDPD、EPGE 等多种无线承载网络;另一类是基于局域网的接入技术,如蓝牙、无线局域网等技术。

(3) 分布式空间数据管理技术。分布式空间数据库是移动 GIS 体系结构中的关键技术之一,它是指在物理上分布、逻辑上集中的分布式结构。由于移动用户的位置是不断变化的,需要的信息多种多样,因此,任何单一的数据源都无法满足要求,必须有地理上分布的各种数据源,借助于现有的分布式处理技术,为多用户并发访问提供支持。

(4) 移动数据库技术。移动数据库是指移动环境的分布式数据库,是分布式数据库的延伸和发展。移动数据库要求支持用户在多种网络条件下都能够有效地访问,完成移动查询和事务处理。利用数据库复制/缓存技术或数据广播技术,移动用户即使在断接的情况下也可以访问所需的数据,从而继续自己的工作。其中的时态空间数据库技术是移动 GIS 的关键。移动数据库技术的研究主要涉及五个方面:移动数据库复制/缓存技术、移动查询技术、数据广播技术、移动事务处理技术、移动数据库安全技术。

(5) GPS 定位技术。GPS 定位技术可为用户提供随时随地的准确位置信息服务。其基本原理是将 GPS 接收机接收到的信号经过误差处理后解算得到位置信息,再将位置信息传给所连接的设备,连接设备对该信息进行一定的计算和变换后传递给移动终端。

资料来源:中国测绘报.

实训任务实施一

电子地图的应用

1. 实训目标

(1) 熟悉电子地图的基本功能模块和作用。

(2) 会使用电子地图找出物流企业的地理位置和物流配送网络的最优(短)路径。

(3) 学会操作其他基于 GIS 的查询软件。

2. 实训要求

(1) 按照实训任务单完成各项任务。

(2) 按照规范要求提交实训报告。

(3) 遵守实训中心的纪律,爱护设备,实训认真,注意安全。

3. 实训准备

(1) 教师准备好实训任务书,讲清该任务实施的目标和 GIS 知识要点。

(2) 实训中心准备好实训设备和网络环境。

(3) 学生根据任务目标,通过教材和网络收集相关资料,做好知识准备。

4. 实训任务

(1) 利用百度地图完成 3 家全国 5A 级物流企业地址的查询,并选择由学校到达这 3 家企业的最佳路径。

(2) 熟悉百度电子地图其他基本功能模块。

(3) 撰写实训报告。

5. 实训操作

(1) 进入百度地图 http://map.baidu.com,完成全国 3 家 5A 级物流企业地址的查询并选择最佳路径。

(2) 电子地图功能演练:进行地图的放大、缩小、平移、漫游、查询、距离量算。

6. 撰写实训报告

由学生完成。

7. 技能训练评价

完成实训后,填写技能训练评价表(见表 4-1)。

表 4-1　技能训练评价表

专业:	班级:		被考评小组成员:		
考评时间			考评地点		
考评内容		电子地图的应用			
	内　　容	分值	小组互评 (50%)	教师评议 (50%)	考评得分
考评标准	实训过程中遵守纪律,礼仪符合要求	15			
	能正确理解 GIS 相关概念	15			
	实训记录内容全面、真实、准确,实训报告撰写规范	20			
	能够正确使用电子地图各项功能模块,完成实训任务	50			
	综合得分				

指导教师评语:

任 务 小 结

本任务从 GIS 的基本概念出发,主要介绍了地理信息与 GIS 的概念,介绍了 GIS 的组成、功能及其发展,通过电子地图的使用,加深对 GIS 在物流系统作用的理解。

练 习 题

一、单选题

1. 描述地球表面空间位置为参照的自然、社会和人文景观数据的是(　　)。
   A. 人文景观数据　　　　　　　　B. 自然数据
   C. 社会数据　　　　　　　　　　D. 地理数据

2. (　　)不是地理信息的特征。
   A. 空间定位特性　　　　　　　　B. 多维结构特征
   C. 时序特征　　　　　　　　　　D. 静态特征

3. 常用的描述地理信息载体的是(　　)。
   A. 地图　　　　B. 空间数据　　　　C. 时间数据　　　　D. 空间位置

4. (　　)不是 GIS 输出的内容。
   A. 全要素地图　　　　　　　　　B. 各种专题图
   C. 各类统计图　　　　　　　　　D. 统计报表

5. GIS 在物流应用中的主要模型有车辆路线、网络物流、分配集合和(　　)等模型。
   A. 货流流向　　　　B. 运输导航　　　　C. 设施定位　　　　D. 运输路径优化

二、简答题

1. 什么是地理信息？什么是 GIS?

2. GIS 有哪些特点？

3. GIS 由哪些要素构成？GIS 的主要功能有哪些？

4. 简述 GIS 在物流领域中的应用。

三、案例分析

白沙物流烟草配送 GIS 及线路优化系统

白沙物流烟草配送 GIS 及线路优化系统是集成网络数据库、Web/GIS 中间件、GPS、GPRS 通信技术,采用地图引擎中间件产品为核心开发的技术平台,结合白沙烟草物流的实际,开发设计的集烟草配送线路优化、烟草配送和烟草稽查车辆安全监控、烟草业务(访销、CRM 等)可视化分析、烟草电子地图查询为一体的物流 Web/GIS 综合管理信息系统。该系统可以实现以下六大功能。

(1) 烟草配送线路优化。选择订单日期和配送区域后自动完成订单数据的抽取,根据送货车辆的装载量、客户分布、配送订单、送货线路交通状况、司机对送货区域的熟悉程度等因素设定计算条件,系统进行送货线路的自动优化处理,形成最佳送货路线,保证送货成本及送货效率最佳。线路优化后,允许业务人员根据业务具体情况进行临时线路的合并和调整,以适应送货管理的实际需要。

(2) 烟草综合地图查询。能够基于电子地图实现客户分布的模糊查询、行政区域查询和任意区域查询,查询结果实时在电子地图上标注出来。通过使用图形操作工具,如放大、缩小、漫游、测距等,来具体查看每一客户的详细情况。

(3) 烟草业务地图数据远程维护。提供基于地图方式的烟草业务地图数据维护功能,还可以根据采集的新变化的道路等地理数据及时更新地图。具有对烟户点的增、删、改;对路段和客户数据的综合初始化;对地图图层的维护操作;地图服务器系统的运行故障修复和负载均衡等功能。

(4)烟草业务分析。实现选定区域、选定时间段的烟草订单访销区域的分布,进行复合条件查询;在选定时间段内对各种品牌香烟的销量统计和地理及烟草访销区域分布;配送车组送货区域的地图分布。在各种查询统计、分析现有客户分布规律的基础上,通过空间数据密度计算,挖掘潜在客户;通过对配送业务的互动分析,扩展配送业务(如第三方物流)。

(5)烟草物流 GPS 车辆监控管理。通过对烟草送货车辆的导航跟踪,提高车辆运作效率,降低车辆管理费用,抵抗风险。其中车辆跟踪功能是对任一车辆进行实时的动态跟踪监控,提供准确的车辆位置及运行状态、车组编号及当天的行车线路查询。报警功能是当司机在送货途中遇到被抢被盗或其他紧急情况时,按下车上的 GPS 报警装置向公司的信息中心报警。轨迹回放功能是根据所保存的数据,将车辆在某一历史时间段的实际行车过程重现于电子地图上,随时查看行车速度、行驶时间、位置信息等,为事后处理客户投诉、路上事故、被抢被盗提供有力证据。

(6)烟草配送车辆信息维护。根据车组和烟草配送人员的变动,及时在这一模块中进行车辆、司机、送货员信息的维护操作,包括添加车辆和对现有车辆信息的编辑。

白沙物流烟草配送 GIS 及线路优化系统的上线运行,标志着白沙物流的信息化建设迈上了一个新的台阶,对白沙打造数字化的跨区物流企业进程起到巨大的推动作用。

思考题:
1. 白沙物流烟草配送 GIS 及线路优化系统采用了哪些信息技术?
2. 结合案例,简述白沙物流烟草配送 GIS 及线路优化系统的功能。

任务二　全球定位系统(GPS)应用

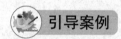 引导案例

中小物流企业的 GPS/GPRS 小型物流车辆解决方案

众所周知,当前的中国物流业,尤其是中小企业正处在一个亟须解决信息沟通问题的关键时期,物流企业也一直是 GPS 企业最庞大的市场领地。物流调度客服号开通后,将迅速形成全国物流信息的"集中营",利用 GPS 技术,在全国范围内将这些信息资源按照成本最低化原则分配,为全国物流业引入一个科学的、大规模的指挥调度平台,推动物流信息化迈上新台阶。

物流车辆管理调度系统是集 GPS、GIS,以及无线通信技术于一体的软、硬件综合系统,可对移动车辆进行统一集中管理和实时监控调度指挥。其具体主要由三部分组成:车载终端、无线数据链路和监控中心软件系统。该系统可实现以下功能。

(1)车辆跟踪调度。系统建立起了车辆与系统用户之间迅速、准确、有效的信息传递通道。用户可以随时掌握车辆状态,迅速下达调度命令。同时,可以根据需要对车辆进行远程控制,还可以为车辆提供服务信息。有多种监控方式可供选择。

(2)运力资源的合理调配。系统根据货物派送单产生地点自动查询可供调用车辆,向用户推荐与目的地较近的车辆,同时,将货单派送到距离客户位置最近的物流基地,保证客户订单快速、准确地得到处理。同时,GIS 的地理分析功能可以快速地为用户选择合理的物流路

线,从而达到合理配置运力资源的目的。

（3）敏感区域监控。物流涵盖的地理范围如此之广,需要随时随地地知道在各个区域内车辆的运行状况、任务的执行情况、任务安排情况,让所辖范围的运输状况在眼前一览无余。在运输过程中,某些区域经常发生货物丢失、运输事故,在运输车辆进入该区域后,可以给予车辆提示信息。

（4）意外事故报警。当在运输途中发生突发性事件时,司机可以按下隐藏的紧急呼叫按钮向监控中心求助,中心接到报警后马上开启声音装置,监听车辆内的情况,并根据车辆位置和其他相关信息给予援助。

（5）车辆统一信息化管理。由于物流集团下属车辆众多,需要对车辆进行集中统一的信息化管理。其管理内容涵盖车辆的基本信息(如车牌号、车辆类型、吨位、颜色等)、保险信息(盗抢险、自燃险等)、安全记录、事故借款等。系统将对车辆的所有这些信息进行采集、录入,而后向用户提供修改、删除以及查询功能。

该解决方案具备系统简单、功能实用、建设维护简便的特点,能实现强大的车辆准确定位、实时监控、高效调度功能,并兼容多种车载终端,赋予用户在硬件选择上的高度灵活性,可同时支持多种通信方式,包括 GSM/CDMA 短消息、GPRS、集群系统,具有完整安全以及自动灾难恢复机制,保证安全稳定,降低系统维护成本,此外,还有精确的数字地图及专业的地图服务支持,拥有全国至地级市的精确电子地图,使用业界领先的高速 2DGIS 及 3DGIS 引擎,特别适合实时监控系统。

思考题:

1. 简述物流车辆管理调度系统的组成。

2. 物流车辆管理调度系统可实现哪些功能?

➡ 任务知识储备

一、全球导航卫星系统（GNSS）概述

（一）GNSS 的概念

认识 GPS 全球定位系统

GNSS 是所有在轨工作的卫星导航系统的总称,包括全球卫星导航系统以及区域和增强系统,如美国的 GPS、俄罗斯的 GLONASS、欧洲的 Galileo、中国的北斗卫星导航系统,以及相关的增强系统,如美国的 WAAS(广域增强系统)、欧洲的 EGNOS(欧洲静地导航重叠系统)和日本的 MSAS(多功能运输卫星增强系统)等,还涵盖在建和以后要建设的其他卫星导航系统。GNSS 是多系统、多层面、多模式的复杂组合系统,如图 4-6 所示。

（二）GNSS 发展及现状

1. GPS 定位系统

GPS 是授时与测距导航系统/全球定位系统（navigation system timing and ranging/global position system,NAVSTAR/GPS)的简称。GPS 起始于 1958 年美国军方研制的一种子午仪卫星定位系统(transit),1964 年投入使用。20 世纪 70 年代,美国陆海空三军联合研制了新一代卫星定位系统 GPS。其主要目的是为陆海空三大领域提供实时、全天候和全球性的

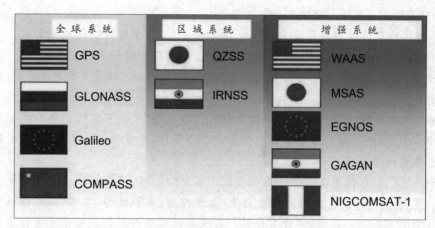

图 4-6 GNSS 系统

导航服务,并用于情报收集、核爆监测和应急通信等一些军事目的,经过 20 余年的研究实验,耗资 300 亿美元,到 1994 年,全球覆盖率高达 98% 的 24 颗 GPS 卫星星座已布设完成。

1995 年 4 月 27 日,GPS 宣布投入完全工作状态以后,翌年便启动 GPS 现代化计划,对系统进行全面的升级和更新。计划分为三步:①自 2003 年开始发射 12 颗 BLOCK-ⅡR 型卫星进行星座更新;②发射 BLOCK-ⅡF 型卫星替换 GPS 星座中老旧卫星,提升系统性能,首颗卫星于 2010 年 5 月 28 日发射,2012 年 10 月 4 日发射第三颗;③发射 BLOCK-Ⅲ型卫星,计划 2014 年发射首颗卫星,20 年内完成满星座部署。GPS 现代化实现后,将在很大程度上提高 GPS 的安全性、连续性、可靠性和测量精度。

2. 伽利略卫星导航系统

1999 年初,欧盟提出伽利略(GALILEO)计划。2002 年 3 月,正式启动了 GALILEO 计划。欧洲航天局在 2005 年 12 月 27 日发射了第一颗 GALILEO 演示卫星,这标志着欧洲的全球卫星导航系统的开发工作迈出了第一步。根据 2008 年 4 月通过的欧洲 GALILEO 全球卫星导航系统的最终部署方案,伽利略计划将分两个阶段实施,即 2008—2013 年的建设阶段和 2013 年以后的运行阶段。总共发射 30 颗卫星,其中 27 颗卫星为工作卫星,3 颗为候补卫星。建成后将与 GPS 在 L1 和 L5 频点上实现兼容和互用。

在 2010 年欧盟委员会的一份报告中,又重新调整了伽利略计划正式运行的时间节点,该计划从启动到实现运营分 4 个发展阶段实施:2002—2005 年为定义阶段,论证计划的必要性、可行性及具体实施措施;2005—2011 年为在轨验证阶段,其任务是成功研制、实施和验证伽利略空间段及地面段设施,进行系统验证;2011—2014 年为全面部署阶段,包括制造和发射正式运行卫星,建成整个地面基础设施;2014 年之后为开发利用阶段,提供运营服务,按计划更新卫星并进行系统维护等。但是伽利略系统于 2014 年投入使用的说法已经被推翻,该计划在 2018 年之前投入运行。

3. GLONASS 定位系统

GLONASS(格洛纳斯)是俄语中"全球卫星导航系统"的缩写,该项目是苏联在 1976 年启动的项目,1982 年 10 月 12 日发射第一颗 GLONASS 卫星,遭遇了苏联解体,俄罗斯经济不景气,但始终没有中断过系统的研制和卫星的发射,终于 1996 年 1 月 18 日实现了空间满星座 24 颗工作卫星正常地播发导航信号。早期的 GLONASS 卫星寿命只有 3 年,而俄罗斯在 20 世纪 90 年代后期由于经济窘迫,长时间没有补充卫星,导致卫星数目不断减少,系统性能急剧衰退,1998年2月仅剩下12颗卫星,到2000年情况最严重时只剩下6颗卫星。从1999年开始,俄罗斯陆续向GLONASS星座注入了两代寿命更长的GLONASS-M卫星,GLONASS正在逐步进入恢复阶段,截至2009年12月,在轨运行GLONASS卫星已达19颗,已满足覆盖俄罗斯全境的需求,到2010年10月俄罗斯政府已经补齐了该系统需要的24颗卫星。莫斯科时间2011年11月4日俄罗斯航天部门使用一枚"质子-M"重型运载火箭,将3颗GLONASS-M卫星成功送入太空,使该系统在轨卫星群有28颗卫星,达到了设计水平。此外,GLONASS也在开展现代化计划,在2011年2月26日发射其利用CDMA编码的GLONASSK,实现与GPS/GALILEO在L1频点上的兼容与互用。其现代化计划预计在2017年完成,星座卫星数量达到30颗。

4.北斗卫星导航系统

北斗卫星导航系统(BeiDou navigation satellite system,BDS)一般用来特指北斗卫星导航第二代系统,也被称为北斗二号,是中国的第二代卫星导航系统,曾用名COMPASS。1983年,中国开始筹划建设自主卫星导航定位系统。1994年,中国正式开始北斗卫星导航试验系统(北斗一号)的研制,并在2000年发射了两颗静止轨道卫星,区域性的导航功能得以实现。2003年,又发射了一颗备份卫星,完成了北斗卫星导航试验系统的组建。2004年,中国启动了正式系统(第二代系统)的建设,计划空间段由35颗卫星组成,包括5颗静止轨道卫星、27颗中地球轨道卫星、3颗倾斜同步轨道卫星。第二代系统建设又分两个阶段。第一阶段,完成对亚太大部分地区的覆盖并正式提供卫星导航服务,于2012年12月27日已完成;第二阶段根据计划,北斗卫星导航系统将于2020年完成,届时将实现全球的卫星导航定位和短报文通信服务。

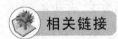 相关链接

其他常见的定位系统

(1)无线电导航系统。无线电导航系统始于20世纪20年代。起初以一个装有环形天线的无线电接收机来确定无线电信号传来的方向和发报机的相对方位。后来利用地面发报机来发送显示发送方向的调制信号,另一些系统则可以确定方向和距离。其缺点在于:覆盖的工作区域小;电波传播受大气影响;定位精度不够。

(2)天文导航系统。天文导航系统是以天空中的星体作为导航台、星光作为导航信号的测角定位系统。为保证一定的定位精度,对设备的要求非常苛刻。但由于其覆盖的工作区域非常广阔,天文导航系统在宇宙飞行器定位方面具有较大的优越性。天文导航系统虽然覆盖的工作区域很大,但定位精度不高,且可见光的传播受气象影响。

(3)惯性导航系统。惯性导航系统使用加速计和陀螺仪,通过测量飞行器的加速度,进行二次积分来推算出飞行器的位置。它具有隐蔽性好,抗干扰性强,数据更新率高的特点,但由于是航位推算型系统,其定位精度随时间加长而降低,因此需要不断地修正。

二、GPS的组成

GPS由GPS卫星星座(空间部分)、地面监控系统(地面监控部分)和GPS信号接收机(用户设备部分)三部分组成,如图4-7所示。

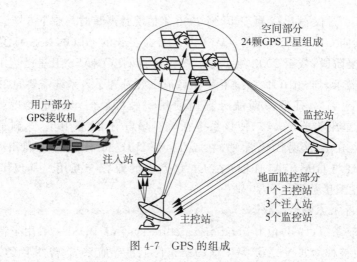

图 4-7　GPS 的组成

1. 空间部分

GPS 的空间部分是指 GPS 卫星星座,由 24 颗卫星组成,其中 21 颗工作卫星,3 颗备用卫星,均匀分布在 6 个轨道上。卫星轨道平面与地球赤道面的倾角为 55°,各个轨道平面的升交点赤经相差 60°,轨道平均高度为 20200km,卫星运行周期为 11 小时 58 分(恒星时),同一轨道上的各卫星的升交角距为 90°,如图 4-8 所示。GPS 卫星的上述时空配置基本保证了地球上任何地点在任何时刻均至少可以同时观测到 4 颗卫星,以满足地面用户实时全天候精密导航和定位的需求。

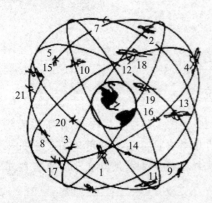

图 4-8　GPS 星座示意图

卫星的主要功能:根据地面监控指令接收和储存由地面监控站发来的导航信息,调整卫星姿态、启动备用卫星;向 GPS 用户播送导航电文,提供导航和定位信息;通过高精度卫星钟向用户提供精密的时间标准。

GPS 卫星向用户发送的导航电文是一种不归零的二进制数据码 D(t),码率(fd)为 50Hz。为了节省卫星的电能、增强 GPS 信号的抗干扰性和保密性、实现遥远的卫星通信,GPS 卫星采用伪噪声码对 D 码作二级调制,即先将 D 码调制成伪噪声码(P 码和 C/A 码),再将上述两噪声码调制在 L1、L2 两载波上。因此,GPS 信号包括两种载波(L1、L2)和两种伪噪声码(P 码、C/A 码)。其中,P码为精确码,只供美国军方、政府机关以及得到美国政府批准的民用用户使用;C/A 码为粗码,其定位和时间精度均低于 P 码,目前全世界的民用客户均可不受限制地免费使用。

2. 地面监控部分

地面监控系统由 1 个主控站、3 个注入站和 5 个监控站组成。主控站:位于美国科罗拉多州(Colorado)的法尔孔(Falcon)空军基地。注入站:阿松森群岛(Ascension),大西洋;迭戈加西亚(Diego Garcia),印度洋;卡瓦加兰(Kwajalein),东太平洋。监控站:1 个与主控站在一起;3 个与注入站在一起;另外一个在夏威夷(Hawaii)。

卫星的位置可由卫星发射的星历(描述卫星运动及其轨道的参数)计算而得,所以只要沿轨道正常运行,卫星相当于是动态的已知点。因此,卫星上的各种设备是否正常工作,以及卫星是否一直沿着预定轨道运行,都需要通过地面设备进行实时监测和控制。

此外,地面监控系统还要保持各颗卫星处于同一时间标准,即 GPS 时间系统。这就需要地面站监测各颗卫星的时间,求出钟差,然后由地面注入站发给卫星,卫星再由导航电文发给用户设备。

地面控制站负责收集由卫星传回的信息,并计算卫星星历、相对距离,大气校正等数据。主控站协调整个地面监控工作,并推算卫星星历、钟差大气层修正参数等,然后将其传送到注入站。注入站主要负责将参数注入卫星存储系统。监测站负责监测卫星工作情况。除主控站以外,其他站点均无人值守。地面监控系统如图 4-9 所示。

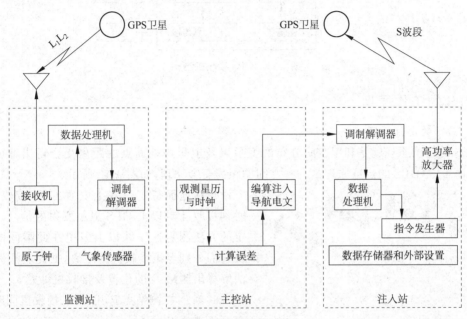

图 4-9　地面监控系统

3. 用户设备部分

用户设备部分即 GPS 信号接收机,如图 4-10 所示,它用来接收必要的定位信息和观测量,并对数据进行处理、计算以完成定位工作。当接收机捕获到跟踪的卫星信号后,就可测量出接收天线至卫星的伪距离和距离的变化率,解调出卫星轨道参数等数据。根据这些数据,接收机中的微处理计算机就可按定位解算方法进行定位计算,计算出用户所在地理位置的经纬度、高度、速度、时间等信息。

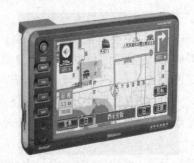

图 4-10　GPS 用户设备

接收机硬件和机内软件以及 GPS 数据处理软件包构成完整的 GPS 用户设备。GPS 接收机分为天线单元和接收单元两部分。其结构示意如图 4-11 所示。接收机一般采用机内和机外两种直流电源。设置机内电源的目的在于更换外电源时不中断连续观测。在用机外电源时机内电池自动充电。关机后,机内电池为 RAM 存储器供电,以防止数据丢失。目前各种类型的接收机体积越来越小,重量越来越轻,便于野外观测使用。

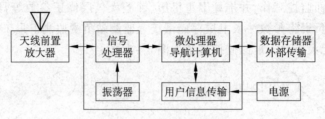

图 4-11　GPS 接收机结构

三、GPS 的工作原理

1. GPS 的定位原理

GPS 的定位原理就是利用空间分布的卫星以及卫星与地面点的距离交会得出地面点位置。简而言之,GPS 的定位原理是一种空间的距离交会原理,如图 4-12 所示。

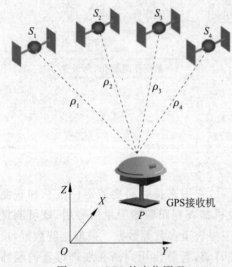

图 4-12　GPS 的定位原理

设想在地面待定位置上安置 GPS 接收机,同一时刻接收 4 颗以上 GPS 卫星发射的信号。通过一定的方法测定这 4 颗以上卫星在此瞬间的位置以及它们分别至该接收机的距离,据此利用距离交会法解算出测站 P 的位置及接收机钟差 δ_t。

设时刻 t_i 在测站点 P 用 GPS 接收机同时测得 P 点至四颗 GPS 卫星 S_1、S_2、S_3、S_4 的距离 ρ_1、ρ_2、ρ_3、ρ_4,通过 GPS 电文解译出四颗 GPS 卫星的三维坐标 (X^j, Y^j, Z^j),$j=1,2,3,4$,用距离交会的方法求解 P 点的三维坐标 (X,Y,Z) 的观测方程为

$$\begin{cases} \rho_1^2 = (X-X^1)^2 + (Y-Y^1)^2 + (Z-Z^1)^2 + c\delta_t \\ \rho_2^2 = (X-X^2)^2 + (Y-Y^2)^2 + (Z-Z^2)^2 + c\delta_t \\ \rho_3^2 = (X-X^3)^2 + (Y-Y^3)^2 + (Z-Z^3)^2 + c\delta_t \\ \rho_4^2 = (X-X^4)^2 + (Y-Y^4)^2 + (Z-Z^4)^2 + c\delta_t \end{cases}$$

式中,c 为光速;δ_t 为接收机钟差。

由此可见,GPS 定位中要解决的问题有以下三个。

一是观测瞬间 GPS 卫星的位置。GPS 卫星发射的导航电文中含有 GPS 卫星星历,可以实时地确定卫星的位置信息。GPS 地面监控部分的监控站通过各种手段,连续不断地监测卫星的运行状态,适时发送控制指令,使卫星保持在正确的运行轨道。将正确的运行轨迹编成星历,注入卫星,且经由卫星发送给 GPS 接收机。正确接收每个卫星的星历,就可确知卫星的准确位置。

二是确定时间基准。GPS 在每颗卫星上装有十分精密的原子钟,并由监测站经常进行校准。卫星发送导航信息,同时也发送精确时间信息。GPS 接收机接收此信息,使其与自身的

时钟同步,就可获得准确的时间。

　　三是观测瞬间测站点至 GPS 卫星之间的距离。站星之间的距离是通过测定 GPS 卫星信号在卫星和测站点之间的传播时间来确定的。为了获得距离观测量,主要采用两种方法:第一种方法是测量 GPS 卫星发射的测距码信号到达用户接收机的传播时间,称为伪距测量;第二种方法是测量具有载波多普勒频移的 GPS 卫星载波信号与接收机产生的参考载波信号之间的相位差,即载波相位测量。采用伪距观测量定位速度最快,而采用载波相位观测量定位精度最高。通过对 4 颗或 4 颗以上的卫星同时进行伪距或相位的测量即可推算出接收机的三维位置。

　　2. GPS 定位方法分类

　　利用 GPS 进行定位的方法有很多种。

　　1)按照参考点的位置分类

　　(1)绝对定位。即在协议地球坐标系中,利用一台接收机来测定该点相对于协议地球质心的位置,也叫单点定位。这里可认为参考点与协议地球质心相重合。GPS 定位所采用的协议地球坐标系为 WGS-84 坐标系。因此绝对定位的坐标最初成果为 WGS-84 坐标。

　　(2)相对定位。即在协议地球坐标系中,利用两台以上的接收机测定观测点至某一地面参考点(已知点)之间的相对位置。也就是测定地面参考点到未知点的坐标增量。由于星历误差和大气折射误差有相关性,所以通过观测量求差可消除这些误差,因此,相对定位的精度远高于绝对定位的精度。

　　2)按照用户接收机在作业中的运动状态分类

　　(1)静态定位。即在定位过程中,将接收机安置在测站点上并固定不动。严格来说,这种静止状态只是相对的,通常指接收机相对与其周围点位没有发生变化。

　　(2)动态定位。即在定位过程中,接收机处于运动状态。

　　GPS 绝对定位和相对定位中,又都包含静态和动态两种方式,即动态绝对定位、静态绝对定位、动态相对定位和静态相对定位。

　　此外,按照测距的原理不同,GPS 定位方法又可分为测码伪距法定位、测相伪距法定位、差分定位等。

四、网络 GPS 概述及其在物流行业中的应用

　　GPS 融合 GIS、数字移动通信技术以及互联网技术等多种先进的科技成果,在公共网络上建立 GPS 监控平台,各物流运输企业以及运输客户可以根据自己的权限进入网络 GPS 监控界面,对车辆进行监控、调度、即时定位等多项操作,实现了车辆实时动态信息的全程管理。

　　1. 网络 GPS 的概念与特点

　　网络 GPS 是把 Internet 技术与 GPS 技术相结合,在互联网上建立起来的一个公共 GPS 监控平台,在互联网界面上显示 GPS 动态跟踪信息,以实现实时监控动态调度的功能。网络 GPS 综合了 Internet 与 GPS 的优势与特色,取长补短,解决了原来使用 GPS 所无法克服的障碍。

　　首先,可降低投资费用。网络 GPS 免除了物流运输公司自身设置监控中心的大量费用,不仅包括各种硬件配置,还包括各种管理软件。

其次,网络 GPS 一方面利用互联网实现无地域限制的跟踪信息显示;另一方面又可通过设置不同权限做到信息的保密。

网络 GPS 的特点大致如下。

(1) 功能多、精度高、覆盖面广,在全球任何位置均可进行车辆的位置监控工作,充分保障网络 GPS 所有用户的要求都能够得到满足。

(2) 定位速度快,有力地保障物流运输企业能够在业务运作上提高反应速度、降低车辆空驶率、降低运作成本,满足客户需要。

(3) 信息传输采用 GSM 公用数字移动通信网,具有保密性高、系统容量大、抗干扰能力强、漫游性能好、移动业务数据可靠等优点。

(4) 构筑在国际互联网这一最大的网上公共平台上,具有开放度高、资源共享程度高等优点。

2. 网络 GPS 系统工作流程

车载单元即 GPS 接收机在接收到 GPS 卫星定位数据后,自动计算出自身所处的地理位置的坐标,后经 GSM 通信机发送到公用数字移动通信网,并通过与物流信息系统连接的 DDN 专线将数据送到物流信息系统监控平台上。中心处理器将收到的坐标数据及其他数据还原后,与 GIS 的电子地图相匹配,并在电子地图上直观地显示车辆实时坐标的准确位置。各网络 GPS 用户可用自己的权限上网进行自有车辆信息的收发、查询等工作,在电子地图上清楚而直观地掌握车辆的动态信息(位置、状态、行驶速度等)。同时,还可以在车辆遇险或出现意外事故时进行各种必要的遥控操作。

3. 网络 GPS 在物流行业中的应用

(1) 车辆跟踪调度及双向通信。系统建立起了车辆与系统用户之间迅速、准确、有效的信息传递通道。用户可以随时掌握车辆状态,迅速下达调度命令。同时可以根据需要对车辆进行远程控制,还可以为车辆提供服务信息。有多种监控方式可供选择。

(2) 运力资源的合理调配。系统根据货物派送单产生的地点,自动查询可供调用车辆,向用户推荐与目的地较近的车辆,同时将货单派送到距离客户位置最近的物流基地,保证客户订单能快速、准确地得到处理。同时,GIS 的地理分析功能可以快速地为用户选择合理的物流路线,从而达到合理配置运力资源的目的。

(3) 敏感区域监控。物流涵盖的地理范围如此之广,随时随地需要知道在各个区域内车辆的运行状况、任务的执行情况、任务安排情况,让所辖范围的运输状况一览无余。在运输过程中,有某些区域经常发生货物丢失、运输事故,在运输车辆进入该区域后,可以给予车辆提示信息。

(4) 意外事故报警。当在运输途中发生突发性事件时,司机可以按下隐藏的紧急呼叫按钮向监控中心求助,中心接到报警,马上开启声音装置,监听车辆内情况,并根据车辆位置和其他相关信息给予援助。

(5) 车辆数据存储、分析功能。由于物流集团下属车辆众多,需要对车辆进行集中统一的信息化管理。管理内容涵盖车辆的基本信息(如车牌号、车辆类型、吨位、颜色等)、保险信息(盗抢险、自燃险等)、安全记录、事故借款等。系统将对车辆的所有这些信息进行采集、录入,而后向用户提供修改、删除以及查询功能。

五、危险品车辆监控预警服务系统

网络 GPS 在物流行业中的综合应用

1. 系统简介

近年来,危险品车辆运输事故数量呈上升趋势,其灾难性后果波及面广,影响十分严重。其主要安全隐患在于司乘人员在车辆驾驶过程中存在超速行驶、超载行驶等违规行为,行驶过程中不按照预定路线行驶或违规进出目标区域,无法及时获取危险品货物状态信息,对道路、天气等环境信息获取方式单一、不及时等。

本系统主要由监控中心系统、无线数据链路、车载终端三部分组成,是集 GPS 定位技术、移动通信技术、GIS 技术等于一体的车辆监控应用系统。监控中心通过 GIS 实时显示车辆的准确位置、速度、运动方向、车辆状态等信息参数,实现对车辆进行动态监控、报警处理、车辆调度、信息管理等工作,保障车辆及人员的生命和财产安全。本系统适用于各级安全监管部门及危险品运输企业。

2. 总体方案

(1) 危险品车辆监控预警服务系统网络架构如图 4-13 所示。

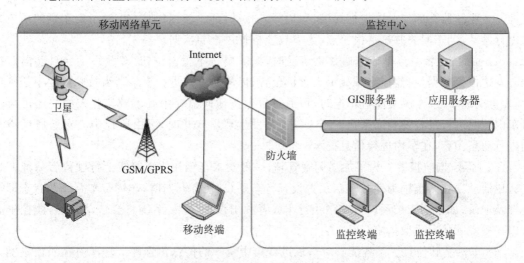

图 4-13　危险品车辆监控预警服务系统网络架构

(2) 危险品车辆监控预警服务系统功能结构如图 4-14 所示。

3. 主要功能说明

(1) 定位跟踪。实时查看受控车的移动情况:在地图上实时显示它的具体地理位置、行驶方向、速度,驾驶员信息、时间、经纬度、GPS 状态,有多种监控查看方式可供选择。用户可根据自己的需求设定 GPS 的位置上传时间(2~65000s),车辆在被跟踪时独立显示在监控视野中。

(2) 超速报警。危险品运输车辆一般都有限速行驶的规定,并且运输途中不能随意停车。监控中心可以预先设定限制速度,当车辆的行驶速度超过或者小于规定的阈值时,将自动发出报警信息,以便监控中心采取措施,提醒驾驶员注意速度或者要求驾驶员汇报情况。对于危险品运输车辆长期在公共地点停留,系统会进行记录并提醒监管人员进行处理,即时询问,做到事前控制。

(3) 历史轨迹回放。危险品运输车辆在行驶过程中的轨迹信息将被记录保存,方便事后

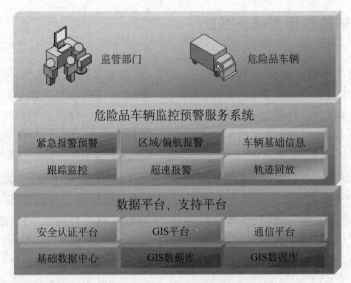

图 4-14　危险品车辆监控预警服务系统功能结构

查询。企业及监管部门可以根据司机、车辆等方式进行区域时间段检查,对指定车辆的历史数据进行显示,动态回放并显示报警点,为事故分析提供重要依据。

(4) 报警、预警。当车辆遭遇紧急情况时,只需要按下报警按钮,车载终端会自动向监控中心发送报警数据,在监控终端显示出车辆位置,以醒目方式进行提示。当行驶过程中遇到危险、发生交通事故、车辆故障等情况时,可通过报警按钮向监控中心求救。监控中心还可自动对车内情况进行录音及画面采集。当天气道路发生严重变化时,可由监控中心对所属区域车辆进行动态预警,在车内进行信息提示。

(5) 区域/偏航报警。为了加强调度管理,一般要求车辆在固定路线上行驶或者只能在特定区域活动。在系统中为任务车辆预先设置行车路线,任务开始时,车辆行车路线及状态即被监控及记录,如车辆未按预设行车路线行车或者驶出设定区域,系统将会自动报警,监控中心可以根据实际情况采取措施。

(6) 车辆基础信息。系统能够对车辆进行集中统一的信息化管理。管理内容涵盖车辆车牌号码、车台号码、车型、颜色、发动机号、底盘号码、用途等信息进行采集、录入和向用户提供修改、删除以及查询。

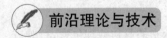 前沿理论与技术

IPS:超越 GPS 的导航系统

随着交通的高速发展,GPS 也成为人们居家旅行、外出游玩的必备工具。但是 GPS 只能告诉我们户外的交通线路,而现在的巨型建筑又如此之多,在商场里逛个街都很有可能迷路,让广大路痴群众很是着急。科技以人为本,室内定位系统(indoor position system,IPS)应运而生。

1. 为什么要研发 IPS

从已经十分普及的便携式导航设备,到备受推崇的自动驾驶汽车,甚至是巡航导弹的制导,所有这些应用技术的实现,都要感谢 GPS 和 GLONASS。然而,它们美中不足的是:

①不能在室内工作；②只能在二维世界里徘徊。

时至今日，这些限制因素造成的不便越来越明显。毕竟，我们使用的是穿越了20200km漫漫旅程的极其微弱的卫星信号，相对较强的移动电话信号在穿越混凝土和其他固体障碍物时都不甚给力，GPS卫星信号就更不用说：在地球上侦测GPS信号的难度基本与搜寻两万多千米之外25W灯泡发出的微弱亮光相同。

在进行海拔变化的侦测时，情况会变得更加复杂。GPS和GLONASS都能够大体测量出海拔高度，但通常情况下测得的数据较为粗略并且精度有限（10～25m）。当然，尽管存在种种缺憾，以GPS卫星为基础的导航系统也彻底改变了整个社会的各个方面：从黑客攻击、农业遥测、地图测绘到找女朋友。那么到底能不能研发出室内进行定位的导航系统呢？答案是肯定的。事实上，所谓的室内定位系统几乎已经实现了。

谷歌地图在安卓系统上推出了楼层平面图应用。其服务地点包括购物商场、机场和一些大型的商业区。与此同时，诺基亚也在研发类似的室内定位系统，但与普通的2D平面图不同，该系统使用的是逼真的3D模型。Broadcom公司已经发布了一款支持IPS的芯片（BCM4752），并且装有此芯片的智能手机不久就会在市场上推出。

与GPS和GLONASS不同的是，IPS并没有一套标准的运作方法。谷歌的办法是通过Wi-Fi信号追踪设备位置——通过识别建筑物中设置的Wi-Fi信号热点，对不同信号源的强度进行三角测量，粗略地得出你的大概位置；诺基亚的方法与此类似，但是运用的媒介是蓝牙信号而不是Wi-Fi信号，因而能够得到更精确的结果（但是这意味着需要部署许多的蓝牙信号源）；其他的构想包括红外线传输甚至声源分析。值得注意的是：单独使用上述方案中的任何一种都无法达到较高的精确度和可靠性。在一个充满各种物品、结构复杂的空间里，这些类型单一的信号会显得非常简陋和嘈杂，更何况还有移动物体带来的信号干扰。

Broadcom公司推出的芯片支持各种形式的IPS方案：Wi-Fi、蓝牙，甚至是NFC（近场通信技术）。更重要的是，该芯片还内置了各种传感器，如陀螺仪、磁力计、加速计甚至是测高计。就像备受欢迎的步数计一样，Broadcom公司的芯片几乎能够感知你的所有运动过程，而且无须通过无线信号网络进行三角测量。它只需测定你进入建筑物的地点（通过GPS），然后计算你的步数（通过加速计）、方向（通过陀螺仪）和高度（通过高度计）。有了这种可靠的解决方案，室内定位系统将会马上进入人们的生活中，未来的1～2年一些客流量庞大的区域会率先开始试点工作，之后随着智能手机的高度普及，IPS系统也会像GPS一样逐渐达到全球范围内的完全覆盖。

2. IPS普及后的生活

当IPS全面覆盖之后，无论在世界的哪个角落，室内、室外或是地底下，你的行踪都会被实时追踪。这意味着什么呢？在人们开始着手建设IPS之前，很有必要指出的是：就像GPS一样，IPS不会向第三方泄露你的个人信息。IPS是仅针对用户的个人智能手机（或其他任何定位导航设备）运作的。和GPS相同，IPS的定位是完全被动的。即使政府通过IPS对我们进行监控，我们也有充足的预警时间。

通过进一步的发展，IPS可催生出一系列附加程序。如果你喜欢那种脚蹬耐克（Nike）跑鞋、手拿GPS来计算跑步速度和里程的生活方式，那么IPS式的生活会带给你更多舒适。IPS能够精准地测出你跑了多少步，爬了几节楼梯，一丝不苟地进行计算，得出消耗了多少卡路里；IPS会对你在健身馆的表现做出完美的记录统计，细致到每一台健身器具；IPS还能够告诉你，每天你睡了多久，花在通勤、办公室和厕所的时间各是多少。

然而，IPS的真正威力在于能将现实生活中的各种数据结合在一起。IPS不仅可以记录你最常使用 Facebook 或 Twitter 的场合,还可以用来绘制你的消费频率分布图,甚至可以全程回放你的行程记录,并在谷歌地图上绘出详尽的路线。

商家甚至能够通过 RSS 订阅告诉你此刻正热卖的特价商品,你的手机也能告诉你:嗨,伙计,我知道你在去星巴克的路上,但为什么不去试试旁边的那家更便宜的咖啡馆呢?这些服务同样不会监控任何个人信息。当然,你也可以选择开通特别的服务,实时向外发送你的行踪。

IPS 可在博物馆中取代导览图,用手机提示告诉游客详细的游览信息。IPS 还会给父母们带来更强悍的技能:全程掌握孩子的行踪,当孩子偷逛限制级音像店时可以实时发现并做处理。更具长远意义的是,IPS 最终可以促成生活社交网络的形成:将来 Facebook 上的应用可以告诉你,哪个地方有谁想玩壁球或看电影。漫步街上时,你的手机会告诉你一个街区外有一个孩子正在兴致勃勃地看着你小时候喜欢的漫画,你可以与他一同分享那旧时的温馨回忆。

这种生活社交网络或许会不可避免地需要公开大量的个人数据,但一定会带来革命性的进步:到了那时,人们可以把更多的注意力投向身边美好的人和事,而不是像今天这样,不停地低头凝视手机,表情充满了哀怨。

资料来源:http://www.guokr.com/article/278059/.

 实训任务实施二

GPS 车辆监控系统软件应用

1. 实训目标

(1) 了解 GPS 的原理;熟悉车辆监控系统软件的基本功能模块和作用。

(2) 学会 GPS 车辆监控系统软件的简单操作。

2. 实训要求

(1) 按照实训任务单完成各项任务,要学会地图操作、车辆监控、车辆调度和查询统计等常用功能。

(2) 按照规范要求提交实训报告。

(3) 遵守实训中心的纪律,爱护设备,实训认真,注意安全。

3. 实训准备

(1) 教师准备好实训任务书,讲清该任务实施的目标和 GPS 知识要点。

(2) 实训中心准备好森火 GPS/GIS 监控调度平台(GPS 车载设备、GPRS 无线通信系统及中心软件系统)和网络环境。

(3) 学生根据任务目标,通过教材和网络收集相关资料,做好知识准备。

(4) 5 人一组,设组长 1 名。

4. 实训任务

(1) 易通物流公司增加 3 台运输车辆,请使用森火 GPS 车辆监控系统进行车辆监控、车辆调度管理。具体内容:地图操作、车辆监控和查询统计等常用功能。

(2) 撰写实训报告。

5. 实训操作

(1) 系统运行。

① 双击桌面上的"GPS 车辆监控系统"图标,进入烽火台 GPS 监控系统登录窗口,如

图 4-15 所示。

图 4-15　进入烽火台 GPS 监控系统登录窗口

在登录窗口输入中心注册码、操作员用户名和密码，单击"确定"按钮。如输入正确即可登录系统进行操作；否则要求重输用户名和密码。

② 网络登录初始化（自动）。软件重开或机器重新启动，网络都会重新登录，这一过程实现是监控端登录 GPRS 服务器的过程。如果网络通信正常即会在左上角的标题栏会显示"登录服务器成功"。

（2）添加电子地图。电子地图管理主要是增加和删除地图及修改地图路径。选择主菜单"参数设置"→"电子地图管理"命令，单击打开"电子地图管理"对话框，增加电子地图，直接单击"添加"按钮，在打开地图集中选择以 gst 为后缀的地图文件，然后单击"打开"按钮。在"地图名称"内填上该地图名称（最好是该地区的名字），如删除电子地图，单击"删除"按钮即可，如图 4-16 所示。

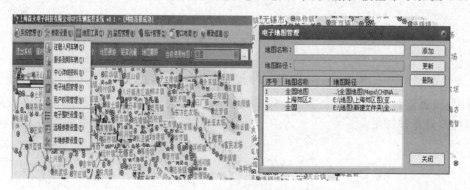

图 4-16　"电子地图管理"界面

（3）车辆监控管理。进入监控管理模块，如图 4-17 所示，完成车辆定位、车辆跟踪、远程控制、清空轨迹、发送信息和区域寻车等操作。

（4）统计管理。进入统计管理模块，如图 4-18 所示，完成里程统计、速度统计、报警统计、油耗统计、进出站统计和状态统计操作。

6. 撰写实训报告

由学生完成。

7. 技能训练评价

完成实训后，填写技能训练评价表（见表 4-2）。

图 4-17　车辆监控管理界面

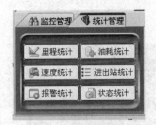

图 4-18　统计管理界面

表 4-2　技能训练评价表

专业：		班级：	被考评小组成员：		
考评时间			考评地点		
考评内容			GPS 车辆监控系统软件应用		
考评标准	内　容	分值	小组互评 (50%)	教师评议 (50%)	考评得分
	实训过程中遵守纪律,礼仪符合要求	15			
	能正确理解 GPS 相关概念和原理	15			
	实训记录内容全面、真实、准确,实训报告撰写规范	15			
	认识 GPS 车载终端和 GPS 监控软件	15			
	能够正确使用 GPS 软件各项功能,完成实训任务	40			
	综合得分				

指导教师评语：

任 务 小 结

本次任务学习了 GPS 的概念、构成、基本原理及应用。重点介绍了网络 GPS 在物流领域中的应用,如物流过程的跟踪监控、运载工具的动态调度等。同时进行了电子地图和车辆 GPS 监控系统技能训练。

练 习 题

一、单选题

1. 美国科学家利用(　　)原理建成了子午卫星导航系统。

　　A. 多普勒频移　　B. 时间导航　　　　C. 双星定位　　　　D. 载波射频

2. GPS 卫星星座由均匀分布在 6 个轨道平面上的(　　)颗(其中有 3 颗备用卫星)高轨道工作卫星构成。

　　A. 30　　　　　　B. 9　　　　　　　　C. 24　　　　　　　D. 6

3. 当 GPS 能够收到(　　)颗及以上卫星的信号时,它能计算出本地的三维坐标(经度、纬度、高度)。

　　A. 1　　　　　　B. 2　　　　　　　　C. 3　　　　　　　　D. 4

4. GPS信号包括两种载波（L1、L2）和两种伪噪声码（P码和C/A码），其中（　　）为精确码，只供美国军方、政府机关以及得到美国政府批准的民用用户使用。

  A. C/A码   B. P码   C. D码   D. 以上各项

5. 根据定位的模式，GPS定位可以分为（　　）。

  A. 绝对定位和相对定位   B. 实时定位和非实时定位

  C. 静态定位和动态定位   D. 差分定位和非差分定位

二、简答题

1. 简述GPS系统的组成。

2. GPS定位中要解决哪三个问题？

3. 简述网络GPS的工作流程。

4. 简述危险品车辆监控预警服务系统的主要功能。

三、案例分析

北斗"重点车辆监控"系统

  基于北斗的"重点车辆监控"系统将北斗卫星导航定位技术、GIS地理信息系统技术、互联网技术有机结合，针对不同类型车辆，如危化品运输车、客运车、政府部门车辆，以及各种特种车辆，如警用车、运钞车、消防车、救护车、邮政车、工程抢险车等，可提供系统监控中心的整体解决方案。监控中心通过北斗卫星网络，能够实现全天候网络无缝覆盖获取车辆的地理位置、运行方向、运行速度及各种状态信息，对车辆进行实时监控、调度、发布服务信息、受理各种类型的报警信息等。

  1. 系统组成

  基于北斗的"重点车辆监控"信息系统的组网模式如图4-19所示。基于北斗的"重点车辆监控"指挥系统由北斗车载终端、北斗手持终端、北斗指挥机、北斗"重点车辆监控"指挥中心、北斗卫星、GPS卫星等组成，直接通过北斗卫星无线链路组网。车辆监控指挥中心使用北斗

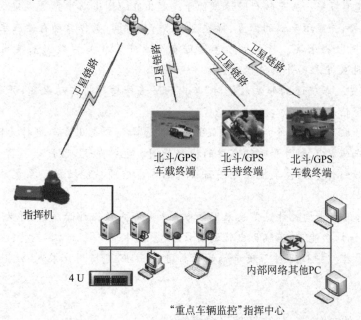

图 4-19　基于北斗的"重点车辆监控"信息系统的组网模式

指挥机从北斗卫星接收数据。通过指挥机,北斗重点车辆监控指挥中心(以下简称中心)可实现对所有下属终端的监控和指挥。中心由 GIS 服务器、监控数据库服务器、通信服务器、若干监控终端及大屏幕投影设备、远程接入设备等组成,其主要运作方式是接收下属车辆的北斗/GPS 定位数据,实现车辆的北斗/GPS 双模实时定位功能,可设定为自动间隔定位、被动定位等;通过与 GIS 功能相结合,可以将车辆位置信息直观反映在电子地图上,并通过不同颜色图标区分监控目标的状态。

2. 系统主要功能

(1) 车辆监控。中心可发出指令,通播(广播)所有车载终端或指定某一车载终端将其车辆状态数据回传,并实现实时数据查询,还可以接入视频系统对车辆进行实时监控。

(2) 车辆调度控制。中心可以根据车辆当前所处的位置,根据需要发出相关调度控制指令给所辖车载终端,实现车辆的调度指挥。

(3) 车辆信息通信。中心与车辆之间可以进行双向信息通信,相互传递有价值的信息报文,实现车辆与车辆之间的相互协作和相互支援。

(4) 车辆进出与到达报告。这有三种情况(车辆离开驻地、车辆回到驻地、车辆到达预定的目标区域),北斗终端会自动向中心发送车辆进出与到达报告,中心收到报告后存入数据库,同时提醒值班员注意该车,并把该车辆的位置、行驶情况显示在中心电子地图上,方便中心对车辆的使用管理。

(5) 越界自动预警。中心可以使用电子围栏设置若干车辆作业区域,规定哪些车辆必须在哪些区域作业或不得进入哪些区域作业,当某车辆人员进入和离开它的指定区域,系统都会给出提示。还可以通过轨迹回放,查看违规行使车辆是在什么时候离开或进入它的指定区域的。

(6) 车辆紧急告警。车载终端设置紧急告警按钮,当车辆发生紧急情况需要救助时,可通过简单按钮操作发送紧急告警信息,及时通知中心或者安全、救援单位当前车辆所处位置以及遇险性质,并可显示在 GIS 地图上,以方便有关部门高效实施救援和抢险工作。

(7) 低速/超速报警。当车辆行驶速度低于或超出在地图道路中预选设定的行驶速度时,系统自动向中心报警,并显示车辆的位置、行驶速度、方向、时间,数据自动存储在系统数据库里。

(8) 车辆实时数据采集。特种运输车通过在车上安装相关的数据采集器,对车辆的运行速度、油耗的实时数据采集并实施传输。

(9) 防盗报警。车辆遇到非法入侵时,车内的防盗传感器将自动触发,并与现有防盗报警器有机结合,将警情汇报给中心。

(10) 车辆跟踪。在某一个时间段内,用户可以选择一台或几台车辆作为跟踪对象。当启动跟踪后,这台车辆就不会离开软件窗口的视野范围。也就是说,监控地图窗口会随着这台车辆而自动移动,始终保持这台车辆在地图窗口范围内。这项功能增强了系统的智能性,减少用户的操作。

(11) 数据存储和查询统计。信息采用集中式或分布式数据存储模式,并为管理级用户提供全部信息的查询统计功能,如车辆历史轨迹回放、报警统计、计费统计、车辆行驶里程统计等。

(12) 用户管理。中心可对下属车辆的资料进行管理,包括用户录入、注册,用户个人信息管理等。

思考题:

1. 简述北斗的"重点车辆监控"信息系统的组成。

2. 简述北斗的"重点车辆监控"信息系统的功能。

物流管理信息系统应用

项目描述

随着现代信息化技术和物流业的不断发展,与先进管理思想结合的信息技术给传统物流带来了根本性的变化。将通过计算机技术、网络技术、电子数据交换技术、条码技术、全球卫星定位系统、地理信息系统等信息技术实现的物流管理信息系统运用到仓储、运输、配送、货代等物流环节,就产生了仓储管理信息系统、运输管理信息系统和货代管理信息系统。物流管理信息系统是第三方物流企业构建现代物流的中枢神经,这些系统对物流各环节及流程具有强大的支撑功能,能大大提高物流作业的质量和效率,实现物流管理的信息化、自动化、高效化,促进物流企业向现代物流企业的转型,积极培育大型物流企业,不断降低社会物流成本。目前,很多物流企业都在通过物流管理信息系统对物流业务进行管理。

通过本项目的学习,学生可以掌握仓储、运输和货代等岗位信息管理必需的知识和技能。

项目目标

1. 知识目标

(1) 掌握物流仓储管理信息系统的概念、功能和特点。

(2) 掌握物流运输管理信息系统的概念、功能和特点。

(3) 掌握物流货代管理信息系统的概念、功能和特点。

(4) 熟悉仓储、运输和货代的作业流程。

(5) 了解仓储、运输和货代管理信息系统的架构。

2. 技能目标

(1) 能正确使用仓储、运输和货代管理软件,进行仓储、运输和货代业务的管理。

(2) 能使用物流管理信息系统分析和处理具体业务问题。

任务一 仓储管理信息系统的应用

 引导案例

雨诺 WMS 仓储管理系统

青岛雨诺网络信息股份有限公司成立于 2002 年,是医药行业信息化全面解决方案提供商,业务涵盖 ERP、WMS、SRM、CRM、B2B、B2C、O2O、OMS、处方平台、移动互联及健康管

理、医药新零售、未来药店等。目前,雨诺股份与旗下的3家分子公司、十余家办事处及全国各地50余家合作伙伴,以"携手客户,成就健康产业品牌"为使命,以致力于成为"最值得信赖的企业服务提供商"为愿景,在全国范围内,赢得了60余家百强用户,10万多家药店的信赖与合作。

雨诺WMS是新一代的仓储物流管理系统。系统集成了信息技术、无线射频技术、条码技术、WEB技术及计算机应用技术等,将仓库管理、无线扫描、电子显示、WEB应用有机结合,实现信息资源充分利用,加快仓储物流速度。系统可以根据距离和体积智能推荐当前整货库的货位,自动动态分配储位,避免出现货品乱堆乱放的混乱场景,方便拣货员迅速定位货品位置;通过对库位条码的控制,帮助员工轻松完成智能上下架、配货、验货、发货等操作,提升效率与准确性。对于临时的加急订单,可以走独立的加急流程,提高出库效率;同时,系统可以实现按批号或按批次管理货位。

雨诺WMS融合多种业内先进拣货模式,支持波次配货,包含边拣边播和"摘果+二次分拣"两种方式。根据货物出库的运输线路及时间组成多个波次,波次管理员调度库房作业节奏,无须人工打单分单,拣货员只要通过PDA扫描领取拣货任务后就可开始拣货。

拣货车可以放置多个拣货周转箱,连锁门店配送业务可以同时拣4箱,而电商业务可以同时拣15～20个订单,在整个拣货过程中,系统为拣货员规划"S"形的最优拣货路线,避免仓内的重复和无效行走。拣货员无须人工记忆货品位置,手持PDA会自动提示待拣的商品名称、数量及货位分布信息,同时,每一笔配货绩效都能被及时记录,提升仓内员工的工作积极性。

通过雨诺WMS系统化的配货管理和多种仓储技术集成,新人能够快速上手实现高效拣货,减少了培训成本和对老员工的依赖。同时,配合全仓的条码管理和扫描配货,能够及时提醒差错,避免错发、漏发。同时,雨诺WMS与雨诺其他数字应用软件无缝对接,以技术手段促进医药企业高效运转、快速升级。

雨诺WMS依靠互联网+仓储,使医药行业的仓库管理从传统的依靠经验转变为依靠精确的数字分析,实现仓库的数字化管理,为接下来的医药O2O全面快速发展做好充分准备。

资料来源:http://www.romens.cn/.

思考题:

1. 简述仓储管理系统的概念。

2. WMS的基本功能模块有哪些?

🡒 任务知识储备

一、物流仓储管理信息系统基本认知概述

1. 物流仓储管理信息系统的概念

物流仓储管理信息系统(warehouse management system,WMS)是为提高仓储作业和仓储管理活动的效率,对仓库实施全面的系统化管理的计算机信息系统。它具有仓储物流信息收集、储存、加工、转换及辅助决策的功能。

物流仓储管理信息系统对于入库、库内、出库等一系列工作提供了全面的条码技术和无线射频(RF)技术支持,可以有效地收集有关货品、储位以及作业状态,信息可以由无线传输方式

送到系统的数据库中。同时,系统可以将调度或自动分配给操作人员的任务传输给 RF 持有人,实时性地收集和传输数据,从而极大地提高了工作效率。

2. 物流仓储管理系统的结构

物流仓储管理系统是一套全模块、全集成、全闭环的系统,它涵盖了仓储物流管理的方方面面,主要由收货管理、发货管理、库内管理、配送运输管理、统计查询/分析等模块组成,并与上层 ERP 及下层 WCS 通过实时数据接口无缝集成。物流仓储管理系统的结构如图 5-1 所示。

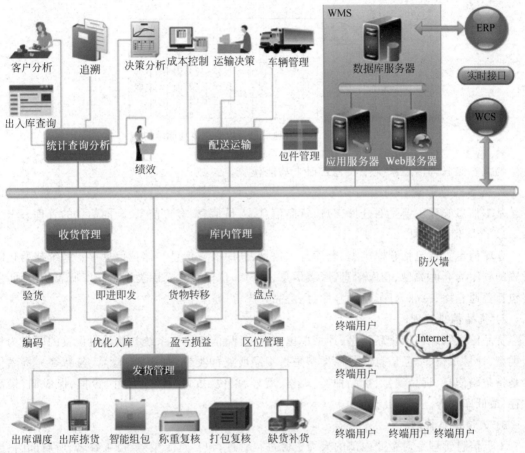

图 5-1　物流仓储管理系统的结构

ERP(enterprise resource planning)系统是企业资源计划的简称,是指建立在信息技术基础上,集信息技术与先进管理思想于一体,以系统化的管理思想,为企业员工及决策层提供决策手段的管理平台。ERP 是一种可以提供跨地区、跨部门甚至跨公司整合实时信息的企业管理信息系统。ERP 不仅是一个软件,更是一个管理思想,它实现了企业内部资源和企业相关的外部资源的整合。通过软件把企业的人、财、物、产、供销及相应的物流、信息流、资金流、管理流、增值流等紧密地集成起来实现资源优化和共享。

仓储控制系统(warehouse control system,WCS)也叫仓库分拣控制系统,是介于 WMS 系统和 PLC 系统之间的一层管理控制系统。WCS 可以协调各种物流设备,如输送机、码垛机、穿梭车、机器人、引导车等物流设备之间的运行。WCS 采用 C/S 架构,主要通过任务引擎和消息引擎,优化分解任务、分析执行路径,为上层系统的调度指令提供执行保障和优化,实现对各种设备系统接口的集成、统一调度和监控。

二、物流仓储管理系统的功能

根据物流仓储管理信息系统制定的目标,可以设定物流仓储管理信息系统的总体功能结构,如图 5-2 所示。

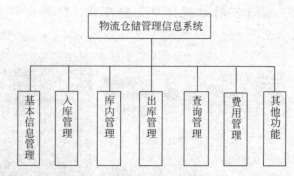

图 5-2　物流仓储管理信息系统的总体功能结构

物流仓储管理信息系统主要包含以下功能模块。

1. 基本信息管理

基本信息管理主要是对仓库信息、货品信息、人员信息、客户信息、合同信息的管理。

1) 仓库信息管理

仓库信息管理包括仓库类型、仓库基本信息、仓库区域信息和储位信息等。系统初始化时设置的顺序为仓库类型、仓库信息、区域信息、储(货)位信息。仓库类型指仓库所属的类别,主要包括普通仓库、冷冻仓库、化学仓库、危险品仓库等。

2) 货品信息管理

货品信息管理包括货品类型、计量单位信息、货品信息等。系统初始化时设置的顺序为货品类型、计量单位、货品信息。货品类型是指货品所属的类别,如电器、食品、药品等。货品信息是指条码信息、货品编号、货品种类、规格、型号、单位、重量、体积、尺寸、价值、保质期、最高库存、最低库存等。

3) 人员信息管理

人员信息管理是对企业内部的人力资源进行管理,包括员工编号、员工姓名、所属部门、岗位、工作年限、联系方式等基本信息。

4) 客户信息管理

客户信息管理包括客户编号、客户名称、联系电话、传真、地址、E-mail 及联系人等客户的基本信息。

5) 合同信息管理

合同信息管理包括合同号、甲方名称、甲方代表人、乙方名称、乙方代表人、签订合同日期、租仓地点、租仓面积、租仓标准、结算方式、保管商品名称等。

2. 入库管理

入库管理主要包括对货品数量的管理,如箱数、件数;对货品的储位管理;对货品的管理,如客户、到期日、重量、体积、批次(号),并可结合条码管理;对运输工具的管理,如运输公司、车辆号、司机管理;对验收的确认,根据入库通知单的数量和实际入库数量比较分析,解决少货、多货、窜货等情况。

操作顺序为入库通知单、卸货及验收管理、入库储位分配。

1）入库通知单（订仓单）

入库通知单是在货品到达之前，货主通知在何时进入什么货品，仓库可以根据这些信息制订入库作业计划，如安排和调度装卸货的工具、清理装卸货区域等。入库通知单主要包括客户信息、收货信息和货品明细等，并为安排卸货工具、指定卸货区和处理区提供信息。

入库通知单主表的数据项有入库单号、客户名称、合同号、预计入库时间、制单人等信息。入库通知单明细表的数据项有货品的名称、条码、批次、数量等信息。

2）卸货及验收管理

卸货及验收管理是收到入库通知单后，指定货品的装卸区及验收处理区等业务。系统根据入库通知单编号自动产生验收单编号，显示入库通知单中货品的详细列表信息。指定卸货区和验收区时，选择仓库号和区域号。在卸货区装卸货品，检查数量和质量验收等工作。验收结束后，如果发现有不合格品，应该进行登记记录。在"不合格数量""不合格原因""处理意见"3个字段中录入具体的信息。

3）入库储位分配

入库储位分配就是为入库货品安排货位的操作：选中某一入库货品，选择合适的仓库号、区域号。在排号、列号、层号中输入分配的数值，确认"分配"即可完成，并依次为每一种货品分配货位。

3．库内管理

库内管理具体包括仓库储存货品的盘点作业、仓库内部货品在储位间的转储作业、货品在不同仓库间的转库作业、保管货品的报废管理、不合格品的退库管理等业务。

1）盘点管理

盘点管理提供对货品的全面盘点、随机抽盘与指定盘点等功能。其中指定盘点根据储位盘点和货品盘点的功能，可分区、分类进行盘点。盘点作业，首先要生成盘点单，确定要盘点货品的编号、名称、储存位置、系统结存数量的信息清单；其次录入盘存数据、审核盘点单、盘点差异结转。

2）转储管理

转储管理主要对货品在同一仓库内不同储位之间转移的作业进行管理。转储单号由系统自动产生，选择要转移货品的所在仓库、转储部门等，并填写制单人、转储时间、制单时间。在转储货品及存储货位清单中选择货品，输入数量及选择目的区域，完成转储货品的选择。

3）转库管理

转库管理主要是对货品在不同仓库之间转移的作业进行管理，即提出转仓申请，指定货品的转出仓库、区位及储位，并指定转入仓库的区域和储位等。系统自动产生转库单号，选择要转移货品的所在转出仓库、转入仓库、转仓部门，填写转仓时间、制单时间、制单人、备注等信息。在转仓货品及存储货位清单中选择货品、输入数量及选择目的区域，完成整个转仓过程。

4）报废管理

报废管理主要对仓库中报废货品的名称、编号、位置等进行管理，即提出报废申请，录入报废货品信息,指定报废货品的所在仓库、区域及储位,以及对上述报废信息进行维护。

5)退货管理

退货管理主要对被退回货品的编号、名称、数量、存放位置、处理方法等信息进行管理,主要处理退货申请、审批、结转等相关事务。

4. 出库管理

出库管理包括对出库货品数量管理,如箱数、件数;对出货方式的选择,如先进先出(FIFO)、后进先出(LIFO)、保质期管理、批次(号);对出货运输工具的管理,如运输公司、车辆号、司机管理。

1)出库通知单管理

出库通知单管理是处理收货方要求的出库信息,包括收货方名称、编码信息、出库货品明细等,为确定备货区提供信息。将库存表中货品、数量、批次信息,自动生成到出库通知单的出库货品列表中。

2)出库备货

出库备货是指操作员收到出库通知单后,录入出库备货货品信息、指定备货区和安排出库货品的货位等事务。

系统根据出库通知单编号自动产生备货单号,填写出库备货时间、制单人、制单时间等出库备货信息。

3)出库单管理

出库单管理是指完成出库备货后,对出库货品的信息进行登记、查询等管理。如采用先进先出的出库原则,可根据入库单的时间自动生成出库单,也可以根据需要,选择指定的入库单来生成出库单。

5. 查询管理

(1)在任何时间和地点都可以通过终端进行查询。查询内容包括货主信息、商品信息、库存情况、订单状态等。

(2)每次查询可以包括对各项信息逐一核对,并将有效结果反馈给系统,使现场实时查询和实时指挥工作方便、容易。

6. 费用管理

费用管理主要对客户的仓储费、运输费、过境过桥费等费用进行结算处理。同时对承运单位作运费支出处理。主要包括费用种类、结算方式、收款处理、付款处理、应收款查询、应付款查询、客户业绩查询、客户业绩统计等功能。

7. 其他功能

WMS系统除了支持完成物流中心基本作业流程操作外,还可以设计以下附加功能。

1)预警功能

仓库日常操作中,有许多情况需要特殊关注,如库存低于安全线、临近保质期等。尽管系统对此有详细的记录,但通过库存余量或单据查看,对于特定情况并不直观,同时也可能需要主动将信息通知货主或相关人员处理。且在不同业务情况下,需要通知的内容各不相同,这就需要WMS自定义一些预警功能,如通过邮件、短信模式的预警。

2)数据统计功能

WMS可以设计统计报表功能,通过表单的形式实现查询、管理、运算、打印产品在系统中所操作的所有活动,以实现对在库产品更好的管理。如入库报表、出库报表、库存报表、库龄分析、ABC 分析、EIQ 分析、库位使用报表、KPI、自定义报表等。

　　3）可视化功能

　　以报表形式反映的产品数据常常不够直观,WMS 也可以根据企业需要设计可视化分析功能,通过图形化快速、形象、直观地了解目前的库存情况。

三、物流仓储管理信息系统的基本操作流程

　　仓储管理的主要业务是入库管理、出库管理和盘点管理,下面以流程图的形式简要介绍 WMS 主要业务的操作。

使用手持终端(PDA)完成商品的出入库作业

　　1. WMS 的入库管理

　　WMS 的入库操作流程,如图 5-3 所示。

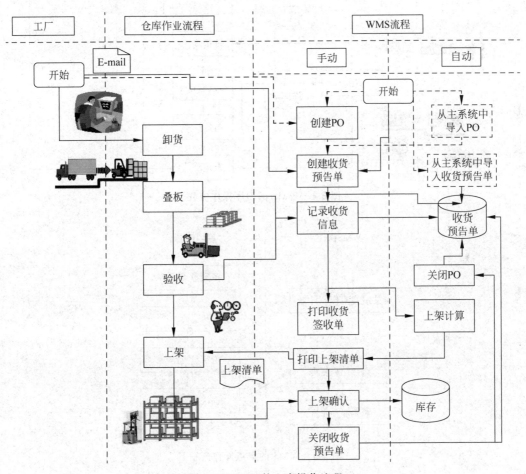

图 5-3　WMS 的入库操作流程

　　2. WMS 的出库管理

　　WMS 的出库操作流程,如图 5-4 所示。

　　3. WMS 的盘点管理

　　WMS 的盘点管理操作流程,如图 5-5 所示。

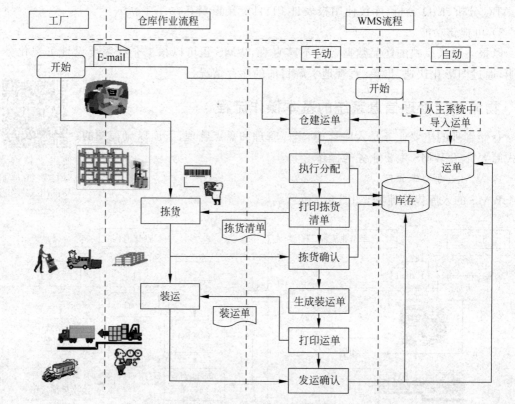

图 5-4　WMS 的出库操作流程

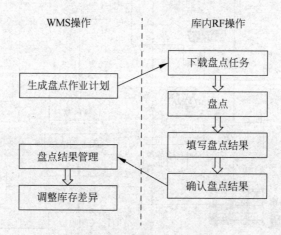

图 5-5　WMS 的盘点操作流程

💬 **实训任务实施一**

仓储管理信息系统应用

1. 实训目标

(1) 认知仓储管理信息系统,理解仓库管理信息系统的相关概念。

(2) 掌握仓储管理信息系统各功能模块的业务流程。

（3）会应用仓储管理信息系统的主要功能模块处理物流仓储业务。

2. 实训要求

（1）按照实训任务单，完成各项任务。

（2）按照规范要求，提交实训报告。

（3）遵守实训中心的纪律，爱护设备，实训认真，注意安全。

3. 实训准备

（1）教师准备好实训任务书，讲清该任务实施的目标和仓储管理信息系统知识要点。

（2）实训中心准备实训设备、实训软件和网络环境。

（3）学生根据任务目标通过教材和网络收集相关资料并做好知识准备。

4. 实训任务

（1）使用仓储物流信息系统完成以下仓储管理任务。

① 甲方（华联超市）委托（易通物流公司）乙方于 2021 年 9 月 20 日入库货品到易通物流公司 1 号库。货品 1：餐饮油 500 件，出厂批号 2021BHFZG3，搬卸费用 800 元，入库费用 2000 元，其他费用 800 元；货品 2：ARO 调和油 600 件，出厂批号 2021BHTHY3，搬卸费用 1000 元，入库费用 3000 元，其他费用 1000 元。

② 次日，甲方委托乙方从 1 号库出货。货品 1：餐饮油 360 件，出厂批号 2021BHFZG3，搬卸费用 600 元，出库费用 2100 元，其他费用 600 元；货品 2：ARO 调和油 300 件，出厂批号 2021BHTHY3，搬卸费用 500 元，出库费用 2000 元，其他费用 800 元。

（2）撰写实训报告。

5. 实训操作

（1）登录到操作界面。

学生根据任务目标，按照学习任务书的要求，登录第三方物流管理系统的仓储管理部分进行模拟训练。登录第三方管理系统（见图 5-6），出现如图 5-7 所示界面。

图 5-6　第三方物流管理系统登录界面

单击"仓储管理"按钮后，在仓储管理页面中包括入库管理、出库管理、库存管理、库存查询、仓储综合查询。

（2）入库管理。入库管理选项卡如图 5-8 所示。

第一步，入库委托。

单击"入库委托"按钮，进入如图 5-9 所示界面。

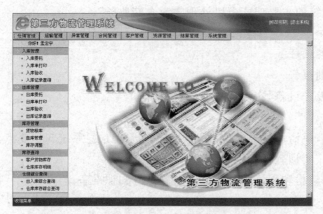

图 5-7　第三方物流管理系统仓储管理部分主界面

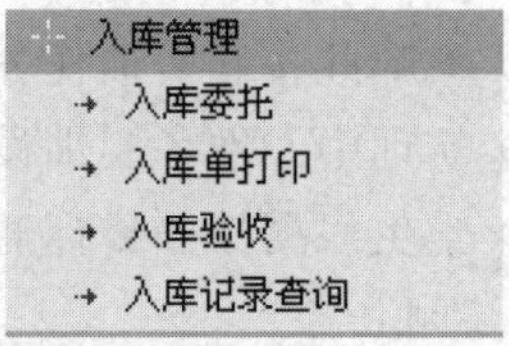

图 5-8　入库管理选项卡

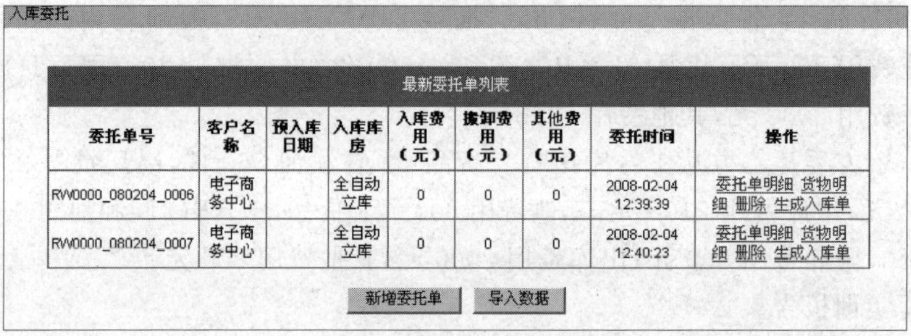

委托单号	客户名称	预入库日期	入库库房	入库费用(元)	搬卸费用(元)	其他费用(元)	委托时间	操作
RW0000_080204_0006	电子商务中心		全自动立库	0	0	0	2008-02-04 12:39:39	委托单明细 货物明细 删除 生成入库单
RW0000_080204_0007	电子商务中心		全自动立库	0	0	0	2008-02-04 12:40:23	委托单明细 货物明细 删除 生成入库单

图 5-9　新增入库委托单

单击“新增委托单”按钮，进入如图 5-10 所示界面。

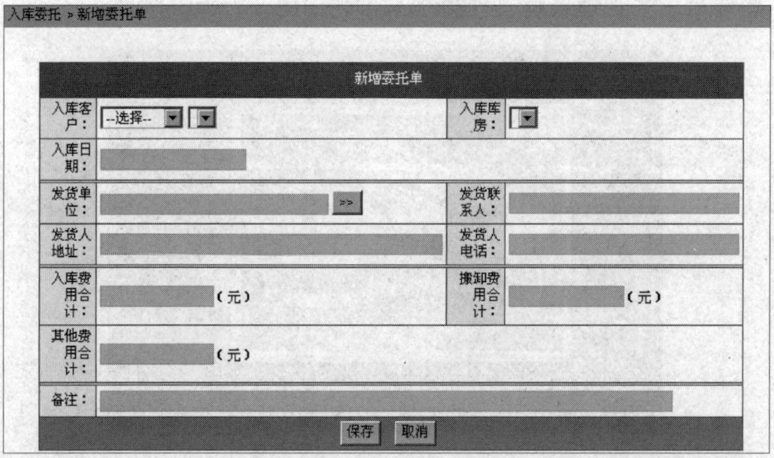

图 5-10　入库委托单录入

在此页面选择“入库客户”“入库库房”“入库日期”，填写“备注”信息。完成这些操作后，单击“保存”按钮，委托单将保存在委托单列表中。

单击图 5-9“导入数据”按钮，进入如图 5-11 所示界面。

在此页面单击“浏览 ...”按钮，选择后缀名为 . xml 的文件(此文件为运输集货导出的数据，运输集货功能将在后文介绍)，文件选择后单击“导入数据”按钮，通过文件中的数据内容生

图 5-11　入库委托单导入

成入库委托单。

① 单击操作列中的"货物明细"进入如图 5-12 所示界面。

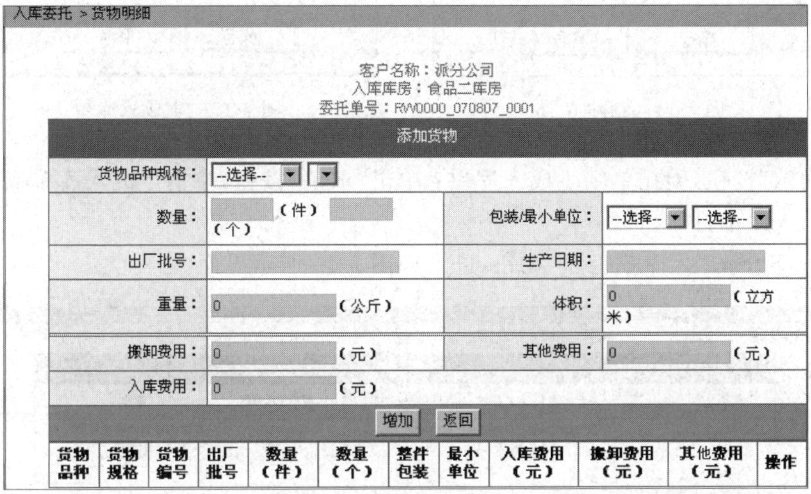

（图 5-12 入库委托单货物明细界面内容如下）

入库委托 > 货物明细

客户名称：派分公司
入库库房：食品二库房
委托单号：RVV0000_070807_0001

添加货物

货物品种规格：	--选择-- ▼	▼

数量：_____（件）_____
（个）

包装/最小单位：--选择-- ▼ --选择-- ▼

出厂批号：_____
生产日期：_____

重量：0　（公斤）
体积：0　（立方米）

搬卸费用：0　（元）
其他费用：0　（元）

入库费用：0　（元）

[增加]　[返回]

货物品种	货物规格	货物编号	出厂批号	数量（件）	数量（个）	整件包装	最小单位	入库费用（元）	搬卸费用（元）	其他费用（元）	操作

图 5-12　入库委托单货物明细

在该页面中选择货物品种规格、生产日期、包装/最小单位，输入出厂批号、数量、搬卸费用、入库费用、其他费用、重量、体积。完成这些操作后单击"增加"按钮，这条货物明细将被添加到货物明细列表中。单击"返回"按钮，回到新增委托单页面。

② 单击图 5-9 操作列中的"委托单明细"进入如图 5-13 所示界面。

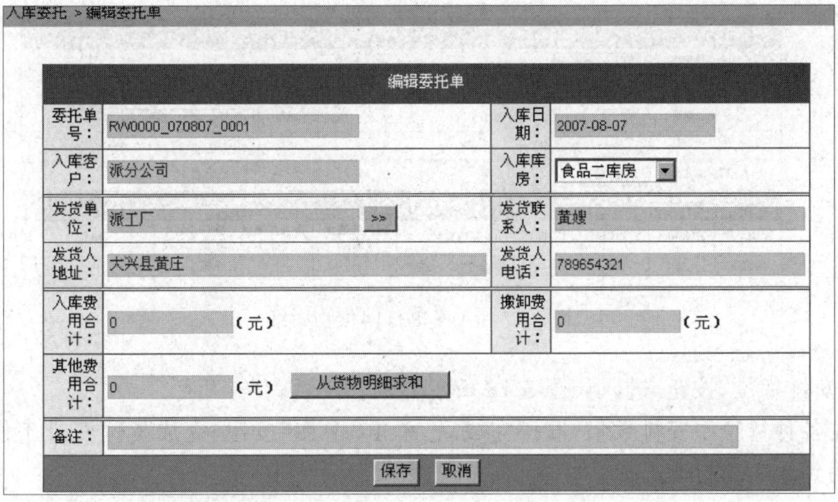

入库委托 > 编辑委托单

编辑委托单

委托单号：	RVV0000_070807_0001	入库日期：	2007-08-07
入库客户：	派分公司	入库库房：	食品二库房 ▼
发货单位：	派工厂 　　　　>>	发货联系人：	黄嫂
发货人地址：	大兴县黄庄	发货人电话：	789654321
入库费用合计：	0 （元）	搬卸费用合计：	0 （元）
其他费用合计：	0 （元） [从货物明细求和]		
备注：			

[保存]　[取消]

图 5-13　编辑入库委托单

单击"从货物明细求和"按钮,计算出货物明细中货物的入库费用合计、搬卸费用合计、其他费用合计。单击"保存"按钮,保存委托单;单击"取消"按钮,取消本次操作。

③ 单击图 5-9 操作列中的"删除"进入如图 5-14 所示界面。

单击"确定"按钮,完成删除操作;单击"取消"按钮,取消删除操作。

④ 单击图 5-9 操作列中的"生成入库单"进入如图 5-15 所示界面。

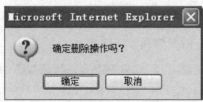
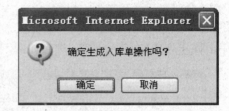

图 5-14　删除界面　　　　　　　　　　图 5-15　生成入库单

单击"确定"按钮,委托单则生成入库单;单击"取消"按钮,取消生成入库单操作。

第二步,入库单打印。

单击图 5-8 中的"入库单打印"按钮,进入如图 5-16 所示界面。

图 5-16　入库单打印

① 单击图 5-16 操作列中的"货物明细"进入如图 5-17 所示界面,在该界面中可对原来的货物进行货位安排。

图 5-17　入库单打印货物明细

单击"安排货位"按钮,进入如图 5-18 所示界面。

分别在各种货位中安排数量,安排完成后,单击"增加"按钮,完成货位安排工作,单击"返回"按钮,回到入库单打印界面。

再次单击图 5-16 操作列中的"货物明细"可以查看货物的货位信息。

图 5-18 安排货位

② 单击图 5-16 操作列中的"入库单明细"进入如图 5-19 所示界面。

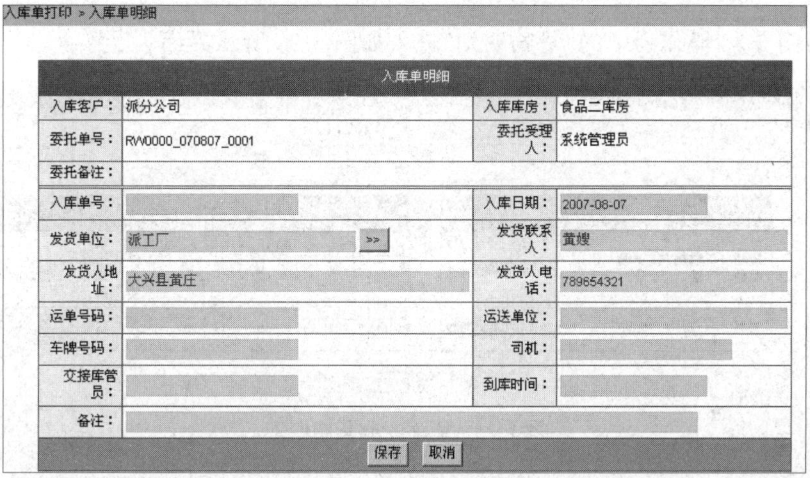

图 5-19 入库单明细

填写入库单号、运单号码、运送单位、车辆号码、司机、交接库管员、到库时间,单击"保存"按钮完成操作,单击"取消"按钮返回入库单打印界面。

③ 单击图 5-16 操作列中的"打印入库单",将会打印出如图 5-20 所示界面。

入库单明细

入库客户:	派分公司	入库库房:	食品二库房	入库日期:	2007-08-07
委托单号:	RW0000_070807_0001	入库单号:		受理人:	系统管理员
运单号码:		交接库管员:		到库时间:	
运送单位:		车牌号码:		司机:	
备注:					

货物明细

货物品种	货物规格	货物编号	出厂批号	系统批号	整件包装	最小单位	异常记录
入库货位	入库数量(件)	入库数量(个)	实入货位	实入数量(件)	实入数量(个)		
蛋黄派	34	999		GSN_070813_0001	纸箱	瓶	

图 5-20 打印出来的入库单明细

④ 单击图 5-16 操作列中的"完成"进入如图 5-21 所示界面。

单击"确定"按钮,完成入库操作;单击"取消"按钮,取消入库操作。

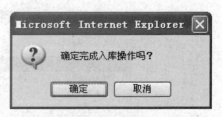

图 5-21　完成入库操作确认

第三步,入库验收。

单击图 5-8 中的"入库验收"按钮,进入如图 5-22 所示界面。

入库验收					
待验收入库单					
委托单号	入库单号	客户名称	入库库房	入库日期	操作
RW1101_060306_0002		好丽友食品	武汉好丽友仓库	2006-03-01	入库单明细 货物明细 核销本单
RW1101_060306_0001		好丽友食品	武汉好丽友仓库	2006-03-08	入库单明细 货物明细 核销本单

图 5-22　待验收入库单

① 单击图 5-22 操作列中的"货物明细"进入如图 5-23 所示界面。

入库验收 » 货物明细

客户名称:湖北牛奶二分
入库库房:湖北仓储
委托单号:RW0000_070312_0001

货物品种	货物规格	货物编号	出厂批号	系统批号	应入库数量(件)	应入库数量(个)	实入库数量(件)	实入库数量(个)	整件包装	最小单位	操作
奶酪	1*20	2001		GSN_070313_0002	33	0	0	0	纸箱	颗	待核销 货位明细

返回上一级

图 5-23　入库验收货物明细

② 单击图 5-23 操作列中的"待核销"进入如图 5-24 所示界面。

入库验收 » 货物明细 » 编辑货物信息

客户名称:湖北牛奶二分
入库库房:湖北仓储
委托单号:RW0000_070312_0001

货物明细

货物品种规格:	奶酪1*20	出厂批号:	
生产日期:		系统批号:	GSN_070313_0002
应入库数量:	33(件) 0(个)	包装/最小单位:	纸箱　颗
实入库数量:	0　(件) 0　(个) □同上		
重量:	0　(公斤)	体积:	0　(立方米)
入库成本:	0　(元)	搬卸成本:	0　(元)
其他成本:	0　(元)		
异常描述:			
异常种类:	□货损 □货差 □货失 □包装损坏		

实入库货位:

货位名称	货位种类	面积(平米)	体积(立方)	安排数量(件)	安排数量(个)	
湖仓	平面货位	1000	1000			□

核销本货物　保存　取消

图 5-24　编辑入库货物信息

在该页面中输入实入库数量、重量、体积、入库成本、搬卸成本、其他成本、实入库货位。单击"保存"按钮完成操作,单击"核销本货物"按钮完成货物的核销;单击"取消"按钮回到货物明细界面。

实入库数量是指真正入库的数量。

入库成本是指物流公司要付给供应商库房的费用。

搬卸成本是指物流公司要付给供应商库房搬卸工的费用。

③ 单击图 5-22 操作列中的"入库单明细"进入如图 5-25 所示界面。

入库验收 > 入库单明细			
入库单明细			
入库客户:	湖北牛奶二分	入库库房:	湖北仓储
委托单号:	RW0000_070312_0001	委托受理人:	孟宏宇
委托备注:			
入库单号:		入库日期:	2007-03-15
发货单位:	食制二公司	发货联系人:	向荣
发货人地址:	fdfdsf	发货人电话:	987456
运单号码:		运送单位:	
车牌号码:		司机:	
交接库管员:		到库时间:	
入库备注:			
入库成本:	0 支付: 加工厂		
搬卸成本:	0 支付: 加工厂		
其他成本:	0 支付: 加工厂 从货物明细求和		
验收备注:			
保存 取消			

图 5-25 待验收入库单明细

单击"从货物明细求和"按钮,统计入库成本、搬卸成本、其他成本,统计完成后,单击"保存"按钮完成入库单明细的操作,单击"取消"按钮回到入库验收界面。

④ 单击图 5-22 操作列中的"核销本单"进入核销单据界面。

第四步,入库记录查询。

单击图 5-8 中的"入库记录查询"按钮,进入如图 5-26 所示界面。

入库记录查询	
入库记录查询	
单据号:	
客户:	好利友 派分公司
入库库房:	北京食品二库
入库日期:	2005-08-01 到 2007-09-01
查询	

图 5-26 入库记录查询

选择客户、入库库房、入库日期,然后单击"查询"按钮进行查询,进入图 5-27 入库记录列表界面。

单击"返回查询页"按钮,回到查询界面。

单击图 5-27 操作列中的"入库单明细"进入如图 5-28 所示界面。

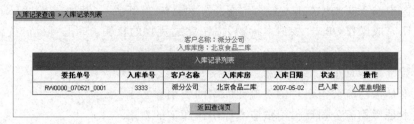

图 5-27　入库记录列表

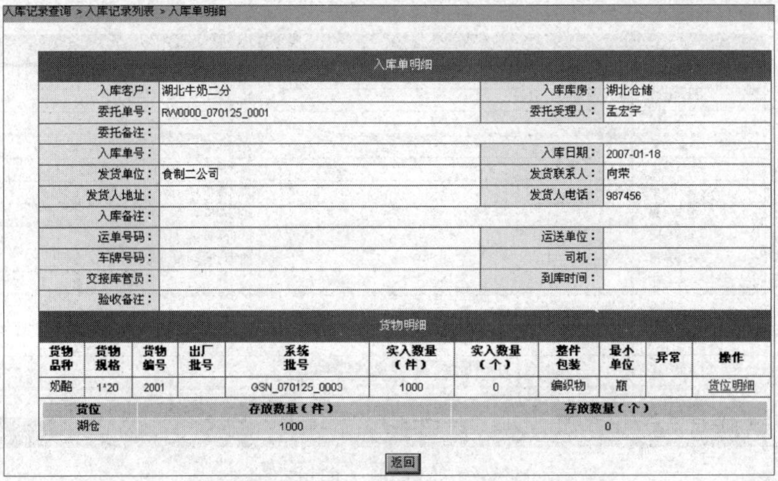

图 5-28　入库记录列表中的入库单明细

单击"返回"按钮,回到入库记录列表界面。

(3) 出库管理。

第一步,出库委托。

单击图 5-7 中的"出库委托"按钮,进入如图 5-29 所示界面。

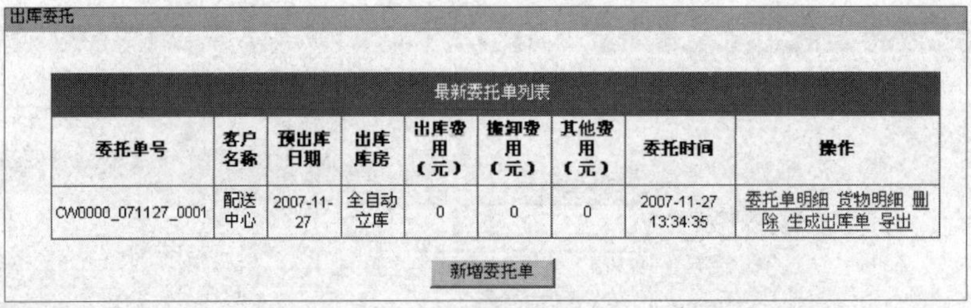

图 5-29　出库委托

单击"新增委托单"按钮,进入如图 5-30 所示界面。

该页面中包含出库客户、出库库房、出库日期、收货单位、收货人地址、收货人电话等信息,填写保存后储存在"最新委托单列表"中。

收货单位是指出库客户的单位。

收货人地址是指出库客户的地址。

单击"保存"按钮,完成出库委托单填写;单击"取消"按钮,回到出库委托页面。

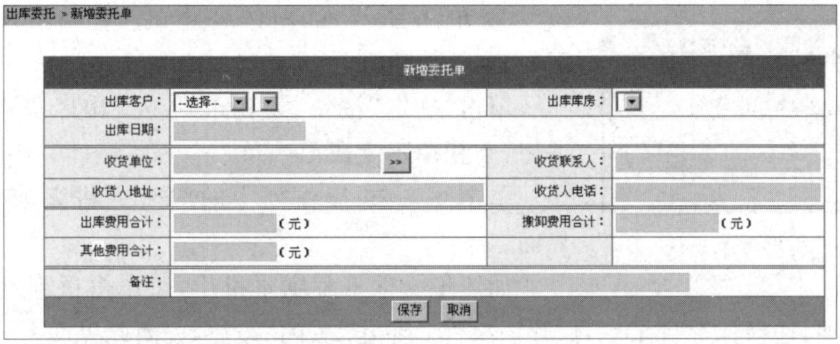

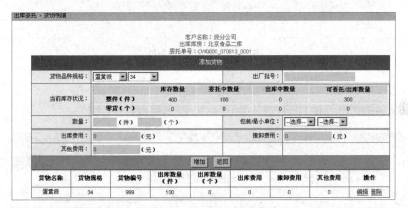

图 5-30 新增出库委托单

① 单击图 5-29 操作列中的"货物明细"进入如图 5-31 所示界面。

图 5-31 出库委托单货物明细

该页面显示了货物品种规格、出厂批号、出库数量、费用等信息。

"出库费用"是指货物从库房搬出到运输车辆过程中的费用,"搬卸费用"是指货物从库房中搬到车辆上的人工费用。

可通过"编辑""删除"按钮对货物明细进行删改操作。

② 单击图 5-29 操作列中的"委托单明细"进入如图 5-32 所示界面。

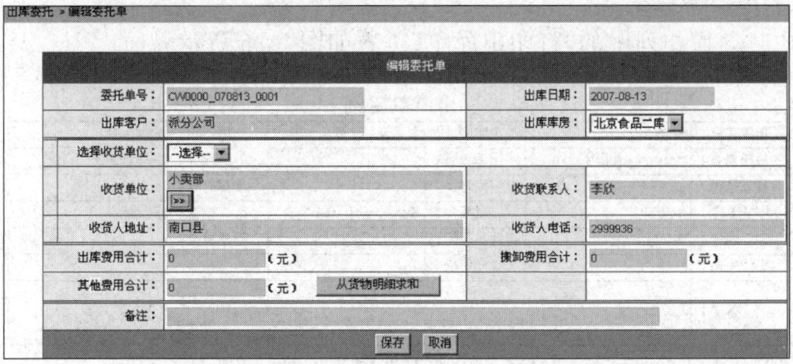

图 5-32 编辑出库委托单

单击"从货物明细求和"按钮,计算出货物明细中货物的出库费用合计、搬卸费用合计、其他费用合计。单击"保存"按钮,保存委托单;单击"取消"按钮,取消本次操作。

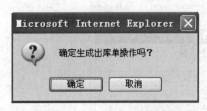

图 5-33　生成出库单确认

③ 单击图 5-29 操作列中的"生成出库单"进入如图 5-33 所示界面。

单击"确定"按钮,委托单则生成出库单;单击"取消"按钮,委托单不生成出库单。

单击图 5-29 操作列中的"导出"进入如图 5-34 所示界面。

如要把文件下载到本机中,可单击鼠标右键,选择"目标另存为"选项,选择保存目录后,保存该文件。单击"关闭"按钮,关闭此界面。

图 5-34　下载导出文件

第二步,出库单打印。

单击图 5-7 中的"出库单打印"进入如图 5-35 所示界面。

出库单打印

							最新出库单	
委托单号	出库单号	客户名称	出库库房	出库日期	委托受理人	出库单生成时间	操作
CW0000_070813_0001		派分公司	北京食品二库	2007-08-13	系统管理员	2007-08-13 11:17:35	出库单明细 货物明细 打印出库单 完成
CW0000_070313_0001		湖北牛奶二分	湖北仓储	2007-03-08	孟宏宇	2007-03-13 15:22:46	出库单明细 货物明细 打印出库单 完成

打印操作指南

图 5-35　出库单打印

该列表的操作栏中显示了出库单明细、货物明细、打印出库单、完成等操作。

出库单明细显示出库单上的所有记录。

货物明细显示要出库的货物明细。

完成是生成出库验收单。

① 单击图 5-35 操作列中的"打印出库单"进入如图 5-36 所示界面。

出库单明细

出库客户:	派分公司	出库库房:	北京食品二库	出库日期:	2007-08-13
委托单号:	CW0000_070813_0001	出库单号:		受理人:	系统管理员
提单号码:		交接库管员:		到库时间:	
收货单位:	小卖部	联系人:	李欣	电话:	2999936
地址:	南口县	运单号码:		运送单位:	
车牌号码:		司机:			
备注:					

货物明细

货物品种	货物规格	货物编号	应出数量（件）	应出数量（个）	整件包装	最小单位	异常
蛋黄派	34	999	100	0	纸箱	盒	
存放货位	出厂批号	系统批号	生产日期	入库日期	应出（件）	应出（个）	实出货位	实出（件）	实出（个）

图 5-36　打印出库单

② 单击图 5-35 操作列中的"完成"进入如图 5-37 所示界面。

单击"确定"按钮完成出库操作；单击"取消"按钮取消出库操作。

第三步，出库验收。

单击图 5-7 中的"出库验收"按钮进入如图 5-38 所示界面。

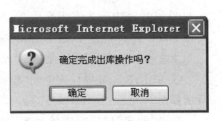

图 5-37　完成出库操作确认

			待验收出库单		
委托单号	出库单号	客户名称	出库库房	出库日期	操作
CW0000_070813_0001		派分公司	北京食品二库	2007-08-13	出库单明细 货物明细 核销本单
CW0000_070108_0004	5554	湖北牛奶一分	湖北仓储	2007-01-12	出库单明细 货物明细 核销本单
CW0000_070108_0003	5555	湖北牛奶二分	湖北仓储	2007-01-08	出库单明细 货物明细 核销本单
CW0000_070108_0002	uuu	湖北牛奶一分	湖北仓储	2007-01-07	出库单明细 货物明细 核销本单
CW0000_070108_0001	yyyy	湖北牛奶一分	湖北仓储	2007-01-05	出库单明细 货物明细 核销本单

图 5-38　出库验收

① 单击图 5-38 操作列中的"货物明细"进入如图 5-39 所示界面。

客户名称：派分公司
出库库房：北京食品二库
委托单号：CW0000_070813_0001

									货物明细
货物品种	货物规格	货物编号	应出数量（件）	应出数量（个）	实出数量（件）	实出数量（个）	整件包装	最小单位	操作
蛋黄派	34	999	100	0	0	0	纸箱	盒	待核销 货位明细

返回上一级

图 5-39　待验收出库单货物明细

② 单击图 5-39 操作列中的"待核销"进入如图 5-40 所示界面。

客户名称：派分公司
出库库房：北京食品二库
委托单号：CW0000_070813_0001

货物明细

货物品种/规格：	蛋黄派　34					出厂批号：			
出库单数量：	100（件）0（个）					包装/最小单位：	纸箱　盒		
实出库数量：	0　　（件）0　　（件）□同上								
出库成本：	（元）					搬卸成本：	（元）		
其他成本：	（元）								
异常描述：									
异常种类：	□货损 □货差 □货失 □包装损坏								
实出库货位：									

出厂批号	系统批号	货位	库存（件）	库存（个）	生产日期	入库日期	应出（件）	应出（个）	实出（件）	实出（个）	
678	GSN_070521_0001	食品杂位	200	0	2007-05-21	2007-05-21	100	0	0	0	
678	GSN_070521_0001	派货位2	200	0	2007-05-21	2007-05-21	0	0	0	0	

核销本货物　保存　取消

图 5-40　编辑出库货物信息

在该界面中输入实出库数量、出库成本、搬卸成本、其他成本、实出库货位。单击"保存"按钮完成操作;单击"核销本货物"完成货物的核销;单击"取消"按钮回到货物明细页面。

　　当货物核销完毕后,回到出库验收页面。

　　③ 单击图 5-38 操作列中的"核销本单"进入如图 5-41 所示界面。

　　单击"确定"按钮完成核销本单操作;单击"取消"按钮取消这些操作。

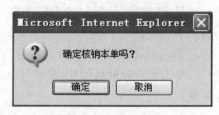

图 5-41　核销本单

　　第四步,出库记录查询。

　　① 单击图 5-7 中的"出库记录查询"按钮,进入如图 5-42 所示界面。

出库记录查询
出库记录查询
单据号:
客户: --选择-- --选择--
出库库房: --选择--
出库日期: 到
查询

图 5-42　出库记录查询

　　选择客户、出库库房、出库日期,然后单击"查询"按钮进行查询,进入如图 5-43 所示界面。

客户名称:北京工商资产管理处
出库库房:易通物流马驹桥库

出库记录列表						
委托单号	出库单号	客户名称	出库库房	出库日期	状态	操作
CW1101_060407_0001		北京工商资产管理处	易通物流马驹桥库	2006-04-07	已出库	出库单明细 归档
CW1101_060406_0004	011	北京工商资产管理处	易通物流马驹桥库	2006-04-04	已出库	出库单明细 归档
CW1101_060403_0001	060403-01	北京工商资产管理处	易通物流马驹桥库	2006-04-03	已出库	出库单明细 归档

返回查询页

图 5-43　出库记录列表

　　单击"返回查询页"按钮,回到查询界面。

　　② 单击图 5-43 操作列中的"出库单明细"进入如图 5-44 所示界面。

出库记录查询 > 出库记录列表 > 出库单明细

出库单明细			
出库客户	派分公司	出库库房	北京食品二库
委托单凭	CW0000_070813_0001	委托受理人	系统管理员
委托备注			
出库单凭		出库日期	2007-08-13
收货单位	小卖部	收货联系人	李欣
收货人地址	南口县	收货人电话	2999936
提单号码			
运单号码		运送单位	
车牌号码		司机	
发货人员		到库时间	
出库备注			
验收备注			

货物明细

货物品种	货物规格	货物编号	实出数量(件)	实出数量(个)	整件包装	最小单位	异常	操作
蛋黄派	34	999	100		纸箱	盒		货位明细

返回

图 5-44　出库单明细

单击"返回"按钮,回到如图 5-45 所示界面。

图 5-45　库存调整

(4) 库存查询。

第一步,客户货物库存。

单击图 5-7 中的"客户货物库存"按钮,进入如图 5-46 所示界面。

图 5-46　客户货物库存查询

单击"查询"按钮后,得到如图 5-47 所示库存记录列表,可查看入库和出库记录。

图 5-47　客户货物库存记录列表

① 单击图 5-47 操作列中的"入库记录"按钮,进入如图 5-48 所示界面。

图 5-48　入库记录

在该界面中可以查看货位明细信息、货物信息等。

② 单击图 5-47 操作列中的"出库记录"按钮,进入如图 5-49 所示界面。

图 5-49　出库记录

单击图 5-48 操作列中的"货位明细"可以显示所有的货位信息。

第二步,仓库库存明细。

单击图 5-7 中的"仓库库存明细"按钮,进入如图 5-50 所示界面。

图 5-50　仓库库存查询

选择库房、货位,单击"查询"按钮进行查询,查询结果如图 5-51 所示。

图 5-51　仓库库存记录列表

6. 撰写实训报告

由学生完成。

7. 技能训练评价

完成实训后,填写技能训练评价表(见表 5-1)。

表 5-1　技能训练评价表

专业:		班级:		被考评学员:	
考评时间			考评地点		
考评内容	仓储管理信息系统的应用				

续表

内　　容	分值	自评 (50%)	教师评议 (50%)	考评得分
能够正确描述仓储作业的流程	20			
单证填写完整、正确	25			
能够独立完成出库、入库和查询操作	30			
遵守纪律,爱护设备,实训认真	25			
综合得分				

考评标准（左侧）

指导教师评语：

任 务 小 结

仓储物流管理信息系统(warehouse management system,WMS)是用来管理仓库内部的人员、库存、工作时间、订单和设备的应用软件。仓储作业过程是指以仓库为中心,从仓库接收货物入库开始,到按需要把货物全部完好地发送出去的过程。

仓储管理信息系统主要包含以下功能模块：基本信息管理、入库管理、库内管理、出库管理、查询管理和费用管理。

练 习 题

一、单选题

1. WMS 系统入库信息与单证处理流程为(　　)。
   A. 入库通知单→货位安排→确认入库
   B. 指示存储→确认存储→更新库存→确认入库
   C. 入库通知→检查预留货位→存放物品
   D. 指令存储→货位确认→存放指令

2. WMS 系统出库处理的信息与单证处理流程为(　　)。
   A. 出库单→拣货单→提货单→运送单
   B. 出库单→提货单→行车单→结算单
   C. 出库单据→拣货单→配载通知→运送路线→储存结算单
   D. 生成出库单据→输出货运单→输出包装明细→确认出库→生成会计数据

3. 在 WMS 系统内,库内物品移动信息生成由(　　)执行,再移入计算机系统。
   A. PDT　　　　　　B. CCD　　　　　　C. RF　　　　　　D. POS

4. 仓储管理信息系统(WMS)的功能不包括(　　)。
   A. 仓库收发货、分拣、摆放、补货和过库　　B. 库存统计与分析
   C. 与下程运输连接的 EDI　　　　　　　　D. 实现库存物品的逆向物流管理

5. WMS 的出入库管理模块业务操作包括：①审核与自动库位安排；②根据出库单定位出齐物品；③实施出库手续；④入库信息预录入。其顺序为(　　)。
   A. ③④①②　　　　B. ②④①③　　　　C. ①④③②　　　　D. ④①②③

二、多选题

1. WMS 中的主要功能模块是( )。
   A. 库位设定与安全库存量　　　　　　B. 入库与出库管理
   C. 库内保管状况与物品移动　　　　　D. 结算与统计

2. WMS 管理功能包括( )。
   A. 入库管理　　　B. 库内移动　　　C. 出库管理　　　D. 结算管理

3. WMS 执行功能包括( )。
   A. 进货接受　　　B. 商品检验　　　C. 分拣配货　　　D. 发货运送

4. 客户/服务器模式下,三层架构包含的内容是( )。
   A. 客户机　　　B. 文件服务器　　　C. 应用服务器　　　D. 数据库服务器

5. WMS 库位模块的功能是( )。
   A. 自动生成三维立体仓库模型　　　B. 在模拟位置查询库存物品及状态属性
   C. 实现入库信息的预录入　　　　　D. 对库存物品的存放合理性进行人工调整

三、简答题

1. 简述仓储管理信息系统的概念和主要功能模块。
2. 仓储作业系统的入仓流程有哪些?
3. 简述仓储管理信息系统的特征。

四、案例分析

亚马逊:仓储管理之道

在亚马逊英国的库房里面,圣诞节期间每天有超过 40 万件商品在等待被运往各地。为高质量完成发货任务,亚马逊开发了基于检货区与存货区分离,货位与库存数量绑定的仓库货位管理系统,简称 Bin 系统,这就是亚马逊公司的仓库管理系统。

一、Bin 系统操作流程

1. 收货

收货实际是将采购订单看作一个货位,运货车看作另外一个货位,收货员将货品逐个从采购订单的货位转移到运货车的货位上。这样的操作精度高,效率也高。

2. 上架

上架实际上是货品从待上架的货位(运货车)转移到存储用的货位上的过程。

上架操作按批次进行,每一个运货车作为一个批次,一个批次中包含了多次的上架操作。每一次的上架操作只涉及一个 SKU,在操作时,需要输入系统的信息为上架 SKU、目标货位、上架数量(批次号中已经包含了运货车货位的信息)。在 Bin 系统中,由于货位和货品数量相绑定,因此在上架操作时,也不要求将一个 SKU 一次性放到同一个货位上,而是可以根据货架的实际剩余情况灵活安排到两个、三个甚至更多的货位上。

由此可以看出,在 Bin 系统下,上架员有相当大的灵活性,看到哪里有空隙,就可以将货品放到哪里。这样的库房,货架上放着各种各样的东西,看起来杂乱无章,但实际上所有的信息都存储在货位系统中,可以随时满足任何需要。

3. 盘点

在 Bin 系统中,每一个存储货位中,分别有几个 SKU,每个 SKU 有多少数量,这些信息都是在货位系统存储的。并且,每一次库存实物操作都在系统中做相应操作,所以实物与系统是同步更新的。

在这样的情况下,盘点可以在任意时间、任意货位操作。即使在盘点的同时进行上架、检货等操作,对于盘点精度也完全没有影响。这是其他的任何系统都无法做到的。

4. 检货

在 Bin 系统中,由于货位与货品数量绑定,因此在生成检货批次的同时,可以指定检货库位,只有被指定的有检货需求的货位会被路径规划系统所考虑。

检货时,根据所有已占用库存货位的位置,自动规划出检货路径。检货时,只能检出"订单占用库存",而不能检出普通库存。检货时检出的货品,放在检货容器中,同样也是一种特殊的货位。

5. 出货

出货时,订单中包含的货品,从检货容器中转移到包裹,包裹号一样可以追踪。

Bin 系统将货品、货位、数量的绑定关系做到了极致,支持起了亚马逊 400 亿美元的销售规模,并且完全可以支持到更大的规模。

二、Bin 系统给亚马逊带来的好处

(1) 以前收货时,往往是清点确认数量后,再在系统中确认收货数量;而采用 Bin 系统后,可以认为采购订单为一个货位,收货动作就是将货品从采购订单的货位中转移到运货车的货位上。因此,收货操作时可以采用一边扫描一边收货的方式。这样做,将收货和点数结合起来,效率有所提高,更重要的是,逐个扫描的方式实际是系统点数,收货人员可以将精力放在检查货品是否合格上,提高了收货质量。

(2) 收货后,由于运货车上的货品及数量在系统中有记录,这样上架员可以直接上架,货物上架时直接按照运货车的数据操作即可,而不用去匹配采购订单数据。这样有利于上架员工作量的平衡,也提高了精确度。

资料来源:新浪科技.

思考题:

1. 什么是亚马逊的 Bin 系统?
2. 亚马逊在使用 Bin 系统后,给企业带来哪些好处?

任务二　运输管理信息系统的应用

　引导案例

招商局物流运输过程透明管理信息系统

1. 招商局物流集团有限公司简况

招商局物流集团有限公司(简称招商局物流)为国资委直接管理的国有大型企业——招商局集团有限公司的全资下属子公司,经营总部设于中国香港,是国家驻港大型企业集团。招商局物流在全国 31 个重要城市建立了 60 多个物流网络运作节点,其中 22 个设有仓储运作节点,形成了华南、华东、华北、东北、西南、华中、西北七大区域的全国性物流网络布局;在全国已运作 32 条干线运输和中转运输线路,拥有可控各类运输车辆近 3000 辆,公路运输周转量超过 23 亿吨·公里,仓储堆存量近 2.5 亿立方米/天,操作量逾 1800 万立方米,物流配送可及时

送达全国700多个城市。

2. 面临的问题

行业的发展、市场的扩大、企业的成长,都必然同时引起很多问题。

首先,招商局物流庞大的物流网络,以及数量众多的运输车辆,为其在物流运输管理方面带来了困难。

其次,在集团向集约型现代物流企业转变的过程中,迫切需要更加科学、有效的管理方式和技术手段,支持其经营战略的转变。这种管理方式和技术手段要能够帮助集团整合资源,发挥现有资源的最大效用,转变为为客户提供可靠、安全高效的个性化、专业化优质物流服务的管理输出型现代物流企业。

3. 问题解决方案

招商局物流引进"运输过程透明管理"理念,借助物联网技术、GPS全球定位技术、5G移动通信技术、数据库技术、DVR车载视频技术以及车载高科技设备,建立起一套高科技综合物流运输过程透明管理系统,对物流网络中的所有车辆实现有效的管理和监控,解决大网络、多车辆的物流运输系统管理问题,降低调度强度,提高车辆利用率。

首先,系统通过运输车辆的终端设备进行卫星定位,准确获得车辆在任何时刻的位置、速度、里程、沿途道路状况、线路周边环境、车辆里程、车辆货柜门开启情况、车辆货柜内货物情况照片、车辆油耗情况等具体数据信息,而这些信息是对车辆调度管理的前提。系统对获得的信息进行提取、计算、分析后,将其通过通信模块发布到监控平台的网络上。管理者只要登录网络,即可对车辆的所有运行信息一目了然,根本不需要通过向每个司机打电话确认,从而节省大量的时间和资源,这是提高车辆利用率的第一步。

其次,管理者通过系统服务器下发的车辆调度信息,由通信网络传递到运输车辆的车载终端,以短信形式或者车载终端的显示屏告知司机,实现车辆作业信息的准确传递。当发生异常情况时,信息处理平台会发出文字和语音提示,提醒驾驶人员注意行驶安全和货物安全。

最后,采用了分级监控的方式。将系统按网点进行分组监控管理,划分出多级子账号,在网车辆既集中展现在招商局物流指定账号下,又通过子账号授权各职属部门进行精准监控,进一步降低管理监控的强度,提高车辆的利用率。

在运输监控系统中,采用开放通信协议,为招商局物流的客户提供相应的运输过程透明信息(车辆资料、运输线路等),将运输过程透明管理系统与产业的相关内部系统对接,既让企业管理者通过系统掌握运输全过程,也让客户随时随地通过网络了解货物的运输状态,彻底将运输全过程的实时画面同时展现在企业管理者和客户面前,为客户和企业及时沟通和交流提供助力。

招商局物流采用运输过程透明管理系统加强其集团的管控能力,借助的就是监控系统在信息收集、传递和分析方面的显著优势。监控系统网络可以覆盖整个物流集团的各个部门,实现各部门间的互联互通,及时获取集团内的重要管理信息。通过监控系统网络整合信息资源和流通渠道,将企业中的整个管控过程也变成了一个透明的体系,借助快速、准确的信息,让集团总部能够在最短的时间内,对集团内管理环境发生的变化快速反应,做出科学决策、业务重组、业务集成等措施,从整个集团公司的制度层面、战略层面和运营层面来加强管控,从而有效提高集团管控的效率和执行力。

思考题:

1. 招商局物流采用运输过程透明管理系统应用了哪些主要信息技术?

2. 简述通过运输车辆的终端设备能获得哪些物流信息。

任务知识储备

一、运输管理信息系统概述

（一）物流运输管理的业务流程

物流运输管理的业务流程主要包括接单、调度配载、提货发运、在途跟踪、验收货物、单证处理、财务结算等，如图 5-52 所示。

运输信息管理系统

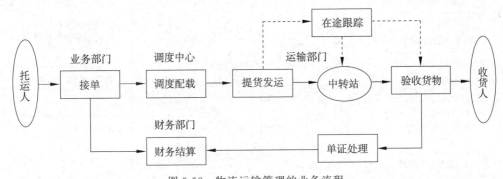

图 5-52　物流运输管理的业务流程

（二）运输管理信息系统的概念

运输管理信息系统（transportation management system，TMS）是利用计算机网络等现代信息技术，对运输计划、运输工具、运送人员及运输过程进行跟踪、调度、指挥等管理作业进行有效管理的人机系统。TMS 核心目标如下。

（1）对运输过程中的人、车、货、客户及费用核算进行有效的协调和管理。

（2）实现对各种资源的实时监控、协调及智能化管理。

（3）满足客户服务的信息需求。

（三）运输管理信息系统的作用

运输管理信息系统提高了物流运输的服务水平，具体作用表现在以下 4 个方面。

1. 查询便利化

当顾客需要对货物的状态进行查询时，只要输入货物的运单号码，立刻知道有关货物状态的信息。查询作业简便迅速，信息及时准确。

2. 服务及时化

通过货物信息可以确认货物是否将在规定的时间内送到顾客手中，及时发现没有在规定的时间内把货物交付给顾客的情况，以便马上查明原因并及时改正，从而提高运送货物的准确性和及时性，提高顾客服务水平。

3. 竞争优势化

运输管理信息系统可以帮助企业提高物流运输效率、提供差别化物流服务，从而使企业获得竞争优势。

4. 信息共享化

运输管理信息系统提供货物运送状态的信息，丰富了供应链的信息分享源，有利于下游用户预先做好接货及后续工作准备。

二、运输管理信息系统的功能

运输管理信息系统主要包含以下功能模块：客户管理、车辆管理、驾驶员管理、运输管理、财务管理、绩效管理、海关/铁路/航空系统对接管理、保险公司和银行对接管理。运输管理信息系统的总体功能结构如图 5-53 所示。

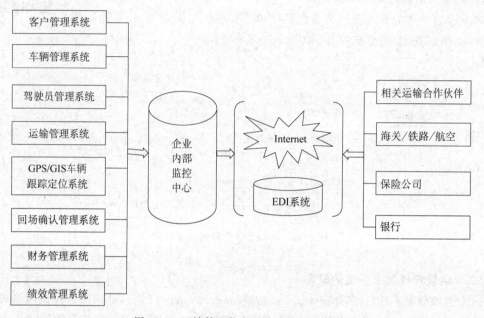

图 5-53　运输管理信息系统总体功能结构

（一）客户管理

客户管理模块可以实现订单处理、合同管理、客户查询管理和投诉理赔管理等功能。

1. 订单处理

订单处理可以提供多种订单受理方式。客户可通过电话、传真提交订单，同时系统在互联网环境中实现安全的、标准的 EDI 数据交换，接受网上直接下单，根据客户的指令进行订单的录入，主要包括受理日期、订单号（可人工输入或自动生成）、起运地址、货物名称、重量、体积、数量、货主及其电话、收货单位、联系人到达地址及各种费用等订单信息。对下达的订单进行分析审核，经双方确认后签订运输合同。支持多种发运订单，主要包括车辆运单、散户运单、合同运单和货物运单等。

2. 合同管理

（1）对签订的合同进行统一管理，主要包括受理日期、合同编号、订单号、起运地址、货物名称、重量、体积、数量、货主、联系人及其电话、收货单位、联系人、到达地址、车辆种类、车辆数量、签订人、审核人、起始时间、到达时间、预付费用计算和结算方式等信息。

（2）合同破损记录，主要指对装车、发货时发生的破损记录情况进行登记、修改工作。理赔部门按照事先双方签订的合同协议进行理赔处理，系统自动将金额转入财务结算。

3. 客户查询管理

客户通过输入货物代码，就可以得知货物在库情况、在途状况和预计到达时间等。

4. 投诉理赔管理

（1）处理客户投诉。对客户的投诉进行分析和统计，做出投诉处置并进行相关记录，向上汇报。

（2）对客户反馈的信息进行分析、记录，提高服务水平。

（二）车辆管理

车辆管理模块主要是对车辆的业绩、经费等进行统计、查询。车辆管理模块可以帮助管理人员对运输车辆（包括企业自用车辆和外用车辆）的信息进行日常管理维护，随时了解车辆的运行状况，确保在运输任务下达时，有车辆可供调配。

（1）管理每天的出车记录，输入运单号，显示出车日期、出车车辆、客户名称、工作内容、吨位、单价、提货地和目的地等。

（2）输入车辆编号，查看车辆维修与保养计划、车辆维修情况、添加零件情况、车辆违章情况、车辆事故情况等多项信息。

（3）查看出车的车辆、待命车辆、维修车辆。

（三）驾驶员管理

驾驶员管理模块主要是对驾驶员的业绩、经费等进行统计查询。通过驾驶员管理模块可以了解驾驶员的个人信息和工作状况。

（1）驾驶员档案管理。其主要包括驾驶员姓名、家庭详细住址、家庭电话、手机、身份证号码、所属公司、驾驶证主证号、驾驶证副证号、驾龄、上岗证、准营证和劳动合同情况等信息。

（2）驾驶员查询。分日常和月度对不同驾驶员的业绩、费用等情况进行统计查询；显示驾驶员月度或年度的业务量情况；对某一驾驶员发生的费用进行统计，显示驾驶员所用的运杂费、人工费、工资等费用。

（3）支持驾驶员刷卡功能，对驾驶员进行考勤监督，实行绩效管理。

（四）运输管理

运输管理模块包括运输计划安排、运输方式选择和运输路线优化3个环节。

（1）根据客户的要求制订运输计划并生成运输计划书。

（2）根据货物的性质、特点、运输批量及运输距离等实际情况，在保证按时到货及运费不超出预算的前提下，选择合适的运输方式。

（3）根据客户输入的起点和目的地，自动设计最佳行驶路线，包括最快的路线、最简单的路线，通过高速公路分段次数最少的路线等。线路规划完毕后，显示器自动在电子地图上显示设计线路，并同时显示汽车运行路径。

（五）GPS/GIS车辆跟踪定位系统

1. 车载终端（MDT）

车载终端主要功能如下。

（1）从GPS接收数据。

（2）设置各种报警灯的状态。

（3）显示调度信息及报警。

2. 通信系统

通信系统模块主要是通过GSM中文短消息的形式实现车载终端与监控中心的数据传输。

(1) 对接收到的定位信息进行差分处理,并提供给 GIS 系统。

(2) 把 GIS 系统的报警及解除报警的信息发给车载终端。

3. 监控中心

1) 电子地图

(1) 地图显示各目标所在位置。

(2) 可以对固定的目标进行查询,对监控目标进行显示。

(3) 地图的显示方式:设置一张小比例尺全图显示,另外设置几张分段的大比例尺地图,在全图上选择位置后,分区域地图对应的位置自动居中。

(4) 实时检测定位信息数据,更新各个目标的显示位置。

(5) 判断各个目标所处的实际情况,确定是否向通信模块发送报警信息。

(6) 用户可以手工向车载终端发出报警信息。

(7) 车辆行驶轨迹的回放。

2) 管理查询系统

(1) 查询打印驾驶员的任务完成情况。

(2) 完成电子地图中各种参数的设置及维护。

(3) 系统的权限设置。

3) 语音记录系统

(1) 实时监控电话及集群电话各个频道的通话语音信息并记录。

(2) 对记录的通话信息按选定的时间段进行回放。

(六) 回场确认管理系统

驾驶员将货物送到目的地且车辆回场后,将客户收货确认单上的信息输入回场确认管理系统,系统将对这些信息进行存储,作为数据统计分析的信息基础。

(七) 财务管理

财务管理模块具有以下功能。

(1) 可提供全国各地运输价格和所需时日的查询。

(2) 可设置联盟运输商的价格信息数据库。

(3) 可依据合同为客户制定运输价格表。

(4) 可生成费用结算报表和费用明细列表。

(5) 核算每趟运输出行的过桥过路费、油费、人工费和资产折旧等费用。

(6) 支持多种结算方式及利率统计。

(八) 绩效管理

绩效管理模块具有以下功能。

(1) 辅助高层管理者对业务管理和经营事务进行控制、优化和决策。

(2) 帮助进行事前、事中和事后的管理和控制。

(3) 支持经营决策。例如,要不要进行外包车辆等,系统都会根据数据给出一个分析和参考的指标。

(九) 海关/铁路/航空系统对接管理

海关/铁路/航空系统对接管理模块的主要功能如下。

(1) 涵盖所有的运输方式,包括水路运输、公路运输、铁路运输和航空运输,并提供对多式联运业务的支持。

（2）实现对不同运输方式的衔接互补。当某种运输任务牵涉多种运输方式时，能实时提出运输组织的策略，以合理的组织方式完成运输任务。

（3）通过与海关部门的对接，为外贸交易提供系统的报关服务，方便了客户，也扩大了企业的业务。

（十）保险公司和银行对接管理

与保险公司和银行相关部门对接管理，保证了办理运输业务保险的便捷。

（1）为物流运输部门的车辆和员工提供保险业务。

（2）承接网上投保业务，为物流公司承接的运输货物随时办理保险业务。

（3）分担了物流企业的风险。

（4）通过与银行接口实现网上支付和结算业务，缩短了作业时间，减少了费用。

三、运输管理信息系统的发展趋势

1. 从传统软件向 SaaS 转型

TMS 作为一种具有强行业属性的信息系统，已经从以往物流企业需求，渐渐转变为上游货主的共同需求。但传统软件仅能完成企业内部的管理需求，这一信息孤岛的状况无法适应业务快速变化，甚至反而会成为企业快速响应市场变化的"桎梏"。

物流 SaaS 化是物流信息服务发展必然趋势。市场竞争趋于白热化，技术才是企业竞争的核心，物流 SaaS 不仅帮助企业更好地管控，做到降本增效，更提供了持续优化的方向和空间，为企业创造更多的商业机会。

2. 移动＋场景化

公路运输是天然的移动场景，人、货、信息的流转都可采用 TMS 产品移动端来覆盖。目前手机 App 已经是各个 TMS 产品的必备附属产品。但是工具属性更甚于场景属性。随着 TMS 产品市场越来越细分，移动产品也会更场景化。例如，移动设备打印运输面单。

3. 人工智能（AI）的应用

人工智能技术已经向各个领域发展，就运输而言，如装载优化、路径优化、结合电子签名的人脸、语音识别的签收等，都已逐渐应用到 TMS 中。虽然还有不少优化空间，技术共识已经形成。

4. 通过算法加强对决策的支持作用

运输管理信息系统越来越注重费用环节，通过在 TMS 系统中加入大数据技术、专业算法、可视化分析等，可以加强成本分析、增强预测分析、决策支持功能，物流是企业的第三利润源泉，降低成本是物流运作的首要目标。完善的、强大的成本分析、控制是物流信息系统必不可少的功能。

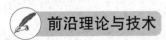 前沿理论与技术

科箭供应链云平台——TMS 云

上海科箭软件科技有限公司是国内最早投入 TMS 产品研发的企业之一，在企业级 TMS 应用市场享有优质声誉，拥有如伊利、宝洁、普天、佳通、迈瑞、立邦、阿克苏诺贝尔等众多知名

客户管理经验,其最新推出的 TMS 解决方案就是以"云服务"的理念为宗旨,对其产品功能、技术平台、服务体系的一次全新梳理和升级。

科箭的 Power TMS 云服务是真正的 SaaS 解决方案,实现客户及其合作伙伴(物流公司、承运商、司机)通过互联网访问一个共享的云平台,以统一数据标准实现运单计划、执行、监控、结算及 KPI 分析等全流程协同工作,实现运输流程 360 度可视化,最终形成货主、承运商、货源及运力的整合,成为企业及物流公司提供供应链金融等增值服务的大数据平台。运输可视化通过平衡需求和供给,降低供应链库存,从而降低运输及仓储成本。用户可以通过 TMS 云服务,连接到所有合适的合作伙伴,实现快速交付,并且无须其他额外硬件和维护成本。除了 TMS 的一般功能外,科箭的 Power TMS 云服务还能为客户提供以下功能。

一、集成线路优化引擎,降低物流运输成本

科箭与阿里云达成战略合作,集成阿里云物流路线优化引擎,通过机器学习车辆、订单、路况等信息,提供车辆路径优化、智能订单匹配以及智能物流配送等能力。

(1)一站式大数据:物流配送信息数据量巨大,阿里云可以提供强大的计算能力完成机器学习中数据模型的训练。

(2)专业算法:结合物流行业特点预置大数据人工智能算法库,节省成本 20% 以上。

(3)多维度数据:结合地图及高速公路信息等数据来源,计算结果更加精确。

科箭 TMS 云集成阿里云优化引擎后,只需四步即可完成运输订单分配与优化,完成运输任务创建。一方面,利用先进的地理信息和技术降低运输成本,可以更好地管理运输车队,或者更好地与第三方物流团队沟通以得到低成本的方案;另一方面可以显著提升运输计划制订效率,原先需要几名调度每天花几小时生成的计划,优化引擎仅需几分钟即可完成,只需人工确认并稍加干预即可。

二、温控模块,支持冷链物流全程监控

冷链在于能控制易腐产品温度,确保其使用的安全性,保证消费者在购买时产品仍具有良好的品质。冷链的每一个环节都需要参与控制,任何一个环节出错而使冷链断裂,或在仓库的月台上,或在运输途中,或在储存过程中,或在零售超市里,都很容易产生问题。科箭 TMS 云通过与温控仪集成,运单搭载了温控设备,在可视化运单上可以监控温度;查询运单对应的发货订单货运轨迹时可以显示温度曲线,让货主、运输方、客户实时了解货品状况。

三、实时了解运输满意度,提升客户服务水平

网购后,我们经常会被要求就产品、物流、服务进行评价,以便让商家了解客户满意度,及早发现问题。在企业级服务中也是一样,客户在订单"已签收"状态的发货订单界面可进行满意度评价,也可以在微信或 App 的全程跟踪已签收模块进行满意度评价。

当发货订单满意度评价有一行评分为 1 颗星,或任何预先设置的满意度为异常标准分值时,服务异常模块会生成一条服务异常记录,并可通过邮件或其他方式提醒相关人员,以便及时处理问题。

四、集成对接国家运输物流公共信息平台

近年来,移动互联网技术与货运物流行业深度融合,货运物流市场涌现出了无车承运人等新的经营模式。2016 年 8 月 26 日,交通运输部办公厅印发《关于推进改革试点加快无车承运物流创新发展的意见》,在全国开展道路货运无车承运人试点工作。

大型 3PL 运输网络复杂,网络间协作联运较多,无车承运人为网络间合作提供了高效、直

观的协作功能。

用户关联地址后,运单节点中只要包含了该用户关联地址,其就能在到站和预报列表中看到不属于该用户所在域的运单。当上游物流商将运单状态更新为"提货"时,用户即能在该模块对提货状态的运单进行到货操作。即使企业在不同省市分包给多层级承运商,合作方都可以通过此功能在科箭 TMS 云平台实时更新状态,所有运输参与方都能获得唯一版本的运输状态信息。

五、多币种结算,支持客户国际化业务

随着客户的国际化发展,跨国多语言支持、多币种结算、汇率问题应运而生,科箭 TMS 云继多语言支持后,对多币种结算的支持全面解决了上述各种问题,支持多本位币核算和多币种交易时的汇率转换,支持在不同国家地区的汇率制度。

汇率结算方式分为期初和期末结算。期初结算即取早于凭证的创建日期中有效期最晚的汇率,期末结算即取晚于凭证的创建日期中有效期最早的汇率。

资料来源:中国物流与采购网.

实训任务实施二

运输管理信息系统应用

1. 实训目标

(1) 认知运输管理信息系统,理解运输管理信息系统的相关概念。

(2) 掌握运输管理信息系统各功能模块的业务流程。

(3) 会应用运输管理信息系统的主要功能模块处理物流运输业务。

2. 实训要求

(1) 按照实训任务单,完成各项任务。

(2) 按照规范要求,提交实训报告。

(3) 遵守实训中心的纪律,爱护设备,实训认真,注意安全。

3. 实训准备

(1) 教师准备好实训任务书,讲清该任务实施的目标和运输管理信息系统知识要点。

(2) 实训中心准备实训设备和上网环境。

(3) 学生根据任务目标通过教材和网络收集相关资料并做好知识准备。

4. 实训任务

广东美的集团有 200 台空调从郑州仓库运到石家庄天马沃尔玛超市仓库。运达时间为 2021 年 9 月 5 日早上 8 点;每台空调重 100kg,体积 0.25m³;委托河南宏发物流公司承运。请使用第三方物流管理软件中"运输管理"模块完成以上任务。基本资料如下。

物流服务资料:河南宏发物流公司

地址:郑州高新经济产业开发区第五大道 68 号　　联系人:赵明

联系电话:0371-867852××

手机:155×××5888　　E-mail:zhaoming@163.com

车辆资料见表 5-2。

表 5-2　车辆资料

承运公司	类型	车型	司　机	车　牌	手　机	车架号	备　注
河南宏发物流公司	吨车	1T	严志高	豫 A-02127	133×××1515		
		1.5T	郭齐衡	豫 A-02457	133×××1516		
		3T	周德贵	豫 A-02841	133×××1517		
		5T	彭代勇	豫 A-05632	133×××1518		
		8T	张中和	豫 A-88888	133×××1519		
	柜车	20 尺	黄伍明	豫 A-03562	133×××1520	豫 A-03482 挂	
		40 尺	常宪	豫 A-02986	133×××1521	豫 A-02366 挂	

收货方资料：

收货方名称：石家庄天马沃尔玛超市仓库（江山路 165 号）

收货人：李文　电话：0311-682211××　手机：138×××7818　E-mail：liwen@163.com

发货方资料：

发货方名称：广东美的集团广东顺德

发货人：高山　电话：0765-633912××　手机：139×××7818　E-mail：gaoshan@163.com

货物名称：美的空调　型号：美的（Midea）KFR-26GW/BP2DN1Y-PA401（A3）

生产日期：2021 年 5 月 16 日　　　出厂批号：20210516100

此批货物运费：2000 元；其他费用：300 元

5. 实训操作

学生按照学习任务书的要求，登录"第三方物流管理系统"的运输管理模块（见图 5-54）进行模拟训练。

图 5-54　第三方物流管理系统运输管理模块主界面

（1）运输委托。

第一步，委托单录入。

单击图 5-54 中的"委托单录入"按钮，进入如图 5-55 所示界面。

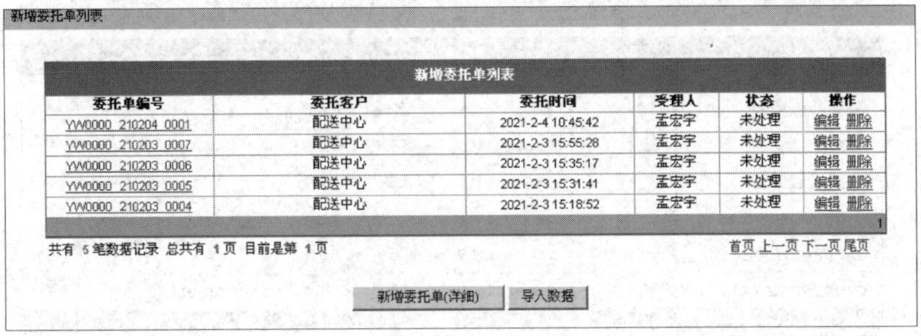

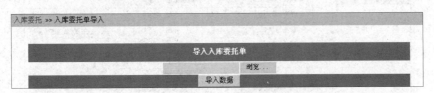

图 5-55 新增运输委托单列表

单击图 5-55"新增委托单（详细）"按钮，进入如图 5-56 所示界面。

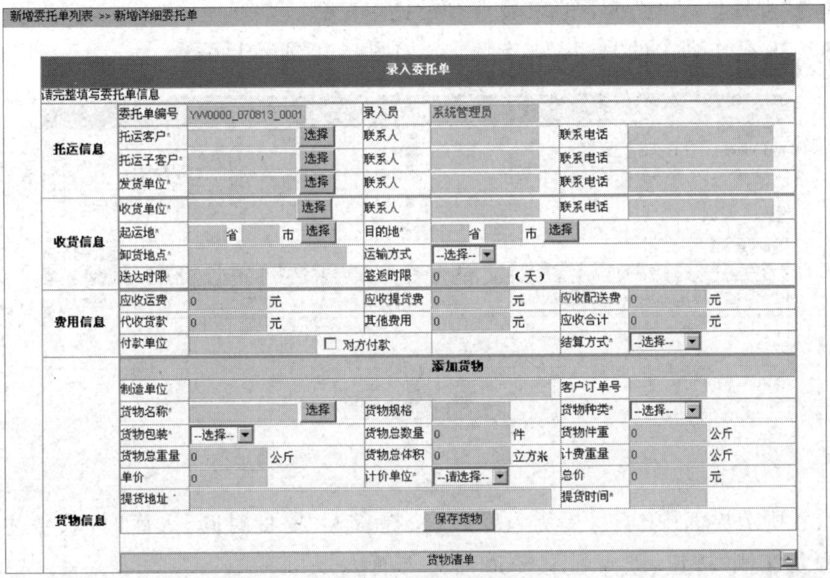

图 5-56 录入委托单

单击图 5-55"导入数据"按钮，进入如图 5-57 所示界面。

图 5-57 导入入库委托单

单击图 5-57"浏览"按钮，选择后缀名为 .xml 的文件（此文件为运输集货导出的数据），文件选择后单击"导入数据"按钮，通过文件中的数据内容生成入库委托单。

第二步，集货调度。

单击图 5-54 中的"集货调度"按钮，进入如图 5-58 所示界面。

在图 5-58 所示界面中输入查询的条件，在查询完成的界面中可对委托单进行集货、调度

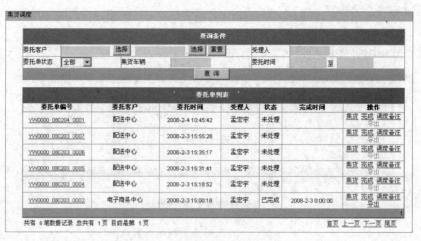

图 5-58　集货调度

等操作。单击"委托单编号"列下的单号查看委托单信息。

单击图 5-58 操作列中的"集货"按钮,进入如图 5-59 所示界面。

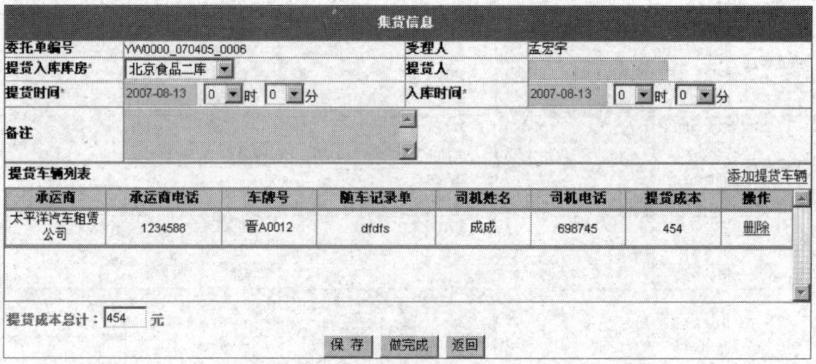

图 5-59　集货信息

在图 5-59 所示界面中,填写提货入库库房、提货人、提货时间、入库时间、备注等信息后,单击"添加提货车辆"按钮,进入如图 5-60 所示界面。

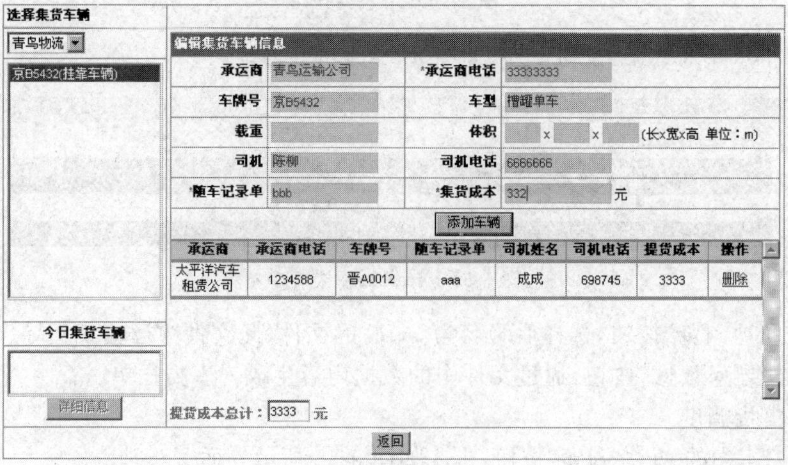

图 5-60　编辑集货车辆信息

在图 5-60 所示界面中选择车辆,填写随车记录单、提货成本,填写完成后单击"添加车辆"按钮,车辆信息将显示在该页面的右下方,如有误可通过单击"删除"按钮进行操作。单击"返回"按钮,回到集货信息界面;单击"保存"按钮,对集货信息进行保存,保存后仍停留在集货信息页面;单击"做完成"按钮完成集货操作。完成这些操作后委托单的状态由原来的"未处理"状态变成"已完成"状态。

单击图 5-58 操作列中的"完成"按钮,进入如图 5-61 所示界面。单击"返回"按钮,回到集货列表页面。

委托单:YW0000_070405_0006

集货车辆列表

承运商	承运商电话	车牌号	司机姓名	司机电话	完成时间	提货地址	操作
太平洋	1234588	晋A0012	成成	698745			完成

返回

图 5-61　集货车辆列表

单击图 5-61 操作列中的"完成"按钮,进入如图 5-62 所示界面。输入"集货地址",选择"完成时间",单击"完成"按钮,完成委托单的调度操作。此时的委托单状态由"已处理"状态转换为"已完成"状态。

委托单:YW0000_070405_0006

集货车辆列表

承运商	承运商电话	车牌号	司机姓名	司机电话	完成时间	提货地址	操作
太平洋	1234588	晋A0012	成成	698745			完成

返回

集货完成

承运商	太平洋
集货车辆	晋A0012
集货地址	
完成时间	0 时 0 分

完成

图 5-62　集货完成

单击图 5-58 操作列中的"调度备注"按钮,进入如图 5-63 所示界面。

提货信息

集货调度	系统管理员
备注	

关闭

图 5-63　提货信息

在该界面中输入备注信息,填写完毕后单击"关闭"按钮,回到集货调度页面。

单击图 5-58 操作列中的"导出"按钮,弹出如图 5-64 所示界面。

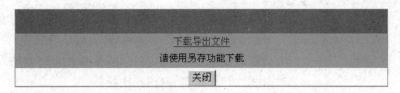

下载导出文件

请使用另存功能下载

关闭

图 5-64　下载集货单导出文件

如要把文件下载到本机中,可单击鼠标右键,选择"目标另存为"选项,选择保存目录后,保存该文件。单击"关闭"按钮,关闭此页面。

第三步,委托单管理。

单击图 5-54 中的"委托单管理"按钮,进入如图 5-65 所示界面。

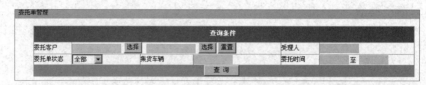

图 5-65　委托单管理

在图 5-65 所示界面中输入各种条件,进行查询,查询结果如图 5-66 所示。

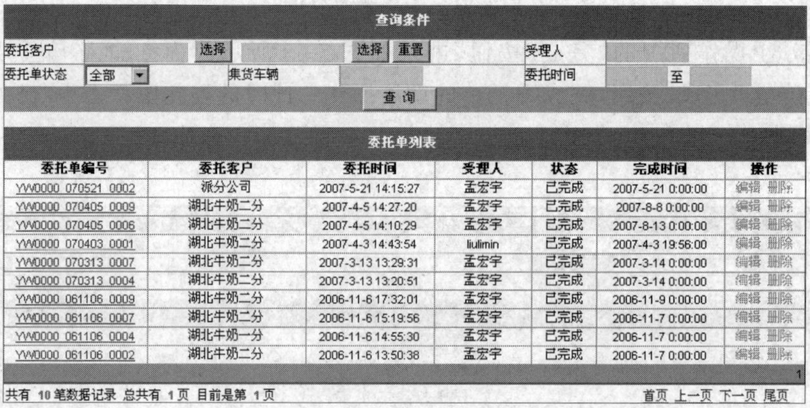

委托单编号	委托客户	委托时间	受理人	状态	完成时间	操作
YW0000_070521_0002	派分公司	2007-5-21 14:15:27	孟宏宇	已完成	2007-5-21 0:00:00	编辑 删除
YW0000_070405_0009	湖北牛奶二分	2007-4-5 14:27:20	孟宏宇	已完成	2007-8-8 0:00:00	编辑 删除
YW0000_070405_0006	湖北牛奶二分	2007-4-5 14:10:29	孟宏宇	已完成	2007-8-13 0:00:00	编辑 删除
YW0000_070403_0001	湖北牛奶二分	2007-4-3 14:43:54	liulimin	已完成	2007-4-3 19:56:00	编辑 删除
YW0000_070313_0007	湖北牛奶二分	2007-3-13 13:29:31	孟宏宇	已完成	2007-3-14 0:00:00	编辑 删除
YW0000_070313_0004	湖北牛奶二分	2007-3-13 13:20:51	孟宏宇	已完成	2007-3-14 0:00:00	编辑 删除
YW0000_061106_0009	湖北牛奶二分	2006-11-6 17:32:01	孟宏宇	已完成	2006-11-9 0:00:00	编辑 删除
YW0000_061106_0007	湖北牛奶二分	2006-11-6 15:19:56	孟宏宇	已完成	2006-11-7 0:00:00	编辑 删除
YW0000_061106_0004	湖北牛奶一分	2006-11-6 14:55:30	孟宏宇	已完成	2006-11-7 0:00:00	编辑 删除
YW0000_061106_0002	湖北牛奶二分	2006-11-6 13:50:38	孟宏宇	已完成	2006-11-7 0:00:00	编辑 删除

共有 10 笔数据记录 总共有 1 页 目前是第 1 页　　　　　　　首页 上一页 下一页 尾页

图 5-66　查询条件

在该界面中状态为"未处理"的可对其进行"编辑"和"删除"操作。

(2) 运输订单。

第一步,订单导入。

单击图 5-54 中的"订单导入"按钮,进入如图 5-67 所示界面。

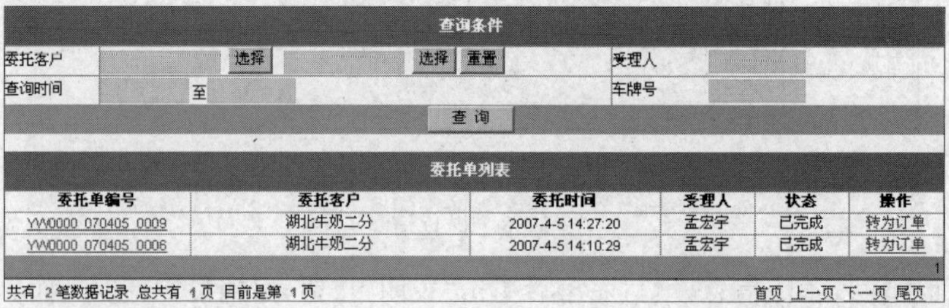

委托单编号	委托客户	委托时间	受理人	状态	操作
YW0000_070405_0009	湖北牛奶二分	2007-4-5 14:27:20	孟宏宇	已完成	转为订单
YW0000_070405_0006	湖北牛奶二分	2007-4-5 14:10:29	孟宏宇	已完成	转为订单

共有 2 笔数据记录 总共有 1 页 目前是第 1 页　　　　　　　首页 上一页 下一页 尾页

图 5-67　订单导入

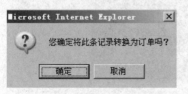

图 5-68　转为订单确认

通过输入查询条件,查找到要转换成订单的委托单。

单击图 5-67 操作列中的"转为订单"按钮会弹出如图 5-68 所示对话框。单击"确定"按钮,把委托单转换为"订单"按钮,单击"取消"按钮,则取消此次操作。

第二步，订单录入。

单击图 5-54 中的"订单录入"按钮，进入如图 5-69 所示界面。

新增订单列表						
订单编号	托运单位	起运地	目的地	录入员	状态	操作
YD0000_070329_0006	湖北牛奶二分	宁河县	武川县	孟宏宇	未处理	编辑 删除
YD0000_070329_0004	湖北牛奶二分	井陉县	宁河县	孟宏宇	未处理	编辑 删除

共有 2 笔数据记录 总共有 1 页 目前是第 1 页　　　　　　　首页 上一页 下一页 尾页

新增订单

图 5-69　订单录入

单击图 5-69 操作列中的"编辑"可对已存在的订单进行修改，单击图 5-69 操作列中的"删除"可删除已存在的订单。

单击"新增订单"按钮，进入如图 5-70 所示界面。

录入订单

请完整填写订单信息

托运信息
系统订单号 YD0000_070813_0001　录入员 系统管理员
托运客户 [选择] 联系人 _____ 联系电话 _____
托运子客户 [选择] 联系人 _____ 联系电话 _____
发货单位 [选择] 联系人 _____ 联系电话 _____

收货信息
收货单位 [选择] 联系人 _____ 联系电话 _____
起运地 省 市 [选择] 目的地 省 市 [选择]
卸货地点 _____ 运输方式 --选择--
送达时限 _____ 签返时限 0 （天）

费用信息
应收运费 0 元 应收提货费 0 元 应收配送费 0 元
代收货款 0 元 其他费用 0 元 应收合计 0 元
付款单位 _____ □ 对方付款 结算方式 --选择--

添加货物
制造单位 _____ 客户订单号 _____
货物名称 [选择] 货物规格 _____ 货物种类 --选择--
货物包装 --选择-- 货物总数量 0 件 货物件重 0 公斤
货物总重量 0 公斤 货物总体积 0 立方米 计费重量 0 公斤
单价 0 计价单位 --请选择-- 总价 0 元
提货地址 _____ 提货时间 _____

货物信息
保存货物

货物清单									
编号	客户订单号	货物名称	种类	规格	包装	件重	总数量	总重量	总体积	计费重量	操作

详细信息

特约规定
装卸方式 ---请选择--- 配调机 0 台 配工人 0 人
进场路线 _____
特约记事 _____

现场情况
需要车种 ---请选择--- 车 数 0 辆 现场可容 0 辆
道 路 宽 0 米 桥载重 0 吨 涵洞载重 0 吨
立交桥限高 0 米 铁路洞限高 0 米
吊车作业周围环境 _____
其他记事 _____

保存订单　返回

图 5-70　新增订单录入

在该界面中输入托运信息、收货信息、费用信息、货物信息,单击"保存货物"按钮,货物信息将保存在"货物清单"列表中。

第三步,订单管理。

单击图5-54中的"订单管理"按钮,进入如图5-71所示界面。

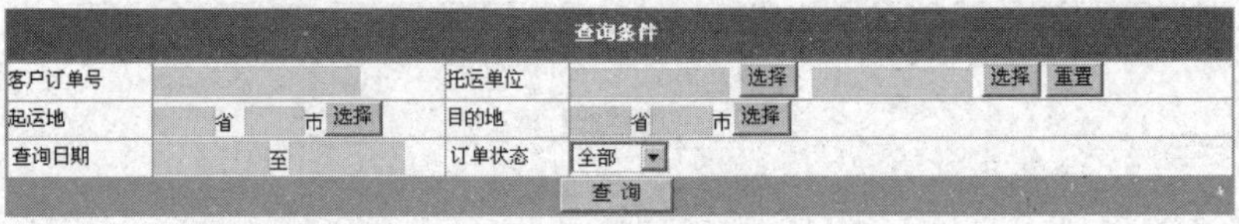

查询条件							
客户订单号			托运单位		选择		选择 重置
起运地	省 市	选择	目的地	省 市	选择		
查询日期	至		订单状态	全部 ▼			
			查 询				

图 5-71　订单管理

在该界面中输入查询条件,单击"查询"按钮,进入如图5-72所示界面。

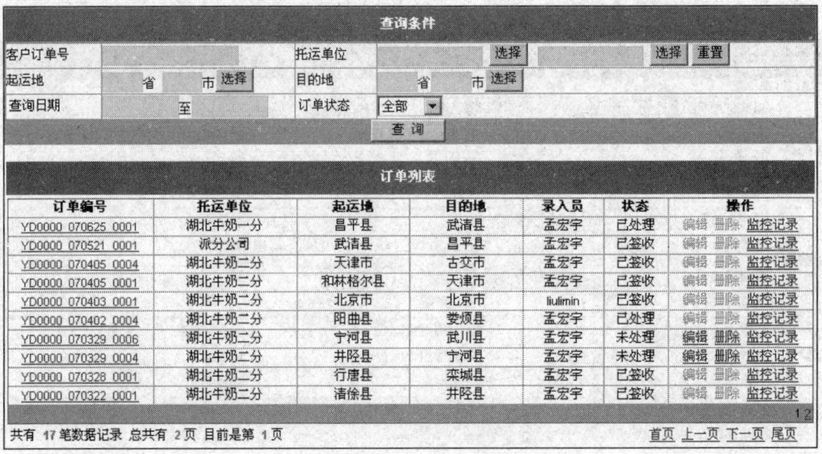

查询条件							
客户订单号			托运单位		选择		选择 重置
起运地	省 市	选择	目的地	省 市	选择		
查询日期	至		订单状态	全部 ▼			
			查 询				

订单列表						
订单编号	托运单位	起运地	目的地	录入员	状态	操作
YD0000_070625_0001	湖北牛奶一分	昌平县	武清县	孟宏宇	已处理	编辑 删除 监控记录
YD0000_070521_0001	派分公司	武清县	昌平县	孟宏宇	已签收	编辑 删除 监控记录
YD0000_070405_0004	湖北牛奶二分	天津市	古交市	孟宏宇	已签收	编辑 删除 监控记录
YD0000_070405_0004	湖北牛奶二分	和林格尔县	天津市	孟宏宇	已签收	编辑 删除 监控记录
YD0000_070403_0001	湖北牛奶二分	北京市	北京市	liulimin	已签收	编辑 删除 监控记录
YD0000_070402_0001	湖北牛奶二分	阳曲县	娄烦县	孟宏宇	已处理	编辑 删除 监控记录
YD0000_070329_0006	湖北牛奶二分	宁河县	武川县	孟宏宇	未处理	编辑 删除 监控记录
YD0000_070329_0004	湖北牛奶二分	井陉县	宁河县	孟宏宇	未处理	编辑 删除 监控记录
YD0000_070328_0001	湖北牛奶二分	行唐县	栾城县	孟宏宇	已签收	编辑 删除 监控记录
YD0000_070322_0001	湖北牛奶二分	清徐县	井陉县	孟宏宇	已签收	编辑 删除 监控记录

共有 17 笔数据记录 总共有 2 页 目前是第 1 页　　　　　首页 上一页 下一页 尾页

图 5-72　订单查询结果

该功能只对状态为"未处理"的订单进行编辑和删除。

(3) 运输调度。

第一步,调度运单。

单击图5-54中的"调度运单"按钮,进入如图5-73所示界面。

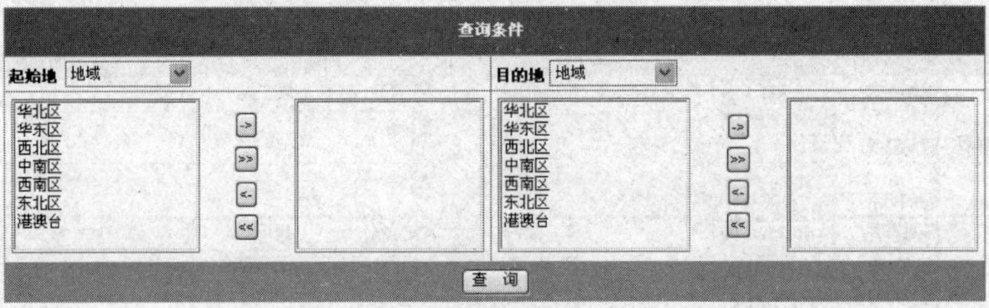

查询条件				
起始地 地域 ▼			目的地 地域 ▼	
华北区 华东区 西北区 中南区 西南区 东北区 港澳台	→ ≫ ← ≪		华北区 华东区 西北区 中南区 西南区 东北区 港澳台	→ ≫ ← ≪
		查 询		

图 5-73　调度运单

在图5-73所示界面中,选择起始地、目的地,然后单击"查询"按钮,进入如图5-74所示界面。

在未调度订单列表中选择一种货物信息,相应的信息将显示在右侧列表中,未填写完毕的

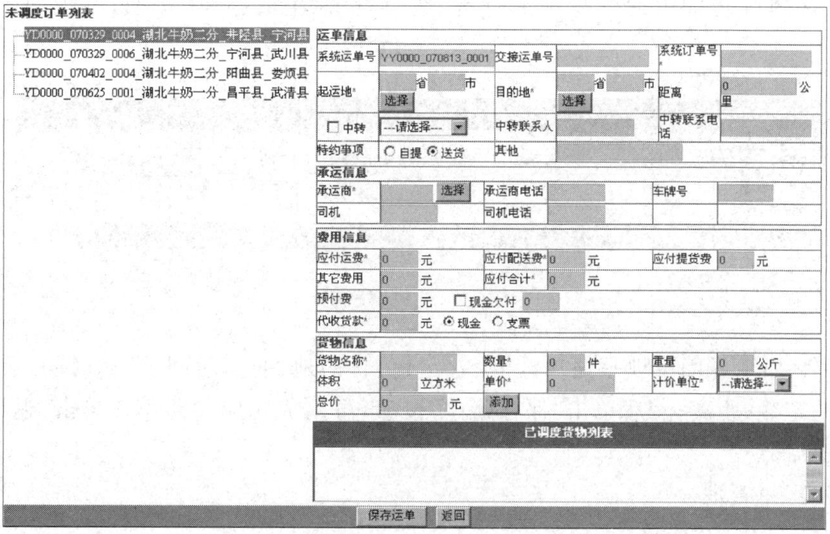

图 5-74　未调度订单列表

信息可通过"选择""输入"等操作让订单完整。主要包括如下信息：运单信息、承运信息、费用信息、货物信息。填写完毕后在货物信息项中单击"添加"按钮，货物信息将添加到已调度货物列表中。单击"保存运单"按钮，运单信息将被保存。单击"返回"按钮，回到调度运单页面。如果不是对所选货物全部调度，可在要调度的货物列上填写货物信息，剩下的货物可下次接着调度。

第二步，调度路单。

单击图 5-54 中的"调度路单"按钮，进入如图 5-75 所示界面。

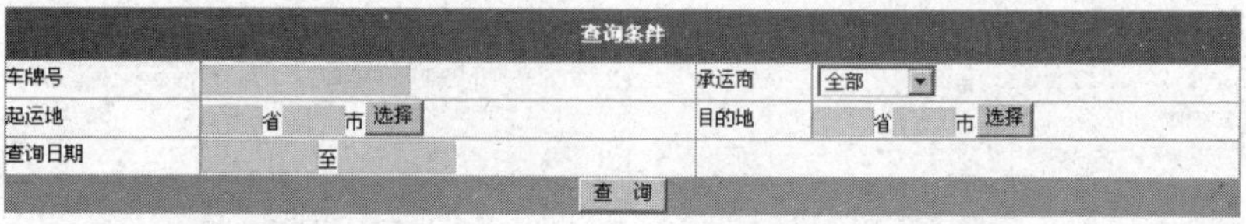

图 5-75　调度路单

在图 5-75 所示界面中输入查询条件，单击"查询"按钮，进入如图 5-76 所示界面。

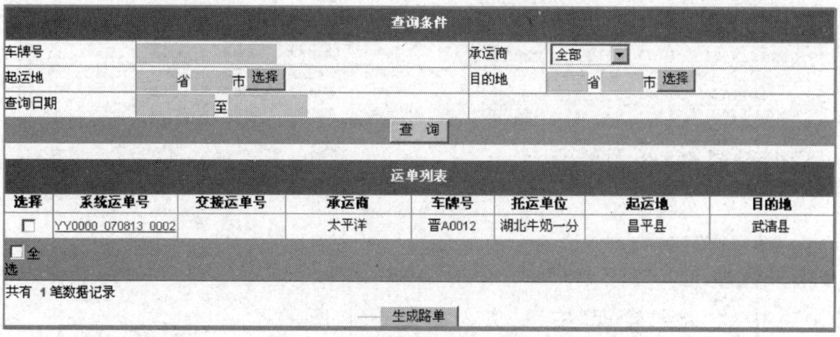

图 5-76　调度路单查询结果

在图 5-76 所示界面中的选择项上打钩,然后单击"生成路单"按钮,出现如图 5-77 所示界面。

新增路单							
路单信息							
路单编号	YL0000_070813_0001	起运地	北京省 昌平县市 选择		目的地	天津市 武清县市 选择	
起运时间		到达时间			运送重量*	0	公斤
燃油定额*	0	升	机油定额*	0	升	距离*	0	公里
			保存路单	返回			

图 5-77　新增路单

在图 5-77 所示界面中填写路单编号、起运地、目的地、起运时间、到达时间、运送重量、燃油定额、机油定额、距离,然后单击"保存路单"按钮,可生成相应的路单。单击"返回"按钮,回到运单列表界面。

第三步,运单管理。

单击图 5-54 中的"运单管理"按钮,进入如图 5-78 所示界面。

查询条件						
起运地	省 市 选择	目的地	省 市 选择	承运商	全部 ▼	
查询日期	至	车牌号				
交接运单号		客户订单号				
运单状态	全部 ▼	托运单位		选择	选择 重置	
		查 询				

图 5-78　运单管理

在图 5-78 所示界面中选择起运地、目的地、查询日期、车牌号、交接运单号、客户订单号、运单状态、托运单位,选择完毕后单击"查询"按钮,进入如图 5-79 所示界面。

查询条件						
起运地	省 市 选择	目的地	省 市 选择	承运商	全部 ▼	
查询日期	至	车牌号				
交接运单号		客户订单号				
运单状态	全部 ▼	托运单位		选择	选择 重置	
	全部 已调度 在途中 已签收 已签返 完成		查 询			

运单列表							
系统运单号	系统订单号	承运商	车牌号	起运地	目的地	状态	操作
YY0000_070813_0002	YD0000_070625_0001	太平洋	晋A0012	昌平县	武清县	已调度	删除
YY0000_070808_0005	YD0000_070625_0001	太平洋	晋A0012	昌平县	武清县	已调度	删除
YY0000_070625_0002	YD0000_070625_0001	太平洋	晋A0012	昌平县	武清县	完成	
YY0000_070531_0001	YD0000_070402_0004	太平洋	晋A0012	阳曲县	娄烦县	已签收	
YY0000_070528_0001	YD0000_070402_0004	太平洋	晋A0012	阳曲县	娄烦县	已签返	
YY0000_070522_0007	YD0000_070402_0004	太平洋	晋A0012	阳曲县	娄烦县	完成	
YY0000_070522_0005	YD0000_070402_0004	太平洋	晋A0012	阳曲县	娄烦县	完成	
YY0000_070522_0003	YD0000_070402_0004	太平洋	晋A0012	阳曲县	娄烦县	已签返	
YY0000_070522_0001	YD0000_070405_0004	太平洋	晋A0012	天津市	古交市	已签收	
YY0000_070521_0001	YD0000_070521_0001	青鸟物流	京B5432	武清县	昌平县	完成	

1 2 3

共有 21 笔数据记录 总共有 3 页 目前是第 1 页　　　　　　　　首页 上一页 下一页 尾页

图 5-79　运单查询结果

第四步,路单管理。

单击图 5-54 中的"路单管理"按钮,进入如图 5-80 所示界面。

在图 5-80 所示界面中输入车牌号、承运商、起运地、目的地、查询日期,然后单击"查询"按钮,进入如图 5-81 所示界面。

查询条件			
车牌号		承运商	全部 ▼
起运地	省　市 选择	目的地	省　市 选择
查询日期	至		
	查 询		

图 5-80　路单管理

查询条件			
车牌号		承运商	全部 ▼
起运地	省　市 选择	目的地	省　市 选择
查询日期	至		
	查 询		

路单列表							
路单编号	起运地	目的地	起运时间	承运商	车牌号	状态	操作
YL0000_061106_0001	武汉市	昌平县	2006-11-07	太平洋	京A54188	已核销	查看运单 编辑 删除
YL0000_061106_0002	上海市	天津市	2006-11-07	太平洋	津B3180	在途中	查看运单 编辑 删除
YL0000_061106_0003	井陉县	行唐县	2006-11-07	湖北汽运	京·HB4454	已核销	查看运单 编辑 删除
YL0000_061106_0004	呼和浩特市	井陉县	2006-11-09	湖北汽运	京·HB4454	在途中	查看运单 编辑 删除
YL0000_061106_0005	昌平县	赞皇县	2006-11-07	湖北汽运	京·JJ7899	在途中	查看运单 编辑 删除
YL0000_070313_0002	正定县	北京市	1900-01-01	湖北汽运	京·HB4454	在途中	查看运单 编辑 删除
YL0000_070521_0001	武清县	昌平县	2007-05-21	青岛物流	京B5432	已核销	查看运单 编辑 删除
YL0000_070808_0002	昌平县	武清县		太平洋	晋A0012	已调度	查看运单 编辑 删除

共有 8 笔数据记录 总共有 1 页 目前是第 1 页　　　　　　首页 上一页 下一页 尾页

图 5-81　路单查询结果

单击图 5-81 操作列中的"查看运单",进入如图 5-82 所示界面。

路单编号:YL1101_060417_0002

运单列表					
运单编号	订单号	托运单位	受理人	完成时间	状态
YY1101_060417_0009	YD1101_060417_0001	西直门超市发	系统管理员	2006-6-10 0:00:00	在途中
YY1101_060417_0008	YD1101_060417_0001	西直门超市发	系统管理员	2006-6-10 0:00:00	在途中

返回

图 5-82　查看运单

在图 5-82 所示界面中会看到所有的运单信息,选中要查看的运单,单击"运单编号"可查看所选中的运单信息(见图 5-83)。

运单信息					
交接运单号			系统运单号		YY0000_070313_0004
起运地	正定县	目的地	北京市	距离	0
中转公司		中转联系人		中转联系电话	
承运商	湖北汽运	联系电话			31800000
车辆牌号	京·HB4454	驾驶员	关兴	联系电话	1353334567
起运时间	1900-01-01	预到时间	1900-01-01	实到时间	1900-01-01
交付时间	1900-01-01	应付费用	528.0000	应付提货费	
应付配送费	6.0000	其他费用	0	应付运费合计	534.0000

货物列表						
货物名称	客户订单编号	托运单位	数量	重量	体积	起运地	目的地
派		湖北牛奶二分	12	0	0	正定县	北京市

关 闭

图 5-83　运单信息

单击"关闭"按钮,回到查看运单界面。

(4) 单据核销。

第一步,签单处理。

单击图 5-54 中的"签单处理"按钮,进入如图 5-84 所示界面。

查询条件						
查询日期		至		交接运单号		客户订单号
承运商	全部			车牌号		
托运单位			选择		选择 重置	
			查 询			

图 5-84　签单处理

在图 5-84 所示界面中选择输入条件,然后单击"查询"按钮,进入如图 5-85 所示界面。

查询条件					
查询日期		至	交接运单号		客户订单号
承运商	全部		车牌号		
托运单位		选择		选择 重置	
		查 询			

运单列表							
系统运单号	系统订单号	承运商	车牌号	起运地	目的地	状态	操作
YY0000_070625_0002	YD0000_070625_0001	太平洋	晋A0012	昌平县	武清县	完成	签返
YY0000_070531_0001	YD0000_070402_0004	太平洋		阳曲县	娄烦县	已签收	签返
YY0000_070528_0001	YD0000_070402_0004	太平洋		阳曲县	娄烦县	完成	签返
YY0000_070522_0004	YD0000_070402_0004	太平洋	晋A0012	阳曲县	娄烦县	完成	签返
YY0000_070522_0005	YD0000_070402_0004	太平洋	晋A0012	阳曲县	娄烦县	完成	签返
YY0000_070522_0003	YD0000_070402_0004	太平洋	晋A0012	阳曲县	娄烦县	已签收	签返
YY0000_070522_0001	YD0000_070405_0004	太平洋	晋A0012	天津市	古交市	已签收	签返
YY0000_070521_0001	YD0000_070521_0001	青鸟物流	京B5432	武清县	昌平县	完成	签返
YY0000_070405_0004	YD0000_070328_0001	湖北汽运	京·JJ7899	行唐县	栾城县	已签收	签返
YY0000_070405_0002	YD0000_070322_0001	湖北汽运	京·JJ7899	清徐县	井陉县	已签收	签返

1 2

共有 19 笔数据记录 总共有 2 页 目前是第 1 页　　　　　　　　　　　首页 上一页 下一页 尾页

图 5-85　签单查询条件

单击图 5-85 中运单状态为"已签收"操作列中的"签返"按钮,进入如图 5-86 所示界面。

运单签返							
运单信息	系统运单号	YY0000_070531_0001		订单编号	YD0000_070402_0004		
	交接运单号			托运单位	湖北牛奶二分		
	起运地	山西省_阳曲县		目的地	山西省_娄烦县		
货物明细	选择	货物名称	类型	规格	包装	装车数	签收数
	○	奶酪	食品	0×0×0	纸箱	1件 0公斤 0立方	
	○	奶酪	食品	0×0×0	纸箱	2件 0公斤 0立方	
	○	奶酪	食品	0×0×0	纸箱	3件 0公斤 0立方	
	签收数量*	0	件	签收重量*	0 公斤	签收体积*	0 立方
			签收货物	签收全部货物			
签收信息	签收人*			签收时间*			
	返单收回方式*	---请选择---		返单收回日期*			
	返单收回人*						
	现金欠付	.00	元				
签收人意见							
			保存 返回				

图 5-86　运单签返

在图 5-86 所示界面中输入货物明细、签收信息、签收人意见,填写完毕后单击"保存"按钮,对运单的签收信息进行保存;单击"返回"按钮,回到运单查询页面。完成这些操作后运单的状态由原来的"已签收"状态变成"已签返"状态。

第二步,路单核销。

单击图 5-54 中的"路单核销"按钮,进入如图 5-87 所示界面。

图 5-87 路单核销查询

在图 5-87 所示界面中选择查询条件,单击"查询"按钮,进入如图 5-88 所示界面。

查询条件				
查询日期	至		车牌号	
客户订单号			承运商	全部
托运单位	选择	选择 重置		
		查 询		

路单列表						
路单编号	承运商	车牌号	起运地	目的地	状态	操作
YL0000_070808_0002	太平洋	晋A0012	昌平县	武清县	已调度	核销
YL0000_070521_0001	青岛物流	京B5432	武清县	昌平县	已核销	核销
YL0000_070313_0002	湖北汽运	京·HB4454	正定县	北京市	在途中	核销
YL0000_061106_0005	湖北汽运	京·JJ7899	昌平县	赞皇县	在途中	核销
YL0000_061106_0004	湖北汽运	京·HB4454	呼和浩特市	井陉县	在途中	核销
YL0000_061106_0003	湖北汽运	京·HB4454	井陉县	行唐县	已核销	核销
YL0000_061106_0002	太平洋	津B3180	上海市	天津市	在途中	核销
YL0000_061106_0001	太平洋	京A54188	武汉市	昌平县	已核销	核销

共有 8 笔数据记录 总共有 1页 目前是第 1页			首页 上一页 下一页 尾页

图 5-88 路单核销查询结果

单据的状态:

已调度——现有的运单已分配车辆。

在途中——所属的货物在运输状态中。

已签收——已送到目的地,被客户接收到。

已签返——客户签收后返回。

完成——运单操作完成。

单击图 5-88 操作列中的"核销",进入如图 5-89 所示界面。

路单核销				
路单信息	路单编号	YL0000_070808_0002		
	起运地	北京市_昌平县	起运日期	
	目的地	天津市_武清县	运到日期	
	运量	1.0000	重驶里程	1.0000
	燃油定额	1.0000	机油定额	1.0000
	车牌号	晋A0012	司机	成成
运单明细	系统运单号		系统订单号	托运单位
	YY0000_070808_0005		YD0000_070625_0001	湖北牛奶一分
核销信息	空驶里程*		公里	
	燃油实际消耗*		升	
	机油实际消耗*		升	
	保存核销记录 返回			

图 5-89 路单核销

在图 5-89 所示界面中输入空驶里程、燃油实际消耗、机油实际消耗,填写完毕后,单击"保存核销记录"按钮,完成路单的核销操作。单击"返回"按钮,回到路单核销页面。

6. 撰写实训报告

由学生完成。

7. 技能训练评价

完成实训后,填写技能训练评价表(见表5-3)。

表 5-3 技能训练评价表

专业:		班级:		被考评学员:		
考评时间			考评地点			
考评内容			运输管理信息系统的应用			
考评标准	内　容	分值	自评 (50%)	教师评议 (50%)	考评得分	
	能够正确描述运输作业的流程	20				
	单证填写完整、正确	25				
	能够独立通过运输管理信息系统完成相应的作业操作	30				
	遵守纪律,爱护设备,实训认真	25				
综合得分						

指导教师评语:

任 务 小 结

运输管理信息系统(transportation management system,TMS)是利用计算机网络等现代信息技术,对运输计划、运输工具、运送人员及运输过程进行跟踪、调度、指挥等管理作业进行有效管理的人机系统。

运输管理信息系统主要包含以下功能模块:客户管理、车辆管理、驾驶员管理、运输管理、财务管理、绩效管理、海关/铁路/航空系统对接管理、保险公司和银行对接管理。

练 习 题

一、单选题

1. TMS 基本业务流程表现为(　　)。

　　A. 运输任务产生→运输调度→运输过程管理与查询→运输资源管理→客户管理→费用结算

　　B. 运输订单→制订计划→安排车辆→过程控制→费用管理

　　C. 揽货接单→安排运输工具→过程控制→费用结算

　　D. 运输任务产生→调运→过程查询与监控

2. 在 TMS 中,运输任务计划及调度管理模块内容包含(　　)。

　　A. 接单→排计划→安排车辆→承运

　　B. 接受货运单→按日安排作业单→确定车辆→承运

　　C. 最小业务分单→线路与车辆调配→配载

　　D. 计划表→行车路单→配载指令→收费单

3. TMS 设计从提高服务水平的要求出发,应以( )为主要目标。

A. 合理安排司机、车辆、任务三者关系

B. 对车辆进行实时跟踪

C. 优化企业内部管理

D. 搞好与其他相关环节(如货代、仓储、配送)的衔接

4. TMS 的白卡管理模块主要适用于( )车辆。

A. 集装箱 B. 载货 C. 海关监管 D. 智能化

5. TMS 的 IC 卡管理模块功能是把( )的内容写入 IC 卡。

A. 提单 B. 派车单 C. 货运单 D. 通关单

6. 车辆综合管理系统采用( )技术及计算机管理技术建立车辆动态管理系统。

A. GPS、RF、PDT B. GPS、MIS、DSS

C. GPS、GIS、GSM D. RF、DSS、GPS

7. ( )是海关对监管车辆管理的凭证,它不是每辆车都拥有的,而是运输海关监管货物的车辆才有。

A. 白卡 B. IC 卡 C. GPS D. GSM

8. 运输管理系统的核心任务是合理( ),以优化运输服务质量。

A. 安排运输车辆 B. 安排运输流程

C. 调度系统资源 D. 安排车辆、司机与货运之间的关系

9. 运输管理系统的最复杂功能是( )。

A. 运输计划安排 B. 运输业务登记

C. 费用结算 D. 车辆与货物跟踪

10. ( )被认为是车辆的电子身份证。

A. RF 接收器 B. 车辆条码 C. IC 卡 D. GPS 接收器

二、多选题

1. 在 TMS 中,运输资源管理模块的内容是( )。

A. 客户资源 B. 车辆管理 C. 承运商管理 D. 货运代理管理

2. TMS 的车辆监控装置由( )组成。

A. GIS B. GPS C. MCA D. PDA

3. TMS 中,车辆和货物跟踪模块自动收货确认系统的硬件由( )组成。

A. 传输网络 B. 无线电通信模块 PDA

C. 运载设备 D. 便携式电子扫描

4. GPS 监控服务系统具有( )和引路求救,文字收发、监听、电话免提、无线遥控设置等功能。

A. 定位 B. 被劫报警 C. 防盗报警 D. 车辆故障求救

5. TMS 的主要功能模块由( )组成。

A. 任务列表制作 B. 费用结算 C. 车辆与货物跟踪 D. 事故处理

三、简答题

1. 简述运输管理信息系统的概念。

2. 简述运输管理的业务模块的功能。

四、案例分析

长久物流中置轴车辆运输管理系统：Z3 TMS

北京长久物流股份有限公司(简称长久物流)注册资本 4.0001 亿元,总部设立在北京。公司涵盖汽车供应链中的整车物流、零部件物流、国际物流、二手车物流、仓储物流及供应链金融;提供汽车行业专业的物流规划、运输、仓储、配送等相关服务。在全国设有多家全资、控股子公司,业务网点 40 余处,形成以东北、华北、华东、华中、华南、西南、西北为基地的全国大循环汽车物流资源网络布局;乘用车和商用车综合运输能力超过 300 万辆,服务团队数千人,年产值近 50 亿元。

为了满足业务发展需要,长久物流技术研发中心完全自行设计并研发了长久物流中置轴车辆运输管理系统(取中置轴首字母组合,Z3 TMS)。Z3 TMS 系统基本架构如图 5-90 所示。

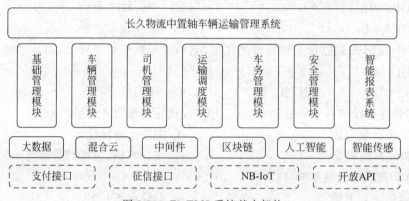

图 5-90　Z3 TMS 系统基本架构

Z3 TMS 系统包含了基础管理、车辆管理、司机管理、运输调度管理、车务管理、安全管理、计费管理、在途监控、智能报表等模块,对接了第三方支付、司机征信、智能传感等外部接口,已经将大数据、中间件、智能传感应用到系统中,正在研发基于混合云、区块链等较为先进的技术来处理业务,大大提高了系统的运行效率和稳定性。

一、系统功能简介

1. 基础管理模块

系统用户管理:使用系统的用户信息管理与维护。

系统角色:用户对应的岗位角色信息的管理与维护。

系统菜单功能:岗位角色对应的菜单功能信息的配置与维护。

接口账号配置:外部系统接口账号信息的配置与维护。

省公司和车队关系管理:自营车的组织架构,大区、省公司、车队的对应关系。

油价管理:大区到大区之间的油价、价格标准信息的维护与审核。

燃油标准管理:不同品牌、不同车型的大板车的空驶、平原行驶时的燃油、百公里油耗标准,空驶、山区行驶时的燃油、百公里油耗标准;重驶、平原行驶时的燃油、百公里油耗标准,重驶、山区行驶时的燃油、百公里油耗标准。

里程管理:始发地(二级、三级城市)到目的地(二级、三级城市)的总里程、山区里程的里程信息维护及审核。

2. 车辆管理模块

车头管理:大板车的主车车辆相关信息,包含车辆的所属机构、登记时间、登记机构、注册日期、行驶证发放日期、底盘号、品牌、车型、对应的挂车车牌号、大板车上绑定的中石油卡、中石化卡、ETC等的相关信息，并且把大板车对应的结算模式进行维护。

挂车管理：大板车的挂车车辆的相关信息，包含车辆的所属机构、登记时间、登记机构、注册日期、行驶证发放日期、底盘号、品牌、车型、车长、车宽、车高等的相关信息。

3. 司机管理模块

司机基础信息维护，包含司机所属机构、司机姓名、性别、年龄、身份证、籍贯、联系方式、准驾证、驾龄、开户行、银行卡号、开户行省份、开户行城市等相关信息。

车辆与司机关系管理：一车一司机，主要是车辆和司机的绑定关系信息。

司机关系管理：主要是对司机月收益(即基本工资＋阶梯奖励)、司机欠款、司机已交保证金的费用数据的维护、审核。

4. 运输调度模块

调度单管理：重驶任务，即板车上装载有商品车，根据发运任务，生成发运行驶轨迹，核对该任务板车、司机及轨迹线路里程信息。

空驶管理：空驶(即板车空驶调令，没有装载商品车信息)调度任务的录入，记录空驶的板车、司机、行驶线路、空驶的发车时间、运抵时间，空驶里程及本次空驶对应的重驶(即本次空驶是为哪趟重驶任务服务的)。

司途费管理：在发车之前，根据线路轨迹里程、板车燃油标准、油价价格系统自动计算出司机的燃油费，并发放到司机对应的燃油卡中；车辆到店交车完毕，系统记录板车的实际到达时间并通过发车时间和到店时间获取ETC的消费记录；在结算员给司机结算当趟任务费用时，系统自动根据洗车费标准计算出洗车费金额，根据多店交车补助标准计算出多店交车补助金额；根据其他项目补助扣款项的基础数据，自动在结算时带出其他费用项的金额，根据司机收益、司机欠款，自动计算出本地应发放的收益、应扣款的金额，根据司机的服务费标准计算出本趟任务司机的服务费，并计算出本趟任务的总费用及应发放司机的费用，并将司机的费用支付给司机。

5. 车务管理模块

车辆维修、保养项目基础数据管理：车辆上需要维修、保养项目的基础数据信息的维护及审核。

车辆维护、保养记录：记录车辆维护、保养了哪些项目、何时何地进行了维修/保养、维修/保养时的里程数、下次保养里程、送修人、更换/维修配件名称、更换/维修配件个数、花费工时、花费费用信息的维护。

轮胎管理：车头、挂车上轮胎的更换、补胎信息录入。

定点维修站管理：合作单位的维修站点公司信息的维护及录入，车辆维护、保养时，优先选择合作单位的维修站点，合作站点合同到期前预警。

违章管理：车辆违章信息的记录、跟踪及处理结果，车辆违章信息到期前的预警提醒。

6. 安全管理模块

事故录入：对运输过程中发生事故的运输车及商品车信息，事故发生的时间、地点、原因、事故责任人、肇事司机、车辆/商品车/人员是否损伤等信息的录入。

事故调查：对发生事故的司机及行驶过程中的环境情况等信息进行调查。

定损：对发生事故的运输车及商品车进行定损。

借款：对发生事故的运输车及商品车在处理事故中的借款费用信息的记录。

交费：对发生事故的运输车及商品车不同保险险种交费信息的记录。

回款：对发生事故的运输车及商品车回款信息的记录。

事故结案：对整个事故结案类型、结案时间等信息的记录。

7. 智能报表系统

生产报表：可以生成运输管理台账、司机任务统计、车辆运行状况统计,可以按公司、车队维度,也可按委托方品牌维度做相关的生产统计报表。

智能分析报表：利用专业的第三方工具可以统计出司机的多维度 KPI 指标,从而衡量司机的贡献度;从运营组织架构维度也可以分析出在车辆调度、安全管理等方面不同车队管理考核 KPI 指标情况。

二、系统亮点与优势

(1) 灵活智能的结算模式配置：Z3 TMS 系统应用内置的配置页面可以配置出不同的结算模式,如按单结算,或者月结,结算模式与项目也可灵活配置。

(2) 充分利用了大数据和云计算的处理技术：和主流服务商合作,建立长久云计算处理平台,结合私有云模式,在处理效率与数据安全之间找到合理的平衡;通过大数据的处理,把物流环节中的各项采集要素分类汇总、清洗整理得到比以往数据报表更具象的 KPI,从而调整运营政策、结算政策等。

(3) 大量运用了先进的传感技术,除以往的位置服务(GPS)外,在新的 Z3 TMS 系统中引入了 RFID 车辆标签、OBD 车辆采集器、驾驶行为智能监控等技术,采集了大量的实时数据,为大数据处理打下了良好基础。

(4) 引入了司机征信系统,初步建立了长久司机黑名单。和业内主流的服务商合作,引入司机征信管理,从证件、身份、过往安全事件、诚信记录等多个维度验证司机的信用程度,同时建立长久体系的司机不良行为(如拒绝履约、扔车、频繁事故、逃避正常考核等)考核机制,通过多角度的评估模型为司机持续画像,打造司机最终的信用评价体系,初步建立了长久司机黑名单数据库。

资料来源：中国物流与采购网.

思考题：

1. 长久物流中置轴车辆运输管理系统的功能有哪些?

2. 结合案例,分析 Z3 TMS 有哪些亮点与优势?

任务三　货运代理管理信息系统的应用

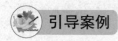 引导案例

民生轮船股份有限公司：民生货代营运管理信息系统

1. 民生公司简介

民生公司由著名爱国实业家、中国航运业的先驱卢作孚先生于 1925 年在重庆创办。到1949 年,成为拥有江、海船舶 148 艘,航线从长江延伸到中国大陆沿海及中国台湾地区、东南亚各国、日本和印度,分支机构遍及中国大陆长江沿线、沿海各主要港口及中国台湾地区和香港地区,东南亚、美国、加拿大等地,是当时中国最大最有影响的民营企业集团。新中国成立后,成为全国第一家公私合营企业。

民生公司充分利用和整合长江（珠江）航运、国际海运、公路运输、航空运输、铁路运输以及国际货代、物流中心、空储中心等物流资源，经营内、外贸集装箱一票到底多式联运以及国际和国内货物运输代理。

2．民生货代营运管理信息系统介绍

民生国际货物运输代理（简称民生国际货代）拥有商务部批准的一级货代资格证书，国家交通部批准的无船承运人资格证书，是中国国际货代协会理事单位，中国商务部对外援助物资指定物流供应商，大型国际货代物流网络组织 FIATA、IATA、WCA、SFN 的成员，世界排名前 20 位的海运公司在西南地区的货运代理。

为解决运营中存在的问题，开发建设了民生货代营运管理信息系统。其系统功能模块如下。

1）货代操作管理模块

货代操作管理模块包括接收订单管理、内外操作安排、内外操作跟踪、单证操作管理、客服工资评价、异地协同作业等功能单元。

2）商务结算模块

商务结算模块实现了准确的国际货代商务收支结算功能，包括计划收支录入、实际收支审核、收支盈亏管理等功能单元。

3）财务结算模块

财务结算模块实现了准确的国际货代财务收支结算功能，包括收入立账开票、欠款催收、收款核销应收、支出费用稽核等功能单元。财务人员根据系统实际收入数据开票、收款核销，并做好应收款的管控和催收。

4）数据统计分析模块

数据统计分析模块实现了集中的国际货代数据仓库，通过该模块，货代企业能够根据管理和决策的需要进行箱量对比分析、箱量趋势分析、收入对比分析、收入趋势分析、利润效益分析等多维度的数据统计、数据挖掘和数据分析。

5）市场业务管理模块

市场业务管理模块实现了货代企业对于市场业务的管理，包括客户资源管理、客户维护管理、开发任务管理、开发绩效评价、运价管理、询报价管理、航线渠道管理、航线绩效评估、知识方案共享等功能单元。

6）客户网站模块

客户网站模块即民生国际货代 E 服务平台，该模块实现了货代企业对于国际货代业务的在线订舱管理、作业状况查询、在线货物跟踪、网上账单核对等功能。

7）外委协同管理模块

外委协同管理模块实现了国际货代业务外委协同管理功能，包括了外委资源管理、外委价格管理、报关作业反馈、拖车状态反馈、外委拖车协同、外委质量管理、中转作业协同、送货作业协同等功能单元。

8）外委网站模块

外委网站模块实现了货代企业对于国际货代业务的外委作业发布、作业状态反馈、外委费用核对、作业质量评价等功能。

9）系统管理模块

系统管理模块实现了对民生货代营运管理信息系统的用户权限、基础资料、操作日志、数据备份的管理，包括了四级权限管控、全局基础数据、操作日志跟踪、数据同步备份等。

10) 工作流驱动引擎模块

工作流驱动引擎模块包括流程规则设置、事务催办消息、操作执行监控等功能单元,可根据国际货代各项实际业务的操作和管控需要灵活地在系统上配置好相应的工作流规则,系统内置的工作流驱动引擎根据这些规则在各项业务的执行过程中自动按预定义的方式自动分配任务,并对相关操作任务执行人实时发送事务作业提醒以及催办通知,并对每一次任务操作进行记录,从而实现对货代操作的统计监督和规范管理的功效。

11) 电子数据交换模块

电子数据交换模块实现了可对接的系统数据交换接口功能,包括了船代系统接口、结算系统接口、海运系统接口、客户数据交换、海船数据交换、外委数据交换、增值税发票接口等。

国际货代营运管理信息系统通过将国际货代相关各方互相连接,实现货流、信息流和资金流的交互式在线运转,最大限度地发挥了各方的协同效用,促进了各方的彼此信任和彼此依赖,大幅提升了工作效率,降低了的运营成本,提高了国际货代运转效率和竞争力,为国际货代业务规模的进一步发展提供了体系化的支撑。

3. 民生货代营运管理信息系统的发展方向

(1) 努力打造同政府公共物流信息平台、上游客户企业信息系统、下游物流服务商信息系统实现信息共享与协同的能力,进而打通产业链上下游,探索制造业、流通业、金融业等多种产业的融合渗透,促进生产方式转变和流通方式转型,提升货代物流业对整个供应链的掌控能力,为整个供应链创造差异化竞争优势提供重要支撑,最终成为地区性甚至全国性的综合货代服务公共信息平台。

(2) 采用基于 Web Service 的系统架构。货代营运管理信息系统的开放性、多方参与性要求该系统的结构和实现要采用标准化、规范化和模块化的技术,以此来满足与其他信息系统的互联和系统扩展的需要。Web Service 技术的开放性是对货代营运管理信息系统的最好支持,它提供适用于 Internet 的应用,能够为异构系统提供服务,提高系统的可扩展性,将企业的资源管理扩展至整个 Internet。

(3) 提供平板电脑和智能手机等移动终端的 App 客户端以及微信服务平台,并与4G/5G、GPS/GIS、大数据、云计算等现代化技术一起实现国际货代营运管理的高智能化、高自动化,从而提高货代从业人员工作效率,降低人工成本,提升货代企业核心竞争力。

资料来源:中国物流与采购联合会.

思考题:

1. 民生货代营运管理信息系统包括哪些功能模块?
2. 民生货代营运管理信息系统的发展方向是什么?

➡ 任务知识储备

一、国际货运代理概述

国际货代物流业是我国现代物流产业的重要组成部分,也是生产性服务业和服务贸易的重要组成部分,它在服务对外贸易、吸引外资、扩大就业、发展现代物流业等方面发挥了积极作用。

目前,世界上 80% 左右的空运货物、70% 以上的集装箱运输货物、75% 的散

货运代理管理信息系统

杂货运输业务,都控制在国际货运代理人手中。

我国 80%的进出口贸易货物运输和中转业务(其中,散杂货占 70%,集装箱货占 90%)、90%的国际航空货物运输业务都是通过国际货运代理企业完成的。

1. 国际货运代理的概念

国际货运代理协会联合会(FIATA)的定义:

国际货物运输代理业,是指接受进出口货物收货人、发货人的委托,以委托人的名义或者以自己的名义,为委托人办理国际货物运输及相关业务并收取服务报酬的行业。

《物流术语》(GB/T 18354—2006)的定义:

国际货运代理是接受进出口货物收货人、发货人的委托,以委托人或自己的名义,为委托人办理国际货物运输及相关业务,并收取劳务报酬的经济组织。

国际货运代理从本质上属于运输关系人的代理,是联系发货人、收货人和承运人的运输中间人。

2. 国际货运代理企业的主要经营范围

1) 国际货物运输综合代理

国际货物运输综合代理是指接受进出口货物收货人、发货人的委托,以委托人的名义或者以自己的名义,为委托人办理国际货物运输。包括订舱(含租船、包机、包舱)、托运、仓储、包装;货物的监装、监卸,集装箱拆箱、分拨、中转及相关的短途运输服务;缮制签发有关单证、交付运费、结算及交付杂费;国际多式联运、集运(含集装箱拼箱)。

2) 报关代理

报关代理是指接受进出口货物收货人、发货人或国际运输企业的委托,代为办理进出口货物报关、纳税、结关事宜。

3) 报检代理

报检代理是指接受出口商品生产企业、进出口商品发货人、收货人及其代理人或其他对外贸易关系人的委托,代为办理进出口商品的卫生检验、动植物检疫事宜。

3. 国际货运代理业务流程

一般国际货运代理业务流程如图 5-91 所示。

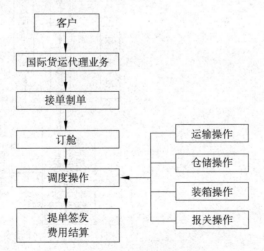

图 5-91　一般国际货运代理业务流程

国际货运代理海空运输出口业务流程如图 5-92 和图 5-93 所示。

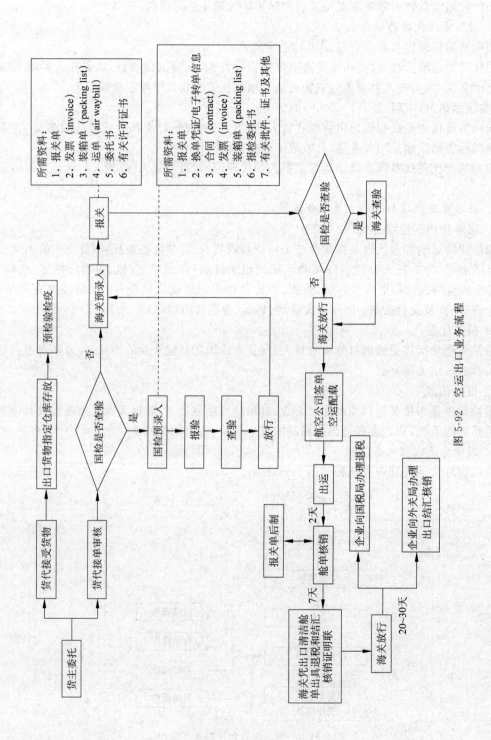

图 5-92 空运出口业务流程

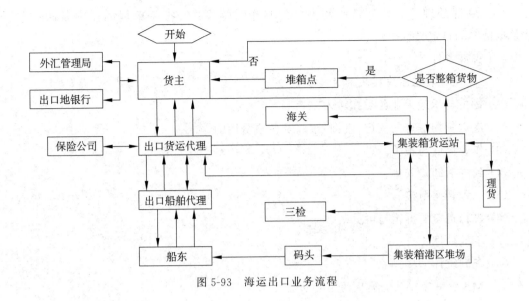

图 5-93 海运出口业务流程

二、货运代理管理信息系统概述

货运代理管理信息系统(freight management system,FMS)是针对货代行业所特有的业务规范和管理流程,利用现代信息技术以及信息化的理论和方法,开发出的能够对货代企业的操作层、管理层和战略决策层提供有效支持与帮助的管理系统。货运代理管理信息系统功能结构如图 5-94 所示。

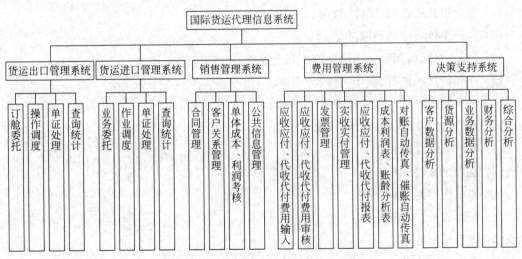

图 5-94 货运代理管理信息系统功能结构

三、货运代理管理信息系统的功能

1. 货运出口管理系统模块的主要功能

(1) 订舱委托。

(2) 操作调度。

(3) 单证处理:①提单确认及提单的制作与签发;②报关单据的流转及跟踪管理;③单据格式的自定义。

(4) 查询统计。

2. 货运进口管理系统模块的主要功能

(1) 货主与承运人业务委托输入。

(2) 进口货物信息的登记、查询、跟踪及各项费用的输入。

(3) 作业调度与报关。

(4) 到港后卸货安排。

(5) 下程转运衔接。

(6) 拼箱进口的拆箱与再分装。

(7) 单证处理。

(8) 查询统计。

3. FMS费用管理系统模块的主要功能

(1) 应收应付、代收代付费用输入与审核。

(2) 发票制作、打印与查询。

(3) 实收实付费用登记、审核与销账。

(4) 成本利润表、应收账表制作与打印。

(5) 对账表自动生成,在与客户EDI连接状态下可以自动生成回执。

4. FMS销售管理系统模块的主要功能

(1) 客户信息的新增、删除、查询。

(2) 客户单体成本与利润考核。

(3) 公开运价、船期等公用信息的更新与维护。

(4) 合同信息的执行、新增、修改与查询。

(5) 对不同客户群的报价处理。

5. 决策支持系统模块的主要功能

(1) 客户资源分析。

(2) 客户忠诚度分析。

(3) 客户信用度分析。

(4) 资源分析。

(5) 业务量分析。

(6) 成本利润分析。

(7) 资金压力分析。

6. 分公司业务系统模块的主要功能

(1) 业务情况的手工或自动定时上报。

(2) 收入支出的手工或自动定时上报。

(3) 对下属机构指标的自动下达。

(4) 业务的相互委托。

7. 与海关衔接功能

（1）出口报关。输出场站收据时，以 EDI 方式报关，通过自动打印提单，并通知客户。

（2）进口报关。EDI 状态下收到出口商或船公司提单通知后报关，经海关审查通过后，自动生成到港通知单和提货单，与海关的连接必须具备 EDI 对外共享功能。

四、国际货运代理信息系统业务流程

国际海运代理出口业务流程，如图 5-95 所示。

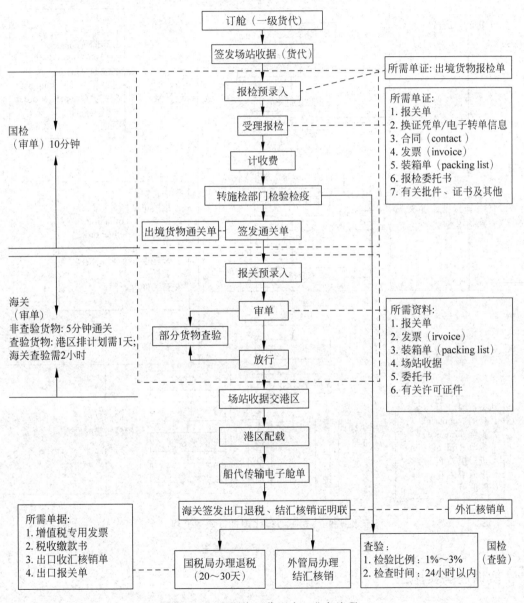

图 5-95 国际海运代理出口业务流程

国际海运代理进口业务流程，如图 5-96 所示。

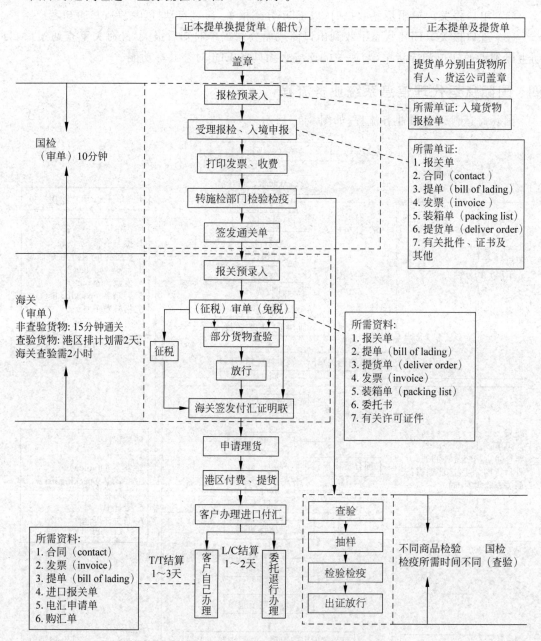

图 5-96　国际海运代理进口业务流程

实训任务实施三

货运代理管理系统空运出口业务模块操作

1. 实训目标

（1）认知货运代理管理信息系统，理解货运代理管理信息系统的相关概念。

（2）了解货运代理企业的业务流程，掌握货运代理管理信息系统各功能模块的功能。

（3）会应用货运代理管理信息系统处理货代空运出口业务。

2. 实训要求

（1）按照实训任务单,完成各项任务。

（2）按照规范要求,提交实训报告。

（3）遵守实训中心的纪律,爱护设备,实训认真,注意安全。

3. 实训准备

（1）教师准备好实训任务书,讲清该任务实施的目标和货运代理管理信息系统的知识要点。

（2）实训中心准备实训设备和实训软件环境。

（3）学生根据任务目标通过教材和网络收集相关资料并做好知识准备。

4. 实训任务

（1）使用货运代理管理系统软件完成如下空运出口业务。上海卢泰国际贸易有限公司和德国立达贸易公司通过 3 个月不断沟通谈判,最终达成一致,于 2020 年 12 月 28 日签订进出口商品合同,货值 30000 美元。该批货物为一批手工艺品,货物体积 $1.8m^3$,毛重 300kg,出运港在上海,贸易方式为 CFR,到达港不来梅,按照合同的指示,2021 年 1 月 14 日卢泰国际贸易有限公司向上海明扬国际货运代理有限公司办理相关货运事宜,明扬公司开出的价格为 ¥56/kg,次日明扬公司货代委托丰菱货运公司土耳其航空公司办理相关订舱适宜,最终确定货物的毛重和体积（航空公司在装运前要称重）,毛重 300kg,体积 $1.8m^3$。

（2）撰写实训报告。

5. 实训操作

第一步,单击货运代理管理系统软件中的"空运出口"按钮,进入如图 5-97 空运出口界面。

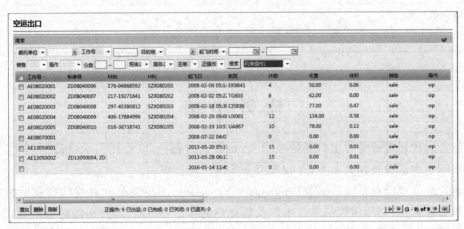

图 5-97　空运出口界面

按照系统操作说明书,依次完成下列操作。

第二步,单击"增加"按钮进行新的空运出口业务操作。

第三步,资料填写委托、模拟订舱、服务、分单等信息。

第四步,保存。

第五步,订舱。此时才是同航空公司订舱,输入从航空公司取得的相关信息即可。

第六步,陆运。

第七步,报关。

第八步,费用。

第九步,账单。账单就是生成对账单,主要应用于同应付客户进行对账。

第十步,文件跟踪。文件跟踪是指对业务过程中的文件资料进行跟踪。

第十一步,档案管理。在业务操作中,能输出单据的都能生成档案,保存后都可在这里进行查询,并下载。

6. 撰写实训报告

由学生完成。

7. 技能训练评价

完成实训后,填写技能训练评价表(见表5-4)。

表 5-4　技能训练评价表

专业:		班级:		被考评学员:		
考评时间			考评地点			
考评内容		货运代理管理系统空运出口业务模块操作				
考评标准	内　容	分值	自评 (50%)	教师评议 (50%)	考评得分	
	能够正确描述货运代理作业的流程	20				
	单证填写完整、正确	25				
	能够独立通过货运代理管理信息系统完成相应的作业操作	30				
	遵守纪律,爱护设备,实训认真	25				
	综合得分					

指导教师评语:

任 务 小 结

国际货运代理是接受进出口货物收货人、发货人的委托,以委托人或自己的名义,为委托人办理国际货物运输及相关业务,并收取劳务报酬的经济组织。

货运代理管理信息系统(freight management system,FMS)是针对货代行业所特有的业务规范和管理流程,利用现代信息技术以及信息化的理论和方法,开发出的能够对货代企业的操作层、管理层和战略决策层提供有效支持与帮助的管理系统。其功能模块有:货运出口管理系统模块、货运进口管理系统模块、FMS 费用管理系统模块、FMS 销售管理系统模块、决策支持系统模块、分公司业务系统模块、与海关衔接功能模块等。

练 习 题

一、单选题

1. 货运代理信息系统是对客户、承运商和内部人员开放的系统,经常采用(　　)功能保护公司商业机密。

  A. 防火墙   B. 权限管理   C. 垂直控制   D. 随机障碍

 2. 货运代理信息系统与外界其他软件连接采用( )。

  A. Extranet   B. Website

  C. 公共信息平台与企业网   D. EDI

 3. FMS 的出口系统模块功能是( )。

  A. 订舱委托→操作调度→单证处理→查询统计

  B. 揽货接单→安排运输工具→制单打单→中转调度

  C. 客户托运→拖车调运→装船承运→到货通知→费用结算

  D. 揽货订舱→操作调度→制单打单→收费→承运查询→费用托收

 4. FMS 进口系统的费用管理功能集中在( )方面。

  A. 应收应付账务处理   B. 催收客户欠款

  C. 内部账务处理   D. 报表制作

 5. 海运货代管理信息系统的独特子系统是( )。

  A. 调度系统   B. 计费系统   C. 订舱系统   D. 查询系统

 6. FMS 决策支持系统模块功能集中在对( )的分析上。

  A. 货运市场   B. 客户层次

  C. 客户价值   D. 客户资源与信用等级

 7. 货运代理信息管理的核心是托运人与承运人的货物运输信息,以及( )。

  A. 服务项目收费信息   B. 航线信息

  C. 单证信息   D. 作业信息

 8. 货运代理管理信息系统必须与( )连接。

  A. EDI   B. GPS   C. GIS   D. Extranet

 9. 运价维护功能是货代信息系统( )模块中的一个功能。

  A. 海空运输出口 B. 销售管理   C. 费用管理   D. 决策支持

 10. FMS 系统处理最多的对象是( )。

  A. 流程   B. 查询   C. 配载   D. 单证

二、多选题

 1. 货运操作模块是货运代理信息系统中的核心部分,其功能包括( )。

  A. 支持货运出口与进口运作

  B. 支持订船、中转、装箱制单和报关

  C. 支持自动收款与付款

  D. 支持操作界面自定义,进行批量化业务处理

 2. C/S 模式下,三层架构包含的内容是( )。

  A. 客户机 B. 文件服务器 C. 应用服务器 D. 数据库服务器

 3. 国际货代信息系统中,( )等模块不能单独存在。

  A. 货运出口系统   B. 货运进口系统

  C. 费用管理系统   D. 决策支持系统

 4. 货运进口系统可以实现接单、制单到( )等整个业务流程的管理。

  A. 审核   B. 定舱   C. 报关   D. 费用登记确认

5. 货代管理信息系统中的销售管理模块包括(　　)。

　　A. 应收账款管理　　　　　　　　　B. 销售人员管理

　　C. 销售团队管理　　　　　　　　　D. 客户关系管理

6. FMS 的查询功能通过使用(　　)完成。

　　A. 调度平台　　　　B. 船名航次　　　C. 运输编号　　　　D. 提单号码

7. FMS 货运进口系统功能包括(　　)。

　　A. 货物信息与费用输入　　　　　　B. 中转代理

　　C. 作业调度与单证处理　　　　　　D. 查询统计

8. FMS 决策支持系统的功能模块是(　　)。

　　A. 客户资源　　　　B. 业务分析　　　C. 技术适用　　　　D. 成本考核

9. FMS 销售管理系统模块功能是(　　)。

　　A. 客户关系与公用信用管理　　　　B. 合同管理

　　C. 单体成本与利润考核管理　　　　D. 补货管理

10. FMS 单证处理功能是(　　)。

　　A. 发票的制作与收费　　　　　　　B. 集装箱及提单信息查询

　　C. 费用查询　　　　　　　　　　　D. 操作记录查询与状态跟踪

三、简答题

1. 简述国际货运代理的概念。

2. 简述货运代理管理信息系统的功能结构。

物流数字化新技术应用

项目描述

在"互联网＋高效物流"的驱动下,物流行业正在进行新一轮数字化变革。云计算、大数据、物联网和人工智能等新一代信息技术深入发展和广泛应用,不仅会带来现有物流要素的数字化,而且会促使物流走向智能化和智慧化。企业利用新一代信息技术可以实现如"智能仓储""智能分拣""智能追踪""路径规划""数据分析"等功能,能有效解决物流过程中的诸多问题,并实现一体化的运作模式,极大提高物流效率,降低物流成本,促进中小型物流企业的数字化转型升级,同时也为物流行业带来快速的跨越式发展。

通过本项目的学习,学生可以掌握云计算、物联网、大数据等技术的基本知识和在物流领域应用的基本技能。

项目目标

1. 知识目标

(1)掌握物联网的相关概念。

(2)掌握物联网的体系结构和主要特点。

(3)了解物联网的核心技术、体系标准和应用前景。

(4)了解云计算的体系结构。

(5)掌握大数据的含义和特征。

(6)了解什么是数字经济及其对物流行业的影响。

(7)掌握常见的数据分析方法。

2. 技能目标

(1)能根据物联网技术的发展现状和趋势对现代物流的发展趋势进行分析预测。

(2)能运用云计算的基本概念、基本原理和基本技术,阐释云物流系统。

(3)能进行物流数据分析。

任务一 物联网和云计算技术应用

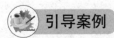 引导案例

天奇智能维保:领先开拓汽车装配线维保"4.0时代"

汽车装配线智能维保系统集成应用物联网技术,通过传感器将各生产要素状态变为具体

参数,依托工业增值云服务中心,对数据进行智能分析,实时监控装配线设备状态,实现对汽车装配线综合工况的自动收集、智能分析和主动维保,成为领先开拓汽车装配线维保"4.0 时代"的标杆案例。

天奇汽车装配线智能维保系统主要包括感知、映射信息平台、智能状态分析引擎、设备状态维护、生产决策参考五大模块。

感知模块是基础。天奇在传统汽车装配线的关键节点的核心部位设置了温度、振动、电压等传感器。传感器收集的数据将传送到天奇自主研发的工业增值云服务中心进行汇总分析,使设备运行状态从抽象变为具体的数据。同时,汽车装配线智能维保系统还利用超高频RFID 标签采集生产流程数据,实现物流与信息流的同步。

映射信息平台模块是框架。该模块整合应用程序、服务器、数据库产品等不同软硬件设备,基于 OPCUA 工业通信接口标准和语义关联等技术,建立起设备模型库、设备关联库、运行状态库等数据库,然后按照实体化的装配线构建出一个数字化的模型,实现各生产要素的信息映射。车企管理者不用进厂,就能通过终端设备追踪每一辆汽车、每一部设备、每一条装配线所处的工作状态。

智能状态分析引擎模块是核心。该模块由数据处理、特征信息提取、规则获取解析器和推理引擎等多个部分组成,以规则库、镜像模型的标准数据和传感器数据为数据源,依托人工智能、语义推理、智能搜索引擎等关键技术,实现对数据的智能化分析,并形成设备的状态报告,及时发现生产运行中的异常事件。

设备状态维护模块是应用重点。该模块可使维保人员坐在办公室里就能掌握相关设备的运行情况。对出现问题的设备,该模块不仅可提供故障位置以及相关状态参量曲线等信息,还可对异常状况做出智能判断,指导维保人员实施维修、更换或保养。同时,维保人员也可将实际的故障处理情况反馈回云中心,供智能引擎推演学习。

生产决策参考模块是提质增效的保障。该模块可根据装配线智能引擎和信息映射层的实时运行数据,结合能耗模型进行能耗统计分析,对重要耗能设备的参数配置等属性进行优化建议,为科学有效地降低设备运行能耗提供决策依据,实现汽车数字化装配线的绿色运行。

与传统汽车装配线相比,采用天奇汽车装配线智能维保系统的装配线可节约 60%~70%的零部件备件成本,减少近 50%的人工成本,降低 30%的能源消耗,增加 1%的设备开概率,提升汽车厂 5%~10%的底层生产效益。

思考题:
1. 什么是物联网和云计算?
2. 简述天奇汽车装配线智能维保系统的组成。

➡ 任务知识储备

一、物联网技术认知

随着传感器、芯片和网络技术的发展与普及,原本相互孤立的物体通过网络连接在了一起。由此,在人和人互联的世界之外,产生了一个人和物体、物体和物体之间相互连接的世界,这就是近年来风行的物联网。

（一）物联网的概念、内涵和部署

1. 物联网的概念和内涵

物联网（internet of things, IoT）的概念最早于 1999 年由美国麻省理工学院提出，早期的物联网是指依托射频识别（radio frequency identification, RFID）技术和设备，按约定的通信协议与互联网相结合，使物品信息实现智能化识别和管理，实现物品信息互联而形成的网络。随着技术和应用的发展，物联网内涵不断扩展。现代意义上的物联网可以实现对物的感知识别控制、网络化互联和智能处理有机统一，从而形成高智能决策。

本书认为，物联网是通信网和互联网的拓展应用和网络延伸，它利用感知技术与智能装置对物理世界进行感知识别，通过网络传输互联，进行计算、处理和知识挖掘，实现人与物、物与物信息交互和无缝链接，达到对物理世界实时控制、精确管理和科学决策目的。

简而言之，物联网就是物物相连的互联网。这有两层意思：①物联网的核心和基础仍然是互联网，是在互联网基础上的延伸和扩展；②其用户端延伸和扩展到了任何物品与物品之间进行信息交换和通信，也就是物物相联。物联网通过智能感知、识别技术与普适计算等通信感知技术，广泛应用于网络的融合中，也因此被称为继计算机、互联网之后世界信息产业发展的第三次浪潮。物联网是互联网的应用拓展，与其说物联网是网络，不如说物联网是业务和应用。因此，应用创新是物联网发展的核心，以用户体验为核心的创新 2.0 是物联网发展的灵魂。

2. 物联网四类型部署方式

私有物联网（private IoT）：面向单一机构内部提供服务，可由机构或其委托的第三方实施并维护，主要存在于机构内部（on premise）内网（intranet）中，也可存在于机构外部（off premise）。

公有物联网（public IoT）：基于互联网（internet）向公众或大型用户群体提供服务，一般由机构（或其委托的第三方，少数情况）运维。

社区物联网（community IoT）：向一个关联的"社区"或机构群体（如一个城市政府下属的公安局、交通局、环保局、城管局等）提供服务。可能由两个或两个以上的机构协同运维，主要存在于内网和专网（extranet/VPN）中。

混合物联网（hybrid IoT）：是上述两种或两种以上的物联网的组合，后台有统一的运维实体。

相关链接

感 知 中 国

"感知中国"是中国发展物联网的一种形象称呼，就是中国的物联网。在物体上植入各种微型感应芯片使其智能化，然后借助无线网络，实现人和物体"对话"，物体和物体"交流"。物联网为我们展示了生活中任何物品都可以变得"有感觉、有思想"这样一幅智能图景，被认为是世界下一次信息技术浪潮和新经济引擎。

2009 年 8 月上旬温家宝总理在无锡视察时指出，要在激烈的国际竞争中，迅速建立中国的传感信息中心或"感知中国"中心。2009 年 11 月 12 日，中国科学院、江苏省和无锡市签署合作协议成立中国物联网研发中心。2009 年 11 月 1 日，集聚产业链上 40 余家机构的中关村物联网产业联盟成立。

2010 年 3 月 5 日，在第十一届全国人民代表大会第五次会议上，物联网被首次写入《政府工作报告》。此后,习近平总书记,李克强总理等党和国家领导人多次专门对物联网作出重要指示,要让物联网更好地促进生产、走进生活、造福百姓。自上而下对物联网发展的高度重视和政策扶持,使物联网发展驶入了快车道,我国物联网产业发展迎来前所未有的机遇。

"中国式"物联网定义。物联网是指将无处不在(ubiquitous)的末端设备(devices)和设施(facilities),包括具备"内在智能"的传感器、移动终端、工业系统、楼控系统、家庭智能设施、视频监控系统等和"外在使能"(enabled)的,如贴上 RFID 的各种资产(assets)、携带无线终端的个人与车辆等"智能化物件或动物"或"智能尘埃"(mote),通过各种无线和/或有线的长距离和/或短距离通信网络实现互联互通(M2M)、应用大集成(grand integration)以及基于云计算的 SaaS 营运等模式,在内网(intranet)、专网(extranet)和/或互联网(internet)环境下,采用适当的信息安全保障机制,提供安全可控乃至个性化的实时在线监测、定位追溯、报警联动、调度指挥、预案管理、远程控制、安全防范、远程维保、在线升级、统计报表、决策支持、领导桌面(集中展示的 cockpit dashboard)等管理和服务功能,实现对"万物"的"高效、节能、安全、环保"的"管、控、营"一体化。

(二)物联网关键要素

物联网发展的关键要素包括由感知、网络和应用层组成的网络架构;物联网技术和标准;服务业和制造业在内的物联网相关产业;资源体系;隐私和安全;促进和规范物联网发展的法律、政策和国际治理体系。物联网发展的关键要素如图 6-1 所示。

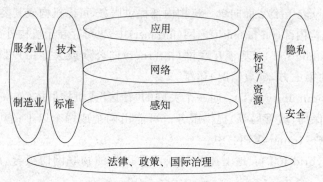

图 6-1　物联网发展的关键要素

(三)物联网网络架构

物联网网络架构由感知层、网络层、平台层和应用层组成,如图 6-2 所示。

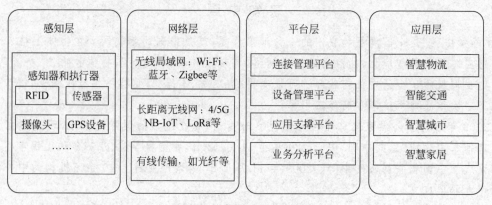

图 6-2　物联网网络架构

感知层实现对物理世界的智能感知识别、信息采集处理和自动控制,并通过通信模块将物理实体连接到网络层和应用层。

网络层主要实现信息的传递、路由和控制,包括延伸网、接入网和核心网,网络层可依托公众电信网和互联网,也可依托行业专用通信网络。

平台层起着承上启下的关键作用,是运营商介入各行垂直物联网产业的核心竞争力。主要功能包含设备接入、设备管理、安全管理、消息通信、监控运维及数据应用等,按照逻辑关系又分为连接管理平台、设备管理平台、应用支撑平台和业务分析平台。其中,连接管理平台应用于运营商网络上,通过连接物联网卡实现对物联网连接管理、故障及优化管理等;设备管理平台对物联网终端进行远程监控、配置调整、故障排查等管理;应用支撑平台是提供快速开发部署物联网应用服务的云平台;业务分析平台包括大数据服务和机器学习两大功能,实现可视化和预测性。

应用层包括应用基础设施/中间件和各种物联网应用。应用基础设施/中间件为物联网应用提供信息处理、计算等通用基础服务设施、能力及资源调用接口,以此为基础实现物联网在众多领域的各种应用。

(四) 物联网技术体系和标准化

物联网涉及感知、控制、网络通信、微电子、计算机、软件、嵌入式系统、微机电等技术领域,因此物联网涵盖的关键技术也非常多,为了系统分析物联网技术体系,将物联网技术体系划分为感知关键技术、网络通信关键技术、应用关键技术、共性技术和支撑技术,具体如图 6-3 所示。

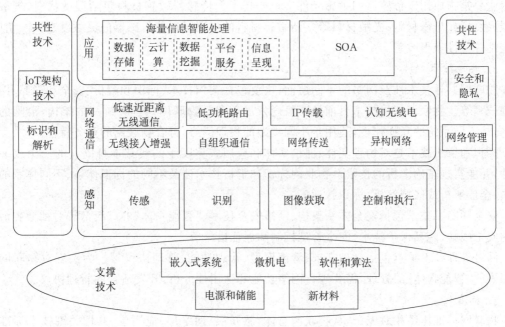

图 6-3 物联网技术体系

1. 感知、网络通信和应用关键技术

传感和识别技术是物联网感知物理世界获取信息和实现物体控制的首要环节。传感器将物理世界中的物理量、化学量、生物量转化成可供处理的数字信号。识别技术实现对物联网中物体标识和位置信息的获取。

网络通信技术主要实现物联网数据信息和控制信息的双向传递、路由和控制,重点包括低速近距离无线通信技术、低功耗路由、自组织通信、无线接入 M2M 通信增强、IP 承载技术、网络传送技术、异构网络融合接入技术以及认知无线电技术。

海量信息智能处理综合运用高性能计算、人工智能、数据库和模糊计算等技术,对收集的感知数据进行通用处理,重点涉及数据存储、并行计算、数据挖掘、平台服务、信息呈现等。

面向服务的体系架构(service-oriented architecture,SOA)是一种松耦合的软件组件技术,它将应用程序的不同功能模块化,并通过标准化的接口和调用方式联系起来,实现快速可重复使用的系统开发和部署。SOA 可提高物联网架构的扩展性,提升应用开发效率,充分整合和复用信息资源。

2. 支撑技术

物联网支撑技术包括嵌入式系统、微机电系统(micro electro mechanical systems,MEMS)、软件和算法、电源和储能、新材料技术等。微机电系统可实现对传感器、执行器、处理器、通信模块、电源系统等的高度集成,是支撑传感器节点微型化、智能化的重要技术。嵌入式系统是满足物联网对设备功能、可靠性、成本、体积、功耗等的综合要求,可以按照不同应用定制裁剪的嵌入式计算机技术,是实现物体智能的重要基础。软件和算法是实现物联网功能、决定物联网行为的主要技术,重点包括各种物联网计算系统的感知信息处理、交互与优化软件与算法、物联网计算系统体系结构与软件平台研发等。电源和储能是物联网关键支撑技术之一,包括电池技术、能量储存、能量捕获、恶劣情况下的发电、能量循环、新能源等技术。新材料技术主要是指应用于传感器的敏感元件实现的技术。传感器敏感材料包括湿敏材料、气敏材料、热敏材料、压敏材料、光敏材料等。新敏感材料的应用可以使传感器的灵敏度、尺寸、精度、稳定性等特性获得改善。

3. 共性技术

物联网共性技术涉及网络的不同层面,主要包括架构技术、标识和解析、安全和隐私、网络管理技术等。物联网架构技术目前处于概念发展阶段。物联网需具有统一的架构,清晰的分层,支持不同系统的互操作性,适用于不同类型的物理网络,符合物联网的业务特性。

标识和解析技术是对物理实体、通信实体和应用实体赋予的或其本身固有的一个或一组属性,并能实现正确解析的技术。物联网标识和解析技术涉及不同的标识体系、不同体系的互操作、全球解析或区域解析、标识管理等。

安全和隐私技术包括安全体系架构、网络安全技术、"智能物体"的广泛部署对社会生活带来的安全威胁、隐私保护技术、安全管理机制和保证措施等。

网络管理技术重点包括管理需求、管理模型、管理功能、管理协议等。为实现对物联网广泛部署的"智能物体"的管理,需要进行网络功能和适用性分析,开发适合的管理协议。

4. 标准化

物联网标准体系相对庞杂,从物联网总体、感知层、网络层、应用层、共性关键技术标准体系五个层次可初步构建标准体系。物联网标准体系涵盖架构标准、应用需求标准、通信协议、标识标准、安全标准、应用标准、数据标准、信息处理标准、公共服务平台类标准,每类标准还可能会涉及技术标准、协议标准、接口标准、设备标准、测试标准、互通标准等方面。

(1) 物联网总体性标准:包括物联网导则、物联网总体架构、物联网业务需求等。

(2) 感知层标准体系:主要涉及传感器等各类信息获取设备的电气和数据接口、感知数据模型、描述语言和数据结构的通用技术标准、RFID 标签和读写器接口和协议标准、特定行业和应用相关的感知层技术标准等。

（3）网络层标准体系：主要涉及物联网网关、短距离无线通信、自组织网络、简化 IPv6 协议、低功耗路由、增强的机器对机器（machine to machine，M2M）无线接入和核心网标准、M2M 模组与平台、网络资源虚拟化标准、异构融合的网络标准等。

（4）应用层标准体系：包括应用层架构、信息智能处理技术及行业、公众应用类标准。应用层架构重点是面向对象的服务架构，包括 SOA 体系架构、面向上层业务应用的流程管理、业务流程之间的通信协议、元数据标准以及 SOA 安全架构标准。信息智能处理类技术标准包括云计算、数据存储、数据挖掘、海量智能信息处理和呈现等。云计算技术标准重点包括开放云计算接口、云计算开放式虚拟化架构（资源管理与控制）、云计算互操作、云计算安全架构等。

（5）共性关键技术标准体系：包括标识和解析、服务质量（quality of service，QoS）、安全、网络管理技术标准。标识和解析标准体系包括编码、解析、认证、加密、隐私保护、管理，以及多标识互通标准。安全标准重点包括安全体系架构、安全协议、支持多种网络融合的认证和加密技术、用户和应用隐私保护、虚拟化和匿名化、面向服务的自适应安全技术标准等。

（五）物联网资源体系

物联网发展中的关键资源主要包括标识资源和频谱资源。

1. 标识资源

目前，物联网物体标识方面标准众多，很不统一。条码标识方面，GS1（国际物品编码协会）的一维条码使用量约占全球总量的 1/3，而主流的 PDF417（portable data file 417）码、QR（quick response）码、DM（data matrix）码等二维码都是 AIM（自动识别和移动技术协会）标准。

智能物体标识方面，智能传感器标识标准包括 IEEE 1451.2 以及 1451.4。手机标识包括 GSM 和 WCDMA 手机的 IMEI（国际移动设备标识）、CDMA 手机的 ESN（电子序列编码）和 MEID（国际移动设备识别码）。其他智能物体标识还包括 M2M 设备标识、笔记本电脑序列号等。

RFID 标签标识方面，影响力最大的是 ISO/IEC 和 EPC global，包括 UII（unique item identifier）、TID（tag ID）、OID（object ID）、tag OID 以及 UID（ubiquitous ID）。此外，还存在大量的应用范围相对较小的地区和行业标准以及企业闭环应用标准。通信标识方面，现阶段正在使用的包括 IPv4、IPv6、E.164、IMSI、MAC 等。物联网在通信标识方面的需求与传统网络的不同体现在两个方面：一是末端通信设备的大规模增加，带来对 IP 地址、码号等标识资源需求的大规模增加。IPv4 地址号码资源严重不足，美国等一些发达国家已经开始在物联网中采用 IPv6。近年来，全球 M2M 业务发展迅猛，使得 E.164 号码方面出现紧张，各国纷纷加强对码号的规划和管理。二是以无线传感器网络（WSN）为代表的智能物体近距离无线通信网络对通信标识提出了降低电源、带宽、处理能力消耗的新要求。目前应用较广的 ZigBee 在子网内部允许采用 16 位短地址。而传统互联网厂商在推动简化 IPv6 协议，并成立了 IPSO（IP for smart objects）联盟推广 IPv6 的使用，IETF 成立了 6LOWPAN、ROLL 等课题进行相关研究和标准化。

2. 频谱资源

物联网的发展离不开无线通信技术，频谱资源作为无线通信的关键资源，同样是物联网发展的重要基础资源。目前,在物联网感知层和网络层采用的无线技术包括 RFID、近距离无线通信、无线局域网(IEEE 802.11)、蓝牙、蜂窝移动通信、宽带无线接入技术等。

(六)物联网技术在物流领域的主要应用

物流业是物联网很早就实实在在落地的行业之一,很多先进的现代物流系统已经具备了信息化、数字化、网络化、集成化、智能化、柔性化、敏捷化、可视化、自动化等先进技术特征。概括起来,目前相对成熟的应用主要在以下四大领域。

(1)产品的智能可追溯网络系统:如食品的可追溯系统、药品的可追溯系统等。这些智能的产品可追溯系统为保障食品安全、药品安全提供了坚实的物流保障。

(2)物流过程的可视化智能管理网络系统:基于全球卫星导航系统定位技术、RFID 技术、传感技术等多种技术,在物流过程中可实时实现车辆定位、运输物品监控、在线调度与配送可视化与管理。

(3)智能化的企业物流配送中心:基于传感、RFID、声、光、机、电、移动计算等各项先进技术,建立全自动化的物流配送中心,建立物流作业的智能控制、自动化操作的网络,实现物流与制造联动,实现商流、物流、信息流、资金流的全面协同。

(4)企业的智慧供应链:在日益竞争激烈的今天,面对着大量的个性化需求与订单,怎样能使供应链更加智慧?怎样才能做出准确的客户需求预测?是企业经常遇到的现实问题。这就需要智慧物流和智慧供应链的后勤保障网络系统支持。此外,基于智能配货的物流网络化公共信息平台建设,物流作业中智能手持终端产品的网络化应用等,也是目前很多地区推动的物联网在物流业中应用的模式。

(七)物联网发展趋势

1. 宏观层面趋势

感知物联网未来生活

从宏观来看,全球物联网将朝着规模化、协同化和智能化方向发展,同时以物联网应用带动物联网产业将是全球各国的主要发展方向。

(1)规模化发展。随着世界各国对物联网技术、标准和应用的不断推进,物联网在各行业领域中的规模将逐步扩大,尤其是一些政府推动的国家性项目,如美国智能电网、日本 i-Japan、韩国物联网先导应用工程等,将吸引大批有实力的企业进入物联网领域,极大推进物联网应用进程,为扩大物联网产业规模发挥巨大作用。

(2)协同化发展。随着产业和标准的不断完善,物联网将朝协同方向发展,形成不同物体间、不同企业间、不同行业乃至不同地区或国家间的物联网信息的互联互通互操作,应用模式从闭环走向开环,最终形成可服务于不同行业和领域的全球化物联网应用体系。

(3)智能化发展。物联网将从目前简单的物体识别和信息采集,走向真正意义上的物联网,实时感知、网络交互和应用平台可控可用,实现信息在真实世界和虚拟空间之间的智能化流动。

(4)结合本国优势、优先发展重点行业应用以带动物联网产业。未来几年各国将结合本国的优势产业,确定重点发展物联网应用的行业领域,尤其是电力、交通、物流等战略性基础设施以及能够大幅度促进经济发展的重点领域,将成为物联网规模发展的主要应用领域。

2. 物联网发展呈现四大趋势

从长期来看,物联网发展呈现四大趋势。

(1)产业融合促进物联网形成"链式效应"。产业物联网的进一步发展对产品设计、生产、流通等各环节的互通提出新的需求,而"物联网+区块链"(BIoT)为企业和关联企业间的环节打通提供了重要方式。链式效应主要体现在两个方面:一是基于 BIoT 完成产品某一环节的链式信息互通,如产品出厂后物流状态的全程可信追踪。二是基于 BIoT 的更大范围的不同企业间价值链共享,如多个企业协同完成复杂产品的大规模出厂,其中涉及产品不同部件协同生产,包括设计、供应、制造、物流等多环节互通。

(2)智能化促进物联网部分环节价值凸显。一是端侧,随着物联网应用的行业渗透面不断加大,数据实时分析、处理、决策和自治等边缘智能化需求增加。据 IDC 相关数据显示,未来超过50%的数据需要在网络边缘侧分析、处理和存储。边缘智能的重要性获得普遍重视,产业界正在积极探索边侧智能化能力提升和云边协同发展。二是业务侧,据全球移动通信系统协会 GSMA(Global System for Mobile Communications Association)最新预测显示,到2025年,物联网上层的平台、应用和服务带来的收入占比将高达物联网收入的67%,成为价值增速最快的环节,而物联网连接收入占比仅5%,因此物联网联网数量的指数级增加,以服务为核心、以业务为导向的新型智能化业务应用将获得更多发展。

(3)互动化促进物联网向"可定义基础设施"迈进,与上层应用形成闭环迭代。可定义基础设施是指用户可基于自身需求定制物联网软硬件基础设施的支撑能力。可定义基础设施包括面向不同行业需求的基础设施资源池,提供应用开发管理、网络资源调度、硬件设置等覆盖全面的共性支撑能力。现阶段,运营商等企业已经开始探索以业务需求为导向的网络基础设施自动配置能力,如意图网络、算力网络等。可定义基础设施有助于降低物联网应用开发复杂性,推动物联网规模化应用拓展,而物联网规模应用拓展则反向促进可定义基础设施持续升级、能力完备及整合,形成闭环迭代,实现能力的螺旋式上升。

(4)物联网安全成为制约物联网拓展应用的关键要素。随着物联网规模化应用不断落地,物联网安全事件频出,物联网安全成为应用方决策是否部署物联网应用的关键要素,对物联网进一步规模化拓展产生重大影响。各国政府及物联网产业巨头均高度重视物联网安全。美国通过《物联网网络安全改进法案》要求政府采购物联网设备必须遵守安全性建议,对向政府提供物联网设备的承包商和经销商采用漏洞披露政策。日本从 2019 年起在全国开展"面向物联网清洁环境的国家行动",在不通知设备所有者的情况下强制测试全国物联网终端设备的安全性。

二、云计算技术认知

(一)云计算的基本概念

云计算概述

云计算(cloud computing),是一种基于互联网的计算方式,通过这种方式,共享的软硬件资源和信息可以按需提供给计算机和其他设备。典型的云计算提供商往往提供通用的网络业务应用,可以通过浏览器等软件或者其他 Web 服务来访问,而软件和数据都存储在服务器上。云计算服务通常提供通用的通过浏览器访问的在线商业应用,软件和数据可存储在数据中心。云是网络、互联网的一种比喻说法。狭义云计算指 IT 基础设施的交付和使用模式,指通过网络以按需、易扩展的方式获得所需资源;广义云计算指服务的交付和使用模式,指通过网络以按需、易扩展的方式获得所需服务。这种服务可以是 IT 和软件、互联网相关,也可是其他服务。它意味着计算能力也可作为一种商品通过互联网进行流通。对于到底什么是云计算,至少可以找到 100 种解释。目前,广为接受的是中国云计算专家咨询委员会副主任、秘书长刘鹏教授给出的定义:"云计算是通过网络提供可伸缩的廉价的分布式计算能力。"

"云计算"这个名词来自于 Google,而最早的云计算产品来自 Amazon。有意思的是,Google 在 2006 年正式提出云计算这个名词的时候,Amazon 的云计算产品 AWS 已经正式运作差不多 4 年了。因此,有人认为,Google 对云计算的最大贡献是为它起了个好名字,Amazon 才是云计算的真正开拓者。

(二) 云计算的架构

IT 身为新兴行业,其在发展历程中向其他行业借鉴了一些先进的思想和理念,最明显的例子除了从电力行业学习公用事业这种商业模式和从丰田汽车流水线生产中总结出精益这套编程模式之外,就是在软件设计方面,引入了架构这个在建筑行业非常核心的概念。

架构对软件系统是极为重要的,因为它不仅定义了系统内部各个模块之间是如何整合和协调的,同时也对其整体表现起着非常关键的作用。而云计算,作为一个非常复杂的大型软件系统,它内部包含许多模块和组件,如果能够理出其架构,将会非常有益处。

云计算的架构分为服务和管理两大部分,具体如图 6-4 所示。

图 6-4　云计算的架构

在服务方面,主要以提供用户基于云的各种服务为主,共包含三个层次:①software as a service,软件即服务,简称 SaaS,这层的作用是将应用主要以基于 Web 的方式提供给客户;②platform as a service,平台即服务,简称 PaaS,这层的作用是将一个应用的开发和部署平台作为服务提供给用户;③infrastructure as a service,基础设施即服务,简称 IaaS,这层的作用是将各种底层的计算(如虚拟机)和存储等资源作为服务提供给用户。从用户角度而言,这三层服务,它们之间的关系是独立的,因为它们提供的服务是完全不同的,而且面对的用户也不尽相同。但从技术角度而言,云服务这三层之间的关系并不是独立的,而是有一定依赖关系的,比如一个 SaaS 层的产品和服务不仅需要使用到 SaaS 层本身的技术,而且依赖 PaaS 层所提供的开发和部署平台或者直接部署于 IaaS 层所提供的计算资源上,还有,PaaS 层的产品和服务也很有可能构建于 IaaS 层服务之上。

在管理方面,主要以云的管理层为主,它的功能是确保整个云计算中心能够安全和稳定运行,并且能够被有效管理。

1. SaaS

SaaS 是最常见的,也是最先出现的云计算服务,通过 SaaS 模式,用户只要接上网络,并通过浏览器,就能直接使用在云端上运行的应用,并由 SaaS 云供应商负责维护和管理云中的软硬件设施,同时以免费或者按需使用的方式向用户收费,所以用户不需要顾虑类似安装、升级和防病毒等琐事,并且免去初期高昂的硬件投入和软件许可证费用的支出。

1) 历史

SaaS 的前身是 ASP(application service provider),其概念、思想和 SaaS 相差不大。最早的 ASP 厂商有 Salesforce 和 Netsuite,其后还有一批企业跟随进来,这些厂商在创业时都主要专注于在线 CRM(客户关系管理)应用,但由于那时正逢互联网泡沫破裂,而且当时 ASP 本身技术也并不成熟,还缺少定制和集成等重要功能,再加上当时欠佳的网络环境,使得 ASP 没有受到市场的热烈欢迎,从而导致大批相关厂商破产。但在 2003 年后,在 Salesforce 的带领下,惨存的 ASP 企业喊出了 SaaS 这个口号,并随着技术和商业两方面不断成熟,使得 Salesforce、WebEx 和 Zoho 等国外 SaaS 企业获得了成功,而国内的,诸如用友、金算盘、金碟、阿里巴巴和八百客等企业也加入 SaaS 的浪潮中。

2) 相关产品

由于 SaaS 产品起步较早,而且开发成本低,所以在现在的市场上,SaaS 产品无论是在数量上,还是在类别上,都非常丰富,而且也出现了多款经典产品,其中最具代表性的莫过于 Google Apps、Salesforce CRM、Office Web Apps 和 Zoho。

(1) Google Apps:中文名为 Google 企业应用套件,提供包括企业版 Gmail、Google 日历、Google 文档和 Google 协作平台等多个在线办公工具,而且价格低廉,使用方便,并且已经有超过两百万家企业购买了 Google Apps 服务。

(2) Salesforce CRM:它是一款在线客户管理工具,并在销售、市场营销、服务和合作伙伴四个商业领域提供完善的 IT 支持,还提供强大的定制和扩展机制,以使用户的业务更好地运行在 Salesforce 平台上。这款产品常被业界视为 SaaS 产品的"开山之作"。

(3) Office Web Apps:它是微软开发的在线版 Office,提供基于 Office 2010 技术的简易版 Word、Excel、PowerPoint 及 OneNote 等功能,属于 Windows Live 的一部分,并与微软的 Sky Drive 云存储服务进行了深度整合,而且兼容 Firefox、Safari 和 Chrome 等非 IE 系列浏览器。和其他在线 Office 相比,由于其本身属于 Office 2010 的一部分,所以在与 Office 文档的兼容性方面远胜其他在线 Office 服务。

(4) Zoho:Zoho 是 Advent Net 公司开发的一款在线办公套件,功能非常全面,包括邮件、CRM、项目管理、Wiki、在线会议、论坛和人力资源管理等几十个在线工具。包括美国通用电气在内的多家大中型企业已在其内部引入 Zoho 的在线服务,Zoho 在国内的代理商为百会。

3) 优势

虽然和传统桌面软件相比,SaaS 服务在功能方面还稍逊一筹,但在其他方面还具有以下优势。

(1) 使用简单:在任何时候或者任何地点,只要接上网络,用户就能访问 SaaS 服务器,而且无须任何安装、升级和维护。

(2) 支持公开协议:SaaS 服务在公开协议(如 HTML4/5)支持方面做得很好,用户只需一个浏览器就能对 SaaS 应用使用和访问,非常方便。

(3) 安全保障:SaaS 供应商需要提供一定的安全机制,不仅要使存储在云端的用户数据绝对安全,而且要通过一定的安全机制(如 HTTPS 等)确保与用户之间通信的安全。

(4) 初始成本低:使用 SaaS 服务不仅无须在使用前购买昂贵的许可证,而且几乎所有的 SaaS 供应商都提供免费的试用。

4) 技术

在 SaaS 层所使用到的技术,大多耳熟能详,下面是其中最主要的五种。

(1) HTML:标准的 Web 页面技术,现在主要以 HTML5 为主,它在很多方面推动了 Web 页面的发展,比如视频和本地存储等方面。

(2) JavaScript:一种用于 Web 页面的动态语言,通过 JavaScript,能够极大地丰富 Web 页面的功能,最流行的 JS 框架有 jQuery 和 Prototype。

(3) CSS:主要用于控制 Web 页面的外观,而且能使页面的内容与其表现形式之间进行优雅的分离。

(4) Flash:业界最常用的 RIA(rich internet applications)技术,能够在现阶段提供 HTML 等技术所无法提供的基于 Web 的富应用,而且在用户体验方面非常不错。

(5) Silverlight:来自业界巨擎微软的 RIA 技术,市场占有率稍逊于 Flash,对开发者非常友好,可以使用 C 语言编程。

在 SaaS 层的技术选型上,首先,由于通用性和较低的学习成本,大多数云计算产品都会比较倾向 HTML、JavaScript 和 CSS 黄金组合,但是在 HTML5 被大家广泛接受之前,RIA 技术在用户体验方面,还是具有一定的优势,所以 Flash 和 Silverlight 也将会有一定的用武之地,比如 VMware vCloud 就采用了基于 Flash 的 Flex 技术,而微软的云计算产品肯定会在今后大量使用 Silverlight 技术。

2. PaaS

通过 PaaS 模式,用户可以在一个提供 SDK(software development kit,软件开发工具包)、文档、测试环境和部署环境等在内的开发平台上非常方便地编写和部署应用,而且无论是在部署,还是在运行时,用户都无须为服务器、操作系统、网络和存储等资源的运维操心,这些烦琐的工作都由 PaaS 云供应商负责。PaaS 在整合率上非常惊人,比如一台运行 Google App Engine 的服务器能够支撑成千上万的应用,也就是说,PaaS 是非常经济的。PaaS 主要面对的用户是开发人员。

1) 历史

PaaS 是云服务这三层之中出现最晚的,业界第一个 PaaS 平台诞生在 2007 年,是 Salesforce 的 Force.com,通过这个平台不仅能使用 Salesforce 提供的完善的开发工具和框架轻松地开发应用,而且能把应用直接部署到 Salesforce 的基础设施上,从而能利用其强大的多租户系统。2008 年 4 月,Google 推出了 Google App Engine,从而将 PaaS 所支持的范围从在线商业应用扩展到普通的 Web 应用,也使越来越多的人开始熟悉和使用功能强大的 PaaS 服务。

2) 相关产品

和 SaaS 产品百花齐放相比,PaaS 产品主要以少而精为主,其中比较著名的产品有 Force.com、Google App Engine、Windows Azure Platform 和 Heroku。

(1) Force.com:业界第一个 PaaS 平台,是基于 Salesforce 著名的多租户的架构,其主要通过提供完善的开发环境和强健的基础设施等来帮助企业和第三方供应商交付健壮的、可靠的和可伸缩的在线应用。

（2）Google App Engine：提供 Google 的基础设施让大家部署应用，还提供一整套开发工具和 SDK 加速应用的开发，并提供大量的免费额度节省用户的开支。

（3）Windows Azure Platform：它是微软推出的 PaaS 产品，并运行在微软数据中心的服务器和网络基础设施上，通过公共互联网对外提供服务，它由具有高扩展性云操作系统、数据存储网络和相关服务组成，而且服务都是通过物理或虚拟的 Windows Server 2008 实例提供。其附带的 Windows Azure SDK（软件开发包）提供了一整套开发、部署和管理 Windows Azure 云服务所需要的工具和 API。

（4）Heroku：是一个用于部署 Ruby On Rails 应用的 PaaS 平台，其底层基于 Amazon EC2 的 IaaS 服务，在 Ruby 程序员中有非常好的口碑。

3）优势

和现有的基于本地的开发和部署环境相比，PaaS 平台主要有以下 6 方面优势。

（1）友好的开发环境：通过提供 SDK 和 IDE（integrated development environment，集成开发环境）等工具让用户不仅能在本地方便进行应用的开发和测试，而且能进行远程部署。

（2）丰富的服务：PaaS 平台会以 API 的形式将各种各样的服务提供给上层的应用。

（3）精细的管理和监控：PaaS 能够提供应用层的管理和监控，比如，能够观察应用运行的情况和具体数值（比如吞吐量和响应时间）来更好地衡量应用的运行状态，还能够通过精确计量所消耗的资源来更好地计费。

（4）伸缩性强：PaaS 平台会自动调整资源来帮助运行于其上的应用更好地应对突发流量。

（5）多住户（multi-tenant）机制：许多 PaaS 平台都自带多住户机制，不仅能更经济地支撑庞大的用户规模，而且能提供一定的可定制性，以满足用户的特殊需求。

（6）整合率和经济性：PaaS 平台整合率非常高，比如 PaaS 的代表 Google App Engine 能在一台服务器上承载成千上万的应用。

4）技术

与 SaaS 层所采用的技术不同，PaaS 层的技术比较多样，以下是常见的五种。

（1）REST：通过 REST（representational state transfer，表述性状态转移）技术，能够非常方便和优雅地将中间件层所支撑的部分服务提供给调用者。

（2）多租户：就是能让一个单独的应用实例为多个组织服务，而且能保持良好的隔离性和安全性，并且通过这种技术，能有效地降低应用的购置和维护成本。

（3）并行处理：为了处理海量的数据，需要利用庞大的 X86 集群进行规模巨大的并行处理，Google 的 Map Reduce 是这方面的代表之作。

（4）应用服务器：在原有的应用服务器的基础上为云计算做了一定程度的优化，比如用于 Google App Engine 的 Jetty 应用服务器。

（5）分布式缓存：通过分布式缓存技术，不仅能有效地降低后台服务器的压力，而且能加快相应的反应速度，最著名的分布式缓存例子莫过于 Memcached。

对于很多 PaaS 平台，比如用于部署 Ruby 应用的 Heroku 云平台，应用服务器和分布式缓存都是必备的，同时 REST 技术也常用于对外的接口，多租户技术则主要用于 SaaS 应用的后台，比如用于支持 Salesforce 的 CRM 等应用的 Force.com 多租户内核，而并行处理技术常被作为单独的服务推出，比如 Amazon 的 Elastic Map Reduce。

3．IaaS

通过 IaaS 模式,用户可以从供应商那里获得他所需要的计算或者存储等资源来装载相关的应用,并只需为其所租用的那部分资源进行付费,同时这些基础设施烦琐的管理工作则交给 IaaS 供应商来负责。

1) 历史

和 SaaS 一样,类似 IaaS 想法其实已经出现了很久,比如,过去的 IDC(internet data center,互联网数据中心)和 VPS(virtual private server,虚拟专用服务器)等,但由于技术、性能、价格和使用等方面的缺失,使这些服务并没有被大中型企业广泛采用。2006 年年底,Amazon 发布了 EC2(elastic compute cloud,灵活计算云)IaaS 云服务,由于 EC2 在技术和性能等多方面的优势,使这类型的技术终于得到业界广泛认可和接受,其中就包括大型企业,比如著名的《纽约时报》。

2) 相关产品

最具代表性的 IaaS 产品和服务有 Amazon EC2、IBM Blue Cloud、Cisco UCS 和 Joyent。

(1) Amazon EC2：EC2 主要以提供不同规格的计算资源(也就是虚拟机为主,并基于著名的开源虚拟化技术 Xen),通过 Amazon 的各种优化和创新,从而无论在性能上,还是在稳定性上,都已经满足企业级的需求,而且 Amazon EC2 还提供完善的 API 和 Web 管理界面,以方便用户的使用。

(2) IBM Blue Cloud："蓝云"解决方案由 IBM 云计算中心开发,是在技术上比较领先的企业级云计算解决方案。该解决方案可以对企业现有的基础架构进行整合,通过虚拟化技术和自动化管理技术,构建企业自己的云计算中心,并实现对企业硬件资源和软件资源的统一管理、统一分配、统一部署、统一监控和统一备份,也打破了应用对资源的独占,从而帮助企业能享受到云计算所带来的诸多优越性。

(3) Cisco UCS：它是下一代数据中心平台,在一个紧密结合的系统中整合了计算、网络、存储与虚拟化功能。该系统包含一个低延时无丢包万兆以太网统一网络阵列,以及多台企业级 X86 架构刀片服务器等设备,并在一个统一的管理域中管理所有资源。用户可以通过在 UCS 上安装 VMWare vSphere 来支撑多达几千台虚拟机的运行。通过 Cisco UCS,能够让企业快速在本地数据中心搭建基于虚拟化技术的云环境。

(4) Joyent：它提供基于 Open Solaris 技术的 IaaS 服务,其 IaaS 服务中最核心的,莫属 Joyent Accelecator,它能够为 Web 应用开发人员提供基于标准的、非专有的、按需供应的虚拟化计算和存储解决方案。基于 Joyent Accelerator,用户可以使用具备多核 CPU、海量内存和存储的服务器设备来搭建自己的网络服务,并提供超快的访问、处理速度和超高的可靠性。

3) 优势

IaaS 服务和传统的企业数据中心相比,在很多方面都存在一定的优势。

(1) 免维护：主要的维护工作都由 IaaS 云供应商负责,不必用户操心。

(2) 非常经济：首先免去了用户前期的硬件购置成本,而且由于 IaaS 云大都采用虚拟化技术,所以在应用和服务器的整合率普遍在 10 以上,能有效降低使用成本。

(3) 开放标准：虽然很多 IaaS 平台都存在一定的私有功能,但由于 OVF 等应用发布协议的诞生,使 IaaS 在跨平台方面稳步前进,从而使应用能在多个 IaaS 云上灵活地迁移,而不会被固定在某个企业数据中心内。

(4) 支持应用的范围广：因为 IaaS 主要提供虚拟机,而且普通的虚拟机能支持多种操作系统,所以 IaaS 所支持应用的范围是非常广泛的。

(5) 伸缩性强:IaaS 云只需几分钟就能给用户提供一个新的计算资源,而传统的企业数据中心往往需要几周时间,并且计算资源可根据用户需求来调整其资源大小。

4) 技术

IaaS 所采用的技术都是一些比较底层的技术,其中有四种技术是比较常用的。

(1) 虚拟化:也可以理解它为基础设施层的"多租户",因为通过虚拟化技术,能够在一个物理服务器上生成多个虚拟机,并且能在这些虚拟机间实现全面的隔离,这样不仅能降低服务器的购置成本,还能降低服务器的运维成本,成熟的 X86 虚拟化技术有 VMware 的 ESX 和开源的 Xen。

(2) 分布式存储:为了承载海量的数据,同时也要保证这些数据的可管理性,需要一整套分布式的存储系统,在这方面,Google 的 GFS 是典范之作。

(3) 关系型数据库:是在原有的关系型数据库的基础上做了扩展和管理等方面的优化,使其在云中更适应。

(4) NoSQL:为了满足一些关系型数据库无法满足的目标,比如支撑海量的数据等,一些公司特地设计一批不是基于关系模型的数据库,比如 Google 的 Big Table 和 Facebook 的 Cassandra 等。

大多数的 IaaS 服务都是基于 Xen 的,比如 Amazon 的 EC2 等,但 VMware 推出了基于 ESX 技术的 vCloud,同时业界也有几个基于关系型数据库的云服务,比如 Amazon 的 RDS (relational database service,关系型数据库服务)和 Windows Azure SDS(SQL data services, SQL 数据库服务)等。分布式存储和 NoSQL 已经被广泛用于云平台的后端,比如 Google App Engine 的 Datastore 就是基于 Big Table 和 GFS 这两个技术之上的,而 Amazon 则推出基于 NoSQL 技术的 Simple DB。

📢 实训任务实施一

智能家居系统控制模块操作

1. 实训目标

(1) 理解物联网技术的基本概念和关键技术。

(2) 了解物联网技术在物流中的应用。

(3) 能使用智能家居模拟应用软件,实现无线网络数据采集、家居环境监测、智能家电自动控制、安防系统与报警、远程监控等功能。

2. 实训要求

(1) 按照实训任务单,完成各项任务。

(2) 按照规范要求,提交实训报告。

(3) 遵守实训中心的纪律,爱护设备,实训认真,注意安全。

3. 实训准备

(1) 教师准备好实训任务书,讲清该任务实施的目标和物联网技术知识要点。

(2) 实训中心准备以下实训设备和软件。

① 1 个协调器、3 个终端节点。

② 传感器：温湿度传感器、光照度传感器、人体感应传感器、烟雾探测传感器、可燃气体检测传感器。

③ 输入输出设备：蜂鸣器、紧急求助按钮、直流风扇、步进电机、摄像头。

④ 操作台：提供电源、PC、USB口、RS232串口、RJ45以太口。

⑤ 软件：智能家居模拟应用软件。

（3）学生根据任务目标通过教材和网络收集相关资料并做好知识准备。

（4）根据任务要求，对学生进行分组，5～7人一组，设组长1名。

4．实训任务

利用ZigBee智能家居应用平台软件，实现智能家居的模拟应用。

（1）ZigBee关联控制。

（2）智能家居环境监控实验。

（3）智能安防控制。

（4）情景模式控制。

5．实训操作

登录智能家居系统，登录界面如图6-5所示，按照实训指导书，依次完成下列操作。

图6-5　智能家居系统登录界面

（1）智能家居系统初始化，查询系统中各个传感控制节点。

（2）智能家居环境监测。在模拟家居图的各个位置分别显示温度、湿度、光照度、可燃气体、烟雾等传感器的采集值。

（3）打开摄像头，则可以监控"家"中的情况，视频监控文件保存在服务器端，可以回调视频录像进行查看。

（4）智能家居布防。可在离开家时，对家居进行布防操作，布防之后，当人体红外传感器采集到家中有人时进行报警。

（5）关联控制。可以设置根据传感器采集到的数据是否达到某个阈值，启动对某个执行器件的关联控制。设置关联条件：如当室内温度低于15℃时，打开空调，超过25℃时关闭空调。

（6）场景式控制。智能家居应用系统支持场景式控制，即一键设定某种场景下需要原本逐个控制的器件。如睡眠模式下，关闭所有灯光、合上窗帘、空调设置为25℃等。

6. 撰写实训报告

由学生完成。

7. 制作 PPT 并汇报

由学生完成。

8. 技能训练评价

完成实训后,填写技能训练评价表(见表 6-1)。

表 6-1　技能训练评价表

专业:		班级:		被考评小组成员:		
考评时间			考评地点			
考评内容			智能家居系统控制模块操作			
考评标准	内　　容		分值	小组互评 (50%)	教师评议 (50%)	考评得分
	实训过程中遵守纪律、礼仪符合要求、团队合作良好		20			
	实训记录内容全面、真实、准确,PPT 制作规范、表达正确		20			
	智能家居系统控制模块操作正确,按要求完成各项实训任务		60			
	综合得分					

指导教师评语:

任务小结

本任务主要学习了物联网和云计算的基本概念、特征、体系结构、发展趋势和在物流领域的应用。同时进行了智能家居系统控制模块的操作。

练习题

一、单选题

1. 利用 RFID、传感器、二维码等随时随地获取物体的信息,指的是(　　)。

A. 可靠传递　　　B. 全面感知　　　C. 智能处理　　　D. 互联网

2. 第三次信息技术革命指的是(　　)。

A. 互联网　　　B. 物联网　　　C. 智慧地球　　　D. 感知中国

3. 2009 年 10 月(　　)提出了"智慧地球"。

A. IBM　　　B. 微软　　　C. 三星　　　D. 国际电信联盟

4. 三层结构类型的物联网不包括(　　)。

A. 感知层　　　B. 网络层　　　C. 应用层　　　D. 会话层

5. 物联网的核心和基础是(　　)。

A. 无线通信网　　B. 传感器网络　　C. 互联网　　　D. 有线通信网

6. 智慧地球是( )提出的。

    A. 德国   B. 日本   C. 法国   D. 美国

7. 在云计算平台中,( )软件即服务。

    A. IaaS   B. PaaS   C. SaaS   D. QaaS

8. 在云计算平台中,( )平台即服务。

    A. IaaS   B. PaaS   C. SaaS   D. QaaS

9. 在云计算平台中,( )基础设施即服务。

    A. IaaS   B. PaaS   C. SaaS   D. QaaS

10. ( )是负责对物联网收集到的信息进行处理、管理、决策的后台计算处理平台。

    A. 感知层   B. 网络层   C. 云计算平台   D. 物理层

二、多选题

1. 国际电信联盟(ITU)发布名为"Internet of Things"的技术报告,其中包含( )。

    A. 物联网技术支持   B. 市场机遇

    C. 发展中国家的机遇   D. 面临的挑战和存在的问题

2. 物联网的主要特征有( )。

    A. 全面感知   B. 功能强大   C. 智能处理   D. 可靠传送

3. 物联网技术体系主要包括( )。

    A. 感知延伸层技术   B. 网络层技术

    C. 应用层技术   D. 物理层

4. 数据采集和感知用于采集物理世界中发生的物理事件和数据,主要包括( )。

    A. 传感器   B. RFID   C. 二维码   D. 多媒体信息采集

5. 云计算的服务模式有( )。

    A. IaaS   B. SaaS   C. QaaS   D. PaaS

6. 云计算的关键技术有( )。

    A. 虚拟化   B. 服务计算   C. 效用计算   D. 可靠性计算

三、简答题

1. 简述物联网的概念。

2. 简述物联网网络架构和功能。

3. 简述物联网感知、网络通信和应用层的关键技术。

4. 云计算在服务方面,能给用户提供哪几种服务?

任务二　物流大数据技术认知

三个例子告诉你大数据有多厉害

第一个故事,百货公司知道女孩怀孕。

美国的 Target 百货公司上线了一套客户分析工具,可以对顾客的购买记录进行分析,并向顾客进行产品推荐。一次，他们根据一个女孩在 Target 连锁店中的购物记录，推断出这一女孩怀孕，然后开始通过购物手册的形式向女孩推荐一系列孕妇产品。这一做法让女孩的家长勃然大怒，事实真相是女孩隐瞒了怀孕的消息。

第二个故事，阿里云知道谁需要贷款。

每天，海量的交易和数据在阿里平台上跑着，阿里通过对商户最近 100 天的数据分析，就能知道哪些商户可能存在资金问题，此时阿里贷款平台就有可能出马，同潜在的贷款对象进行沟通。

第三个故事，商用社交开始决定百事可乐的营销计划。

面对五花八门的营销活动，到底哪一种才是最合适的呢？百事可乐的做法很简单，它们购买了社交信息优化推广公司 Social Flow 的服务，对数据进行分析，从而知道何种营销活动的传播效果更好。

思考题：

1. 什么是大数据？
2. 大数据有哪些作用？

➡ 任务知识储备

一、大数据认知

（一）大数据的概念与特征

1. 大数据的概念

继物联网、云计算之后，大数据已迅速成为大家争相传诵的热门科技概念。大数据作为信息社会发展的一个新生事物，目前尚处在逐渐被认识、被应用的初始阶段，无论是学术界还是 IT 行业对大数据的理解各有侧重，尚未形成一套完整的理论体系。

大数据究竟是什么

全球最具权威的 IT 研究与顾问咨询公司 Gartner 将大数据定义为"需要新处理模式才能具有更强的决策力、洞察发现力和流程优化能力的海量、高增长率和多样化的信息资产"。

麦肯锡全球研究所给出的定义是：一种规模大到在获取、存储、管理、分析方面大大超出了传统数据库软件工具能力范围的数据。

《互联网周刊》则认为，大数据是通过对海量数据进行分析，获得有巨大价值的产品和服务，或深刻的洞见，最终形成变革之力。

大数据是一类海量信息的数据集，是一项对海量数据进行快速处理并获取有价值信息的技术，更是一种新的认知世界和改造世界的思维方式和能力。大数据开启了一个以数据为基本元素的、以数据为战略资产的时代，在大数据时代掌握了数据就意味着拥有了核心竞争力。大数据通常包括数据采集、存储、分析和应用等相关技术。

2. 大数据的特征

大数据在诞生之初仅仅是一个 IT 行业内的技术术语，业界通常用 4 个 V(volume、variety、velocity、value)来概括大数据的内容特征。

1) 数据体量巨大(volume)

随着网络的普及，时时刻刻都在产生着大量的数据。目前，大数据的规模尚是一个不断变化的指标,单一数据集的规模范围从几十 TB 到数 PB 不等。简而言之,存储 1PB 数据将需要两万台配备 50GB 硬盘的个人计算机。此外,各种意想不到的来源都能产生数据。新出现的数据类型有以下几类。

(1) 以模拟形式存在的记录,或者以数据形式存在但是存储在本地,不公开数据资源,不向互联网用户开放,如音乐、照片、视频、监控录像等影音资料。

(2) 移动互联网出现后,移动设备传感器收集的大量的用户点击行为数据。

(3) 电子地图产生的大量的数据流数据。这些数据与传统数据反映一个属性或一个度量值相区别,代表着一种行为、一种习惯。

(4) 大量的互联网用户创造出海量的社交行为数据,反映出人们的行为特点和生活习惯。

(5) 电商崛起产生的大量网上交易数据,包含支付数据、查询行为、物流运输、购买喜好、点击顺序、评价行为等,其实质是信息流和资金流数据。

(6) 互联网搜索引擎上用户的搜索行为和提问行为聚集的海量数据。

2) 数据类型繁多(variety)

数据类型繁多使数据被分为结构化数据和非结构化数据。相对于以往便于存储的以文本为主的结构化数据,非结构化数据越来越多,包括网络日志、音频、视频、图片、地理位置信息等,多样化的数据对数据的处理能力提出了更高要求。

3) 处理速度快(velocity)

处理速度快是指数据产生、访问、处理、交付的速度快。例如,20 世纪 90 年代初,用户在计算机上安装猫,通过电话线上网,而早期猫的速度还不到 2400bps(每秒 300B),如果想要传送 1MB 的文件要等待两个多小时。时至今日,但凡连接家用计算机及有线和无线路由器的网络设备可以达到 1Gbps(每秒 1000MB)的传送速度。正在推广的第五代移动通信技术网络设备可以达到 10Gbps。这就意味着,如今交互数据的速度比早期的猫时代快了 100 万倍

4) 价值密度低(value)

一般来说,大数据价值密度低,大量的非传统数据中往往隐藏着有用信息,难点在于确定哪些数据有用,然后转换和提取这些有用数据进行分析,获取有价值的信息。但信息有效与否是相对的,数据的价值也是相对的,对于某些应用无效的信息而对于另外一些应用却有可能至关重要。

(二) 大数据的作用

1. 对大数据的处理分析正成为新一代信息技术融合应用的结点

移动互联网、物联网、社交网络、数字家庭、电子商务等是新一代信息技术的应用形态,这些应用不断产生大数据。云计算为这些海量、多样化的大数据提供存储和运算平台。通过对不同来源数据的管理、处理、分析与优化,将结果反馈到上述应用中,将创造出巨大的经济和社会价值。

大数据具有催生社会变革的能量。但释放这种能量,需要严谨的数据治理、富有洞见的数据分析和激发管理创新的环境。

2. 大数据是信息产业持续高速增长的新引擎

面向大数据市场的新技术、新产品、新服务、新业态不断涌现。在硬件与集成设备领域,大数据将对芯片、存储产业产生重要影响,还将催生一体化数据存储处理服务器、内存计算等市场。在软件与服务领域,大数据将引发数据快速处理分析、数据挖掘技术和软件产品的发展。

3. 大数据利用将成为提高核心竞争力的关键因素

各行各业的决策正在从"业务驱动"转向"数据驱动"。对大数据的分析可以使零售商实时掌握市场动态并迅速做出应对;可以为商家制定更加精准有效的营销策略提供决策支持;可以帮助企业为消费者提供更加及时和个性化的服务;在医疗领域,可提高诊断准确性和药物有效性;在公共事业领域,大数据也开始发挥促进经济发展、维护社会稳定等方面的重要作用。

4. 大数据时代科学研究的方法手段将发生重大改变

在大数据时代,可通过实时监测、跟踪研究对象在互联网上产生的海量行为数据,进行挖掘分析,揭示出规律性,提出研究结论和对策。

二、大数据的核心技术

从大数据的生命周期来看,大数据采集、大数据预处理、大数据存储、大数据分析,共同组成了大数据生命周期里最核心的技术。

1. 大数据采集

大数据采集,即对各种来源的结构化和非结构化海量数据所进行的采集。①数据库采集:流行的有 Sqoop 和 ETL,传统的关系型数据库 MySQL 和 Oracle 也依然充当着许多企业的数据存储方式。目前,对于开源的 Kettle 和 Talend,也集成了大数据集成内容,可实现 HDFS、HBase 和主流 NoSQL 数据库之间的数据同步和集成。②网络数据采集:一种借助网络爬虫或网站公开 API,从网页获取非结构化或半结构化数据,并将其统一结构化为本地数据的数据采集方式。③文件采集:包括实时文件采集和处理技术 Flume、基于 ELK 的日志采集和增量采集等。

2. 大数据预处理

大数据预处理是指在进行数据分析之前,先对采集到的原始数据进行诸如"清洗、填补、平滑、合并、规格化、一致性检验"等一系列操作,旨在提高数据质量,为后期分析工作奠定基础。数据预处理主要包括数据清理、数据集成、数据转换、数据规约 4 部分。①数据清理指利用 ETL 等清洗工具,对有遗漏数据(缺少感兴趣的属性)、噪声数据(数据中存在着错误或偏离期望值的数据)、不一致数据进行处理。②数据集成指将不同数据源中的数据,合并存放到统一数据库,着重解决模式匹配、数据冗余、数据值冲突检测与处理 3 个问题。③数据转换是指对所抽取出来的数据中存在的不一致进行处理。它同时包含了数据清洗的工作,即根据业务规则对异常数据进行清洗,以保证后续分析结果的准确性。④数据规约是指在最大限度保持数据原貌的基础上,最大限度精简数据量,以得到较小数据集,包括数据方聚集、维规约、数据压缩、数值规约、概念分层等。

3. 大数据存储

大数据存储指用存储器,以数据库的形式,存储采集到的数据的过程。其包含以下三种典型路线。

(1) 基于 MPP 架构的新型数据库集群:采用 Shared Nothing 架构,结合 MPP 架构的高效分布式计算模式,通过列存储、粗粒度索引等多项大数据处理技术,重点面向行业大数据展开的数据存储方式。其具有低成本、高性能、高扩展性等特点,在企业分析类应用领域有着广泛的应用。较之传统数据库,其基于 MPP 产品的 PB 级数据分析能力,有着显著的优越性。MPP 数据库成为企业新一代数据仓库的最佳选择。

（2）基于 Hadoop 的技术扩展和封装：这是针对传统关系型数据库难以处理的数据和场景(针对非结构化数据的存储和计算等)，利用 Hadoop 开源优势及相关特性，衍生出相关大数据技术的过程。伴随着技术进步，其应用场景逐步扩大，目前最为典型的应用场景是通过扩展和封装 Hadoop 来实现对互联网大数据存储、分析的支撑，其中涉及几十种 NoSQL 技术。

（3）大数据一体机：这是一种专为大数据的分析处理而设计的软、硬件结合的产品。它由一组集成的服务器、存储设备、操作系统、数据库管理系统，以及为数据查询、处理、分析而预安装和优化的软件组成，具有良好的稳定性和纵向扩展性。

4．大数据分析

从可视化分析、数据挖掘算法、预测性分析、语义引擎、数据质量管理等方面，对杂乱无章的数据，进行萃取、提炼和分析。

（1）可视化分析是指借助图形化手段，清晰并有效传达与沟通信息的分析手段。其主要应用于海量数据关联分析，即借助可视化数据分析平台，对分散异构数据进行关联分析，并做出完整分析图表。其具有简单明了、清晰直观、易于接受的特点。

（2）数据挖掘算法即通过创建数据挖掘模型，而对数据进行试探和计算的数据分析手段，它是大数据分析的理论核心。数据挖掘算法多种多样，且不同算法因基于不同的数据类型和格式，会呈现出不同的数据特点。但一般来讲，创建模型的过程是相似的，即首先分析用户提供的数据，然后针对特定类型的模式和趋势进行查找，用分析结果定义创建挖掘模型的最佳参数，并将这些参数应用于整个数据集，以提取可行模式并详细统计信息。

（3）预测性分析是大数据分析最重要的应用领域之一，通过结合多种高级分析功能(特别是统计分析、预测建模、数据挖掘、文本分析、实体分析、优化、实时评分、机器学习等)，达到预测不确定事件的目的，帮助用户分析结构化和非结构化数据中的趋势、模式和关系，并运用这些指标预测将来事件，以便提前采取措施。

（4）语义引擎是指通过为已有数据添加语义的操作，提高用户互联网搜索体验。

（5）数据质量管理是指对数据全生命周期的每个阶段(计划、获取、存储、共享、维护、应用、消亡等)中可能引发的各类数据质量问题，进行识别、度量、监控、预警等操作，以提高数据质量的一系列管理活动。

三、大数据在物流领域中的应用

物流大数据是指海量的物流数据，即运输、仓储、搬运装卸、包装及流通加工等物流环节中涉及的数据、信息等，挖掘出新的增值价值，通过大数据分析可以提高物流的智能化水平，提高运输与配送效率，减少物流成本，更有效地满足客户服务要求。

大数据在物流中的应用

1）运输路线优化

通过运用大数据，物流运输效率将得到大幅提高，大数据为物流企业间搭建起沟通的桥梁，物流车辆行车路径也将被最短化、最优化定制。如美国 UPS 公司使用大数据优化送货路线，配送人员不需要自己思考配送路径是否最优。UPS 采用大数据系统可实时分析 20 万种可能路线，3 秒找出最佳路径。UPS 通过大数据分析，规定卡车不能左转，所以，UPS 的司机会宁愿绕个圈，也不往左转。往年的数据显示，因为执行尽量避免左转的政策，UPS 货车在行驶路程减少 2 亿多英里的前提下，多送出了 350000 件包裹。

2）车货匹配

通过对运力池进行大数据分析,公共运力的标准化和专业运力的个性化需求之间可以产生良好的匹配,同时,结合企业的信息系统也会全面整合与优化。如马货邦通过对货主、司机和任务的精准画像,可实现智能化定价、为司机智能推荐任务和根据任务要求指派配送司机等。从客户方面来讲,大数据应用会根据任务要求,如车型、配送公里数、配送预计时长、附加服务等自动计算运力价格并匹配最符合要求的司机,司机接到任务后会按照客户的要求进行高质量的服务。在司机方面,大数据应用可以根据司机的个人情况、服务质量、空闲时间为他自动匹配合适的任务,并进行智能化定价。基于大数据实现车货高效匹配,不仅能减少空驶带来的损耗,还能减少污染。

3）精准的市场预测

在大数据技术背景下,京东青龙系统可以根据客户的购物车、浏览时间、评价信息以及收藏夹等所有与销量有关的数据,了解客户的想法及需求,通过聚类分析确定客户群,对商品的生命周期进行预测,做好库存和运输工作的安排,科学有效地利用现有资源。大数据技术的实时性能很好地解决传统问卷调查法延迟性高、效率低下等问题,并根据实时的调研结果安排最佳仓储量,避免错过最佳销售时间段。

4）仓储中心的选址优化

在物流中心选址过程中,企业需要综合考虑经营环境、基础设施状况、自然环境、其他因素等。人工智能结合大数据分析,在物流中心、仓库选址上能够结合运输线路、客户分布、地理状况等信息进行精准匹配,从而优化选址、提升效率。如 2017 年 8 月京东物流用大数据在唐山建成国内首个“前店后仓”体验中心。京东大数据显示,三四线城市的日平均单量增速比一二线增速高出 20%,未来三四线城市也将是京东重点布局的方向。截至 2020 年 9 月 30 日,京东物流充分利用大数据技术合理规划布局,在全国拥有了超过 800 个仓库,其中包括 28 座“亚洲一号”大型智能仓库,约 90% 的自营订单可以在当日或次日送达。

 前沿理论与技术

大数据提升京东企业效益

1. 信息共享,掌握企业运作信息

目前,中国电子商务的发展速度已经领先全球。2020 年京东双 11 全球热爱季累计下单金额超 2715 亿元,较 2019 年京东双 11 累计下单金额 2044 亿元,增长超过 32%,给数据运维带来了极大的考验。根据京东提供的数据,基层工作人员要完成节日期间所有货物的配送至少需要步行 5 亿公里,路程相当漫长,而京东无人送货车无人机的投入使用让整体配送时间大大缩短。从京东的运作情况得知,每一个物流环节的信息爆炸式增长,使得常规的物流信息数据收集、分析和处理工具的能力已经不能满足企业和客户对节点的信息需求,这就需要利用数据分析处理平台筛选出有利用价值的信息,从而促进企业持续稳定发展。

2. 提供依据帮助物流企业做出正确的决策

通过传统问卷调研或个人主观判断来进行决策的方法已经日暮途穷,这种方式不能及时、准确、客观地了解到现代消费者的物流服务需求,会使企业做出错误的经营决策,错失重大商机。如果根据人们以往生活经验,会认为奢侈品在经济发达的大城市才有高销售量,在节日前

夕就只在经济发达地区做好仓储、配送等工作安排。但是京东大数据显示,2018年七夕期间,拉萨地区的铂金、黄金销量大幅增长,七夕节前两周,销量比平时增长了4.4倍、1.9倍,同时,数据显示,在拉萨地区,鲜花也是拉萨市民浪漫的必备品,七夕节前两周,鲜花销量比平时增长了1.6倍,钻石销量比平时增长了2.1倍,腕表销量比平时增长了48%。此外,七夕节前两周,拉萨地区生活电器销量比平时增长了44%。而京东对信息的收集、汇总处理工作及时高效,在得到较为精准的业务数据后,分析、筛选出有利用价值的信息来判断和预测每个地区的各种商品需求量及物流服务需求度,进而调整企业运营方案,集中精力完成高效益的业务,充分发挥大数据技术的作用为企业带来高额利润。

3. 通过对数据"加工"来实现数据"增值"

通过对不断增长的数据进行"加工",可以使物流企业产生显著的财务价值。2017年8月,京东无人机无人车总部落户凤岗,采用规范的模型"加工"数据,年产值逾400亿元,年劳动生产率提高0.5%。京东大数据的质量和价值跻身中国顶级互联网公司之列,借助这些大数据,并对此进行增值处理,就可以为用户提供个性化服务、为业务运营提供智能化支持。因此,在掌握庞大的数据信息后,提高对数据的"加工能力"筛选出有价值的信息,实现数据的"增值",才能体现企业的大数据战略意义。

资料来源:https://kns.cnki.net.

 实训任务实施二

企业物流大数据应用调研

1. 实训目标

(1) 初步掌握调研的方法、步骤。

(2) 了解大数据技术在物流企业的应用。

(3) 在收集、分析、整理调研资料的基础上,撰写完成大数据在物流行业的应用调研报告。

(4) 制作调研报告PPT演示文稿。

2. 实训要求

选择3~5家与物流有关的企业(如Amazon、DHL、FedEx、京东、菜鸟、美团等),进行物流大数据应用调研,全面了解大数据技术在企业中的应用情况。

3. 实训准备

(1) 教师准备好实训任务书。

(2) 根据任务安排,对学生进行分组,3~5人一组,设组长1名。

(3) 以小组为单位制订调研计划,确定调查对象、地点、时间、方式,确定要收集的资料。

(4) 调查之前,学生根据任务目标通过网络收集相关资料并做好知识准备。

4. 实训任务

(1) 学生以小组为单位,选择3~5家大型企业开展物流大数据应用调研,了解大数据技术的应用情况。

(2) 撰写调研报告,制作PPT演示文稿,交流调研报告。

5. 实训操作

(1) 以小组为单位通过网络进行调研。

（2）以小组为单位整理收集相关材料，撰写调研报告，制作 PPT 演示文稿。

（3）交流调研报告。

6. 技能训练评价

完成实训后，填写技能训练评价表（见表 6-2）。

表 6-2 技能训练评价表

专业：	班级：		被考评小组成员：		
考评时间			考评地点		
考评内容			企业物流大数据应用调研		
考评标准	内 容	分 值	小组互评（50%）	教师评议（50%）	考评得分
考评标准	调研过程中，分工明确，积极配合，团队合作良好	20			
考评标准	PPT 制作规范，表达正确	20			
考评标准	调研报告格式正确，数字准确，内容翔实，分析总结科学，能分析存在的问题，提出合理化建议，体现出对大数据技术的认知和理解	60			
综合得分					
指导教师评语：					

任 务 小 结

本任务主要学习了大数据的基本概念、特征、作用、核心技术和在物流领域的典型应用。

练 习 题

一、单选题

1. 当前大数据技术的基础是由（　　）首先提出的。

　　A. 微软　　　　B. 百度　　　　C. 谷歌　　　　D. 阿里巴巴

2. 大数据的起源是（　　）。

　　A. 金融　　　　B. 电信　　　　C. 互联网　　　　D. 公共管理

3. 智慧城市的构建，不包含（　　）。

　　A. 数字城市　　B. 物联网　　　C. 联网监控　　　D. 云计算

4. 大数据的最显著特征是（　　）。

　　A. 数据规模大　B. 数据类型多样　C. 数据处理速度快　D. 数据价值密度高

5. 当前社会中，最为突出的大数据环境是（　　）。

　　A. 互联网　　　B. 物联网　　　C. 综合国力　　　D. 自然资源

6. 大数据时代，数据使用的关键是（　　）。

　　A. 数据收集　　B. 数据存储　　C. 数据分析　　　D. 数据再利用

二、多选题

1. 大数据作为一种数据集合,它的含义包括(　　)。

　　A. 数据很大　　　B. 很有价值　　　　C. 构成复杂　　　　D. 变化很快

2. 当前大数据技术的基础包括(　　)。

　　A. 分布式文件系统　　　　B. 分布式并行计算　　　　C. 关系型数据库

　　D. 分布式数据库　　　　　E. 非关系型数据库

3. 大数据处理流程可以概括为以下哪几步?(　　)

　　A. 挖掘　　　　B. 采集　　　　　C. 统计和分析　　　　D. 导入和预处理

4. 宁家骏委员指出,(　　)主导了 21 世纪。

　　A. 云计算　　　B. 移动支付　　　C. 大数据　　　　D. 物联网

5. 大数据的主要特征表现为(　　)。

　　A. 数据容量大　　B. 商业价值高　　　C. 处理速度快　　　D. 数据类型多

三、简答题

1. 什么是大数据?其特征有哪些?

2. 简述大数据在物流领域中的应用。

任务三　数字经济与物流数据分析

 引导案例

顺丰数据灯塔

数据引领未来,如何掌握庞大的数据信息,对这些含有意义的数据进行专业化处理,并进行智慧运用,已成为物流行业巨头们的重要课题。

顺丰作为国内物流行业的龙头,在 2016 年 5 月就推出了顺丰数据灯塔计划,这是国内物流行业第一款大数据产品。它是顺丰在快递服务之外推出的首款数据增值服务,愿景定位为智慧物流和智慧商业(即"灯塔物流＋"与"灯塔商业＋"),充分运用大数据计算与分析技术,为客户提供物流仓储、市场开发、精准营销、电商运营管理等方面的决策支持,助力客户优化物流和拓展业务。

顺丰数据灯塔融合了顺丰内部自有的 20 余年物流领域持续积累的海量大数据(30 万＋收派员、5 亿＋个人用户、150 万＋企业客户、300 万＋楼盘/社区信息、10 亿＋电商数据以及 10 亿＋社交网络等海量数据,覆盖全国 3000 个城市和地区)和外部公开平台数据,基于这些大数据进行多维度深层次高精度的专业分析,以及通过快递实时直播、监控快件状态、预警分析、仓储分析、消费者画像研究、行业对比分析、供应链分析、智慧商圈、智慧云仓、促销作战室等数据清洗、整合、洞察与分析,为商户提供分行业分场景的一站式咨询、分析、营销和运营服务的专业解决方案,目前已经覆盖生鲜、食品、3C、服装等多个行业。顺丰数据灯塔拥有一流的算法团队,在自然语言处理、物流路径规划、智能推荐引擎等领域有着核心算法技术优势。

1. "灯塔物流＋"

帮助客户解决快递全流程实时监控痛点,协同实现仓储收、发、存数据并行分析管理,提升

物流服务水平、控制物流成本,最终实现智能管控。产品特性主要为快递探照灯、仓储仪表盘和全面的物流分析。

(1) 快递探照灯:掌握快件各环节的流转情况,监控每单快件实时状态。及时发现快件异常,并且可以自定义条件。

(2) 仓储仪表盘:提供入库、出库、库存的分析数据及报表下载。库存透视方面,提供细化至 SKU 维度的库存、销量及库龄等信息,自定义库存预警指标,实时监控库存状态,超过警戒值立即预警。订单透视方面,实时监控订单在各个环节的状态,自定义配置规则,精准锁定异常。

(3) 全面的物流分析:通过对物流、仓储的大数据分析,使企业可以从容应对企业的物流管理。

2."灯塔商业十"

掌握全面多维的商业决策数据,充分洞察行业对手、供应链上下游,精准定位消费者,全方位掌握市场动态,真正做到智能决策。产品特性主要为商机发现、风险防控和画像分析。

(1) 商机发现:分析老客户历史购物行为,判断客户忠诚度,针对摇摆客户进行维系,留住老客户;通过相关算法识别潜在客户,扩大自身客户群;基于精准地址数据,圈定商圈人群,分析商圈特征,指导企业线下营销;对比同行数据,取长补短。

(2) 风险防控:识别已经流失的客户,协助制定挽回策略;识别具有流失风险的客户,及时采取挽留措施;识别具有衰退风险的客户,提升复购率。

(3) 画像分析:5 亿中高端客户,250 十维度,全方位圈定客户群;支持导入自有数据,匹配顺丰体系数据,丰富客户群特征;提供数据分析工具,可灵活组合各维度,进行自助化在线分析。

资料来源:https://dengta.sf-express.com.

思考题:

1. 顺丰数据灯塔是什么?
2. 顺丰数据灯塔能为客户提供哪些服务?

➡ 任务知识储备

一、数字经济认知

纵观世界文明史,人类先后经历了农业革命、工业革命、信息革命。每一次产业技术革命,都给人类生产生活带来巨大而深刻的影响,不断提高人类认识世界、改造世界的能力。数字技术日新月异,应用潜能全面迸发,数字经济正在经历高速增长、快速创新,并广泛渗透其他经济领域,深刻改变世界经济的发展动力、发展方式,重塑社会治理格局。那么什么是数字经济呢?

(一)数字经济的概念

数字经济是以数字化的知识和信息为关键生产要素,以数字技术创新为核心驱动力,以现代信息网络为重要载体,通过数字技术与实体经济深度融合,不断提高传统产业数字化、智能化水平,加速重构经济发展与政府治理模式的新型经济形态。数字经济概念蕴含丰富内涵,需从多方面深刻认识。

1. 数字经济包括数字产业化和产业数字化两大部分

数字产业化，也称为数字经济基础部分，即信息产业，具体业态包括电子信息制造业、信息通信业、软件服务业等。产业数字化，即国民经济各行各业由于数字技术应用而带来的产出增加和效率提升，也称为数字经济融合部分，其新增产出构成数字经济的重要组成部分。

2. 数字经济超越了信息产业部门的范围

自 20 世纪六七十年代以来，数字技术飞速进步促使信息产业崛起，成为经济中创新活跃、成长迅速的战略性新兴产业部门。应充分认识到数字技术作为一种通用技术，可以成为重要的生产要素，广泛应用到经济社会各行各业，促进全要素生产率提升，开辟经济增长新空间，这种数字技术的深入融合应用全面改造经济面貌，塑造整个经济新形态，因此不应将数字经济只看作是信息产业。

3. 数字经济是一种技术经济范式

数字技术具有基础性、广泛性、外溢性、互补性特征，将带来经济社会新一轮阶跃式发展和变迁，推动经济效率大幅提升，引发基础设施、关键投入、主导产业、管理方式、国家调节体制等经济社会最佳惯行方式的变革。如伴随互联网与电信技术的快速发展与融合，互联网企业、电信运营商和手机终端设备产业出现跨界竞争现象，移动互联网使互联网不再被办公场所限制，深刻改变了人类的生活方式。数字经济技术范式具有三大特征：数字化的知识和信息是最重要的经济要素，数字技术有非常强烈的网络化特征，数字技术重塑了经济与社会。

4. 数字经济是一种经济社会形态

数字经济在基本特征、运行规律等维度出现根本性变革。对数字经济的认识，需要拓展范围、边界和视野，成为一种与工业经济、农业经济并列的经济社会形态。需要站在人类经济社会形态演化的历史长河中，全面审视数字经济对经济社会的革命性、系统性和全局性影响。

5. 数字经济是信息经济、信息化发展的高级阶段

信息经济包括以数字化的知识和信息驱动的经济，以及非数字化的知识和信息驱动的经济两大类，未来非实物生产要素的数字化是不可逆转的历史趋势，数字经济既是信息经济的子集，又是未来发展的方向。信息化是经济发展的一种重要手段，数字经济除了包括信息化外，还包括在信息化基础上所产生的经济和社会形态的变革，是信息化发展的结果。

(二)数字经济发展特征

1. 数据成为新的关键生产要素

如同农业经济时代以劳动力和土地、工业经济时代以资本和技术为新的生产要素一样，数字经济时代，数据成为新的关键生产要素。

如今由网络所承载的数据、由数据所萃取的信息、由信息所升华的知识，正在成为企业经营决策的新驱动、商品服务贸易的新内容、社会全面治理的新手段，带来了新的价值增值。更重要的是，相比其他生产要素，数据资源具有的可复制、可共享、无限增长和供给的禀赋，打破了传统要素有限供给对增长的制约，为持续增长和永续发展提供了基础与可能，成为数字经济发展新的关键生产要素。

2. 数字技术创新提供源源不断的动力

数字技术创新活跃，不断拓展人类认知和增长空间，成为数字经济发展的核心驱动力。区别于以往的通用目的技术，数字技术进步超越了线性约束，呈现出指数级增长态势。数字技术能力提升遵循摩尔定律，如每 18 个月综合计算能力提高一倍、存储价格下降一半、带宽价格下

降一半等。接入网络的用户和设备的价值遵循梅特卡夫定律,数字经济价值呈现指数型增长,这进一步推动了数字经济快速成长。

3. 信息产业的基础性、先导性作用突出

与交通运输产业和电力电气产业成为前两次工业革命推动产业变革的基础先导产业部门类似,信息产业是数字经济时代驱动发展的基础性先导性产业。信息产业领域创新活跃,引领带动作用强。数字技术是技术密集型产业,动态创新是其基本特点,强大的创新能力是竞争力的根本保证。

4. 产业融合是推动数字经济发展的主引擎

近年来,数字经济正在加快向其他产业融合渗透,提升经济发展空间。一方面,数字经济加速向传统产业渗透,不断从消费向生产,从线上向线下拓展,催生 O2O、分享经济等新模式、新业态持续涌现;另一方面,传统产业数字化、网络化、智能化转型步伐加快,新技术带来的全要素效率提升,加快改造传统动能,推动新旧动能接续转换。

5. 平台化生态化成为产业组织的显著特征

平台成为数字经济时代协调和配置资源的基本经济组织,是价值创造和价值汇聚的核心。工业经济时代,企业经营目标是消灭竞争对手,并从上下游企业中获取更多利润。而在平台中,价值创造不再强调竞争,而是通过整合产品和服务供给者,并促成它们之间的交易协作和适度竞争,共同创造价值,以应对外部环境的变化,打造共建共赢的生态系统。

6. 线上线下一体化成为产业发展的新方向

数字经济时代,数字经济不断从网络空间向实体空间扩展边界,传统行业加快数字化、网络化转型。一方面,互联网巨头积极开拓线下新领地;另一方面,传统行业加快从线下向线上延伸,获得发展新生机。线上线下融合发展聚合虚拟与实体两种优势,升级了价值创造和市场竞争的维度。

7. 多元共治成为数字经济的核心治理方式

数字经济是一个复杂生态系统,海量主体参与市场竞争。因此,在数字经济时代,社会治理的模式将发生深刻变革,过去政府单纯监管的治理模式加速向多元主体协同共治方式转变。只有激发用户和消费者参与治理的能动性,形成遍布全网的市场化内生治理方式,才可有效应对数字经济中分散化、海量化的治理问题。

"数说"数字经济

1. 五年间移动互联网接入流量消费升 56.1 倍

国家统计局日前发布新中国成立 70 周年经济社会发展成就报告。报告显示,我国网民由 1997 年的 62 万人激增至 2018 年的 8.3 亿人。2018 年,移动互联网接入流量消费达 711 亿 GB,是 2013 年的 56.1 倍。70 年来,我国通信业发展突飞猛进。报告显示,我国通信技术实现跨越式发展。2018 年年末,光纤接入用户达 3.68 亿户;4G 用户总数达 11.7 亿户。

用户规模发展壮大,电信业务总量高速增长。统计显示,2018 年年末,全国电话用户规模达 17.5 亿户,用户规模居世界第一。移动宽带用户(即 3G 和 4G 用户)总数由 2014 年年末的 5.8 亿户增至 2018 年年末的 13.1 亿户,年均增长 22.4%。数字消费持续释放居民需求潜力。

报告显示,截至 2018 年年末,我国网络购物用户规模达 6.1 亿,占网民总体的 73.6%。

2. 2018 年网约车市场投资减少约 90%

全球性咨询公司贝恩公司 2019 年 8 月 20 日发布《2019 年亚太区出行市场研究报告——亚洲出行行业坎坷的盈利之路》。报告显示,2018 年,中国网约车行业年增长率降至 25%,月活用户数量下降了 5%;B2C 共享汽车增长率放缓至 50%;中国出行行业中,仅有即时配送企业短期内前景较为乐观,即时配送领域交易总额 2018 年增长 40%。2018 年,出行行业整体投资缩水 48%,网约车市场投资规模减少约 90%,但针对即时配送企业的投资增加了 3 倍。

3. 46 家老字号在阿里巴巴平台上销售额破亿元

诸多拥有数百年历史的老字号也依托天猫重焕新生,并集体走上"上市之路"。一些放下姿态的老字号在阿里平台上通过数字化升级拥抱变化,洞察消费者不断变化的需求。在 2019 年天猫为老字号举办的"年味盛典"上,五芳斋、稻香村、广州酒家、青岛啤酒等一批老字号品牌都获得了人气和销量的双赢,新用户数最高增长 141%,90 后用户最高占比达到 66%。在商务部认定的 1128 家中华老字号企业中,已有超过 7 成老字号在淘宝、天猫开店。更有 46 家中华老字号 2018 年在阿里巴巴平台上实现销售额破亿元。

4. 中国机器人市场规模及预测

2019 年,中国机器人市场规模持续增长,达 588.7 亿元,增长率为 9.8%。其中服务机器人市场规模为 206.5 亿元,占整体机器人市场规模的 35.1%,所占比例进一步提高;工业机器人市场规模为 382.2 亿元,占比 64.9%。预计到 2022 年,市场规模将达到 991.9 亿元,2020—2022 年复合增长率为 19.0%。

(1) 中国服务机器人市场规模及预测。2019 年,家用机器人在中国服务机器人市场的占比为 35.6%;特种机器人占比 25.4%;医疗机器人占比 21.0%;公共服务机器人占比为 18.0%。

未来三年,中国服务机器人市场将保持较快增长,市场规模及占比也将不断增加,2022 年,中国服务机器人市场份额预计达到 44.3%。

(2) 中国工业机器人市场规模及预测。2019 年,工业机器人市场规模受下游汽车、电子电气等行业景气度下滑的影响,增速较 2018 年放缓,呈下降趋势,但总体市场规模仍然呈稳定上升趋势,达 382.2 亿元,预计到 2022 年,工业机器人市场规模将进一步增长,达到 552.3 亿元。

2019 年,汽车及零部件在中国工业机器人市场的行业应用占比为 35.8%;电子电气占比为 28.7%;金属加工占比为 8.2%;食品医药占比为 3.1%;仓储物流占比为 2.9%;塑料加工占比为 2.8%;其他领域占比为 18.5%。

资料来源:http://www.xinhuanet.com/,http://www.robot-china.com/.

二、物流数据分析概述

1. 物流数据分析的概念

数据分析是指用适当的统计方法(包括大数据分析方法)对收集来的大量第一手资料和第二手资料进行分析,提取有用信息和形成结论而对数据加以详细研究和概括总结的过程。数据分析可以帮助人们作出判断,以便采取适当行动。

物流数据分析是组织有目的地收集与物流相关的数据、分析数据,使之成为物流信息。在物流组织中,任何一个流程、一个动作、一个商品的流动轨迹都会被记录到系统中,形成各式各样的数据,在系统中形成一个庞大的数据仓库,这个数据仓库不仅包含物流组织的相关数据,而且涵盖上游供应商到下游门店的部分数据,而物流数据分析的意义就是在这样一个庞大的数据仓库中寻找到数据之间的关联,找到理解事物发展的规律。如对客户的行为及市场趋势进行有效的分析,了解企业内部物流问题的关键所在等。

2. 物流数据分析的作用

1) 提高资源的利用率

物流数据分析,可以很清楚地知道目前的仓库资源(货位资源、人力资源、叉车资源、场地资源、容器资源等)的利用状态,合理的分配各种资源,达到平衡物流组织作业和资源的最大化利用的作用。

2) 可视化管理

物流组织中的作业包含收货、上架、配货、拣货、补货、运输、配送等环节,物流管理者如何实时了解物流中心的作业情况呢? 通过数据分析得到的可视化分析报表可以很清楚地了解各个流程的状况,运行清楚、直观管理。

3) 为决策提供依据

物流数据分析以报表的形式展现出来,报表内容是多样化的,如供应商考核报表、物流中心的运营成本报表、周转天数报表,管理者通过这些报表选择供应商,调整经营策略等。

4) 优化物流流程

物流流程优化是指在物流流程的设计和实施过程中,对流程不断梳理、完善和改进。物流流程需要不断优化以保持企业的竞争优势。物流流程的优化包括降低成本、降低劳动强度、提高工作效率和工作质量等。在这个过程中,数据分析会起到关键性作用,通过数据分析来找到优化的方向。

3. 物流数据分析的方法

物流数据分析的方法既有传统统计分析方法,也有现代的数据挖掘新技术。本教材主要探讨基于物流大数据分析的物流数据挖掘技术。就产业应用的视角来看,数据挖掘基本任务包括分类、聚类、关联分析、预测、数值计算优化。它们不仅在挖掘的目标和内容上不同,所使用的技术也有较大差别。

1) 分类

在物流数据分析与挖掘中,分类是较为常见的任务。其典型的应用就是根据事物在数据层面的表现特征,对事物进行科学分类。对于分类问题,人们已经研究并总结出了很多有效方法。经典分类方法主要包括决策树方法、神经网络方法、贝叶斯分类、K近邻算法、判别分析、支持向量机等分类方法。不同分类方法有不同特点,这些分类方法在很多领域都得到了成功应用。但是每一种方法都有缺陷,再加上实际问题的复杂性和数据的多样性,使得无论哪一种方法都只能解决某一类问题。近年来,随着人工智能机器学习模式识别和数据挖掘等领域中传统方法的不断发展,以及各种新方法、新技术的不断涌现,分类方法得到了长足发展。

2) 聚类

聚类是指根据"物以类聚"的原理,将本身没有类别的样本聚集成不同的组(这样的一组数据对象的集合叫作簇),并且对每个簇进行描述。聚类的目的是使属于同一簇的样本之间应该彼此相似,而不同簇的样本应该足够不相似。与分类不同,分类需要先定义类别和训练样本,是有指导的学习。聚类就是将数据划分或分割成相交或者不相交的群组,通过确定数据之间在预先指定的属性上的相似性,就可以完成聚类任务。换言之,聚类是在没有给定划分类的情况下,根据信息相似度进行信息聚类,因此聚类又称无指导的学习。

聚类问题的研究已经有很长的历史,为了解决各领域的聚类应用,已经提出的聚类算法有近百种。根据聚类原理,可将聚类算法分如以下几种:划分聚类、层次聚类、基于密度的聚类、基于网格的聚类和基于模型的聚类。虽然聚类的方法很多,但在实践中用得比较多的还是 K-means、层次聚类、神经网络聚类、模糊 C 均值聚类、高斯聚类这几种常用的方法。

3) 关联分析

关联分析又称关联挖掘,是在交易数据、关系数据或其他信息载体中,查找存在于项目集合或对象集合之间的频繁模式、关联、相关性或因果结构,或者说,关联分析是发现交易数据库中不同商品(项)之间的联系。关联分析有三个非常重要的概念,即"三度":支持度、置信度、提升度。后面将通过实例展示如何应用三度来发现有效的关联规则,从而指导决策。

4) 预测

预测是物流大数据挖掘中比较常见的任务。预测应用是预测未来的某一个未知值。例如,可以根据历史数据分析收入和各种变量的关系以及时间序列的变化,从而预测某物流企业员工在未来某个时点的具体收入。

预测的方法可以分为定性预测方法和定量预测方法。物流数据分析与挖掘中用的方法是定量分析方法,定量方法又分为时间序列分析和因果关系分析两类。常见的时间序列分析方法有移动平均、指数平均等,常见的因果关系分析方法有回归分析、计量经济模型、神经网络预测、灰色系统模型等。

5) 数值计算优化

数值计算优化是指用数学方法来求最优方案的一种间接优化设计方法。一个优化设计问题的解决,一般要经过三个阶段:①将设计问题转换为一个数学模型,其中包括建立评选设计方案的目标函数,考虑这些设计方案是否能接受的约束条件,以及确定哪些参数参与优选等。②根据数学模型中的函数性质,选用合适的优化方法,并做出相应的程序设计。③在计算机上自动解得最优值,然后对计算结果做出分析和正确的判断,得出最优设计方案。

物流中常用数值计算优化方法解决路径优化等问题,常用的方法有 Dijkstra 算法、节约里程法、扫描法、遗传算法等。

三、数据分析与挖掘方法在物流领域中的应用

下面就通过物流活动的典型环节中的案例,介绍物流数据分析与挖掘方法在物流组织中的应用。

(一)仓储业务数据分析

电子商务的快速发展,使得现代物流管理对仓储的要求越来越高。合理安排商品的存储、摆放商品,提高拣货效率、压缩商品的存储成本、提供更多客户自定义产品和服务、提供更多的增值服务等是当前物流管理者必须思考的问题。

1. 仓储货位分配——关联规则

仓储货位分配主要通过优化货品的存储货位,而缩短拣选所需经过的路径长度和时间。利用数据挖掘中的关联规则对仓储管理系统的大规模业务数据进行关联挖掘,找出商品关联关系,如某些类型的货物通常安排在一起进行配送,从而优化仓储货位分配,提高配送中心整体的作业效率。

1）什么是关联规则

关联规则最早是 IBM 的阿格拉沃尔等人在 20 世纪 90 年代提出的，主要是用来解决数据项彼此间的关联关系，比方说采购黄油和面包的人，超过九成会进一步采购牛奶。

设 $I=\{i_1,i_2,\cdots,i_m\}$ 为项目集合（如库房中的各种货物集合），简称项集；$T=\{t_1,t_2,\cdots,t_n\}$ 为所有事务的集合（如某段时间的拣选任务集合），其中每一个事务均具有独立标识，且每个事务 $t_i(i=1,2,\cdots,n)$ 分别对应 I 的一个子集。设有项目 $A,B\subseteq I$，且 $A\bigcap B=\varnothing$，关联分析用表达式 $A\rightarrow B$ 表示。

关联强度的度量参数为支持度（support）、置信度（confidence）和提升度（lift）。

（1）支持度 support($A\rightarrow B$)表示同时含有 A 与 B 的事务的数量占事务总数的比例。即 A 和 B 在所有事务中共同出现的普遍程度。支持度越大表明该规则所涉及的事务在整体中所占的比重越大，该规则的价值就更高。

设定 count($A\subseteq T$)为集合 T 中包含 A 项集的事务的数量，那么 A 的支持度为

$$support A = count(A\subseteq T)/\big|T\big|$$

关联规则 $R,A\rightarrow B$ 的支持度为

$$support(A\rightarrow B)=count(A\bigcup B)/\big|T\big|$$

（2）置信度 confidence($A\rightarrow B$)表示在包含 A 的事务中 B 出现的概率，即 A 出现导致 B 出现的必然性有多大。对于规则 $A\rightarrow B$，置信度如果越高，说明事务 B 在包含 A 的事务中出现的概率就越高，这条规则的真实性越大。

$$confidence(A\rightarrow B)=support(A\rightarrow B)/support(A)$$

（3）提升度（lift $A\rightarrow B$)表示包含 A 的事务中 B 出现的概率与不含 A 的事务中 B 出现的概率之比。提升度用于反映事物 A 的出现对事物 B 出现的影响力。一般来说提升度大于 1 才算有意义，意味着 A 事物的出现对 B 事物的出现具有促进作用。

$$lift(A\rightarrow B)=confidence(A\rightarrow B)/support(B)$$

例如，有 4 张拣选单 i_1,i_2,i_3,i_4，包含的商品分别为(A,B,C)，(A,C)，(A,D)和(B,E,F)。A,B,C,D,E,F 的支持度分别为 75%，50%，50%，25%，25%，25%。

关联规则 $R,A\rightarrow C$ 的支持度为

$$support(A\rightarrow C)=count(A\bigcup C)/\big|T\big|=2/4=50\%$$

关联规则 $R,A\rightarrow C$ 的置信度为

$$confidence(A\rightarrow C)=support(A\rightarrow C)/support(A)=50\%/75\%\approx0.67$$

关联规则 $R,A\rightarrow C$ 的提升度为

$$lift(A\rightarrow C)=confidence(A\rightarrow C)/support(C)=67\%/50\%=1.34$$

关联规则 $R,A\rightarrow C$ 的提升度为 1.34，大于 1，说明 A 商品出库对 C 商品的出库具有促进作用。

2）关联规则挖掘过程

（1）数据探索：找出频繁项集。即寻找支持度大于设定的最小支持度的项目集。频繁项集的支持度需要大于或等于最小支持度，最小支持度及最小置信度的确定一般根据物流公司需要进行设定。该步骤的重要性最高，整个关联分析的性能将由该步骤来决定。

（2）关联发现：产生关联规则。关联规则由事务的频繁项集产生，即在频繁项目集中筛选支持度大于设定的最小支持度的项集的关联规则，这些规则必须满足最小支持度与最小置信度。

3）应用举例

以某立体仓库 2021 年 1 月 1 日至 2021 年 3 月 31 日的出库拣选单明细为例进行分析，抽

取订单中商品类别超过 10 种的数据,发现商品的关联关系。商品信息包括拣选时间(created_time)、拣选单 ID(pick_order_id)、订单 ID(ship_id)、商品行号(row_no)、商品 ID(pn_no)、仓位号(position)、商品数量(ship_num)、发往城市(arr_city)、状态(ship_station)。

将数据导入数据挖掘工具 PMT 中,从数据表中可以看到数据实例为 118914,特征变量为10,无缺失值。

(1) 数据探索。

① 总体探索所有商品的出库频率情况。连接数据表格,可以看到商品总量为 376,商品的发货频次分布为 1 到 8621,连接可视化模块的盒图,可以看到所有商品发货频次的分布,均值为 316.3,标准差为 1112,而中位数为 7,各统计数值相差很大,说明分布极度离散,即存在发货频次极大的商品,也存在大量发货频次极小的商品。从该属性分析仓储适合为发货频次大的商品专门设置存储区。总体探索所有商品的出库频率如图 6-6 所示。

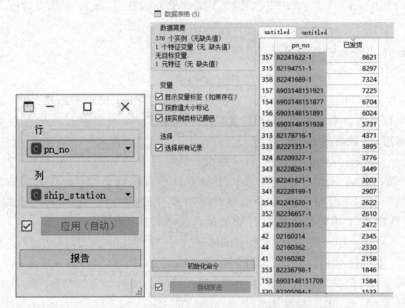

图 6-6 总体探索所有商品的出库频率情况设置及结果

② 基于订单查看商品行号和订单的关系。row_no 表示商品在订单中的顺序,其他列表示订单,数值 1 表示该序列号存在商品,0 表示无。发现各订单中包含的商品种类数并不一样,最大的订单中含有 76 种。

③ 基于商品进行分析。分别选择商品编号为 6903148151877 和 6903148151938 两种出库频率较大的商品,以这两种商品为例,查看出库关联。在同一时间拣选的情况下两种商品的出库频次分别为 6704 和 5731,同时拣选的频次为 2847。这两种商品就属于出库频次高且存在关联,如图 6-7 所示。

(2) 关联发现。

① 初始设置。为方便快速找出商品关联,将数据处理成关联事务表,该数据表为377×9612 的矩阵,设定支持度,进行频繁项集的发现。可以看到支持度大于 50% 的频繁项有64 种商品。其中依据出现次数从大到小,有六种商品和其他商品存在复杂关联,表中显示商品编号为 829475-1 的商品出库频率最大为 8297,支持度为 86.32%,与该商品同时出库的6903148151921 两者同时出库次数为 6477,该频繁二项集支持度为 67.38%。如图 6-8 所示。

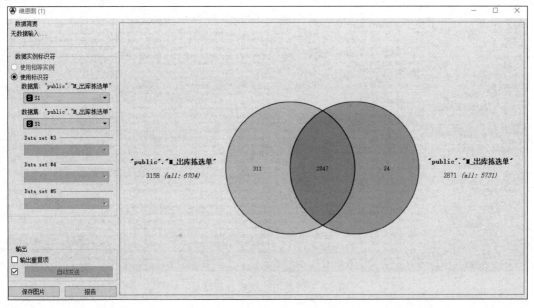

图 6-7 基于商品进行分析结果

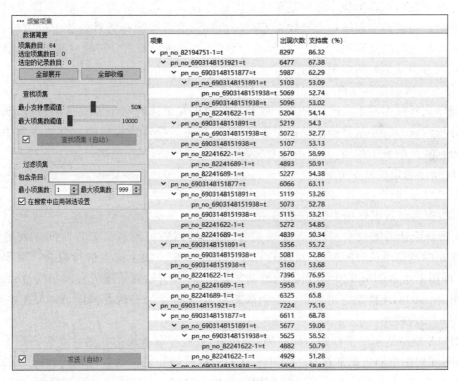

图 6-8 商品支持度分析

② 定置信度找出关联规则。设置最小支持度为 50%，最小置信度为 80%，发现 78 个规则数目。例如第一条规则，商品 6903148151877 应该和 6903148151938，6903148151891，6903148151921 放在相邻位置。商品关联规则分析结果如图 6-9 所示。

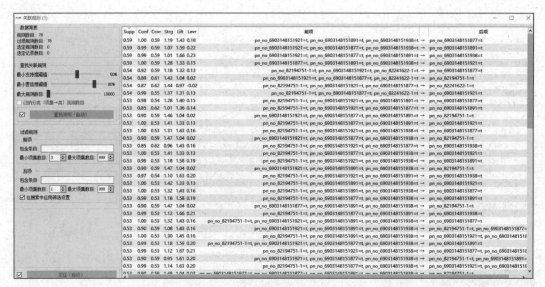

图 6-9　商品关联规则分析结果

2. 库存智能补货——时间序列分析

库存补货是指重新填满库存以避免缺货的运作过程。由于存货量不足,不能及时满足顾客或者是生产需要而引起缺货会导致企业经济损失。所以智能补货对企业十分重要,根据历史销量对商品进行销量预测,由此制订补货计划,是企业进行补货分析的主要手段。智能补货最常用到的方法就是时间序列分析。

1) 什么是时间序列分析

时间序列数据本质上反映的是某个或者某些随机变量随时间不断变化的趋势,而时间序列预测分析的核心就是从数据中挖掘出这种规律,即建立能够比较精确地反映序列中所包含的动态依存关系的数学模型,并利用其对将来的数据做出估计。

2) 时间序列建模基本步骤

(1) 用观测、调查、统计、抽样等方法取得被观测系统时间序列动态数据。

(2) 根据动态数据作相关图,进行相关分析,求自相关函数。

(3) 辨识合适的随机模型,进行曲线拟合,即用通用随机模型去拟合时间序列的观测数据。对于短的或简单的时间序列,可用趋势模型和季节模型加上误差进行拟合。对于平稳时间序列,可用通用 ARIMA 模型(自回归滑动平均模型)及其特殊情况的自回归模型、滑动平均模型或组合-ARIMA 模型等进行拟合。当观测值多于 50 个时一般都采用 ARIMA 模型。

3) ARIMA 模型

ARIMA 模型适用于平稳的时间序列,即均值、方差没有系统的变化且严格消除了周期性变化,但实际应用中的数据常常是一个非平稳的随机时间序列。通常可以通过差分的方法将它变换为平稳的,对差分后平稳的时间序列也可找出对应的平稳随机过程或模型。因此,如果将一个非平稳时间序列通过 d 次差分,将它变为平稳的,然后用一个平稳的 ARIMA(p, q) 模型作为它的生成模型,则就说该原始时间序列是一个自回归移动平均综合模型时间序列,记为 ARIMA(p, d, q)。该模型的评估常用下列指标。

(1) 标准差。标准差(standard deviation,SD)是方差的算术平方根,是各数据偏离平均数的距离的平均数,反映一个数据集的离散程度。

(2) 均方根误差。均方根误差(root mean square error,RMSE)是均方误差的算术平方根。均方根误差对一组测量中的特大或特小误差反应非常敏感,所以,均方根误差能够很好地反映测量的精密度。RMSE 数值越小,说明预测模型描述实验数据具有更好的精确度。

(3) 平均绝对误差。平均绝对误差(mean absolute error,MAE)是所有单个观测值与算术平均值的偏差的绝对值的平均。与平均误差相比,平均绝对误差由于离差被绝对值化,不会出现正负相抵消的情况,因而,平均绝对误差能更好地反映预测值误差的实际情况。

(4) 赤池信息量准则。赤池信息量准则(akaike information criterion,AIC)是衡量统计模型拟合优良性的一种标准,可以权衡所估计模型的复杂度和此模型拟合数据的优良性。

4) 应用举例

某公司是一家大型电商平台,销售超数万品牌、上千万种商品,涉及家电、手机、电脑、母婴、服装等十多种大品类。以历史一年商品信息数据为依据,运用时间序列 ARIMA,精准刻画商品需求的变动规律,对未来一周的全国性商品需求量进行预测。

(1) 数据观察与载入。数据涉及某国内大型电商平台所覆盖全国总仓、分仓数据。时间跨度：2019 年 10 月 1 日至 2020 年 12 月 27 日,数据特征包括商品本身的一些分类：类目、品牌等,还包含用户历史行为特征：浏览人数、加购物车人数、购买人数等。将数据信息导入大数据分析平台,原数据观测如图 6-10 所示。

	date	item_id	cate_id	cate_level_id	brand_id
1	2019-10-01	51007.000	33.000	10.000	691.000
2	2019-10-01	92188.000	39.000	12.000	203.000
3	2019-10-01	96283.000	32.000	11.000	629.000
4	2019-10-01	135033.000	4.000	11.000	511.000
5	2019-10-01	110906.000	18.000	12.000	422.000
6	2019-10-01	55750.000	39.000	12.000	203.000
7	2019-10-01	64381.000	21.000	11.000	601.000
8	2019-10-01	70012.000	17.000	12.000	231.000
9	2019-10-01	85567.000	4.000	11.000	82.000
10	2019-10-01	148668.000	37.000	11.000	480.000
11	2019-10-01	53830.000	16.000	4.000	477.000
12	2019-10-01	147420.000	18.000	12.000	305.000
13	2019-10-01	65236.000	39.000	12.000	420.000
14	2019-10-01	66811.000	39.000	12.000	422.000
15	2019-10-01	125563.000	17.000	12.000	420.000
16	2019-10-01	121630.000	32.000	11.000	234.000
17	2019-10-01	49732.000	17.000	12.000	305.000
18	2019-10-01	64477.000	18.000	12.000	305.000
19	2019-10-01	137136.000	7.000	12.000	420.000
20	2019-10-01	80062.000	21.000	11.000	510.000

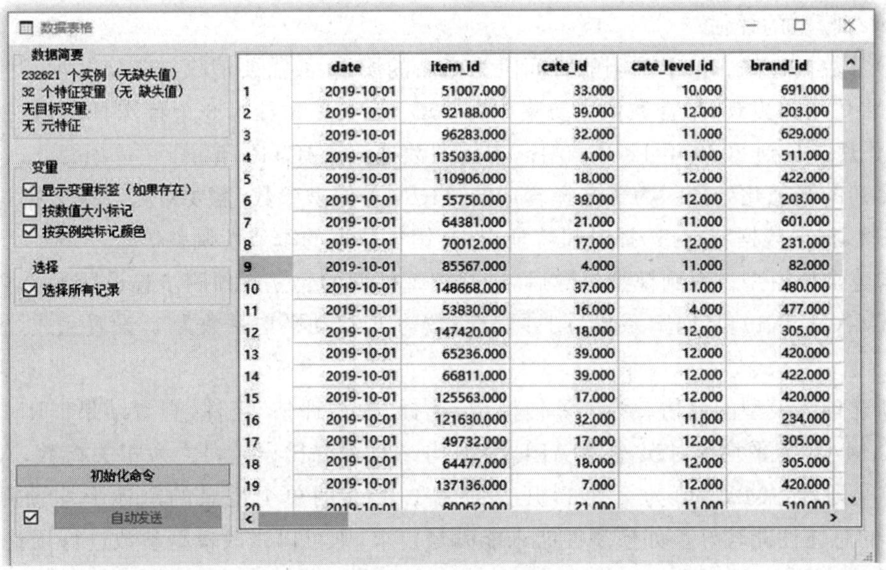

图 6-10　原数据观测

(2) 探索性数据分析。选择商品后,利用可视化工具进行探索分析。首先进行序列图可视化,序列图可以查看一段时间内商品销量的波动情况。从结果中可以看出,该商品的需求变化除了个别异常值外,总体稳定。出现这个异常值的原因是,商家会在一些特殊的日子开展优惠活动以及投放大量宣传广告,从而导致在一些时间点商品销量突然暴增,例如双 11、6・18、双 12 等特殊时间点。商品需求分析如图 6-11 所示。

(3) 模型训练与评估。预测目标为商品未来一周的需求变化,故而将商品数据时间跨度为 2019 年 10 月 1 日至 2020 年 12 月 20 日作为训练集,2020 年 12 月 21 日至 2020 年 12 月 27 日作为测试数据。模型的训练与评估主要包括异常数据过滤、序列的平稳化处理、构建训练模

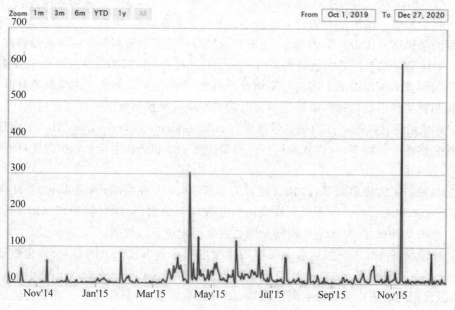

图 6-11 商品需求分析(基于序列图)

型、新建训练模型的评估。

① 异常数据过滤。由于预测的时间段为商品的淡季,故需要消除异常值对模型性能的影响。从结果中可以发现,异常数值主要集中在 2020 年 4 月 8 日等 6 个特殊日期,数据范围从 2019 年 10 月 1 日到 2020 年 12 月 20 日,本例的数据记录有 440 条。

② 序列的平稳化处理。为了选择合适的 ARIMA 模型参数,需要对 440 条数据进行具体观察和调整,根据数据特点,选择时间特征识别、销售数据的季节性调整等。

③ 构建训练模型。得到模型参数后,进行训练模型的建立。预测步长设置为 7,配置模型参数 ARIMA(1,1,1),自回归系数为 1,差分阶数为 1,移动平均系数为 1,设置完成,模型开始运行。

④ 新建训练模型的评估。为了评估模型,选择"模型评估"组件,查看结果。RMSE 为均方根误差,MAE 为平均绝对误差,MAPE 为平均绝对百分比误差,R^2 为相关指数,AIC 为赤池信息量准则等。MAE 值为 2.871,开方即为 1.6,表明单个记录的总体平均预测误差为 1.6,模型的总体性能较好。如模型性能未能满足要求,则可以修改模型参数进行调整,直至满意。ARIMA 模型评估如图 6-12 所示。

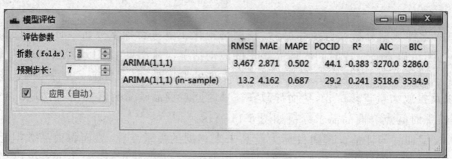

	RMSE	MAE	MAPE	POCID	R^2	AIC	BIC
ARIMA(1,1,1)	3.467	2.871	0.502	44.1	-0.383	3270.0	3286.0
ARIMA(1,1,1) (in-sample)	13.2	4.162	0.687	29.2	0.241	3518.6	3534.9

图 6-12 ARIMA 模型评估

（4）商品需求的预测分析。经过模型评估知道模型是有效的，可选择"数据表格"组件查看预测的具体数值，发现对 7 天的预测值求和为 42.09。预测的效果如何，还要进一步进行评价。未来一周商品需求的预测结果如图 6-13 所示。

（5）智能补货策略。已知该商品现有库存数为 3，预测未来 7 天需求量为 42.09，可知需要补货数量为 40。同理可对其他商品进行销量预测与智能补货数量计算。

	y_alipay (foreca:	qty_alipay (95%CI low)	qty_alipay (95%CI high)
1	6.016	-19.791	31.823
2	6.018	-21.054	33.090
3	6.016	-21.335	33.368
4	6.014	-21.488	33.516
5	6.011	-21.615	33.638
6	6.009	-21.735	33.753
7	6.006	-21.854	33.867

图 6-13　未来一周商品需求的预测结果

（二）运输配送业务数据分析

配送路径的选取直接影响物流企业的配送效率。物流配送体系中，管理人员需要采取有效的配送策略以提高服务水平、降低整体运输成本。配送路径是车辆确定到达客户的路径，每一客户只能被访问一次且每条路径上的客户需求量之和不能超过车辆的承载能力。本任务介绍一种适用于大数据分析的方法，遗传算法，它可以对物流的配送路径进行优化，可以把在局部优化时的最优路线继承下来，应用于整体，而其他剩余的部分则结合区域周围的剩余部分（即非遗传的部分）进行优化，输出送货线路车辆调度的动态优化方案。

1. 配送路径优化——遗传算法

1）什么是遗传算法

遗传算法（genetic algorithm）是模拟达尔文生物进化论的自然选择和遗传学机理的生物进化过程的计算模型，是一种通过模拟自然进化过程搜索最优解的方法。遗传算法是一种"生成＋检测"的迭代搜索算法，它以种群中的所有个体为操作对象，每个个体对应问题的一个解。

该算法包括 6 个基本要素，具体运算过程如图 6-14 所示。

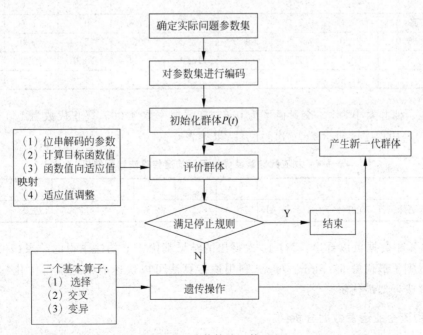

图 6-14　遗传算法运算过程

（1）编码。遗传算法不能直接处理解空间的数据,必须通过编码将它们表示成基因型串数据。常对参数采用二进制编码,编码当作一条染色体,编码前应先量化。

（2）生成初始种群。初始种群的个体通过随机方法产生,且对应研究问题的一个解。

（3）评估适应度。遗传算法在搜索过程中用适应度来评估个体的优劣,并把它作为遗传操作的依据。适应度函数常取非负数,且适应度增大的方向与目标函数的优化方向一致。

（4）选择。根据"适者生存"的选择原理,从当前种群中选择生命力强的个体(即适应度高的个体),产生新的种群。适应度越高的个体,被选择的机会就越大,但并不意味着适应度高的个体一定会被选择。

（5）交叉。将选择出的个体存入配对库,用随机的方法进行配对,以产生新一代的个体。

（6）变异。在交叉过程中可能丢失一些重要的遗传信息(特定位置的 0 或 1),必须引入适度的变异,即按一定的概率改变染色体基因位。

2) 应用举例

某配送中心用 2 辆汽车对 8 个客户配送货物,设汽车的载量为 8t,每次配送的最大行驶距离为 40km,配送中心与客户、客户与客户之间的距离及各客户的需求量见表 6-3。

表 6-3　配送中心与客户之间的距离及各客户的需求量

i	j								
	0	1	2	3	4	5	6	7	8
0	0.0	4.0	6.0	7.5	9.0	20.0	10.0	26.0	8.0
1	4.0	0.0	6.5	4.0	10.0	5.0	7.5	11.0	10.0
2	6.0	6.5	0.0	7.5	10.0	10.0	7.5	7.5	7.5
3	7.5	4.0	7.5	0.0	10.0	5.0	9.0	9.0	15.0
4	9.0	10.0	10.0	10.0	0.0	10.0	7.5	7.5	10.0
5	20.0	5.0	10.0	5.0	10.0	0.0	7.0	9.0	7.5
6	10.0	7.5	7.5	9.0	7.5	7.0	0.0	7.0	10.0
7	16.0	11.0	7.5	9.0	7.5	9.0	7.0	0.0	10.0
8	8.0	10.0	7.5	15.0	10.0	7.5	10.0	10.0	0.0
$q_j^{(t)}$	—	1.0	2.0	1.0	2.0	1.0	4.0	2.0	2.0

参数值:种群大小为 50,交叉概率为 0.65,变异概率取 0.005,终止代数为 100 代,权重因子取 100km。用程序随机求解 10 次,计算结果见表 6-4。

表 6-4　物流配送路径优化问题的遗传算法计算结果

计算次序	1	2	3	4	5	6	7	8	9	10
配送总距离 Z/km	70.0	72.5	76.0	70.0	67.5	72.0	73.5	75.5	71.5	68.5

从表 6-4 中数据可以看出,运行 10 次得出的结果都优于节约法求得的结果(79.5km),且第 5 次还得到了最优解 67.5km。可见,利用遗传算法可以快速有效地求得优化物流配送路径的最优解或近似最优解。

（三）物流企业运营数据分析

1. 物流企业客户细分模型——聚类分析

客户要求物流服务在货物安全、运送价格、服务态度等方面有差异,无差别的对待方式无法满足客户的个性化需求,服务水平低会引发一系列的问题。解决方法是通过客户细分,制定差异化服务方案和营销策略,提高企业的客户服务水平。

构建客户细分模型的数据建模方法多种多样,按照不同的划分标准,可以分为事前细分(有监督算法)和事后细分(无监督算法)。

事前数据挖掘预测目标值是根据历史数据,而事后数据挖掘是发现未知领域或不确定目标。常用的事前算法有决策树、Logit 回归;常用的事后算法有聚类分析、对应分析等。事前细分技术常用在客户流失模型、营销响应模型中,根据历史数据定义好客户类型,再对未发生的进行预测,打上预测客户标签;事后细分就是要重点考虑细分的多个维度,应用事后细分模型对每个客户打上类别标签,通过客户标签特点,迅速找到目标客户。下文介绍如何用聚类分析进行客户细分。

1) 什么是聚类分析

聚类分析是根据在数据中发现的描述对象及其关系的信息,将数据对象分组。组内对象相互之间是相似的(相关的),而不同组中的对象是不同的(不相关的)。组内相似性越大,组间差距越大,说明聚类效果越好。聚类分析试图将相似对象归入同一簇,将不相似对象归入不同簇。

2) K-means 算法原理

K-means 算法是典型的基于欧式距离的聚类算法,采用距离作为相似性的评价指标,即认为两个对象的距离越近,其相似度就越大。该算法认为簇是由距离靠近的对象组成的,因此把得到紧凑且独立的簇作为最终目标。算法过程如下。

(1) 从 N 个对象随机选取 K 个对象作为质心。

(2) 对剩余的每个对象测量其到每个质心的距离,并把它归到最近的质心的类。

(3) 重新计算已经得到的各个类的质心。

(4) 迭代(2)~(3)步直至新的质心与原质心相等或小于指定阈值,算法结束。

3) 某快运企业客户细分模型

快运客户历史交易数据时间跨度为 2020 年 7 月至 2021 年 1 月。每一条记录表征客户在某个月份的业务数据,数据特征包括客户账号(表示快运客户的唯一标识)、运单数、业务量、体积、计费重量、收益等数值型业务属性,还包括重货标识、结算方式、是否流失、主要始发站及主要终点站等分类型业务属性。原始数据包含 41138 个实例(记录),18 个特征变量,零缺失值。在大数据分析平台进行数据载入、数据清洗、数据探索等预处理流程,再将 18 个特征变量进行降维处理。

通过特征选择来减少样本的维度,减少计算的成本,降低时间和空间复杂度,简化训练模型,通过特征工程创建更能刻画原始数据集信息的新特征,使模型构建精度更为准确。经过筛选,适用建模特征为收益、业务量、运单数、单位运单数收益、单位业务量收益、单位体积收益、单位计费重量收益等。

将数据进行归一化后,设置参数进行训练,引入 K-means 聚类组件,配置好参数,并与特征选择组件相连。本案例中假定聚类簇数为 4,如图 6-15 所示。

图 6-15　K-means 运算参数设置

四类快运客户在不同维度上的指标值如图 6-16 所示。

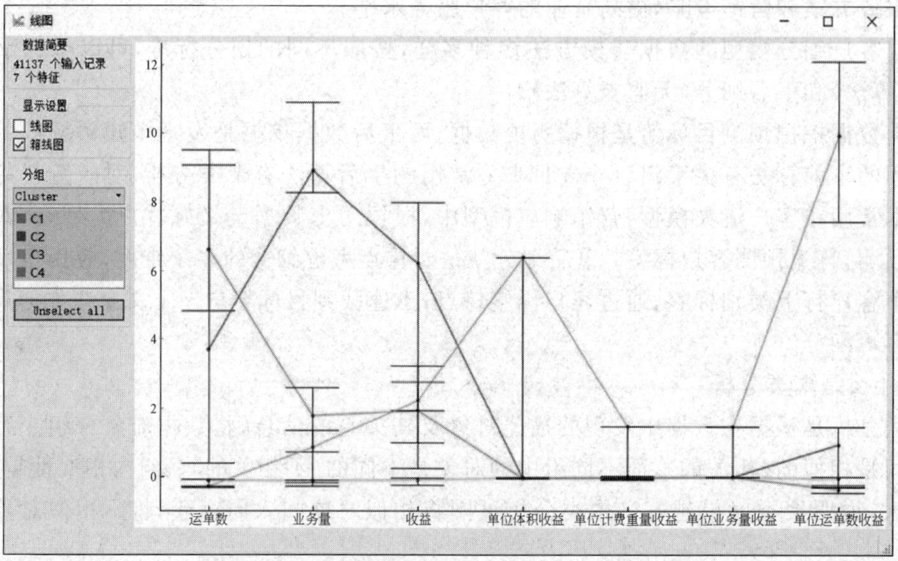

图 6-16 四类快运客户在不同维度上的指标值

从聚类以后客户体量来看,C1 为 513 个,C2 为 354 个,C3 为 40101 个,C4 个 169 个。通过对以上数据整合,获得四类快运客户在不同维度上的排名,如表 6-5 所示。

表 6-5 四类快运客户在不同维度上的排名

排名	收益	业务量	运单数	单位业务量收益	单位运单数收益	单位体积收益	单位计费重量收益
1	C2	C2	C1	C4	C4	C4	C4
2	C4	C1	C2	C3	C2	C3	C3
3	C1	C4	C3	C2	C3	C2	C2
4	C3	C3	C4	C1	C1	C1	C1

结果分析如下。

(1) C1:潜力客户群(占比 1.2%)。比重较小,贡献率小,黏性大。建议进行跟踪营销,及时响应,提供个性化服务以促进客户升级和转化。

(2) C2:主要客户群(占比 0.86%)。比重较小,总体价值大,贡献率小。建议进行个性化推广营销、积分制等促进客户升级。

(3) C3:基础客户群(占比 97%)。比重大,总体价值贡献较小。建议以广告营销为主,注重信息传达率,保持黏性,及时引导。

(4) C4:VIP 客户群(占比 0.41%)。比重最小,个体价值贡献大。建议挖掘个性化需求,提供特殊化服务和增值化产品。

2. 物流企业运营数据分析——多维分析与可视化

基于物流企业的运营多维分析,即按照大数据多维分析的工作路径,在任务、数据、领域分析的基础上,进行数据处理和图表处理,最终形成一份直观的运营可视化分析报告。从多个维度由浅入深地将隐藏在庞杂数据背后的规律性信息以直观的图表展现出来,可有效帮助企业进行决策分析与业务优化活动。

1) 什么是多维数据模型

多维数据模型是为了满足用户从多角度、多层次进行数据查询和分析的需要而建立起来的基于事实和维的数据库模型。其中,每个维对应于模式中的一个或一组属性,而每个单元存放某种聚集度量值,如 count 或 sum。数据立方体提供数据的多维视图,并允许预计算和快速访问汇总数据。一般多维数据分析操作包括钻取、上卷、切片、切块及旋转,如图 6-17 所示。

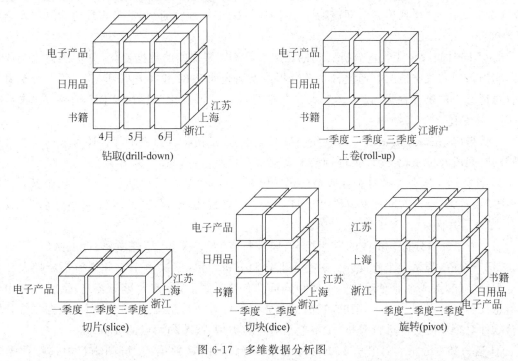

图 6-17 多维数据分析图

(1) 钻取。在维度不同层次间的变化,从上层降到下一层,或者说是将汇总数据拆分到更细节的数据,比如对 2021 年第二季度的总销售数据进行钻取,查看 2021 年第二季度 4 月、5 月、6 月的消费数据;当然也可以钻取中国查看浙江省、上海市、江苏省这些城市的销售数据。

(2) 上卷。钻取的逆操作,即从细粒度数据向高层聚合,如将江苏省、上海市和浙江省的销售数据进行汇总查看江浙沪地区的销售数据。

(3) 切片。选择维中特定的值进行分析,比如只选择电子产品的销售数据,或者 2021 年第二季度的数据。

(4) 切块。选择维中特定区间的数据或某批特定值进行分析,比如选择 2021 年第一季度到 2021 年第二季度的销售数据,或者是电子产品和日用品的销售数据。

(5) 旋转。即维的位置的互换,就像是二维表的行列转换,如通过旋转实现产品维和地域维的互换。

2) 应用举例

某物流企业能提供整合一体化物流服务的第三方物流公司,拥有广阔的物流网络与服务范围,全国 118 家分支机构,覆盖 502 个派送城市,可提供集合空运、海运、仓储物流、快递、配送"一站式"服务。随着业务规模的不断扩大,运单量大幅增加,而企业对于运单的管理和分析并没有及时跟上,导致大量直接与企业运营的相关信息没有及时分析、反馈到管理层。为解决这个问题,企业想借助数据可视化方法分析运营数据,直观展示运营情况,做出迅捷、高质、高效的决策。基于目前企业的现状,计划对企业收益和企业资源两个维度进行分析。

(1) 企业收益分析。企业收益是企业在一定时期内创造的最终经营成果,是反映和衡量企业经营绩效的主要标准之一。企业获取收益的能力,是衡量公司财务状况是否健全的重要标准。下面,通过大数据多维分析平台软件对以上案例中的物流企业进行企业收益分析。

① 收益分析。打开软件,从数据库"big data"中选择数据"运单表";设置"查看"为"总和"→"收入金额",单击"得到答案",即该物流企业从 2021 年 4 月底到 2021 年 6 月初的总收入金额为 110623675.18 元。

② 不同时间段企业收益分析。利用钻取查看不同层次间的数据变化,分析该物流企业在此期间内每周的收益情况。通过柱状图分析该物流企业 2021 年 4 月底到 2021 年 6 月初每周的收益情况,将"聚合根据"设置为"录入时间:Week","可视化"设置为"柱",命名为"收益统计-周",并保存。

分析得出,在每月的最后一周收益金额明显增多,月初收益明显下降。还可根据需要选择不同的时间段及可视化图形,再进行结果观察。

③ 各类运单服务类型对企业收益的影响分析。设置"查看"为"总和"→"收入金额";"聚合根据"设置为"录入时间:Week"和"运单类型";"可视化"设置为"区域";最后命名为"收益分布-服务",并保存。

(2) 企业资源分析。企业的资产组合、属性特点、对外关系、品牌形象、员工队伍、管理人才、知识产权等,都属于企业资源。进行企业资源分析,可以解决由于业务规模不断扩大和运单量大幅增加,造成企业对运单的管理和分析没有及时跟上,导致大量与客户、企业运营相关的信息没有及时得到分析、反馈的问题,对企业的发展有深远意义。下面利用大数据多维分析平台软件对企业的资源进行分析,主要包括对运力类型、线路和站点的分析。

① 运力类型分析。打开大数据多维分析平台软件,从数据库"big data"中选择数据表"transport_bak",创建一个图表。分析企业资源的运力类型,设置"查看"为"不重复值的总数"→"way billno";"聚合根据"为"power type name";"可视化"为"饼图",命名为"运力结构的贡献率"。结果如图 6-18 所示。

图 6-18 运力类型分析可视化

可以看到一共有 59951 个运单,其中自有运力占比最高,为 37.4%;分供方中转外包和加开班车占比较小,分别为 6.90% 和 5.05%;分供方全外包和分供方到站的占比分别为 27.3%

和 23.3%，占比也相对较大。

② 线路分析。选取时间段为 2021 年 10 月 1 日到 2021 年 10 月 31 日的数据，设置"分类根据"为"arrinedatetime"介于"October1，2021"和"October31，2021"，"schedulename"为"京汉广线、广汉京线和沪广线"；"查看"为"求和（delaytime）/不重复（tranid）"；"聚合根据"为"scheduledname"和"platenumber"；"可视化"为"表格"，命名为"车辆配送效率"。结果如图 6-19 所示。

图 6-19　线路分析可视化

可以看到在三个配送线路上的各个配送车辆的平均延迟时间。广汉京线上的京 AG86359 的延迟时间最高，为 40 单位时间，赣 L51898 在京汉广线和广汉京线上的延迟时间也高达 28 单位时间以上。这些高延迟的车辆以后配送时应该考虑选择其他线路，以免耗费大量时间成本。

③ 站点分析。通过站点分析，分析站点的地域分布，业务量占比，运单量变化趋势以及站点业务量分布，对企业的发展具有很大帮助。打开大数据多维分析平台软件，从数据库"big data"中选择数据表"运单表"，可以创建一个图表。设置"查看"为"平均值"→"lat"和"平均值"→"ing"；"聚合根据"为"始发站"；"可视化"为"地图"，命名为"站点分布"。

该物流企业的站点大部分分布在华东、华南及华北地区，北京、上海、广州周围的站点较密集。

以上实例只是物流数据多维分析与可视化的部分功能展示，还可根据企业需要对数据进行多方面的分析与展示，以辅助企业实现优化流程，降低成本，提高营业额的目的。

 **前沿理论与技术**

2021 年十大数据和分析趋势

在过去的几年中，很多组织已经接受了采用高级分析技术背后的理念，首先是像大数据这样的流行术语，然后是机器学习和人工智能等技术。但是，有些组织采用这些技术时，可能会迷失方向。根据调查，如何定义技术及提出什么问题，组织对高级分析、机器学习和人工智能的采用方式会有很大不同。这些技术已经得到了众多 IT 专业人员和企业高管的关注,他们认识到了这些技术在降低成本、增加收入、加速创新及提高市场竞争力等方面具有的前景。

根据调研机构 Gartner 公司发布的一份调查报告,组织在业务中部署人工智能的比例达到 19%。随着通过供应商的更多支持、更大的人才库及众多技术的进步,人工智能技术变得更加主流,组织将能够更好地将人工智能应用于许多未曾考虑过的场景。

考虑到这一点,Gartner 公司在一次 IT 研讨会上发布了数据和分析技术十大战略技术趋势,这些趋势将使组织从疫情对其业务和 IT 计划的不利影响中恢复过来。

1. 更智能、更快、更负责任的人工智能

Gartner 公司预测,到 2024 年年底,75% 的组织将人工智能的试点应用转向运营,这将推动数据和分析基础设施需求得到 5 倍的增长。当前的方法存在一些挑战,在疫情发生之前的基于大量历史数据的模型可能不再有效。

人工智能的颠覆性将使学习算法(如强化学习)、可解释性学习(如可解释的人工智能)及有效的基础设施(如边缘计算和新型芯片)成为可能。

2. 仪表板采用量下降

到 2025 年,数据故事(而不是仪表板)将成为使用分析的最广泛方式,其中 75% 的数据故事将使用增强分析技术自动生成。人工智能和机器学习技术正在进入商业智能平台。在仪表板中,用户必须开展大量工作才能深入了解。这些数据故事提供了见解,而不需要用户自己进行分析。

3. 决策智能

到 2023 年,33% 以上的大型组织的分析师采用决策智能,其中包括决策建模。Gartner 公司将决策智能定义为一个实用的领域,其中包括广泛的决策技术。它包括复杂自适应系统等应用,包括一个将传统技术(如基于规则的方法)与先进技术(如人工智能和机器学习)结合在一起的框架。这使得非技术用户能够在无须程序员参与的情况下更改决策逻辑。

4. X 分析

Gartner 公司的调查表明,到 2025 年,用于视频、音频、文本、情感和其他内容分析的人工智能将为 75% 的财富 500 强公司带来重大创新和转型。X 代表视频分析或音频分析等分析类型,这将为分析提供新的机会,因为大多数组织尚未充分利用这种数据。利用数据分析的案例正在增长,人工智能技术正在日趋成熟,以扩大采用 X 分析的影响。此外,还有许多尚未开发的用例,例如,用于供应链优化的图像和视频分析,或用于天气或交通管理的视频分析和音频分析。

5. 增强的数据管理

利用主动元数据、机器学习、数据结构以动态连接、优化和自动化数据管理过程的组织将使数据交付时间减少 30%。

人工智能技术被用于推荐最佳实践,或者自动发现元数据、自动监视治理控制等。这是由 Gartner 公司称为数据结构的概念实现的。Gartner 公司将数据结构定义为对现有的、可发现的、推断的元数据资产进行连续分析,以支持集成和可重用数据对象的设计、部署和利用,而不考虑部署平台或架构方法。

6. 基于云计算的人工智能迅速增长

到 2022 年,公共云服务对于 90% 的数据和分析创新至关重要。基于云计算的人工智能将在 2019—2023 年期间增长 5 倍,使人工智能成为云平台中最重要的工作负载类别之一。这一趋势早在疫情发生之前就已经开始了,疫情无疑加速了发展。云计算供应商也在支持数据以洞察其投资组合中的模型。云计算供应商希望用户在他们的云平台中更多地执行数据计算和分析。用户使用公共云服务能够更快地完成工作。

7. 数据分析和数据管理的融合

根据 Gartner 公司的预测,未来几年内,非分析应用程序将逐渐融合分析功能。到 2023 年,95%的财富 500 强公司将分析治理整合到更广泛的数据分析计划中。到 2022 年,40%的机器学习模型开发和评分将在不以机器学习为主要目标的产品上完成。分析和商业智能供应商正在增加数据管理功能。数据管理供应商正在增加数据准备,预计在不久的将来会看到更多的融合。

8. 数据市场和交易

Gartner 公司预测,到 2022 年,35%的大型组织将通过在线数据市场进行交易,2020 年这一比例只有 25%。这一趋势是为了加快云计算、数据科学和机器学习及人工智能的发展。

9. 实用的区块链(用于数据和分析)

Gartner 公司认为,在数据和分析领域中,区块链将用于垂直特定的、业务驱动的计划,例如智能合约。区块链不会被用来取代现有的数据管理技术,其本身并不比替代数据源更安全。根据 Gartner 公司的预测,到 2023 年,使用区块链智能合约的组织将使整体数据质量提高50%,数据和分析的投资回报率也会提高。

10. 关系构成数据和分析价值的基础

Gartner 公司预测,到 2023 年,图形技术将有助于全球 30%的组织决策实现情境化。图形数据库和其他技术将重点放在数据点之间的关系上。这些关系对人们与数据和分析做的大多数事情都是至关重要的。但是,使用传统的存储方法时,大多数关系都会丢失。将关系表连接在一起会占用大量资源,并降低性能。图形技术保留了这些关系,增加了机器学习和人工智能的场景,还提高了这些技术的可解释性。

资料来源:http://www.d1net.com/.

实训任务实施三

使用大数据分析软件进行物流数据分析

1. 实训目标

(1) 掌握物流数据分析的基本思路与方法。

(2) 掌握用大数据分析软件进行物流数据分析的基本操作。

(3) 能对物流数据分析的结果进行解读,会利用数据分析的结果解决相关问题。

2. 实训要求

(1) 按照实训任务单,完成各项任务。

(2) 按照规范要求,提交实训报告。

(3) 遵守实训中心的纪律,爱护设备,实训认真,注意安全。

3. 实训准备

(1) 教师准备好实训任务书与相关数据,讲清该任务实施的目标和物流数据分析的知识要点。

（2）实训中心准备好实训软件，并安装调试。

（3）学生根据任务目标通过教材和网络收集相关资料并做好知识准备。

4. 实训任务

根据教师提供的数据，利用大数据挖掘分析软件完成物流数据分析操作。

5. 实训操作

实操基本思路如图 6-20 所示。

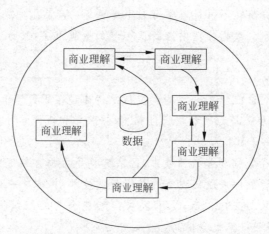

图 6-20　实操基本思路

（1）导入数据。

（2）数据探索与理解。利用软件中自带的可视化分析功能，通过数据表格、boxplot、分布图、散点图、滤网图、马赛克图、线性投影图、热图、维恩图、剪影图、列线图、地图等组件观察数据形态，并对其含义进行解读，找出数据中的规律与问题。

（3）数据准备与预处理。数据预处理是数据挖掘领域建模阶段前的一项至关重要的基础性工作，包括对缺失值、异常值等噪声的处理，抽取对目标变量最为显著的特征，构造更能刻画目标变量的属性特征等。涉及的相关组件包含数据采样、特征选择、记录选择、特征排名、数据合并（按记录或特征）、随机化、预处理（集成组件）、缺失值处理、异常值处理、域编辑等。

（4）模型建立。一般的大数据分析软件的安装库中，会包含机器学习算法：梯度下降法、朴素贝叶斯分类器、K近邻、决策树、随机森林、CN2规则、支持向量机、神经网络、Adaboost、关联规则、聚类算法、线性回归和逻辑回归等。在理解算法含义与功能的基础上，选择合适的算法，设置参数，建立模型。对于有监督的算法，要做好训练数据与测试数据的分类，以便训练出可靠的模型；对于无监督的算法，可以采用合适的可视化方法进行探测。

（5）模型评估。利用相应评价指标对模型可靠性与准确性进行评估。

（6）方案实施或得出分析结论。利用建立好的模型进行相应的方案实施，或直接得出分析结果，最后形成对物流管理有指导意义的建议。

6. 撰写实训报告

由学生完成。

7. 制作 PPT 并汇报

由学生完成。

8. 技能训练评价

完成实训后，填写技能训练评价表（见表 6-6）。

表 6-6 技能训练评价表

专业：	班级：		被考评小组成员：			
考评时间			考评地点			
考评内容			使用大数据分析软件进行物流数据分析			
考评标准	内　容	分　值	小组互评（50%）	教师评议（50%）	考评得分	
	实训过程中遵守纪律，礼仪符合要求，团队合作良好	15				
	大数据分析软件操作正确，按要求完成实训任务	40				
	实训记录内容全面、真实、准确，实训报告撰写规范	15				
	PPT 制作规范，汇报语言清楚，概念表达正确	30				
综合得分						

指导教师评语：

任 务 小 结

本任务介绍了数字经济的概念和发展特征，介绍了如何应用数据分析的基本方法进行物流数据分析，包括仓储业务数据分析、运输配送业务数据分析和物流企业运营数据分析等内容。同时，运用大数据分析软件进行了物流数据分析实训。

练 习 题

一、单选题

1. 物流仓储场景应用中，如果想要找出出库货物之间的关联应该采用（　　）。
   A. 无监督聚类方法　　　　　　　　B. 推荐算法
   C. 关联规则　　　　　　　　　　　D. 回归预测
2. 数据挖掘常见的工具或算法，不包括（　　）。
   A. 聚类　　　　B. 分类　　　　C. 排序　　　　D. 预测
3. 不是数据分析与挖掘在物流管理中常见的应用场景的是（　　）。
   A. 物流中心选址　　　　　　　　　B. 仓储优化
   C. 物流需求分析与市场预测　　　　D. 物流信息共享
4. 数据分析案例中开始阶段是（　　）。
   A. 构建模型　　　　　　　　　　　B. 数据获取
   C. 数据处理　　　　　　　　　　　D. 业务分析或商业理解

5. 关联规则分(　　)两步实现。

　　A. 发现频繁项集和发现关联规则　　　B. 计算支持度和发现频繁项集

　　C. 计算支持度和计算置信度　　　　　D. 计算置信度和发现频繁项集

6. K-means 算法的第一步为(　　)。

　　A. 初始化质心　　B. 指派样本　　　　C. 更新质心　　　　D. 检查

7. 聚类过程中,组内相似性越大,组间差距越大,说明聚类效果越(　　)。

　　A. 好　　　　　　B. 差　　　　　　C. 不确定　　　　　D. 没有影响

8. 多维数据模型中的钻取主要指(　　)。

　　A. 从细粒度数据向高层的聚合

　　B. 将汇总数据拆分到更细节的数据

　　C. 选择维中特定的值进行分析

　　D. 选择维中特定区间的数据或者某批特定值进行分析

二、简答题

1. 什么是数字经济?

2. 数字经济有哪些发展特征?

3. 物流数据分析常用到的方法有哪些?

物流公共信息平台应用

项目描述

物流公共信息平台是指基于计算机通信网络技术,提供物流信息、技术、设备等资源共享服务的信息平台,具有整合供应链各环节物流信息、物流监管、物流技术和设备等资源,面向社会用户提供信息服务、管理服务、技术服务和交易服务的基本特征。

物流公共信息平台是有效解决我国信息化水平程度偏低、供应链上下游企业之间沟通不畅等导致我国物流业发展水平低下、全社会物流成本偏高等关键问题的重要手段,是建立社会化、专业化、信息化的现代物流服务体系的基石,对促进产业结构调整、转变经济发展方式和增强国民经济竞争力具有重要作用。

通过运满满物流公共信息平台的使用,学生可以理解物流公共信息系统平台的相关概念,会应用物流公共信息平台处理物流业务。

项目目标

1. 知识目标

(1) 理解物流公共信息平台的定义。

(2) 熟悉物流公共信息平台的功能。

(3) 掌握物流公共信息平台的关键技术。

(4) 了解物流公共信息系统平台在企业中的运用现状和发展趋势。

2. 技能目标

(1) 会使用网络了解全国物流公共信息平台建设情况和学习物流信息平台有关知识。

(2) 会使用物流公共信息平台开展物流业务。

任务　物流公共信息平台应用

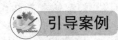 引导案例

国家交通运输物流公共信息平台

国家交通运输物流公共信息平台(简称国家物流信息平台,英文标识 LOGINK)是国务院《物流业发展中长期规划(2014—2020 年)》的主要任务和重点工程之一,是由交通运输部和国家发展和改革委员会牵头,由职能部门、科研院所、软件开发商、物流企业等多方参与共建的一

个公益、开放、共享的公共物流信息服务网络,是一项政府主导的交通基础设施工程和物流信息化推进工程,是互联网时代政府创新服务、企业创造市场的有力实践。其平台页面如图 7-1 所示

图 7-1　国家交通运输物流公共信息平台页面

1. 平台建设的基本原则

(1) 坚持融合创新。充分利用"互联网＋"改造传统物流产业,实现跨行业、跨区域、跨领域、跨国界物流信息资源和应用服务的全面融合,创新服务模式,加快培育无缝衔接、跨界融合的物流产业新生态。

国家交通运输物流公共信息平台

(2) 坚持基础公益。作为我国现代物流体系建设的重要基础工程,国家物流信息平台应以政府建设为主导,不以营利为目的,为物流市场主体提供公共信息服务和基础交换服务。

(3) 坚持开放共享。营造开放包容的发展环境,将国家物流信息平台作为物流信息交换共享中枢,整合政府相关物流信息资源并面向社会全面开放,同时融合物流市场信息资源,加快形成以开放、共享为特征的物流运行新模式。

(4) 坚持政企合作。充分发挥政府和市场在平台建设中的不同作用,创新合作模式,调动各方积极性,共同打造物流信息服务新生态,形成政府、市场合作共赢的新格局。

2. 平台的基本特征

(1) 公益性。不以营利为目的,主要为各物流信息服务需求方提供基础性公共服务。

(2) 基础性。构建物流信息这一"无形的高速公路",是物流信息领域的基础设施工程。

(3) 开放性。向全社会提供服务,不局限于特定行业、特定作业环节和特定服务对象。

(4) 共享性。实现不同部门、不同行业、不同地区、不同物流信息系统间的信息交换与共享,减少信息孤岛和重复建设。

3. 平台的主要功能

(1) 标准服务。信息互联标准是物流链互联互通的关键。国家物流信息平台构建了一整套物流信息互联标准体系,并进行实时维护,为我国物流链各主体之间数据交换共享提供"普通话"。2015 年,交通运输部正式向社会发布了"交通运输物流信息互联共享标准",目前已整合 687 项数据元,104 个代码集,68 个单证,17 个服务功能调用接口,涉及了主要的国家和行

业标准。2017 年 11 月,国家物流信息平台会同相关单位在 ISO 国际标准化组织立项启动了物流信息互联国际标准的编制。

（2）交换服务。国家物流信息平台通过建设数据交换系统,部署一批区域交换服务器和铁路、长航、公路、海运等行业节点,构建了物流信息基础交换网络,解决跨国、跨区域、跨行业、跨部门之间的信息系统互联问题,打破各类物流信息孤岛。目前国家物流信息平台在全国部署了 9 个交换服务器,实现 45 万用户的互联,日均交换单据量峰值超 3000 万条,实现了铁水、铁公、水水、公空、政府与政府、政府与企业等 24 类业务的协同互联场景。

（3）数据服务。国家物流信息平台实现了信用、跟踪、资源、综合等 23 个物流公共信息库的集聚、整合,为各方提供物流公共信息一站式服务,解决国家层面物流公共信息服务资源零散、难以满足需求的问题。目前已实现全国营运业户、车辆、从业人员资质信息、全国公民身份证信息、全国 500 余万辆 12 吨以上货车实时位置数据、全国铁路物流跟踪数据、全球 90% 海运船期信息和 18 万艘船舶实时位置数据、部分海关关区通关状态信息、部分空港物流信息等查询及核验,日均信息查询量 150 万次。

4. 建设及运营模式

平台着眼于构建覆盖全国、辐射国际的物流信息基础交换网络和实现信息交换,提出"1＋32＋nX"框架,如图 7-2 所示,建设统一的国家交换节点、门户网站、基础交换网络管理系统,统筹建设 32 个区域交换节点,实现 n 类信息系统及每一类信息系统中的 X 个具体信息系统的互联互通。该平台采用自营＋服务商合作的方式,基于数据创新服务模式,开展增值服务的应用和推广。

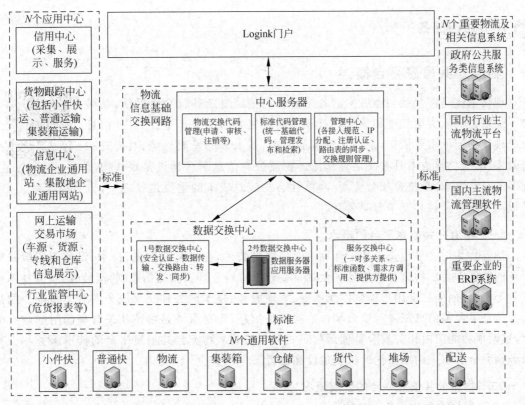

图 7-2　国家物流信息平台"1＋32＋nX"框架

"1"代表国家物流平台国家级管理服务系统,包括国家交换节点、基础交换网络管理系统和国家平台门户,负责国家物流平台的运行管理、相关行业和国际物流信息系统的衔接以及公共信息服务。"32"泛指省级交通运输主管部门主导建设的区域交换节点(并非每个省都要建设)。"nX"是指国家物流平台拓展和衔接的信息服务体系。n代表n类信息系统,X代表某一类信息系统中X个具体的信息系统。

5. 平台的发展愿景

构建覆盖全国、辐射国际的物流信息基础交换网络和国家平台门户,实现国家物流平台与相关物流信息系统以及平台之间可靠、安全、高效、顺畅的信息交换,实现行业内相关信息平台的交换标准统一,提供公正、权威的物流相关公共信息服务,有效促进物流产业链各环节的信息互通与开放共享。

到 2020 年,基本建成政企互动、多方协作、互联互通、开放共享、安全可靠的国家级物流公共信息服务体系。政府物流相关政务信息资源共享与开放取得重要突破,企业间物流信息互联共享进一步深化,国家物流平台在我国现代物流体系中的战略性地位和作用进一步增强,成为接轨国际物流信息交换共享的"中国窗口",我国物流公共信息资源的"一站式"开放平台,政企间、企业间物流相关信息资源共享交换的重要"电子枢纽"。

资料来源：http://www.logink.cn.

思考题：

1. 什么是物流公共信息平台?
2. 国家交通运输物流公共信息平台的总体功能有哪些?

➡ 任务知识储备

一、物流公共信息平台概述

现代物流是涉及社会经济生活各个方面的错综复杂的社会大系统,是融合了运输、仓储、货运代理和信息等行业的新兴复合型服务产业。其中,信息化是现代物流的重要依托,是现代物流的灵魂,是未来的发展趋势,对提升物流效率、降低物流成本具有决定性作用。物流公共信息平台建设是现代物流发展的必然要求,是整合社会资源、降低社会物流总成本的重要途径之一,也是提高物流企业核心竞争力的突破口。

认识物流公共
信息平台

(一)物流公共信息平台的概念

物流公共信息平台是指基于计算机通信网络技术,提供物流信息、技术、设备等资源共享服务的信息平台。物流公共信息平台具有整合供应链各环节物流信息、物流监管、物流技术和设备等资源,面向社会用户提供信息服务、管理服务、技术服务和交易服务的基本特征。物流公共信息平台的信息服务需要大量权威的政务信息,管理服务是物流相关管理部门的政府职责,这两项功能应由相关政府管理部门负责建设提供;物流公共信息平台的技术服务和交易服务则完全可以采用市场化的机制建设和运行。

(二)物流公共信息平台的发展概况

1. 国外物流公共信息平台的发展

20 世纪 90 年代,信息技术及信息产业崛起,推动着社会变迁,信息时代随之到来,各国都在积极推进本国的信息化进程。目前,日本、美国和欧洲三大地区的物流信息化最为发达。

(1) 美国物流信息化发展。20 世纪 90 年代,美国经济持续稳定增长,信息技术与信息产业的发展成为推动美国经济增长的直接动力。美国通过建立物流公共信息平台,实现供应商和客户的信息共享,运用准时制(JIT)、供应商管理库存(VMI)、协同规划、预测和补给(CPFR)等供应链管理技术,实现供应链伙伴间的协同商务,降低供应链的总成本,提高供应链的总体竞争力。美国国家运输交易市场利用 Internet 技术,为货主、第三方物流公司、运输商提供一个可委托交易的物流交易公共信息网络。

其中 First 信息平台是由美国政府主导构建的交通货运信息实时系统,美国 First 的系统总体结构如图 7-3 所示。

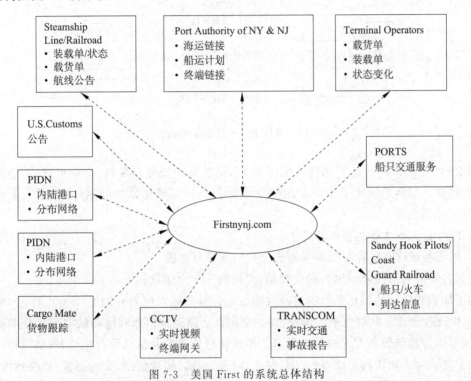

图 7-3　美国 First 的系统总体结构

美国的 First 系统将各类物流交通信息进行了链接,实现了信息资源的共享,为政府及企业提供实时信息,投入运营后取得了较好的效果。

(2) 英国信息系统。FCPS(felixstowe cargo processing system)系统由海运货物处理公司(MCP)经营管理,该公司下属企业 Portis 还新开发了 Destin 8 系统,承担国际咨询业务。FCPS 主要服务于港口的进出口贸易,以及物流配送。FCPS 最初是用于连接通关及货运代理商和英国海关的系统。FCPS 适用于港口与港口之间的信息交换,它是在所有英国港口群信息系统中最先进的信息交换系统,它的业务包括货物进出口、转运、集装箱装运整合及危险品货物和海运业数据统计报告。

FCPS 通过使用电子数据交换技术(EDI),无论何时何地,FCPS 可以将货物运输信息传输给想要查询货物的客户。FCPS 具有处理速度快、灵活、高效、功能全面等优点,它从货物生产、货船卸货、通关、海关检疫及送货等货物处理的各个环节来提高系统效率。FCPS 包含进/出口货物处理、货物转运、危险品处理和海运业数据统计 5 项主要功能。英国 FCPS 的系统体系结构如图 7-4 所示。

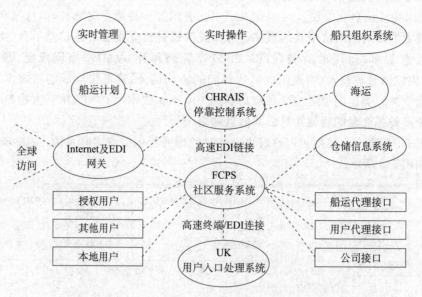

图 7-4　英国 FCPS 的系统体系结构

　　FCPS 的系统结构也是采用高速 EDI 连接,信息集中管理和控制,企业组建、企业运营管理的模式,投入运营后解决了用户货运信息查询及公司无纸化办公问题,降低了企业运营成本,提高了经济效益。

　　2. 国内物流公共信息平台的发展

　　1) 我国各级政府主管部门重视物流公共信息平台发展

　　我国各级政府部门制定出台相关政策,促进物流平台建设。

　　为了加快物流公共信息平台的建设,《物流业调整和振兴规划》(国发〔2009〕38 号)明确提出:"加快行业物流公共信息平台建设,建立全国性公路运输信息网络和航空货运公共信息系统,以及其他运输与服务方式的信息网络。推动区域物流公共信息平台建设,鼓励城市间物流平台的信息共享。加快构建商务、金融、税务、海关、邮政、检验检疫、交通运输、铁路运输、航空运输和工商管理等政府部门的物流管理与服务公共信息平台,扶持一批物流信息服务企业成长。"国务院关于印发物流业发展中长期规划(2014—2020 年)的通知(国发〔2014〕42 号)再次把"进一步加强物流信息化建设,整合现有物流信息服务平台资源,形成跨行业和区域的智能物流信息公共服务平台"作为主要任务和重点工程之一。国家发展和改革委员会关于印发《"互联网＋"高效物流实施意见》的通知(发改经贸〔2016〕1647 号)明确了三大发展目标:先进信息技术在物流领域广泛应用,仓储、运输、配送等环节智能化水平显著提升,物流组织方式不断优化创新;基于互联网的物流新技术、新模式、新业态成为行业发展新动力,与"互联网＋"高效物流发展相适应的行业管理政策体系基本建立;形成以互联网＋为依托,开放共享、合作共赢、高效便捷、绿色安全的智慧物流生态体系,物流效率效益大幅提高。各省、市出台的物流规划纲要都涉及物流公共信息平台建设内容,有些省市甚至在进行省际物流公共平台规划和建设。这些政策为我国物流公共信息平台的建设发展提供了政策保障。

　　2) 国内物流平台成长迅速,呈多样化发展态势

　　在过去的 10 余年中,物流平台的发展经历了简单的 Web 端车货信息展示,到物流园信息

大厅,到公路港 O2O 匹配,到 App 车货匹配,再到 SaaS＋交易,最后回归 O2O＋供应链等一系列的转型突围,国内物流平台成长迅速,呈多样化发展态势,少数物流平台的服务水平达到了世界先进水平。

目前我国物流平台总数已突破 1000 家。其中交通运输部与各省无车承运人试点企业总数已超过 600 家。

为落实《"互联网＋"高效物流实施意见》有关工作部署,国家发展和改革委员会、交通运输部和国家互联网信息办公室联合委托第三方机构组织开展了首批骨干物流信息平台试点评选工作。2018 年 1 月,经过公开征集试点申报单位、组织专家评审,确定了首批 28 家骨干物流信息平台试点名单,如表 7-1 所示。

随着电子商务的快速发展,以服务于电子商务为主的物流平台不断创新技术、模式,增强平台功能,一方面,通过电子面单、多级地址库、大数据、云计算、智能算法、云平台、大数据分单路由、物流预警雷达、智能调度等技术,赋能物流市场主体;另一方面,以资本纽带大规模整合物流资源,形成了集快递、配送、城际货运、同城货运、农村电商物流、国际物流的大协同效应,推动了物流服务的高效化、精准化、可视化、共享化,物流运营与服务的个性化、差异化、标准化、共享化水平大大提升,发货速度显著提升,大数据智能分单、分仓,库存前置、末端配送、及时送达、定时送达、限时送达等服务越来越普及,差错率越来越小,消费者体验不断得到提升。中国快递、配送、电子商务物流服务效率某种程度上已经走在了世界的前列。

目前我国物流公共信息平台建设有以下几个特征。

(1) 各地物流公共信息平台的功能设置呈多样化特征,如功能信息服务、交换服务、车货匹配、订单管理、物流跟踪、财务管理、软件托管等,信息交换需求呈现泛化趋势,以信息交换作为核心功能的平台占比不到 30％,主要集中在信用资信、车辆跟踪、公共设施等方面。

(2) 物流公共信息平台已深入供应链多个环节,涵盖物流全过程,服务对象广泛,以物流企业为主,包括生产企业、工商企业、中介代理、银行、保险、维修企业等,大部分平台都专注于细分市场,规模不大,市场份额不是很高。

(3) 发展速度极快,发展势头很猛,迎合国家整体战略和经济发展的需要。

(4) 各省市政府都在规划、启动和扶植物流公共信息平台项目,建立政府主导的区域性物流公共信息平台成为政府工作重点之一。

(5) 大多平台的运营特色还不够鲜明,缺少行之有效的运营模式。

尽管物流平台近些年呈快速发展态势,但相对于中国庞大的物流市场规模以及众多的物流市场主体而言,物流平台的数量以及所占市场份额仍只是很小的一部分,其整合的资源也多局限于快递、配送、零担货运、仓库等领域,像铁路、航空、海运等重要领域的物流平台发展还较为滞后。国际物流服务平台以及服务于工业企业的物流平台还处于起步阶段。

3) 物流公共信息平台的发展趋势

目前,物流平台进入多方博弈、合纵连横、百家争鸣的时代。对于一个平台来说,平台能做多大,要看能够整合链接多少资源;平台能走多远,要看商业模式的迭代速度和背后资本的实力;平台能有多强,要看体制机制创新的力度和技术领先的能力;平台起步效果有多好,要看接入的场景、用户的黏性有多大;平台开放度决定规模和体量,用户黏度决定质量和效率,融合度决定平台生态的生命力。

(1) "互联网＋物流"助力产业转型升级。"十三五"时期是交通信息化发展的提升阶段,"互联网＋"高效物流重点行动计划的提出促使传统物流业向网络化、智能化、协同化、便捷化

表 7-1　首批骨干物流信息平台试点单位名单

序号	试点平台	所属公司（单位）	所属省市	备注
物流市场运作类——公路车货匹配领域（8家）				
1	运盟集运平台	圆通速递有限公司	上海	
2	货车帮+运满满平台	贵阳货车帮科技有限公司/江苏满运软件科技有限公司	贵州/江苏	"货车帮""运满满"已于2017年11月合并
3	传化智能物流信息平台	传化公路港物流有限公司	浙江	
4	基于物流全产业链透明管理的公共服务平台	深圳市易流科技股份有限公司	深圳	
5	货运圈平台	上海卡行天下供应链管理有限公司	上海	
6	快托物流服务平台	山东阿帕网络技术有限公司	山东	
7	天地卡航公共甩挂运输平台	上海天地汇供应链管理有限公司	上海	
8	路歌物流信息平台	合肥维天运通信息科技股份有限公司	安徽	
物流市场运作类——铁路运输领域（2家）				
1	铁龙物流平台	中铁铁龙集装箱物流股份有限公司	大连	
2	中鼎智慧物流云平台	山西晋云现代物流有限公司	山西	
物流市场运作类——多式联运领域（6家）				
1	网盛大宗品电商物流平台	上海网盛运泽物流网络有限公司	上海	
2	买卖全球网平台	河南省进口物资公共保税中心集团有限公司	河南	
3	鹏海运集装箱物流信息系统平台	深圳市鹏海运电子数据交换有限公司	深圳	
4	集托网平台	四川九州集托科技有限公司	四川	
5	海外通跨境电商综合服务平台	威时沛运货运（广州）有限公司	广东	
6	安通物流平台	泉州安通物流有限公司	福建	

续表

序号	试点平台	所属公司（单位）	所属省市	备注
物流市场运作类——冷链物流领域（1 家）				
1	冷链马甲平台	郑州金色马甲电子商务有限公司	河南	
物流市场运作类——城市配送领域（1 家）				
1	新能源智慧物流车平台	菜鸟网络科技有限公司	浙江	
物流需求支撑类（2 家）				
1	全国棉花交易市场物流配送平台	北京全国棉花交易市场集团有限公司	北京	
2	煤炭交易中心公路物流服务平台	中国（太原）煤炭交易中心	山西	
物流服务保障类（8 家）				
1	航空物流信息服务平台	中国民航信息网络股份有限公司	北京	
2	亿海蓝航运物流协同平台	亿海蓝（北京）数据技术股份公司	北京	
3	绿道一站式跨境供应链服务平台	江苏宏坤供应链管理有限公司	江苏	
4	重庆智慧物流公共信息平台	重庆智慧物流产业发展有限公司	重庆	
5	北斗智慧物流云平台	黑龙江北斗天宇卫星导航信息股份有限公司	黑龙江	
6	中物动产＋中物物联双 PaaS 平台	中物动产信息服务股份有限公司	北京	
7	舟山江海联运物流服务信息平台	舟山市港航管理局	浙江	
8	四川省物流公共信息平台	四川省物流信息服务有限公司	四川	

的方向发展。"互联网＋物流"的本质是利用信息通信技术,推动物流业与互联网融合发展。物流公共信息平台作为互联网平台,利用先进的信息技术促进运力社会化、资源平台化,不断地优化传统物流运输组织模式,改变运作方式,提高运作效率,也代表了互联网在传统领域创造的新的经济发展生态。

(2)全国性数据交换网络的建立势在必行。物流公共信息平台的核心功能是实现物流信息的高效交换和共享,这是平台的公共性、开放性、共享性所决定的。平台与平台之间、平台与企业之间的互联互通是大势所趋。因此,构建全国公益性的物流信息基础交换网络势在必行,即政府主导建设一个提供数据共享交换的平台,为物流各个环节和参与的各方提供中立、开放、免费的数据和服务的交换,为企业、产业、区域等提供物流公共信息服务,从而为打通整个物流链、价值链、服务链创造条件。

(3)无车承运平台将进入整合淘汰期,技术支撑平台迎来新的发展机遇。按照交通运输部、国家税务总局《关于印发〈网络平台道路货物运输经营管理暂行办法〉的通知》(简称《办法》)的要求,交通运输部无车承运人试点工作于 2019 年 12 月 31 日结束,从 2020 年 1 月 1 日起,无车承运人试点企业可按照《办法》规定要求,申请经营范围为网络货运的道路运输经营许可。虽然无车承运平台都有意愿申请网络货运资质,但由于门槛高、监管严等原因,部分没有核心竞争力的平台将会被淘汰或被整合。

在网络货运新政背景下,监管部门要求平台承担安全责任、提高风险管控水平,并要求平台对运输全程进行监控并实时上传运单、运输轨迹等信息,进而带动车辆定位技术、车联网技术、疲劳监控、主动安全等提供专业技术服务的产业与物流业深度融合,进一步促进物流行业高质量发展。

(4)区块链技术将在网络货运平台上得到深入应用。由于区块链技术具有分布式、去中心化、数据不可更改等特点,再加上政府推动、市场刚性需求等因素,区块链技术在物流业务数据真实性核验、物流诚信体系建设、物流金融方面将大有作为。

(三)物流公共信息平台的类型

根据物流公共信息平台的应用主体、服务范围、运作方式,物流公共信息平台可划分为国家级物流公共信息平台、区域性物流公共信息平台、行业性物流公共信息平台、省级物流公共信息平台、企业级和园区物流公共信息平台、特定物流服务的物流公共信息平台等。

1. 国家级物流公共信息平台

国家级物流公共信息平台是国家政策支撑信息和国际物流需求的平台,负责提供：汇集和发布中央级政府监管的信息；国际物流需求信息,可以根据物流量有针对性地建立通往美国、欧洲、澳洲等物流中心的频道,以便有效地利用国际物流的海、陆、空通道,协调国际、国内各区域间的物流资源。

国家级物流公共信息平台处于整个公共物流信息平台的顶层,通过标准接口或网络与国外物流公共信息平台相连,并进行相互间的数据交换；省级物流公共信息平台和行业性物流公共信息平台通过 IP 通信网络与国家级物流公共信息平台相连,并进行相互间的数据交换。

2. 区域性物流公共信息平台

区域性物流公共信息平台是国家对区域内平台的协调和地方性信息的处理平台,从应用角度来讲,应该与国家级物流信息平台的角色类似,只是范围要小些,但管理上不是由各具体的机构来直接管理,可以考虑由区域内省市联合管理。它的具体功能可以包括以下内容。

（1）区域内各省市政府监管的信息。

（2）区域内物流需求信息。

（3）可以有针对性地建立东北、华北、华南、西北、华东等物流平台，各区域物流平台负责协调相应区域内的物流资源。

（4）相关商业化开发和增值服务。

区域性物流公共信息平台是区域物流活动的神经中枢，是利用现代计算机技术和通信技术，把物流活动中的供、需双方和运输业者及管理者有机联系起来的一个信息系统支撑体系。

3. 行业性物流公共信息平台

行业性物流公共信息平台主要用于企业内部以及企业供应链上下游之间的信息共享，协调各行业间信息的处理平台，负责提供具有行业特点的物流监管、供求信息及相关的商业化开发和增值服务。

4. 省级物流公共信息平台

省级物流公共信息平台是省级政策支撑信息和省物流需求的平台。省级物流公共信息平台负责提供以下信息与服务。

（1）省市政府监管的信息。

（2）省内各大物流园区和企业用户之间的物流资源和信息，如地方政府的通关信息、口岸信息、企业诚信信息等及跨省市的联运信息。

（3）相关商业化开发和增值服务。

5. 物流园区信息平台

物流园区信息平台是指利用信息平台对企业或物流园区内物流作业、物流过程和物流管理的相关信息进行采集、分类、筛选、储存、分析、评价、反馈、发布、管理和控制的通用信息交换平台。物流园区信息平台是园区的管理者利用现代计算机和通信技术将物流园区众多的参与者，包括物流企业、物流服务需求者、运输业务承担者及政府相关部门等有机地联系起来，它同时联系着园区各物流信息系统的各个层次、各个方面，是园区物流活动的神经中枢。

6. 特定物流服务的物流公共信息平台

（1）按运输方式分类，有全国铁路物流公共信息系统、航空货运公共信息系统、水运公共信息系统、公路运输公共信息平台。

（2）按产业分类，有钢铁物流、医药物流、农产品物流、家电物流等以及其他运输与服务方式的公共信息平台。

（3）按服务对象分类，①公共型，提供单纯的信息服务；②商务型，有业务支撑，以信息服务为手段，提供相关实体物流服务，包括公路货运、国际海运货代等信息平台。

二、物流公共信息平台的功能和系统总架构

（一）物流公共信息平台的功能

从不同的视角分析，物流公共信息平台的功能是不同的。

1. 从宏观角度看

从宏观角度看，物流公共信息平台的建设目的主要在于满足物流系统中各个环节的不同层次的信息需求和功能需求，这就要求信息平台不仅要满足货主、物流企业等对物流过程的查询、设计、监控等直接需求，还要满足他们对来自政府管理部门、政府职能部门、工商企业等与

自身物流过程直接相关的信息需求。根据系统用户主体的信息需求情况,平台应实现如下五项基本功能。

(1) 物流信息资源的整合与共享。物流企业与客户要对各种信息作全面了解和动态跟踪,通过平台将物流园区和物流中心的各类信息资源进行整合,在一定范围内对各信息资源进行共享。

(2) 社会物流资源的整合。对社会物流资源进行整合,提高物流资源配置的合理化,提高社会物流资源利用率,降低企业产品运营成本和运输周期,提高产品市场竞争力。

(3) 政府管理部门间、政府与企业间的信息沟通。规范和加强政府的宏观决策与市场管理,提高政府行业管理部门工作的协同性,提高物流业的行业管理、发展与规划的科学性,为企业参与国内外市场竞争提供平等发展的舞台与空间。

(4) 现代物流系统运行的优化。通过平台减少物流信息的传递层次和流程、提高现代物流信息的利用程度和利用率,使物流系统以最短流程、最快速度、最少费用得以正常运行,实现全社会物流系统运行的优化,有效地降低物流成本。

(5) 优化供应链。对现代物流市场环境快速响应,形成供应链管理环境下固定电子物流和移动电子物流两种模式共同支撑的平台体系结构;实现行业间信息互通、企业间信息沟通、企业与客户间信息交流,使现代物流信息增值服务成为可能,从根本上提升现代物流的整体服务水平。

2. 从微观角度看

从微观角度看,企业使用物流公共信息平台不仅可以利用其庞大的资料库以及开放性的商务功能,实现企业自身的信息交流发布、业务交易、决策支持、车辆跟踪定位等信息化管理,而且实现供应链管理过程中不同企业间的信息高效交换。因此,物流公共信息平台应具有如下基本功能。

(1) 数据交换功能。提供与第三方电子数据交换的途径,可灵活地配置数据导入导出的方式,支持 TXT 文本、XML 文本和 Excel 文本三种文件格式。这是信息平台的核心功能,主要是指电子单证的翻译、转换和通信,包括网上报关、报检、许可证申请、结算、交(退)税、客户与商家的业务来往等与信息平台连接的用户间的信息交换。在数据交换功能中,还有一项很重要的功能——存证管理功能。存证管理是将用户在信息平台上产生的单证信息加上附加信息,按一定的格式以文件形式保存下来,以备将来发生业务纠纷时查证、举证之用。

(2) 信息发布功能。该功能以 Web 站点的形式实现,企业只要通过 Internet 连接到信息网络平台 Web 站点上,就可以获取站点上提供的物流信息。这类信息主要包括水、陆运输价格、新闻和公告、政务指南、货源和运力、航班船期、空车配载、铁路车次、适箱货源、联盟会员、职业培训、政策法规等。

(3) 会员服务功能。为注册会员提供个性化服务,主要包括会员单证管理、会员的货物状态和位置跟踪、交易跟踪、交易统计、会员资信评估等。

(4) 在线交易功能。交易系统为供方和需方提供一个虚拟的交易市场,双方可发布和查询供需信息,对自己感兴趣的信息可与发布者进一步洽谈,交易系统可以为双方进行交易撮合。

(5) 智能配送功能。利用物流中心的运输资源对商家的供货信息和消费者的购物信息进行最优化配送,使配送成本最低,在用户要求的时间内将货物送达。通常的解决方法是建立数学模型,由计算机运用数学规划方法给出决策方案,管理人员再根据实际情况进行选择。智能配送要解决的电信问题包括线路的选择、配送的发送顺序、配送的车辆类型、客户限制的发送时间。

（6）货物跟踪功能。采用 GPS/GIS 系统跟踪货物的状态和位置，状态和位置数据存放在数据库中，用户可通过 Call Center 或 Web 站点获得跟踪信息。

（7）库存管理功能。利用物流信息平台对整个供应链进行整合，使库存量能在满足客户服务的条件下达到最低库存。最低库存量的获得需要大量历史数据的积累和分析，要考虑客户服务水平、库存成本、运输成本等综合因素，最终使成本达到最小。可解决的典型问题包括：下轮生产周期应生产的产品数量；补充货物的最佳数量；补充货物的最低库存点（安全库存）。

（8）货物跟踪功能。建立物流业务的数学模型，通过对已有数据的分析，帮助管理人员鉴别、评估和比较物流战略和策略上的可选方案。典型分析包括车辆日程安排、设施选址、顾客服务分析。

（9）金融服务功能。在相关法律法规的建立和网络安全技术的进一步完善后，可通过物流信息平台网络实现金融服务、如保险、银行、税务、外汇等。在此类业务中，信息平台起信息传递的作用，具体业务在相关部门内部处理，处理结果通过信息平台返回客户。

（10）系统管理。对整个信息平台的数据进行管理，包括用户管理、权限管理、安全管理和数据管理等。物流系统涉及方方面面的使用人员，系统管理模块将对这些人员进行集中管理，为这些人员分配不同的模块及使用权限。这样可以保证用户安全地使用自己的模块系统，完成自己的工作与职责，而不会越权使用其他的模块系统。

（11）推进供应链可视化。供应链可视化（supply chain visibility，SCV）管理离不开物流公共信息平台的支撑。SCV 就是利用信息技术，采集、传递、存储、分析、处理供应链中的订单、物流以及库存等相关指标信息，按照供应链的需求，以图形化的方式展现出来。SCV 可以对业务进行中的文档（这种文档可以是 EDI 文档或者一般的文档）进行发送/接收、处理的状态跟踪，将经过多个系统进行传输并将文档从多个系统导出或导入多个系统的过程进行全面的监控和管理。SCV 可以为内部以及交易伙伴的电子订单处理、收发货业务协同、物流操作提供基于互联网浏览器的从数据传输、业务数据、结果差异到实时异常不同层次的能见性，大大提升供应链的透明度。SCV 的分析功能可扩展企业的订单、发货及发票信息，为企业重新诠释端对端供应链的概念。用户可以发现延迟和瓶颈，找出表现不佳的贸易伙伴。协作多方共享绩效指标如订单满足率、准时到达率、货架缺货率等，应用这些重要的依据指导供应链管理乃至指导产品策略。

可见，供应链可视化可以有效提高整条供应链的透明度和可控性，从而大大降低供应链风险。

（二）物流公共信息平台的系统总体架构

构建以数据交换为核心的物流公共信息平台，根据社会综合物流业务系统的需求，一方面，通过数据交换中心的接口系统将各个不同类型的相关系统连接到平台上来，形成数据共享和业务联动；另一方面，为社会物流系统的需求者提供信息化支持和各种接入方式，提供方便快捷的服务手段，同时提供与其他物流公共信息平台以及日后发展的分支节点的有效支持。物流公共信息平台的系统总体架构如图 7-5 所示。

（1）从纵向看，框架结构主要分为四层，即用户表示层、业务服务层、应用支撑层和基础支撑层。用户表示层是平台统一的对外门户；业务服务层主要实现物流参与者通过业务服务层

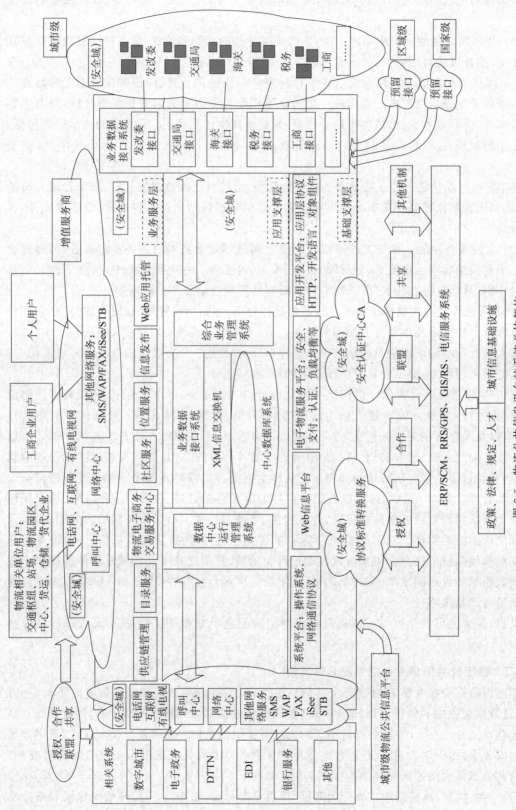

图 7-5　物流公共信息平台的系统总体架构

进行相关业务操作,完成信息的传递和交易;应用支撑层是平台核心的部分,以 XML 信息交换技术为核心,应用于不同组织间异构系统的数据交换及信息流转,实现数据的交换、存储和系统的接入;基础支撑层是物流公共信息流转传递的环境基础,软环境包括相关政策法规、业务流程、技术标准(包括物流术语标准、商品编码标准、表格与单证标准、信息交换标准等),硬环境包括信息基础设施的支撑等。

(2) 从横向看,使平台体系体现连接两端,左端是为企业提供联络相关系统平台的服务,如海关通关贸易系统(EDI)、港口、电子银行、城市电子政务系统和数字城市等系统;而右端是为平台用户提供与各相关单位业务系统的连接,包括与交通、海关、税务、保险等部门系统的联系,同时考虑为国家级、区域级物流公共信息平台提供预留接口,体现平台的行业服务、政府监管等功能。

三、物流公共信息平台的实现

物流公共信息平台的实现主要依靠 Internet 和 Web 技术,平台宜采用 Browser/Web Server 结构模式,Web Server 的后台由 DB(database,数据库)提供数据支持。

(一) 物流公共信息平台的技术架构

为了保证系统的高可用性、高可靠性和可扩展性,系统必须选择支持强大的企业级计算的成熟技术。目前,J2EE 已经成为企业级开发的工业标准和首选平台。J2EE 是一个开放的、基于标准的平台,可以开发、部署和管理 N 层结构的、面向 Web 的、以服务器为中心的企业级应用,它是利用 Java 2 平台来简化与多级企业解决方案的开发、部署和管理相关的诸多复杂问题的应用体系结构。基于 J2EE 技术的三层架构示意图如图 7-6 所示。

J2EE 技术的基础是 Java 语言,Java 语言与平台无关性,保证了基于 J2EE 平台开发的应用系统和支撑环境可以跨平台运行。该技术架构的特点如下。

(1) 表现层采用 Java 开发平台结构使得系统结构更清晰化,代码复用性强,易维护。

(2) 业务逻辑处理采用 session bean,它封装了对事务的处理,可以使程序运行更安全,可以方便地分布式部署,使系统能承受很大的压力。

(3) 采用 Java 使系统数据库无关性,可适应主流关系型数据库,编写程序时按照面向对象的方式写程序,可维护性高。

(4) 跨平台性,可任意移植到多种平台下,保护用户的投资。

(5) 技术平台具有广泛的支持力,J2EE 技术规范得到了国际性大公司和自由开发者的广泛支持。

(二) 物流公共信息平台实现的技术简介

1. 中间件技术

中间件是一种独立的系统软件或服务程序,分布式应用软件借助这种软件在不同的技术之间共享资源。中间件软件管理着客户端程序和数据库或者早期应用软件之间的通信。

中间件在分布式的客户和服务之间扮演着承上启下的角色,如事务管理、负载均衡及基于 Web 的计算等。

中间件具有以下特点:满足大量应用的需要;运行于多种硬件和 OS 平台;支持分布式计算,提供跨网络、硬件和 OS 平台的透明性的应用或服务的交互功能;支持标准的协议;支持标准的接口。程序员通过调用中间件提供的大量 API,实现异构环境的通信,从而屏蔽异构

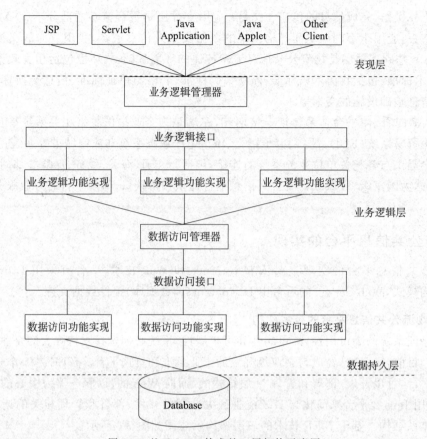

图 7-6   基于 J2EE 技术的三层架构示意图

系统中复杂的操作系统和网络协议。针对不同的操作系统和硬件平台,它们可以有符合接口和协议规范的多种实现。由于标准接口对可移植性和标准协议对互操作性的重要性,中间件已成为许多标准化工作的主要部分。

2. 面向服务的架构(SOA)

SOA 提供了一种构建 IT 组织的标准和方法,并通过建立可组合、可重用的服务体系来减少 IT 业务冗余,并加快项目开发的进程。SOA 体系能够使 IT 部门效率更高、开发周期更短、项目分发更快,在帮助 IT 技术和业务整合方面有着深远的意义。基于 SOA 的应用模式具有如下特点。

(1) 松耦合。在符合 SOA 的系统中,服务请求者与服务提供者之间,根据已发布的服务契约和服务水平协议,通过服务接口进行通信,服务接口封装了所有的实现细节,任何时候服务请求者都不需要了解服务提供者对内部实现的信息,这样,保证了服务的接口松耦合。

服务请求者和服务提供者的实现与运行不需要依赖于特定的某种技术,或某个厂家的解决方案或产品。业务服务可以在多个业务流程中得到复用,并且随着业务要求的改变,一项服务可以在变化后的新的业务流程中能够继续得到使用。这样,服务之间是技术松耦合和流程松耦合的。

(2) 关注服务,利于重用。服务是 SOA 系统的基本元素,以明确且与实现无关的标准化接口完成业务功能定义,服务可在不同业务过程中被重复使用,而且具体的服务实现不依赖特定开发语言与工具。

（3）基于开放式标准。为了强调互操作性，即不同的计算机系统、网络、操作系统和应用程序一起工作并共享信息的能力，在 SOA 系统中，服务需要尽量符合开放标准。与服务相关的技术几乎都存在相应标准，如 SOAP、WSDL、UDDI、SCA/SDO 等。

（4）架构灵活，便于重构。服务与实际业务功能相关，具有明确的接口。这些服务可在不同的业务流程中得到重用，提高了服务的价值；在使用中只需按其接口要求进行访问，屏蔽服务实现细节，服务实现的修改不会影响服务访问方的逻辑，提高了业务流程的适应性；另外，一旦业务流程变更，仅需对服务进行重新编排，并不修改服务本身，提高了业务流程实现的灵活性。

3. 企业服务总线（ESB）

ESB 是面向服务架构的骨干，在完成服务的接入、服务间的通信和交互基础上，还提供安全、可靠、高性能的服务能力保障。采用 SOA，基于 ESB 进行企业应用集成，如图 7-7 所示，应用系统之间的交互通过总线进行，这样可以降低应用系统、各个组件及相关技术的耦合度，消除应用系统点对点集成瓶颈，降低集成开发难度，提高复用，增进系统开发和运行效率，便于业务系统灵活重构，快速适应业务及流程变化需要。

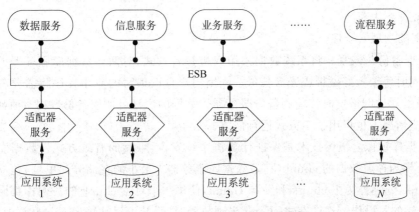

图 7-7 基于 ESB 进行企业应用集成

4. Web 服务

Web 服务是为了让地理上分布在不同区域的计算机和设备一起工作，以便为用户提供各种各样的服务。利用 Web 服务，公司和个人能够迅速且廉价地通过互联网向全球用户提供服务，建立全球范围的联系，在广泛的范围内寻找可能的合作伙伴。

Web 服务有两层含义：其一是指封装成单个实体并发布到网络上的功能集合体；其二是指功能集合体被调用后所提供的服务。简单地讲，Web 服务是一个 UBL 资源，客户端可以通过编程方式请求得到它的服务，而不需要知道所请求服务是怎样实现的，这一点与传统的分布式组件对象模式不同。

Web 服务是在现有的 Web 技术和设施上，通过制定新的协议和标准、提出新的技术来实现的。新提出的与 Web 服务相关的主要协议和技术包括 SOAP（simple object access protocol，简单对象访问协议）、WSDL（Web services description language，Web 服务描述语言）、UDDI（universal description，discovery and integration，通用描述、发现与集成）。SOAP 用于定义数据描述和远程访问的标准；WSDL 是发布和请求 Web 服务的描述语言；UDDI 则把 Web 服务与用户联系起来，起中介作用。Web 服务的具体实现并不局限在这几种协议和技术上,任何支持 Web 标准的系统都能支持 Web 服务。

5. 分布式数据库技术

分布式数据库是指利用高速计算机网络将物理上分散的多个数据存储单元连接起来组成一个逻辑上统一的数据库。其特征为由不同地域分散局部数据库与全局性调度管理数据库构成,以上两类数据库均具有较强的自治功能,其中前者设计实现通常需要配置相应的数据库与集中管理系统,即 DDBMS 系统。该局部数据库主体承担对用户各类专用数据更新与存储的控制,因而各局部数据库拥有较强的独立性。同时局部数据库对全局调度数据库至少能够分享及执行其所提供的一类全局应用功能。

全局调度节点中心库通常对数据库或分布式管理系统 DDBMS 进行合理配置,主体承担对数据库信息的全局调度,同时展开检索查询策略与并发管理应用策略的全局执行。

用户通过全局检索查询可将相应查询语句合理转换为可执行性数据库操作,同时并发管理应用则主要在并发数据库环境下完成相应操作与管理控制,包含对并发事务的封锁管理与排队处理等。

以上两类系统均需在相应操作系统 OS 基础上实现对数据库的透明操作与存储访问。

6. 数据安全技术

1) 数据的物理安全性

(1) 数据备份与恢复。将系统数据采用双机热备方式,对两台数据库服务器的数据进行实时备份,同时每天做好磁带或光盘备份。利用用户自己编写的应用程序将需要备份的数据库的数据增量通过网络定时传输到备份服务器。数据的恢复可使用备份数据时所使用的软件工具,在某些情况下也可用手工方式进行恢复。

(2) 数据库镜像。镜像技术是保证计算机系统安全、可靠的有效方式。数据库服务器的镜像技术是指为存放数据的 chunk(它是数据库服务器中最小的存储分配单位)建立一个与之配对的 chunk,分别称为主 chunk 和镜像 chunk,使每一个对主 chunk 的写操作都同时对镜像 chunk 做同样的写操作。这样在主 chunk 出现故障时,系统可以从镜像 chunk 读取数据,直到主 chunk 被恢复为止,而不需要中断用户的访问。

2) 数据的逻辑安全性

从逻辑上考虑,一个安全的数据库应当允许用户只访问对其授权的数据。数据库通过不同安全级别的权限管理,对用户的权利进行限制,保证系统的安全。同时为了权限管理的方便,系统允许设定不同的角色,通过角色管理,灵活管理权限的授予与回收。

考虑到不同的用户对不同的数据库、同一数据库中的不同数据的访问权限,对联网相关的业务操作的数据安全和访问权限控制还可采取以下措施。①数据加密:对数据库中的敏感数据项进行加密。②数据访问控制:因为不是所有的用户都能够访问数据库中的所有数据项,因此要对各个数据项和每条记录都要有访问等级限制的明确标志。③用户权限控制:在用户访问数据库时首先要进行身份认证,以保证数据库不被非法操作。

四、物流公共信息平台的互联

物流公共信息平台涉及多主体、多部门,保证信息流正确、及时、高效、通畅是保证物流大系统高效运行的关键。基于目前的网络构建模式,物流公共信息平台中多系统互连可以采用互通式连接、基于 C/S(客户端/服务器)网络结构和多级式网络结构三种形式。

1. 互通式连接

互通式连接如图 7-8 所示。

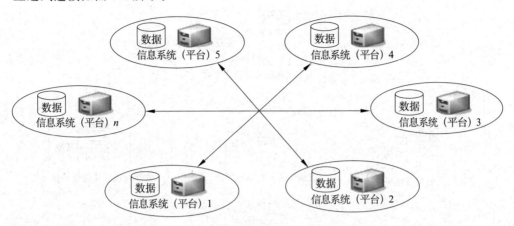

图 7-8　物流公共信息平台互通式连接示意图

2. 基于 C/S 网络结构

基于 C/S 网络结构如图 7-9 所示。

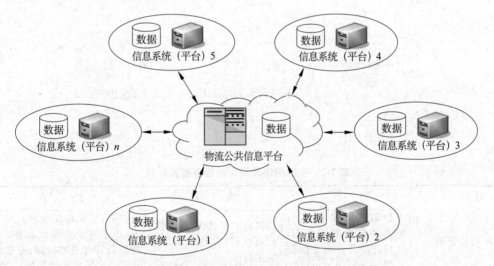

图 7-9　物流公共信息平台基于 C/S 网络结构示意图

3. 多级式网络结构

多级式网络结构如图 7-10 所示。

五、物流公共信息平台的建设及运营

1. 平台投资类型

物流公共信息平台准公共产品的基本属性决定了平台构建的投资类型存在多种形式。物流公共信息平台构建及运作的投资分析主要考虑的是在平台建设管理运营过程中政府和市场处于何种地位和发挥何种作用。根据这一标准,平台构建及运作的投资模式可分为四种类型:政府独资型、政府资本控股型、社会资本控股型以及社会资本独资型,如表 7-2 所示。

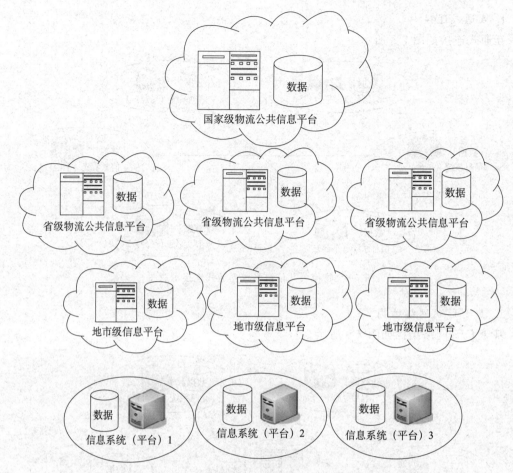

图 7-10   物流公共信息平台多级式网络结构示意图

表 7-2   平台构建及运作的投资模式比较

类　型	特　点	优　点	缺　点
政府独资型	平台的规划建设、运行管理成本由政府承担，体现政府公共服务的公益性	协调成本低、建设速度快、权威性高，有助于平台的应用推广	一方面,财政负担较重；另一方面,由于缺少市场化运作,平台的运行管理成本较高,对市场需求变化的反应速度较慢
政府资本控股型	政府规划建设，委托下属的事业单位具体负责平台的运行管理	协调成本低,管理的效率较高；企业参股平台的运行管理,为平台的市场化运作奠定基础	建设、运行管理成本较高,企业的积极性得不到发挥
社会资本控股型	政府规划建设、委托企业运行管理，产权属于企业	协调成本低,管理运营效率较高,由于企业拥有所有权能进行市场化运作,服务质量较高	权威性低,企业追求商业利益可能降低物流信息化服务的公正性
社会资本独资型	按照政府政策方向,企业规划建设、运行管理,产权属于企业	政府不需要介入规划及运行管理,财政压力较小,服务质量可望因市场化运作而提高	不具备权威性,平台的服务范围较窄

2. 平台的运作模式选择

目前，国内外物流公共信息平台运营主要有三种模式：政府主导模式、政府参与的业界协作组织模式、商业运营商全资拥有模式。根据平台发展的不同时期应采取不同的运作模式。

（1）平台运作的成长期，应采取"政府主导"的运作模式。平台运作的成长期是指平台建成以后的应用推广时期，平台的功能设计主要是满足基本信息服务的功能需求，如供求信息发布、公共信息查询、企业的信用查询等功能。由于平台处于建成的初期，平台的用户规模较小，平台边际收益小于其运行管理的边际成本，根据我国现在物流业发展的特点，平台的在线交易等增值服务功能需求较低，平台几乎不能获得增值收益，维持平台运行管理主要是靠政府补贴。此外，采取政府主导的运作模式，政府的高权威性有助于平台的应用推广。

（2）平台运作的发展期，应采取"政府引导，企业运作"模式。当平台运作处于发展期时，平台拥有一定的客户群，通过为用户提供增值服务而获得的增值收益足以弥补平台的运行管理成本，平台除了提供基本的公共信息需求以外，包括在线交易、货物跟踪查询、多式联运、电子报关等综合性的增值信息服务的需求明显增加。政府制定相关的政策法规进行保障，按照"谁投资、谁受益"的原则，引导社会资金进入平台的日常管理和维护，参与平台的运作，逐步将平台的实际运作权交由企业，并通过优惠政策扶植典型企业的发展，让企业看到平台运作能够带来巨大的经济效益，以吸引更多企业参与。

（3）平台运作的成熟期，采用"政府监督，企业主导"的市场化运作模式。当平台运作处于成熟期时，平台拥有了较大规模的客户群，在大量应用系统投入使用后，依靠高效优质的信息服务，平台能够提供满足市场需求的物流信息增值服务，实现自我积累与发展的成熟阶段。此时，政府应行使宏观调控职能，制定使用平台的相关服务费用标准，按照市场化运作，实现平台的持续良性发展。同时在政府指导下成立物流企业相关的协会组织，推行企业自律、准入制度和资质评定，对行业进行协调，形成企业与政府联系的桥梁和纽带。

公共技术服务平台

作为我国战略性新兴产业重点培育方向之一，新一代信息技术产业的发展备受国家重视。2010年10月，国务院下发关于加快培育和发展战略性新兴产业的决定，将新一代信息技术产业列于七大战略性新兴产业之首，并明确提出"加快建设宽带、泛在、融合、安全的信息网络基础设施，推动新一代移动通信、下一代互联网核心设备和智能终端的研发及产业化，加快推进三网融合，促进物联网、云计算的研发和示范应用；提升软件服务、网络增值服务等信息服务能力，加快重要基础设施智能化改造；大力发展数字虚拟等技术，促进文化创意产业发展"。

1. 物联网平台：保障系统可靠运行

物联网公共技术服务平台旨在为物联网产业发展提供系统可靠性检测与评估、系统解决方案及推广应用、知识产权等服务，减少重复投入，实现资源共享，保障物联网系统安全可靠运行，推动物联网产业快速健康、自主可控发展，促进物联网行业快速发展和应用推广。

平台建设包括物联网可靠性检测与评估系统、物联网系统解决方案参考示范及推广应用服务系统、物联网知识产权服务系统。其中，物联网系统可靠性检测与评估系统研究和建立测试模型、指标体系、测试方法和规范，开发和完善相应的测试工具，从而为用户提供物联网系统可靠性检测与评估、咨询和培训等服务。物联网系统解决方案参考示范及推广应用服务系统为用户提供解决方案应用效果体验,并以知识产权服务为保障,完成推广支撑服务体系的建立、充实和完善,为优化解决方案建立快速有效的推广途径。物联网知识产权服务系统提供知识产权策略研究、专利分析、知识产权监控和预警、信息发布等服务。

2. 云计算平台:促进产业协调发展

云计算公共技术服务平台提供专业的云计算检验检测、标准验证、技术试验、应用推广和决策支撑等服务,打造完善的公共服务环境,推动完善我国云计算产业支撑体系,为我国云计算创新发展和云计算示范工程的推进提供技术支撑与保障。云计算公共技术服务平台主要包括四方面的实施和服务内容:一是针对云计算系统可靠性、安全性、可移植性检验检测需求,自主研制面向云计算技术、产品和服务的专用检验检测工具,提供云计算可靠性、安全性及能效等方面的检验检测服务;二是针对云计算综合检验检测、标准符合性验证以及基础设施及服务试验的需求,开发统一的测试管理系统,建设专业的云计算测试验证环境,为云计算服务、产品和技术的测评验证提供试验环境;三是针对云计算公共技术资源汇聚和共享需求,建立云计算检验检测案例库、缺陷库、标准规范库等,实现技术资源的共享,支撑云计算公共技术服务平台的运行;四是通过研究分析虚拟化、资源管理、云安全等关键技术领域的标准化需求,提出云计算标准体系框架,主要包括基础标准、关键技术及产品标准、测评标准、服务标准、安全与可靠性标准、基础设施标准以及行业应用指南。

3. 智能移动终端平台:构建综合测试环境

智能移动终端软件公共技术服务平台为测试人员提供真实运行场景下的手工测试和自动化测试相结合的综合测试环境,以及包括资源共享、技术交流、行业服务等内容的服务平台,降低开发测试成本,提高资源有效利用率,推动我国智能移动终端软件产业持续健康地良性发展。智能移动终端软件公共技术服务平台包括智能移动终端软件质量检测平台、智能移动终端软件公共服务支撑平台和智能移动终端软件资源库。

(1)智能移动终端软件质量检测平台面向移动办公、基于位置的服务(LBS)、游戏等领域提供代码测试、集成测试、验收测试和运维测试等多种测试服务。

(2)智能移动终端软件公共服务支撑平台主要提供开发资源共享、质量信息跟踪、技术交流论坛、行业支撑、知识产权、成功应用推广六大服务。

(3)智能移动终端软件资源库,包括智能移动终端软件的案例库、缺陷库、标准规范库、政策法规库、开发资源库、质量信息库、软件版权库和技术人才库,相关资源库以智能移动终端软件公共服务支撑平台为窗口对外提供服务。

4. 电子认证平台:支撑数字证书策略管理

电子认证公共技术服务平台以国家电子签名证书策略为核心,搭建我国的证书策略体系实现框架和技术方法;在证书策略体系的基础上,实现国内经过工业和信息化部认证的 CA 所签发数字证书之间的互信和互认;建立电子签名证书资料备份库,为电子认证行业监管信息采集与数据服务、数字证书和可信数据电文统一验证及公共服务提供支撑。电子认证公共技术服务平台主要提供以下五方面的服务:一是通过电子签名证书策略管理系统,对证书进行分类分级管理;二是通过电子签名证书互信互认系统,支持主管部门对数字证书在境内使用情况进行监管;三是通过电子签名证书资料备份库保证电子认证服务机构的业务连续性;四是通过可靠电子签名和数据电文验证系统,切实保障交易主体身份真实性、交易行为不可抵赖性和交易资金安全性;五是通过电子认证服务机构管理系统实现主管部门对电子认证服务机构的信息化管理。

公共技术服务平台建设对于我国新一代信息技术产业的健康发展具有重大而深远的意义,关系到我国战略性新兴产业的发展大局,对于提升我国经济实力和技术实力具有积极作用。

实训任务实施

运满满物流公共信息平台的使用

1.实训目的与要求

(1)认知物流公共信息平台,理解物流公共信息平台的相关概念。

(2)掌握在物流信息平台上的注册、信息发布、信息查询等操作。

(3)会应用物流公共信息平台的主要功能模块处理物流业务。

(4)按照实训任务单完成各项任务。

(5)按照规范要求提交实训报告。

(6)遵守实训中心的纪律,爱护设备,实训认真,注意安全。

2.实训准备

(1)教师准备好实训任务书,讲清该任务实施的目标和公共物流信息平台知识要点。

(2)实训中心准备实训设备和上网环境。

(3)学生根据任务目标,通过教材和网络收集相关资料,并做好知识准备。

3.实训任务

(1)运满满创立于 2013 年 11 月,是国内首家基于云计算、大数据、移动互联网和人工智能技术开发的货运调度平台,是公路物流领域高新技术综合应用的典型代表。目前,运满满平台实名注册重卡司机超过 520 万、货主超过 125 万,货物日周转量 136 亿吨·公里,日撮合交易额约 17 亿元,业务覆盖全国 334 个城市,已经成为中国最大整车运力调度平台、智慧物流信息平台和无车承运人。同时也是"互联网＋物流"、交通大数据和节能减排的样板项目。

现有 300 吨货物从郑州运到广州寻车;有 5 辆 30 吨卡车寻找货源。请在运满满信息平台上完成车找货、货找车以及其他相关业务操作。

(2)撰写实训报告。

4.实训步骤

学生根据任务目标,按照学习指导书要求,进行上机模拟训练。

(1)登录"运满满"网站:http://static.ymm56.com,了解该系统各模块的功能。

(2)注册为会员,并能够借助系统来模拟实际的物流业务作业。

(3)浏览其他公共物流信息系统平台,比较平台功能的异同性。

(4)撰写实训报告。

5.技能训练评价

完成实训后,填写技能训练评价表(见表 7-3)。

表 7-3　技能训练评价表

专业:		班级:		被考评学员:	
考评时间			考评地点		
考评内容		运满满物流公共信息平台的使用			

续表

内　　容	分值	自评 (50%)	教师评议 (50%)	考评得分
能够正确描述物流公共信息平台的定义、功能	20			
掌握物流公共信息平台的应用环境,会安装软件	20			
能够独立完成注册、信息发布、信息查询等相关业务操作	40			
遵守纪律,爱护设备,积极认真	20			
综合得分				

考评标准 (左侧合并单元格)

指导教师评语:

任 务 小 结

　　本任务介绍了物流公共信息平台的概念,分析了物流公共信息平台的发展,介绍了物流公共信息平台的功能、总体结构和实现技术,分析了物流公共信息平台的建设和运营;应用运满满物流公共信息平台对运输业务进行了模拟。

练 习 题

一、简答题

1. 简述物流公共信息平台的定义和类型。

2. 简述物流公共信息平台的主要功能。

二、案例分析

山东省物流公共信息平台

　　山东省物流公共信息平台是国内首个由政府牵头、多个省级政府部门联合共建的省级物流公共信息服务平台,是全国第一个由示范园区带动全省物流园区联盟体系的支撑平台,在全国率先开辟"运营商＋IT企业"的物流信息服务模式,打造全省物流信息资源共享资源库,建成全省物流信息枢纽,为物流企业、制造企业、商贸企业提供诚信可靠的物流信息共享平台。

　　1. 平台的总体功能框架

　　山东省物流公共信息平台的功能定位可概括为"三个中心,五个平台"。平台的总体功能框架如图 7-11 所示。

　　三个中心:物流数据交换中心、物流电子商务中心和物流综合信息中心是平台的核心。

　　五个平台:行业网上数据直报审批平台、物流行业诚信管理平台、政府决策支持平台、应用托管服务平台和物流标准制定推广平台。

　　平台打造全省统一的信息化服务门户,建立全新"物流园区联盟"推广接入体系,实现园区间资源共享、数据共用、信息互通;通过 SaaS 模式提供全流程信息化支持,实现物流供应链全

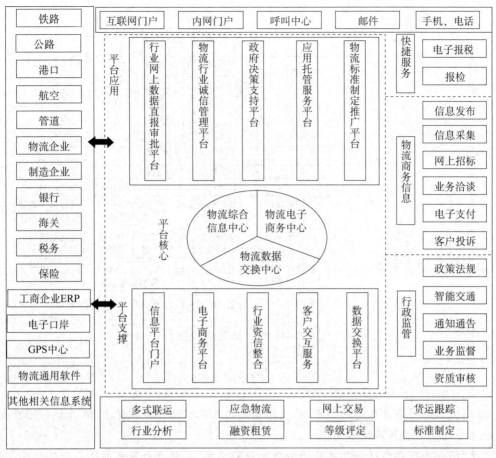

图 7-11 平台的总体功能框架

过程整合,支持网上交易、电子支付等电子商务功能。

2. 平台的技术框架

该平台以现代物流理论和供应链管理理论为指导,按照"资源重用、信息共享、易于管理、提高效率、统一标准"的规划原则,以提高公共信息服务能力和水平为重点,运用 RFID、传感网、云计算、4G/3S 等最新技术,建设全省统一的、综合的物流公共信息平台,助力全省物流产业振兴发展。平台的技术框架如图 7-12 所示。

3. 平台创新及亮点

该平台项目在全国率先开辟了在物流公共信息平台信息化服务方面的"政企互动、资源整合"运营模式和"运营商+IT 企业"服务模式的创新结合,在全省乃至全国物流公共信息平台信息化建设发展进程中具有里程碑意义。该平台具有以下亮点。

一是"第一个政府性质的省级物流公共信息平台开通"。山东省物流公共信息平台是全国第一个由省政府牵头,多部门联合共建的政府性省级物流公共信息平台,平台对全省政务资源信息进行整合,面向社会提供综合政务信息服务,体现"政府引导、资源整合"的思路。

二是"第一个全省信息共享、互联互通的物流园区联盟成立"。建立全新全省"物流园区联盟"推广接入体系,实现园区间资源共享、数据共用、信息互通。通过物流公共信息平台,可实现山东省内区域间、区域内物流园区、配送中心、物流中心、交易中心、物流企业等之间的横向

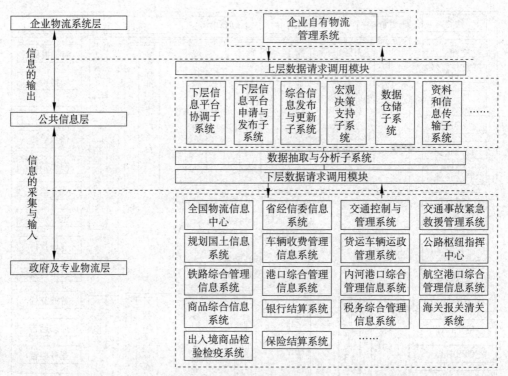

图 7-12　平台的技术框架

整合,做到区域物流资源信息的共享,最大限度地优化配置社会物流资源、降低社会物流成本、提升物流全过程的整体运作水平。

三是"第一个七部门联合共建的物流市场诚信体系"。该平台为全国第一个整合共享七部门物流相关信息资源的平台,市场诚信体系的建立为平台运行提供了安全、诚信、可靠的交易环境。

四是"第一个'运营商+IT'企业的物流信息服务体系"。该平台由山东中创软件工程股份有限公司组织建设和技术支持、中国联通山东分公司提供运营服务,双方在政府引导下优势互补、市场化运作、合作共赢。

五是"第一个全省性的面向物流企业的电子商务平台"。该平台运用 SaaS 技术提供功能强大的全套成熟物流软件服务,一方面,保障资金安全,缩短交易链、减少交易环节,大幅降低交易成本,提供安全可靠的交易环境;另一方面,通过成熟物流软件帮助中小物流企业提升信息化应用水平,全面提升物流信息化整体水平。

思考题:

1. 山东省物流公共信息平台的"三个中心,五个平台"具体内容是什么?
2. 山东省物流公共信息平台有哪些亮点?

物流自动化与智能化技术应用

项目描述

近年来,随着物联网、云计算、大数据和人工智能等新一代信息技术逐渐走入商业应用领域,物流行业也迎来了新一轮的产业革命。在国家政策和新一代信息技术的推动下,我国物流业将从自动化阶段逐步迈向智能化和智慧化时代。利用新一代信息技术的企业可以实现"智能仓储""智能分拣""智能追踪"等功能,极大地提高了物流效率,降低了物流成本。

物流自动化是指物流作业过程的设备和设施自动化,包括运输、装卸、包装、分拣、识别等作业过程。物流自动化的设施包括条码自动识别系统、自动导向车系统(AGVS)、自动码垛和分拣系统、货物自动跟踪系统(如 GPS)、自动化立体仓库系统等。

智能物流是指通过智能硬件、物联网、大数据等智慧化技术与手段,提高物流系统分析决策和智能执行的能力,提升整个物流系统的智能化、自动化水平。

通过本项目的学习,使学生掌握物流管理系统自动化和智能化设备的相关知识,了解自动化和智能化技术在物流领域的应用,能够使用相关管理系统完成物流作业。

项目目标

1. 知识目标

(1)掌握物流自动化与智能化技术的相关概念。

(2)掌握自动化立体仓库、AGV 牵引车和码垛机器人的工作流程。

(3)了解物流自动化和智能化技术的发展现状和趋势。

2. 技能目标

(1)能够利用自动化立体仓库管理系统完成出库、入库、调仓等操作。

(2)能够利用自动导向搬运车管理系统完成相关业务操作。

(3)能够利用码垛机器人管理系统完成相关业务操作。

任务一 自动化立体仓库技术应用

 引导案例

内蒙古蒙牛乳制品自动化立体仓库

内蒙古蒙牛乳业泰安有限公司(以下简称泰安公司)乳制品自动化立体仓库,是蒙牛乳业

公司委托太原刚玉物流工程有限公司设计制造的第三座自动化立体仓库。该库后端与泰安公司乳制品生产线相衔接,与出库区相连接,库内主要存放成品纯鲜奶和成品瓶酸奶。库区面积8323m²,货架最大高度21m,托盘尺寸1200mm×1000mm,库内货位总数19632个。其中,常温区货位数14964个;低温区货位数46687个。入库能力150盘/小时,出库能力300盘/小时,出入库采用联机自动,如图8-1所示。

图 8-1　蒙牛乳制品自动化立体仓库

1. 工艺流程及库区布置

根据用户对存储温度的不同要求,该库区划分为常温和低温两个区域。常温区保存成品纯鲜奶,低温区配置制冷设备,恒温4℃,存储成品瓶酸奶。按照生产→存储→配送的工艺及奶制品的工艺要求,经方案模拟仿真优化,最终确定将库区划分为入库区、储存区、托盘(外调)回流区、出库区、维修区和计算机管理控制室6个区域。

(1) 入库区由66台链式输送机、3台双工位高速梭车组成。链式输送机负责将生产线码垛区完成的整盘货物转入各入库口。双工位高速穿梭车则负责生产线端输送机输出的货物向各巷道入库口的分配、转动及空托盘回送。

(2) 储存区包括高层货架和17台巷道堆垛机。高层货架采用双托盘货位,完成货物的存储功能。巷道堆垛机则按照指令完成从入库输送机到目标的取货、搬运、存货及从目标货位到出货输送机的取货、搬运、出货任务。

(3) 托盘(外调)回流区分别设在常温储存区和低温储存区内部,由12台出库口输送机、14台入库口输送机、巷道堆垛机和货架组成,分别完成空托盘回收、存储、回送、外调货物入库、剩余产品,退库产品入库、回送等工作。

(4) 出库区设置在出库口外端,分为货物暂存区和装车区,由34台出库输送机、叉车和运输车辆组成。叉车司机通过电子看板、RF终端扫描来指导叉车完成装车作业,反馈发送信息。

(5) 维修区设在穿梭车轨道外一侧,在某台空梭车更换配件或处理故障时,其他穿梭车仍旧可以正常工作。

(6) 计算机管理控制室设在二楼,用于出入库登记、出入库高度、管理和联机控制。

2. 计算机管理与控制系统

依据蒙牛业泰安立库考虑企业长远目标及业务发展需求,针对立库的业务实际和管理模式,为本项目定制了一套适合用户需求的仓储物流管理系统,主要包括仓储物流信息管理系统和仓储物流控制与监控系统两部分。仓储物流信息管理系统实现上层战略信息流、中层管理信息流的管理;仓储物流控制与监控系统实现下层信息流与物流作业的管理。

1) 仓储物流信息管理系统

(1) 入库管理。实现入库信息采集、入库信息维护、脱机入库、条形码管理、入库交接班管理、入库作业管理、入库单查询等。

(2) 出库管理。实现出库单据管理、出库货位分配、脱机出库、发货确认、出库交接班管理、出库作业管理。

(3) 库存管理。对货物、库区、货位等进行管理,实现仓库调拨、仓库盘点、存货调价、库存变动、托盘管理、在库物品管理、库存物流断档分析、积压分析、质保期预警、库存报表、可出库报表等功能。

(4) 系统管理。实现对系统基础资料的管理,主要包括系统初始设置、系统安全管理、基础资料管理、物料管理、业务资料等模块。

(5) 配送管理。实现车辆管理、派车、装车、运费结算等功能。

(6) 质量控制。实现出入库物品、库存物品的质量控制管理,包括抽检管理、复检管理、质量查询、质量控制等。

(7) 批次管理。实现入库批次数字化、库存批次查询、出库发货批次追踪。

(8) 配送装车辅助。通过电子看板、RF终端提示来指导叉车进行物流作业。

(9) RF信息管理系统。通过RF实现入库信息采集、出库发货数据采集、盘点数据采集等。

2) 仓储物流控制与监控系统

仓储物流控制与监控系统是实现仓储作业自动化、智能化的核心系统,它负责管理高度仓储物流信息系统的作业队列,并把作业队列解析自动化仓储设备的指令队列,根据设备的运行状况指挥协调设备的运行。同时,本系统以动态仿真人机交互界面监控自动化仓储设备的运行状况。系统包括作业管理、作业高度、作业跟踪、自动联机入库、设备监控、设备组态、设备管理等功能模块。

思考题:

1. 什么是自动化立体仓库?

2. 自动化立体仓库仓储物流控制与监控系统包括哪些功能模块?

➡ 任务知识储备

一、自动化立体仓库的定义

自动化立体仓库(automated storage and retrieval system,AS/RS)是由立体货架、有轨巷道堆垛机、出入库托盘输送机系统、尺寸检测、条码阅读系统、通信系统、自动控制系统、计算机监控系统、仓储管理系统以及其他如电线

认识自动化立体仓库

电缆桥架、配电柜、托盘、调节平台、钢结构平台等辅助设备组成的复杂的自动化系统。它运用一流的集成化物流理念,采用先进的控制总线、通信和信息技术,通过以上设备的协调动作,按照用户需要完成指定货物的自动有序、快速准确、高效的入库出库作业。现代自动化立体仓库如图8-2所示。

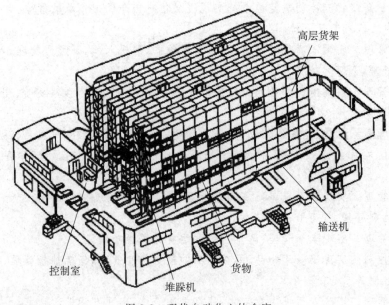

图 8-2 现代自动化立体仓库

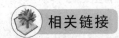

自 动 化

1. 自动化的概念

自动化是指机器设备、系统或过程(生产、管理过程)在没有人或较少人的直接参与下,按照要求,经过自动检测、信息处理、分析判断、操纵控制,实现预期的目标的过程。自动化技术广泛用于工业、农业、军事、科学研究、交通运输、商业、医疗、服务和家庭等方面。采用自动化技术不仅可以把人从繁重的体力劳动、部分脑力劳动,以及恶劣、危险的工作环境中解放出来,而且能扩展人的器官功能,极大地提高劳动生产率,增强人类认识世界和改造世界的能力。因此,自动化是工业、农业、国防和科学技术现代化的重要条件与显著标志。

自动化的广义内涵至少包括以下几点:在形式方面,制造自动化有三个方面的含义,即代替人的体力劳动,代替或辅助人的脑力劳动,制造系统中人机及整个系统的协调、管理、控制和优化。在功能方面,自动化代替人的体力劳动或脑力劳动仅仅是自动化功能目标体系的一部分。自动化的功能目标是多方面的,已形成一个有机体系。在范围方面,制造自动化不仅涉及具体生产制造过程,而且涉及产品生命周期的所有过程。

2. 自动化的发展趋势

自动化将在很大程度上模仿人的智能,机器人已在工业生产、海洋开发和宇宙探测等领域得到应用,专家系统在医疗诊断、地质勘探等方面取得显著效果。工厂自动化、办公自动化、家庭自动化和农业自动化将成为新技术革命的重要内容,并得到迅速发展。

二、自动化立体仓库的组成

1. 立体货架

自动化仓库内使用的货架通常为横梁式货架或牛腿式货架,一般为全组装式结构,少部分为焊接式结构,也有库架合一式结构。

2. 有轨巷道堆垛机

有轨巷道堆垛机是自动化立体仓库中的存取货设备,一般分为单立柱和双立柱结构,由行走、提升和货叉三个驱动机构完成作业要求,采用国际先进的伺服控制系统和绝对认址系统进行全闭环控制,配合条码或激光测距等高精度认址方式,实现堆垛机高精度运行。根据轨道的走向可分为直轨型、弯轨型、转轨型和岔道型。

3. 出入库托盘输送机系统

自动化仓库的库前和库后区域,为完成托盘货物、货箱货物的运输和传递,通常采用滚筒输送机、链条输送机、皮带输送机、板链输送机等构成托盘货物输送系统,结合形位检测、拆叠盘机、顶升、移载、旋转等装置的转换,轻松实现送取货和堆垛机存取货之间的平滑过渡,包括托盘输送系统、周转箱输送系统、机器人、穿梭车系统等组成部分。

4. 自动控制系统

自动控制系统涉及堆垛机、自动穿梭车、自动输送设备、拆码垛机器人、自动引导车等设备,是整个自动化立体仓库系统设备执行的控制核心,向上连接物流系统的调度计算机,接受物料的输送指令;向下连接输送设备,实现底层输送设备的驱动、输送物料的检测与识别,完成物料输送及过程控制信息的传递,实现设备监控、数据采集、通信网络、控制接口的一体化控制和管理。

5. 仓储管理系统

仓储管理系统主要完成整个仓库物资信息的管理和作业管理,并可与上级物资管理信息系统相连,其功能包括仓库库存物资的货位管理、物资出入库管理、查询报表、库存分析、系统维护、故障分析等,可接收上级计算机管理系统的调拨单和转储单,并提供各种订单执行结果,执行物资拼盘和拼盘管理,提供物资的库存管理,执行入库管理和出库管理,管理物资出入库策略,提供综合统计信息等。

6. 穿梭车

穿梭车又称轨道式自动导引车,具有速度快、可靠性高、成本低等特点,在物流系统中有着广泛的应用,主要用于物料输送、车间装配等,并可与上位机或仓储管理系统通信,结合 RFID 技术、条码识别技术,实现自动化识别、输送和存取等功能。穿梭车根据其运行轨迹可分为往复式穿梭车和环形穿梭车等;根据轨道形式可分为单轨穿梭车和双轨穿梭车。

7. 自动引导搬运车

自动引导搬运车(automated guided vehicle,AGV)是指装备有电磁或光学等自动导引装置,能够沿规定的导引路径行驶,具有安全保护以及各种移载功能的运输车,工业应用中不需要驾驶员的搬运车,以可充电的蓄电池为其动力来源。AGV 主要包括车辆、外围设备、现场部件以及固定控制系统。

AGV 按插取方式可分为夹抱式和叉取式。夹抱式取货工具为夹爪,主要用于直接夹抱外形包装规则的货物;叉取式取货工具为货叉,主要用于搬运有托盘装载的货物。

AGV 按货物接驳的方式可分为辊道移载搬运型 AGV、叉式搬运型 AGV、推挽移载搬运型 AGV、夹抱搬运型 AGV、升降接载搬运型 AGV 等。

AGV 的导航方式有磁导航、激光导航、惯性导航、视觉导航等,均可轻松改变路径,但激光导航的路径改变更灵活。

8. 转轨车

轨道式转轨车是自动化立体仓库的一种特殊设备,适用在多巷道立体仓库中搭载堆垛机从一个巷道转运到另一巷道,使多巷道立体仓库仅需 1~2 台堆垛机,从而可节省大量资金。转轨车一般应用于备件库和军队的器械、军需物资库等作业不频繁的场合。

9. 垂直升降机

垂直升降机是在垂直上下通道上载运人或货物升降的平台或半封闭平台的提升机械设备或装置。垂直升降机的一般分类如下。

(1)往复式提升机,适用于货物体积较大、重量较重、流量较小的物流系统。

(2)连续式提升机,适用于货物体积较小、重量较轻、流量较大的物流系统,流量≤1200件/小时。

(3)螺旋提升机,适用于货物体积较小、重量轻、流量很大的物流系统。

10. 其他周边设备

其他常用周边设备有码垛机、固定受货台、拆叠盘机、打包机、缠绕机等。

码垛机器人采用全伺服驱动、定位及运动轨迹精确,反应速度快、性能安全可靠;机器人自重轻、占用空间小,能充分利用工作场地、便于检修维护;可独立完成任务,也可与其他设备或机器人联合组成系统使用;采用 4 轴或 6 轴伺服驱动,载重量由 20kg 到 250kg 不等,机器人可进行纸箱、塑料箱码垛,也可进行单个货物或产品的抓取或装箱工作。

三、自动化立体仓库的分类

1. 按照立体仓库的高度分类

(1)低层立体仓库。低层立体仓库高度在 5m 以下,主要是在原来老仓库的基础上进行改建的,是提高原有仓库技术水平的手段。

(2)中层立体仓库。中层立体仓库的高度在 5~15m,由于中层立体仓库对建筑以及仓储机械设备的要求不高,造价合理,是目前应用最多的一种仓库。

(3)高层立体仓库。高层立体仓库的高度在 15m 以上,由于对建筑以及仓储机械设备的要求太高、安装难度大,应用较少。

2. 按照货架结构分类

(1)货格式立体仓库。货格式立体仓库是应用较普遍的立体仓库,它的特点是每一层货架都由同一尺寸的货格组成,货格开口面向货架之间的通道,堆垛机械在货架之间的通道内行驶,以完成货物的存取。

(2)贯通式立体仓库。贯通式立体仓库又称流动式货架仓库,这种仓库的货架之间没有间隔,不设通道,货架组合成一个整体。货架纵向贯通,贯通的通道具有一定的坡度,在每一层货架底部安装滑道、锟道等装置,使货物在自重的作用下沿着滑道或锟道从高处向低处运动。

(3)自动化柜式立体仓库。自动化柜式立体仓库是小型的可以移动的封闭立体仓库,有柜外壳、控制装置、操作盘、储物箱和传动装置组成,主要特点是封闭性强、小型化和智能化、有很强的保密性。

(4)条形货架立体仓库。它是专门用于存放条形和筒形货物的立体仓库。

四、自动化立体仓库的计算机管理与控制系统

1. 计算机管理与控制系统的组成

在立体仓库中,实际包括了仓库管理信息系统(WMS)和调度监控系统(WCS)两个子系统,再加上企业的 ERP 系统,ERP 可看作 WMS 的上位系统,WMS 可看作 WCS 的上位系统。

自动化立体仓库管理控制系统的层次结构如图 8-3 所示。

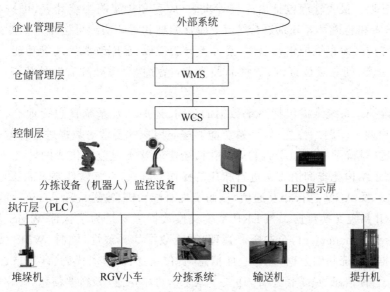

图 8-3　自动化立体仓库管理控制系统的层次结构

2. 仓库管理信息系统的功能

仓库管理系统将条码技术运用到仓库管理,方便了备件的出库、入库管理,为企业生产效率的提高提供了强有力的保证,使备件仓库的管理更加正规化,减少库存资金占用,提高备件利用率,降低库存损耗,为提高企业的经营生产效益奠定了良好的基础。通过先进的条码管理技术,为库存备件设置唯一备件编码,据此编码在计算机中建立产品的信息数据库,对产品的出库、入库、盘点、移位、客户信息等进行管理。自动化立体仓库管理信息系统具有如下功能。

(1) 出/入库管理。出/入库管理负责对备件入库和备件出库进行管理,进行备件入库(采购)信息、备件出库(领料)信息的录入、自动台账处理、与 ERP 进行数据交换、向 WCS 下达作业命令、退货处理等功能。

(2) 货物移动管理。货物移动管理包括相同逻辑库中的货位移动和不同逻辑库之间的移库操作。不同逻辑库之间的移库操作要走货物交易流程。

(3) 数据查询管理。为了仓库实施可视化的管理,系统对仓库的货位进行编码,对物料采用了当今相当成熟的二维条码技术进行有效的编码管理。系统为仓库的所有物料都建立了档案,记录所有物料的相关信息,如名称、编号、价格、出入库时间、经手人、库位等,以便对商品当前状态和历史记录进行随时的查看。为了实时了解仓库的状况,系统提供了方便的查询功能,包括某一时间段的出入库情况、堆垛机的运行状况以及各种信息的汇总。

数据查询模块包括库存查询、货位查询、作业流水查询、作业查询等功能。库存查询包括按物料属性查询、按货位地址查询等功能;货位查询包括空货位查询、空托盘查询、货位状态

统计等功能;作业流水查询包括入库作业流水查询、出库作业流水查询;作业查询包括作业状态查询、入库作业数据查询和出库作业数据查询。

(4)用户权限管理。系统将用户分为三种类型:浏览用户、操作用户和超级用户。浏览用户可通过网络访问相关信息;操作用户不仅可以浏览相关信息,而且可以实现对仓库的各项操作;超级用户除拥有操作用户的一切权限外,还可以对系统进行参数设置、AGV 路径设置等处理。

(5)报表管理。报表管理包括出库统计报表、库存和货架明细统计表,可按备件编号、入库时间段、操作者和巷道号等分别进行统计;库存明细和货架明细可按指定条件列出或打印。

(6)库存维护。库存维护包括盘库、盘库差异表生成、盘库改账处理等功能。能够按时间段、存储区域、分类、问题货位查询、货物品种等进行盘库,盘库处理有四种状态:盈、亏、自然损耗和报废。

(7)系统维护。系统维护包括系统数据的备份、还原以及系统日志管理等。要实现这些功能必须要解决两个问题。首先,软件系统能够按照用户的要求对数据进行存取,这就要求软件系统必须及时、准确地找到相应的数据,同时,还应能够实现数据格式的转换来完成网络传输。因此,采用了结构化查询语言来进行相应的操作。其次,系统软件要求能够与控制堆垛机和输送机的 PLC 及 AGV 进行相互通信,从而实现对堆垛机、输送机和 AGV 等的控制。

(8)与 ERP 系统交换数据。与 ERP 系统交换数据主要是为了保证 WMS 系统与 EAM (enterprise asset management,企业资产管理)系统数据的一致性,同时,WMS 要从 EAM 系统获取如下数据:系统基础数据,包括仓库信息、货位信息、供应商代码、计量单位、拒收原因、用户名及密码、备件信息、员工信息等,还要下载采购订单信息、领料票信息、移库申请信息等,同时要向 ERP 上传实际入库数据、实际出库数据、盘库差异表等信息。

(9)与 WCS 系统进行通信。根据入库、出库的操作形成入库或出库作业,并根据调度算法对作业的优先次序进行调度,将调度作业下发监控计算机系统,以控制堆垛机或输送机去完成作业。

(10)系统维护。系统维护包括操作员基本信息管理和权限分配、巷道状态和货位状态设置、物料基础信息(编码定义、备件分类定义)管理、存储区域逻辑定义、物料存储安全定义等的修改和维护。

3. 仓库监控调度系统

仓库监控调度系统是自动化立体仓库的信息枢纽,负责协调系统中各个部分的运行。自动化立体仓库的各种设备运行任务、运行路径、运行方向等都需要由监控系统统一调度,按照指挥系统的命令进行物资搬运活动。在自动化仓库的实际作业过程中,监控调度系统根据仓储管理信息系统的作业命令,按运行时间最短、作业间的合理配合等原则对作业的先后顺序进行优化组合排队,并将优化后的作业命令发送给各控制系统,对作业进程、作业信息和主运行设备(如堆垛机、输送机等)进行实时监控

五、自动化立体仓库的基本作业流程

自动化立体仓库的基本作业流程主要分为以下三个步骤。

1. 入库作业流程

入库物资,通过质量抽检、清点数量,合格后按要求将物资放到空托盘上。然后用手持终端扫描托盘条码,并录入物资信息,将物资信息与托盘信息组合。信息组合后的物资托盘由人

工叉车放置于入库站台,操作人员发出入库指令后,输送机启动输送,输送的物资经外形尺寸检测、条码识别及自动称重后,输送至相应的巷道堆垛机入库站台,仓储管理信息系统将按照一定的原则分配一个固定货位,并通知巷道堆垛机,把物资托盘放到指定货位。在完成入库作业后,堆垛机向控制系统返回作业完成信息,并等待接收下一个作业命令。控制系统同时把作业完成信息返回给中央服务器数据库进行入库管理。

2. 出库作业流程

管理员在收到生产或客户的货物需求信息后,根据要求将货物信息输入上位管理机的出库单,中央服务器将自动进行库存查询,并按照先进先出、均匀出库、就近出库等原则生成出库作业指令,传输到终端控制系统中。控制系统根据当前出库作业及堆垛机状态,安排堆垛机的作业序列,将安排好的作业命令逐条发送给相应的堆垛机。堆垛机到指定货位将货物取出放置巷道出库台上,并向控制系统返回作业完成信息,等待进行下一个作业。监控系统向中央服务器系统反馈该货物出库完成信息,管理系统更新库存数据库中的货物信息和货位占用情况,完成出库管理。

3. 拣选作业流程

货物单元拣选出库时,堆垛机到指定地址将货物取出放置巷道出库台上,自动导引车取货后将货物送至分拣台,在分拣台上由工作人员或自动分拣设备按照出库单进行分拣。分拣完成后再由自动导引车送回巷道入库口,由堆垛机将货物入库或者直接出库。

💬 实训任务实施一

自动化立体仓库出入库作业

1. 实训目标

(1) 了解自动化立体仓库的基本概念,以及它在现代物流中的作用。

(2) 熟悉自动化立体仓库的硬件设备。

(3) 掌握自动化立体仓库出入库的操作流程。

2. 实训要求

(1) 按照实训任务单完成各项任务。

(2) 按照规范要求提交实训报告。

(3) 遵守实训中心的纪律,爱护设备,实训认真,注意安全。

3. 实训准备

(1) 教师准备好实训任务书,讲清该任务实施的目标和自动化立体仓库系统的知识要点。

(2) 实训中心准备好实训所用的软硬件。如全自动堆垛机、计算机、条码阅读器、托盘、物流盒、条码打印机和工控软件组态王、第三方物流软件。

(3) 学生根据任务目标,通过教材和网络收集相关资料,做好知识准备。

(4) 根据任务要求,对学生进行分组,5~7人一组,设组长1名。

4. 实训任务

(1) 利用第三方物流软件和堆垛机控制程序,实现全自动堆垛机入库作业。

(2) 利用第三方物流软件和堆垛机控制程序,实现全自动堆垛机出库作业。

(3) 撰写实训报告和制作汇报PPT。

5. 实训操作

第一步,系统登录,启动全自动堆垛机控制程序。

(1) 打开堆垛机控制柜、输送链控制柜、计算机、条码打印机的电源。确保手自动开关都打在自动挡上。

(2) 运行"条码 . exe"程序和单片机通信程序。

双击桌面的"条码"图标和"单片机通信"图标,进入 VB 运行系统。

弹出两个界面,如图 8-4 所示。

快捷方式 到
堆垛机控制
系统
Form1
分拣条码扫描:
0
启动堆垛机系统
退 出

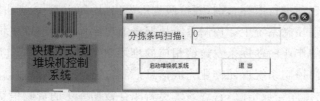

图 8-4 运行"条码 . exe"程序和单片机通信程序界面

(3) 双击桌面的"组态王 6. 5"图标,弹出如图 8-5 所示界面。

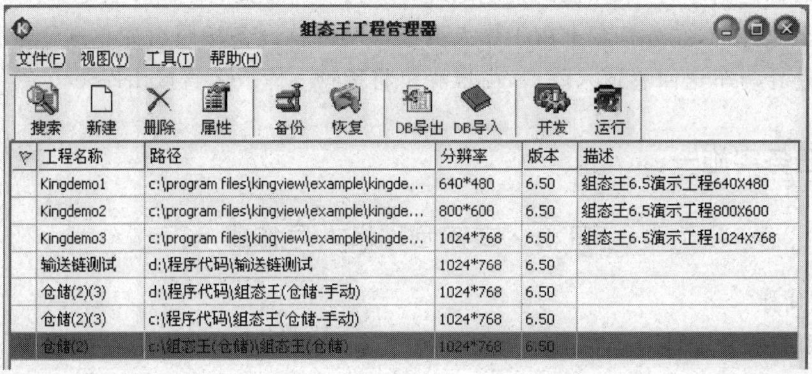

组态王工程管理器
文件(F) 视图(V) 工具(T) 帮助(H)
搜索 新建 删除 属性 备份 恢复 DB导出 DB导入 开发 运行
工程名称 路径 分辨率 版本 描述
Kingdemo1 c:\program files\kingview\example\kingde... 640*480 6.50 组态王6.5演示工程640X480
Kingdemo2 c:\program files\kingview\example\kingde... 800*600 6.50 组态王6.5演示工程800X600
Kingdemo3 c:\program files\kingview\example\kingde... 1024*768 6.50 组态王6.5演示工程1024X768
输送链测试 d:\程序代码\输送链测试 1024*768 6.50
仓储(2)(3) d:\程序代码\组态王(仓储-手动) 1024*768 6.50
仓储(2)(3) c:\程序代码\组态王(仓储-手动) 1024*768 6.50
仓储(2) c:\组态王(仓储)\组态王(仓储) 1024*768 6.50

图 8-5 "组态王 6. 5"的运行界面

选中想要运行的程序,双击工具条中的"运行"按钮,出现如图 8-6 所示界面。

当前列 1 当前层 2 取行 0 取层 0 取列 0 放行 0 放层 0 放列 0 启动 0 状态 0 条码 0 作业 无
设置入库作业 设置出库作业 设置调库作业 堆垛机复位 重建DDE通讯
序号 作业名 作业类型 执行状态 条码 名称 数量 取货位 放货位 入库时间 出库时间
作业类型 执行指令 指令总数 执行状态
导入入库作业 导入出库作业 导入调库作业 暂停当前作业 保存历史记录 删除指令列表 退出物流系统

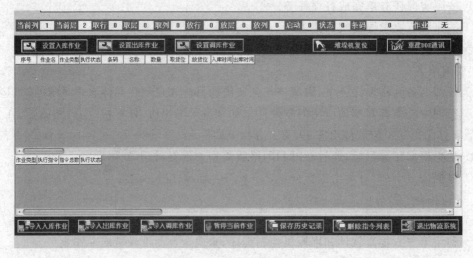

图 8-6 "运行"的程序界面

（4）核对堆垛机当前位置，如图 8-7 所示。

图 8-7 核对堆垛机当前位置界面

注意：若当前层、当前列出现"？？"时，说明主控机与 PLC 通信失败，请检查 PLC 控制柜电源是否打开，它与计算机的通信接口是否出现松动。

第二步，入库作业操作。

入库作业流程：设置入库作业→扫描或在条码框中输入条码和数量→添加入库请求→指定仓位，选取仓位号，也可使用"随机仓位"按钮，系统会自动按顺序选取货位→生成入库单，确定入库单号→返回主页面→导入入库作业，选取入库单号→导入数据并运行。

（1）新建入库申请。选择"设置入库单"模块，单击"新建入库单"按钮，出现如图 8-8 所示界面。

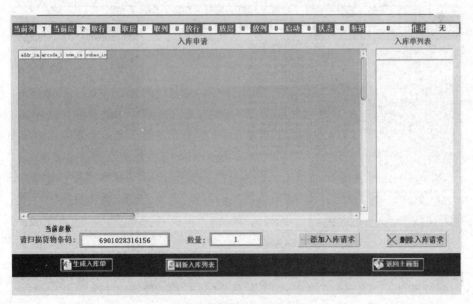

图 8-8 新建入库申请界面

输入入库货物条码和数量之后，选择"货物存放仓位"，单击"添加入库请求"按钮，如图 8-9 所示。

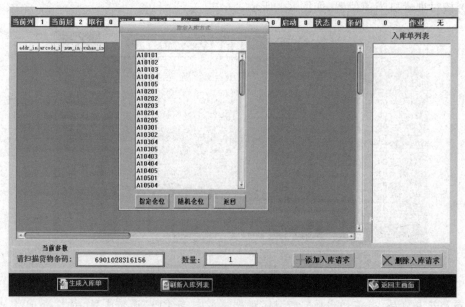

图 8-9　增加入库信息界面

　　所有入库请求添加完毕,单击"生成入库单"按钮,系统自动生成入库订单,之后单击"返回主界面"按钮。

　　注意:在执行新的入库订单之前,要把原来完成的订单删除,单击"删除单据记录"按钮。

　　(2)执行入库作业。所有入库申请建立后,单击"执行入库作业"按钮,出现如图 8-10 所示界面。

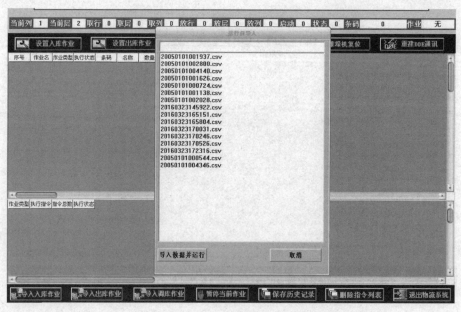

图 8-10　入库作业界面

　　选择要导入的入库单,并选择"导入数据并运行"。然后把货物放在入库区的滚筒输送链上。

　　手动依次将需要入库的物流盒放到滚筒输送链上,有条码的一面朝向条码阅读器。盒子的间距保持在 0.3m 以上。

　　第三步,出库作业操作。

　　出库作业流程:设置出库作业→添加出库请求→可选取货位号出库,也可选取货物条码出库→选择出口→审查货物信息,单击"确定"按钮→生成出库单,确定出库单号→返回主页面→导入出库作业,选取出库单号→导入数据并运行。

　　(1)新建出库单。先选择"设置出库作业",然后选择"添加出库请求",出现如图 8-11 所示界面。

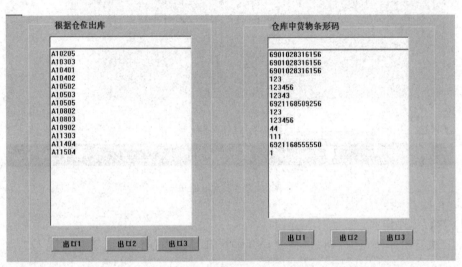

图 8-11　新建出库单界面

　　(2)选择出库仓位以及出口,如图 8-12 所示。确认出库货物信息后,单击"添加出库请求"按钮。之后单击"生成出库单"按钮,系统自动生成出库订单,之后单击"返回主界面"按钮。

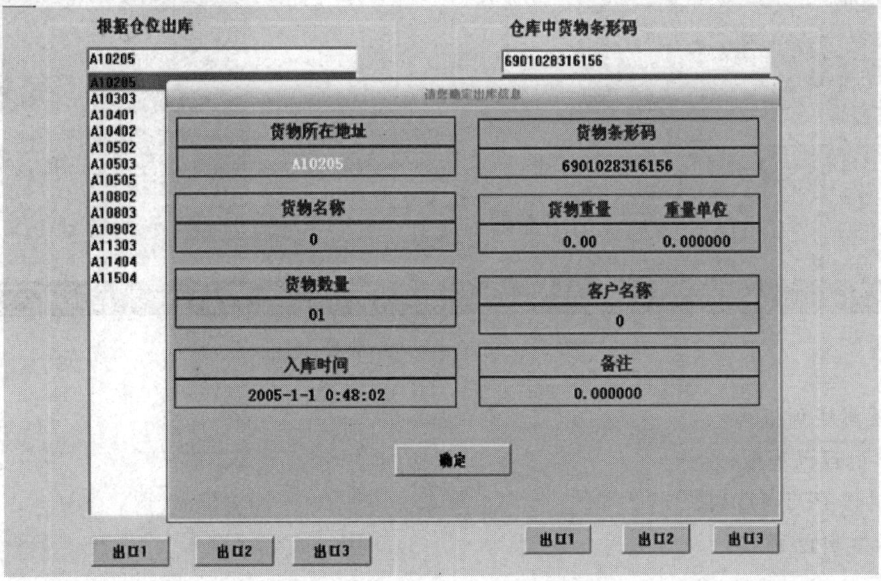

图 8-12　出库仓位及出口界面

（3）导入出库单，如图 8-13 所示。

图 8-13　导入出库单

（4）执行出库作业。

单击"执行出库作业"按钮，选择要导入的出库单，并选择"导入数据并运行"，如图 8-14 所示。

图 8-14　执行出库作业界面

6. 撰写实训报告

由学生自己完成。

7. 制作 PPT 和汇报

由学生自己完成。

8. 技能训练评价

完成实训后,填写技能训练评价表(见表 8-1)。

表 8-1 技能训练评价表

专业:		班级:		被考评小组成员:			
考评时间				考评地点			
考评内容				自动化立体仓库出入库作业			
考评标准	内 容			分值	小组互评 (50%)	教师评议 (50%)	考评得分
	实训过程中遵守纪律,礼仪符合要求,团队合作好			15			
	自动化立体仓库出入库作业操作正确,按要求完成实训任务			40			
	实训记录内容全面、真实、准确,实训报告撰写规范			15			
	PPT 制作规范,汇报语言清楚,概念表达正确			30			
综合得分							

指导教师评语:

任 务 小 结

本任务介绍了自动化立体仓库的基础知识和自动化立体仓库的计算机管理与控制系统;通过自动化仓库系统的操作训练,加深对自动化立体仓库的认识。

练 习 题

简答题

1. 简述自动化立体仓库的基本组成。

2. 自动化立体仓库的主要优点有哪些?

3. 计算机管理与控制系统由哪些部分组成?

4. 简述仓库管理信息系统的功能。

任务二　自动导向搬运车技术应用

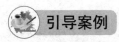 引导案例

AGV 系统在汽车行业中的应用

走进汽车装配车间,可以看到大批奔走的小车来回穿梭在各个工位之间,这就是 AGV 小车在运送各种零部件。汽车行业是 AGV 应用率较高的行业。目前,世界汽车行业对 AGV 的

需求仍占主流地位(约57%)。在我国,AGV最早应用于汽车行业是在1992年。随着目前汽车工业的蓬勃发展,为了提高自动化水平,同时实现少人化、低成本的目标,近年来,已有许多汽车制造厂应用了AGV技术,如东风日产、上海通用、上海大众、东风汽车、武汉神龙、北汽福田等。

　　AGV在汽车行业的应用,主要体现在主机厂的发动机、后桥、变速箱、底盘等部件的自动化柔性装配,以及零部件的上线物料等。特别是对于后者,由于主机厂的装配车间一般都非常大,常常需要大量的远距离物料搬运,AGV代替叉车和拖车搬运物料大有用武之地,且能够实现批量替代的规模成本优势,具有明显的经济效应。而对于体量较小的零部件工厂,由于没有主机厂那种成批量的替代效应,加之既有观念的束缚,AGV在厂内物流的应用不太普及。但随着AGV应用的日益成熟,以及人工成本的逐步上涨,相信会有越来越多的零部件工厂考虑AGV的使用。

　　资料来源:http://www.56products.com/.

　　思考题:
　　1. 什么是AGV?
　　2. AGV的基本工作原理是什么?
　　3. AGV有哪些技术参数?

➡ 任务知识储备

一、AGV的基本概念

　　根据美国物流协会定义,AGV是指装备有电磁或光学导引装置,能够按照规定的导引路线行驶,具有小车运行和停车装置、安全保护装置以及具有各种移载功能的运输小车。

　　我国国家标准《物流术语》中,对AGV及AGVS的定义如下。

　　AGV:装有自动导引装置,能够沿规定的路径行驶,在车体上具有编程和停车选择装置、安全保护装置以及各种物料移载功能的搬运车辆。

　　AGVS(automated guided vehicle system):多台AGV小车在控制系统的统一指挥下,组成一个柔性化的自动搬运系统,称为自动导引车系统,简称AGVS。

二、AGV的类型

　　1. 按照导引原理分类

　　按照导引原理分类,AGV可分为固定路径导引和自由路径导引两大类型。

　　(1)固定路径导引。在事先规划好的运行路线上设置导向的信息媒介,如导线、光带等,通过AGV上的导向探测器检测到导向信息(如频率、磁场强度、光强度等),对信息实时处理后,用以控制车辆沿规定的运行线路行走的导引方式。

　　(2)自由路径导引。事先没有设置固定的运行路径,AGV根据搬运任务要求的起讫点位置,计算机管理系统优化运算得出最优路径后,由控制系统控制各个AGV按照指定的路径运行,完成搬运任务。

　　2. 按照用途和结构分类

　　按照用途和结构分类,AGV可分为无人搬运车、无人牵引车和无人叉车。

（1）无人搬运车。无人搬运车主要用于完成搬运作业,采用人力或自动移载装置将货物装载到小车上,小车行走到指定地点后,再由人力或自动移载装置将货物卸下,从而完成搬运任务。具有自动移载装置的小车在控制系统的指挥下能够自动地完成货物的取、放,以及水平运行的全过程,而没有移载装置的小车只能实现水平方向的自动运行,货物的取放作业需要依靠人力或借助于其他装卸设备来完成。

（2）无人牵引车。无人牵引车的主要功能是自动牵引装载货物的平板车,仅提供牵引动力。当牵引小车带动载货平板车到达目的地后,自动与载货平板车脱开。

（3）无人叉车。无人叉车的基本功能与机械式叉车类似,只是一切动作均由控制系统自动控制,自动完成各种搬运任务。

三、AGVS 的组成

AGVS 由 AGV 单车、AGV 控制系统、AGV 中央调度系统、其他辅助器材组成。AGV 管理监控计算机与 AGV 小车通过无线局域网 WLAN 或 NBIOTGPRS 广域网进行通信。

（一）AGV 小车的结构

AGV 小车由机械系统、动力系统和控制系统三大部分构成。

（1）机械系统包括车体、车轮、移载装置、转向装置,其中车体有车架和相应的机械装置组成,是 AGV 的基础部分,也是其他总成部件的安装基础;转向装置接受导引系统的方向信息通过转向装置实现转向动作;移载装置与所搬运货物直接接触,是实现货物转载的装置。

（2）动力系统包括运行电动机、转向电动机、移载电动机、蓄电池和充电装置。运行电动机是整个动力系统的主要部分,是动力的来源;转向电动机可带动车轮实现转向;移载电动机是用于转载货物的动力源;蓄电池和充电装置是系统能量的源头,现已经实现混合动力形式。

（3）控制系统包括信息传输及处理装置、驱动控制装置、转向控制装置、移载控制装置、安全控制装置等。其典型硬件组成如图 8-15 所示。

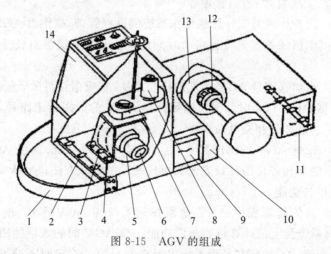

图 8-15　AGV 的组成

1—安全挡圈;2,11—认址线圈;3—失灵控制线圈;4—导向探测器;5—转向轮;6—驱动电机;7—转向机构;

8—导向伺服电机;9—蓄电池;10—车架;12—制动器;13—驱动车轮;14—车上控制器

(二)AGV 控制系统的结构

AGV 控制系统由地面(上位)控制系统、车载(单机)控制系统及导航/导引系统组成。AGV 控制系统的结构如图 8-16 所示。

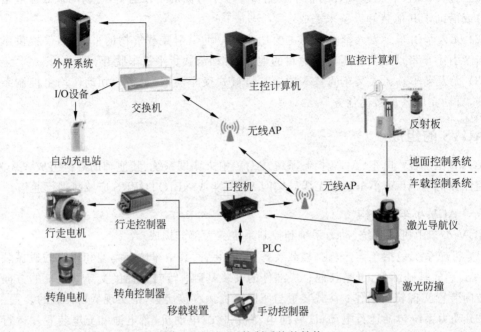

图 8-16　AGV 控制系统的结构

1. 地面控制系统

AGV 地面控制系统即 AGV 上位控制系统,是用于 AGV 调度系统的计算机控制软件及其相关器件的总称,是 AGV 系统的核心。其主要功能是对 AGVS 中的多台 AGV 单机进行任务管理、车辆管理、交通管理、通信管理等。

(1)任务管理。任务管理类似计算机操作系统的进程管理,提供对 AGV 地面控制程序的解释执行环境;提供根据任务优先级和启动时间的调度运行;提供对任务的各种操作,如启动、停止、取消等。

(2)车辆管理。车辆管理是 AGV 管理的核心模块,它根据物料搬运任务的请求分配调度 AGV 执行任务,根据 AGV 行走时间最短原则计算 AGV 的最短行走路径,并控制指挥 AGV 的行走过程,及时下达装卸货和充电命令。

(3)交通管理。根据 AGV 的物理尺寸,运行状态和路径状况,提供 AGV 互相自动避让的措施,同时避免车辆互相等待的死锁方法和出现死锁的解除方法;AGV 的交通管理主要有行走段分配和死锁报告功能。

(4)通信管理。通信管理提供 AGV 地面控制系统与 AGV 单机、地面监控系统、地面 I/O 设备、车辆仿真系统及上位计算机的通信功能。与 AGV 间的通信使用无线电通信方式,需要建立一个无线网络,AGV 只与地面系统进行双向通信,AGV 间不进行通信,地面控制系统采用轮询方式与多台 AGV 通信;与地面监控系统、车辆仿真系统、上位计算机的通信使用 TCP/IP 通信。

2. AGV 车载控制系统

AGV 车载控制系统,即 AGV 单机控制系统,是用于 AGV 车辆的计算机控制软件及其相关器件的总称。在收到上位系统的指令后,负责 AGV 单机的导航、导引、路径选择、车辆驱动等功能。

(1) 导航(navigation):AGV 单机通过自身装备的导航器件测量并计算出所在全局坐标中的位置和航向。

(2) 导引(guidance):AGV 单机根据当前的位置、航向及预先设定的理论轨迹来计算下个周期的速度值和转向角度值,即 AGV 运动的命令值。

(3) 路径选择(searching):AGV 单机根据上位系统的指令,通过计算,预先选择即将运行的路径,并将结果报送上位控制系统,能否运行由上位系统根据其他 AGV 所在的位置统一调配。AGV 单机行走的路径是根据实际工作条件设计的,它由若干"段"(segment)组成。每一"段"都指明了该段的起始点、终止点,以及 AGV 在该段的行驶速度和转向等信息。

(4) 车辆驱动(driving):AGV 单机根据导引的计算结果和路径选择信息,通过伺服器件控制车辆运行。

四、AGV 的导航导引

1. AGV 的导航导引原理

(1) 固定路径导引方式。在行驶路径上设置导引用的信息媒介物,AGV 通过检测它的信息而得到导引的一种方式,如电磁导引、光学导引、磁带导引等。

(2) 自由路径导引方式。在 AGV 控制系统中储存着搬运区域布置的尺寸坐标,通过不同方式实时识别出 AGV 的当前方位,并自动控制其按选择的行驶路径运行的一种导引方式。

2. 导航导引方式

AGV 之所以能够实现无人驾驶,导航和导引对其起到了至关重要的作用,随着技术的发展,能够用于 AGV 的导航/导引技术主要有以下几种。

(1) 直接坐标(cartesian guidance)。用定位块将 AGV 的行驶区域分成若干坐标小区域,通过对小区域的计数实现导引,一般有光电式(将坐标小区域以两种颜色划分,通过光电器件计数)和电磁式(将坐标小区域以金属块或磁块划分,通过电磁感应器件计数)两种形式,其优点是可以实现路径的修改,导引的可靠性好,对环境无特别要求。其缺点是地面测量安装复杂,工作量大,导引精度和定位精度较低,且无法满足复杂路径的要求。

(2) 电磁导引(wire guidance)。电磁导引是较为传统的导引方式之一,被许多系统采用,它是在 AGV 的行驶路径上埋设金属线,并在金属线上加载导引频率,通过对导引频率的识别来实现 AGV 的导引。其主要优点是引线隐蔽,不易污染和破损,导引原理简单而可靠,便于控制和通信,对声光无干扰,制造成本较低。其缺点是路径难以更改扩展,对复杂路径的局限性大。

(3) 磁带导引(magnetic tape guidance)。磁带导引与电磁导引相近,用在路面上贴磁带替代在地面下埋设金属线,通过磁感应信号实现导引,其灵活性比较好,改变或扩充路径较容易,磁带铺设简单易行,但此导引方式易受环路周围金属物质的干扰,磁带易受机械损伤,因此导引的可靠性受外界影响较大。

(4) 光学导引(optical guidance)。在 AGV 的行驶路径上涂漆或粘贴色带,通过对摄像机采入的色带图像信号进行简单处理而实现导引,其灵活性比较好,地面路线设置简单易行,但对色带的污染和机械磨损十分敏感,对环境要求过高,导引可靠性较差,精度较低。

(5)激光导引(laser navigation)。激光导引是在 AGV 行驶路径的周围安装位置精确的激光反射板,AGV 通过激光扫描器发射激光束,同时采集由反射板反射的激光束,来确定其当前的位置和航向,并通过连续的三角几何运算来实现 AGV 的导引。

此项技术最大的优点是:AGV 定位精确;地面无须其他定位设施;行驶路径可灵活多变,能够适合多种现场环境,它是国外许多 AGV 生产厂家优先采用的先进导引方式。其缺点是制造成本高,对环境要求较相对苛刻(外界光线、地面要求、能见度要求等),不适合室外(尤其是易受雨、雪、雾的影响)。

(6)惯性导航(inertial navigation)。惯性导航是在 AGV 上安装陀螺仪,在行驶区域的地面上安装定位块,AGV 可通过对陀螺仪偏差信号(角速率)的计算及地面定位块信号的采集来确定自身的位置和航向,从而实现导引。

此项技术在军方较早运用,其主要优点是技术先进,较之有线导引,其地面处理工作量小,路径灵活性强。其缺点是制造成本较高,导引的精度和可靠性与陀螺仪的制造精度及其后续信号处理密切相关。

(7)GPS 导航。通过卫星对非固定路面系统中的控制对象进行跟踪和制导,此项技术还在发展和完善,通常用于室外远距离的跟踪和制导,其精度取决于卫星在空中的固定精度和数量,以及控制对象周围环境等因素。

五、AGVS 的管理与控制

1. AGVS 运行模式

(1)AGV 地面控制系统接受上位控制计算机发出的任务启动命令后,启动相应的物料搬运任务。

(2)车辆管理根据 AGV 的任务执行情况调度 AGV 执行任务,并通过无线电将命令发送到 AGV。

(3)AGV 随时报告车辆位置、状态信息及任务执行信息。

(4)交通管理根据各 AGV 的位置确认每一辆 AGV 下一步应该走的路径。

(5)任务管理根据 AGV 任务执行信息报告上位控制计算机。

(6)地面控制系统在必要时使用输入输出模块控制外围设备,如通过数字 I/O 模块启动或停止充电站。

(7)地面控制系统把各种 AGV 系统的运行状态发送给图形监控系统,图形监控系统使用这些运行状态构建各种监控界面,供系统维护人员监控系统。

2. AGVS 的管理与控制

AGVS 的管理与控制一般可分为三级控制方式:中央管理控制计算机、地面控制器和车上控制器。

中央管理控制计算机:整个系统的控制指挥中心,它与各区域内的地面控制器进行通信,地面控制器接受中央控制计算机的管理。

地面控制器:负责对区域内的业务情况进行监控管理,如监视现场设备的状况、统计 AGV 利用率、小车交通管制、跟踪装载、制定目标地址、实时存储小车的地址并将 AGV 的位置与装载物的类型、数量传输给区域主计算机。

车上控制器:解释并执行从地面控制器(站)传送来的指令,实时记录 AGV 的位置,并监控车上的安全装置。

AGVS 的具体管理与控制过程如下。

(1)命令管理。当系统命令太多而没有空闲的 AGV 时,可暂时储存命令,然后按顺序逐步完成。各种命令有等级之分,等级高的将会优先执行,其中充电等命令是必须立即执行的。

(2)AGV 的分配。根据所需执行的任务,以及各台 AGV 的当前位置来优化 AGV 的分配。这种优化计算是连续进行的,如当选择了某台 AGV 后,其实任务并没有真正分配到位,在 AGV 运行期间,可选择更优化的 AGV 来完成此项任务。只有当运行到目标点的前一点时才是真正得到了此项任务。

(3)运行管理。每台 AGV 的工作都是在上位系统监视下进行的,AGV 随时要向系统汇报其工作状态,其运行时必须随时向系统申请下一步将运行的段,如该段已被其他小车占有,此台 AGV 就不能向前行驶,必须等到系统许可,即该段被释放后方可继续前进。

(4)通信管理。在激光导引系统中采用的是无线数字通信,通信的频带是根据国家的有关规定选用的。各台 AGV 与系统的通信是轮循进行的。无线调制解调器的波特率(通信速度)确定了轮循通信的速度,从而限定了在该频带下所能控制的 AGV 最大数量。

(5)路径管理。根据命令要求,上位系统可找出 AGV 的最佳运行路线,此路线最优但不一定是最近的,它将对 AGV 上 PLC 所选择的路线进行判断,在必要时可改变 PLC 的选择。例如,在整个工作区域中,由于某些地方的站台较多,AGV 在此运行的机会也较多,上位系统在确定路线时,根据实际情况可能会绕过这一地带。

(6)系统监控。操作人员可随时监视 AGV 的运行状态,如运行、停车或装卸货等,并可直观地看出各台 AGV 的运行区域。在 AGV 运行出现意外故障时,可人工取消当前命令,并解决系统出现的问题。

(7)自动充电。每台 AGV 都可随时测出自身电池的当前容量。当电池容量下降到低限时,即刻向系统发出充电需求信号,由系统向 AGV 发出有绝对优先权的充电命令。当 AGV 到达充电站后,系统通过 I/O 接口控制地面充电设备,对其进行充电。充满后,充电需求信号消失,AGV 可继续接受其他任务。

六、AGV 的基本用途

纵观国内外 AGV 的应用实例,AGV 主要用于以下三个方面。

自动导向车(AGV)物料搬运

1. 物料搬运

在工业现场 AGV 常用于工位间或自动仓库与工位间的物料搬运作业,如图 8-17 所示。例如,在组装线上,AGV 从自动仓库取出机器零件并送到相应的组装工位。又如,在柔性加工系统中,AGV 依照加工工序顺次将被加工工件送到相应自动机床进行加工,加工好的零件由 AGV 送到质检站检测,最后,将合格品送到半成品库。

2. 移动工作台

在组装或柔性加工系统中,AGV 常作为移动工作台使用,如图 8-18 所示。以欧美一些汽车厂为例,在轿车组装过程中从汽车底盘焊装组立、安装悬挂系统、车轮和制动系统、安装发动机、变速箱、离合器、安装转向系统、安装汽车外壳、安装挡风玻璃和座椅到整车配电等一系列组装过程都是在一台 AGV 上进行的。又如,在欧美一些柴油机厂中,柴油机一系列的组装过程也都是在一台 AGV 上完成的。

3. 与机器人或机械手配合在特殊工作环境下代替人工作业

在 AGV 上可以安装机器人或机械手,在特殊工作环境下代替人工作业。例如,在核电站中代替人在具有放射线的工作环境下进行遥控作业。

图 8-17　物料搬运　　　　　　　　　　图 8-18　移动工作台

七、AGVS 在现代生产物流系统中的应用案例

中创物流股份有限公司(以下简称中创物流),注册资本 26666.67 万元人民币,资产总额 25 亿元人民币,业务主要涵盖货运代理、场站服务、船舶代理、沿海运输、项目物流、大宗商品物流等领域,服务网络遍及宁波、连云港、日照、青岛、烟台、荣成、天津、大连、香港、上海、福州、郑州等主要港口和北京、西安等内陆口岸城市,旨在建设网络覆盖中国沿海及内陆主要口岸的综合物流企业。公司连续多年被评为全国"5A 级物流企业""中国物流百强企业""全国先进物流企业""中国物流信息化十佳应用企业"。

中创物流 AGV
智能仓储

自 2006 年成立以来,秉持"以信息化为核心、以人为本、以客户为先、以服务社会为己任"的发展理念,始终致力于通过技术创新与流程再造,实现物流服务过程的数字化、可视化、智能化,引领行业高标准的信息化发展,不断书写"智慧物流"的新范本。目前,公司自主研发了多个业务和管理操作信息系统,取得了 4 项国家专利和 27 项软件著作权。

作为国内物流行业以科技推动产业升级的先行者,中创物流通过自主研发的物流业务综合管理平台,实现了货运代理、场站、船舶代理、沿海运输和项目大件物流 5 大业务板块的网络化、透明化管理,实现了业务和财务数据的实时管控和风险管理,并为客户提供多样式的信息查询和数据推送服务。

中创物流在业内多次开创信息化与数智化研发应用的先河。场站智能无人闸口、三维测绘无人机、自助缴费终端、自动探路系统、AGV 智能无人仓等技术装备的应用,在业务流程优化、企业降本增效、机器智能解放人工等方面均取得显著成效。

中创物流技术研发团队通过内部业务流程再造和信息技术创新,在国内率先研发了一套适用于不同功能集装箱堆场的自动闸口系统。该系统能够兼容空箱进、空箱出、重箱进、重箱出 4 种进出场方式,与公司现有的集装箱堆场管理系统共同实现了堆场作业的快速化、无人化和自动化中创南港智能仓库是国内首家采用 AGV 机器人管理的出口集运仓库。通过背负式 AGV 机器人、叉刀 AGV、全自动分拣线、工业视觉相机、IWCS 控制系统、可视跟踪系统和 WMS 仓储管理系统等软硬件系统组成的一整套解决方案，实现出口集运货物在库内的自动分拣和无人搬运，大大提升了仓库作业的效率和准确率，也为广大生产企业和运输企业降低了物流成本和物流时间。完成了从传统仓储到多功能、一体化、智能化综合物流服务的转变。

鉴于近年来国内市场对冷链物流需求的快速增长，公司在天津投资成立中创智慧冷链有限公司，作为公司冷链业务的功能总部，积极推进冷链业务的发展。中创物流自主研发了 AGV 平面仓、巷道机立体仓、四向穿梭车密集仓 3 种模式为一体的 CCS(coordination control system) 系统，实现了冷库仓储环节的智能化、无人化、柔性化管理。除天津口岸外，中创物流将复制天津智能无人冷库的运营模式，陆续在上海、宁波、青岛等口岸开展以冷链仓储为依托的综合冷链业务。

在单证操作方面，针对国际物流行业普遍存在业务节点多、信息孤岛多、大量重复性人工操作等痛点，公司自主研发了 IPA(intelligent process automation) 流程智能化系统，实现了多种格式单据自动识别、录入、补料、比对和共享，可替代 80% 以上的原人工操作，操作效率提升了 40%，各项任务执行准确率达 100%。中创物流坚信，只有不断推动信息化、数字化、智能化技术在物流行业的应用和推广，由传统物流向科技物流转变，才能实现物流企业低成本、高效率、优服务的发展。

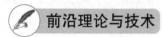

前沿理论与技术

井松智能的攀爬 AGV 机器人

2020 年 12 月 7 日晚，中国移动机器人（AGV/AMR）行业发展年会上，2019—2020 中国移动机器人（AGV/AMR）双年度创新产品及创新应用颁奖仪式在上海隆重举行，井松智能的攀爬 AGV 机器人（见图 8-19）成功入选仓储类移动机器人榜单。该奖项由中国移动机器人（AGV）产业联盟发起，为两年一届的双年度创新产品评选，旨在鼓励创新力量与技术变革，记录与回望 2019—2020 对生产物流搬运方式产生重大变革的力量。

井松智能的攀爬 AGV 机器人

图 8-19　攀爬 AGV 机器人

一、产品介绍

连续及时性货到人拣选配送一直是仓储物流及制造业的一大痛点,常见的自动化物流设备旋转货架、多层穿梭车、堆垛机等,都需要通过输送线或 AGV 进行二次转运配送,无法满足高效拣选、配送需求,井松智能研发的攀爬 AGV 机器人的诞生有效解决了这一难题。攀爬 AGV 不但可以在地面上行驶,还可沿货架垂直升降,实现 AGV 的三维移动,同时替代了传统提升机和堆垛机的功能,降低货架的成本;攀爬 AGV 穿梭整个库区,实现了指定位置和货位之间货物的直接搬运,提高了出入库的效率;具有互换性,维护方便,即使出故障也不影响仓库的使用。

二、主要创新点

井松智能研发的攀爬 AGV 机器人是在堆垛机、多层穿梭车、AGV 设计、制造、应用需求基础上开发研制。首次打破了 AGV 机器人只能在地面运行搬运货物的限制,赋予了 AGV 立体存储、拣选功能,将 AGV 水平搬运功能与立体货架升降存储完美集成,实现了 AGV 三个维度应用技术创新。

三、性能参数

(1) 攀爬 AGV 机器人采用二维码、视觉导航定位、360°旋转。

(2) 机械设计:配置定制化伸缩货叉、链轮式攀爬轨道及高度可达 10m 货架。

(3) 软件系统设计:配置全新的取货方式及库位策略,全新的软件调度管理系统。

(4) 支持 50kg 以下的纸箱/料箱立体货架存放、拣选,实现货物存放位与货物操作工位直接搬运,以及多车协同存取、搬运、拣选作业,提升仓储柔性及效率。

资料来源:http://www.chinaagv.com/news/.

 实训任务实施二

AGV 小车物料配送作业

1. 实训目标

(1) 了解自动导引车的分类及多频磁导引小车的性能参数。

(2) 掌握多频磁导引小车的操作技术。

(3) 会使用多频磁导引小车进行物料的配送和货物的移载搬运。

2. 实训要求

(1) 按照实训任务单完成各项任务。

(2) 按照规范要求提交实训报告。

(3) 遵守实训中心的纪律,爱护设备,实训认真,注意安全。

3. 实训准备

(1) 教师准备好实训任务书,讲清该任务实施的目标和 AGV 系统的知识要点。

(2) 实训中心准备好 AGVS 实训设备。

(3) 学生根据任务目标,通过教材和网络收集相关资料,做好知识准备。

(4) 根据任务要求,对学生进行分组,5~7 人一组,设组长 1 名。

4. 实训任务

(1) 使用 AGVS,实现物料的配送和货物的移载搬运。

(2) 撰写实训报告和制作汇报 PPT。

5. 实训操作

（1）手动操作。打开小车顶部开关→进入蓝色欢迎界面,如图 8-20 所示。

单击屏幕下方的"确定"按钮→在控制方式选择中选取 Manul control →按 F1 键进入路径设置界面,设置路径→按 Enter 键,完成小车手动操作,并运行。

（2）计算机远程控制操作。

① 打开小车顶部开关→进入蓝色欢迎界面→单击屏幕下方的"确定"按钮→在控制方式选择中选取 pc control →选择配置确认。

② 在计算机桌面上双击运行"小车"软件。

图 8-20　AGV 控制系统界面

进入 AGV 控制系统界面。

AGV 控制系统界面→参照右侧路径图,在路径编辑框中填写路径信息→小车准备→发送路径→开始运行进行操作。

（3）注意事项。

① 小车前后方向在软件控制上分别表示为 0 和 1。

② 严禁在 AGV 运行轨道上站立或将障碍物放置在轨道上,以及乘坐、攀爬 AGV 小车。

③ 电量过低(出现行走缓慢、易出轨等现象)时要及时充电,低电量运行容易对内部设备造成损害。

6. 撰写实训报告

由学生自己完成。

7. 制作 PPT 和汇报

由学生自己完成。

8. 技能训练评价

完成实训后,填写技能训练评价表(见表 8-2)。

表 8-2　技能训练评价表

专业：		班级：		被考评小组成员：			
考评时间				考评地点			
考评内容		AGV 小车物料配送作业					
考评标准	内　　容		分值	小组互评 （50%）	教师评议 （50%）	考评得分	
	实训过程中遵守纪律,礼仪符合要求,团队合作好		15				
	能正确认知 AGV 系统,按要求完成物料的配送和货物的移载搬运任务		40				
	实训记录内容全面、真实、准确,实训报告撰写规范		15				
	PPT 制作规范,汇报语言清楚,概念表达正确		30				
综合得分							

指导教师评语：

任 务 小 结

本任务介绍了 AGVS 的组成和 AGVS 的工作原理以及在物流领域中的应用。通过 AGV 小车物料配送作业操作,加深对 AGVS 的认知。

练 习 题

简答题

1. 我国国家标准《物流术语》中,对 AGV 是如何定义的?
2. 简述 AGV 的组成。
3. 简述 AGV 的导引原理。
4. AGV 的主要技术参数有哪些?
5. AGV 的基本用途有哪些?

任务三 人工智能与智慧物流

机器人打理仓库

"亚洲一号"是全球首座全流程无人仓库,属于京东集团。在那里,无论是"脑力活"还是"体力活",都由机器人唱主角。

在"亚洲一号"的无人仓分拣车间里,300 个"小红人"(分拣机器人)日夜不停地以每秒3 米的速度往来穿梭,分拣数十万个包裹。每天,这个无人仓能处理超过 20 万个订单,整体运营效率较传统仓储提升 10 倍。

这个智能无人仓是如何运行的? 京东物流上海"亚洲一号"负责人蒲浦江表示,京东自主研发的"智能大脑"起到了关键作用,它能在 0.2 秒内计算出 300 多个"小红人"运行的 680 亿条可行路径,并帮助它们做出最佳选择。智能控制系统反应速度 0.017 秒,运营效率提升3 倍,均处于世界领先水平。

京东物流无人仓项目负责人章根云表示,在作业无人化方面,无人仓无论是单项核心指标还是设备稳定性、分工协作方面都要达到极致化水平。在运营数字化方面,无人仓需要具备自感知、自适应、自决策、自诊断、自修复的能力。在决策智能化方面,无人仓要实现成本、效率、体验的最优,大幅度减轻工人的劳动强度。

思考题:

1. 什么是人工智能?
2. 人工智能在物流领域中的具体应用有哪些?

任务知识储备

一、人工智能概述

（一）人工智能的概念

人工智能(artificial intelligence,AI)是研究、开发用于模拟、延伸和扩展人的智能的理论、方法、技术及应用系统的一门新的技术科学。其研究目的是促使智能机器会听(语音识别、机器翻译等)、会看(图像识别、文字识别等)、会说(语音合成、人机对话等)、会思考(人机对弈、定理证明等)、会学习(机器学习、知识表示等)、会行动(机器人、自动驾驶汽车等)。人工智能的发展虽然已经走过了 60 多年的历程,但是,人工智能尚无统一的定义,约翰·麦卡锡于 1955 年给出的定义是"制造智能机器的科学与工程";安德里亚斯·卡普兰(Andreas Kaplan)和迈克尔·海恩莱因(Michael Haenlein)将人工智能定义为"系统正确解释外部数据,从这些数据中学习,并利用这些知识通过灵活适应实现特定目标和任务的能力"。尽管学术界有各种各样的说法和定义,但就其本质而言,人工智能是研究、设计和应用智能机器或智能系统来模拟人类智能活动的能力以及延伸人类智能的科学。

（二）人工智能发展历史

人工智能充满未知的探索道路曲折起伏。如何描述人工智能自 1956 年以来 60 余年的发展历程,学术界可谓仁者见仁、智者见智。我们将人工智能的发展历程划分为以下 6 个阶段。

一是起步发展期:1956 年—20 世纪 60 年代初。人工智能概念提出后,相继取得了一批令人瞩目的研究成果,如机器定理证明、跳棋程序等,掀起人工智能发展的第一个高潮。

二是反思发展期:20 世纪 60 年代—70 年代初。人工智能发展初期的突破性进展大大提升了人们对人工智能的期望,人们开始尝试更具挑战性的任务,并提出了一些研发目标。然而,接二连三的失败和预期目标的落空(例如,无法用机器证明两个连续函数之和还是连续函数、机器翻译闹出笑话等),使人工智能的发展走入低谷。

三是应用发展期:20 世纪 70 年代初—80 年代中。20 世纪 70 年代出现的专家系统模拟人类专家的知识和经验解决特定领域的问题,实现了人工智能从理论研究走向实际应用、从一般推理策略探讨转向运用专门知识的重大突破。专家系统在医疗、化学、地质等领域取得成功,推动人工智能走入应用发展的新高潮。

四是低迷发展期:20 世纪 80 年代中—90 年代中。随着人工智能的应用规模不断扩大,专家系统存在的应用领域狭窄、缺乏常识性知识、知识获取困难、推理方法单一、缺乏分布式功能、难以与现有数据库兼容等问题逐渐暴露出来。

五是稳步发展期:20 世纪 90 年代中—2010 年。由于网络技术特别是互联网技术的发展,加速了人工智能的创新研究,促使人工智能技术进一步走向实用化。1997 年,国际商业机器公司(简称 IBM)深蓝超级计算机战胜了国际象棋世界冠军卡斯帕罗夫。2008 年,IBM 提出"智慧地球"的概念。以上都是这一时期的标志性事件。

六是蓬勃发展期:2011 年至今。随着大数据、云计算、互联网、物联网等信息技术的发展,泛在感知数据和图形处理器等计算平台推动以深度神经网络为代表的人工智能技术飞速发展,大幅跨越了科学与应用之间的"技术鸿沟",诸如图像分类、语音识别、知识问答、人机对弈、无人驾驶等人工智能技术实现了从"不能用、不好用"到"可以用"的技术突破,迎来爆发式增长的新高潮。

(三)人工智能发展现状

人工智能 60 余年的发展道路虽然起伏曲折,但成就可谓硕果累累。无论是基础理论创新、关键技术突破,还是规模产业应用,都是精彩纷呈,使我们每一天都享受着这门学科带来的便利。人工智能因其十分广阔的应用前景和重大的战略意义,近年来日益得到社会各界的高度关注。

1. 专用人工智能取得重要突破

从可应用性看,人工智能大体可分为专用人工智能和通用人工智能。面向特定任务(如下围棋)的专用人工智能系统由于任务单一、需求明确、应用边界清晰、领域知识丰富、建模相对简单,形成了人工智能领域的单点突破,在局部智能水平的单项测试中可以超越人类智能。人工智能的近期进展主要集中在专用智能领域。例如,阿尔法狗(AlphaGo)在围棋比赛中战胜人类冠军,人工智能程序在大规模图像识别和人脸识别中达到了超越人类的水平,人工智能系统诊断皮肤癌达到专业医生水平。

2. 通用人工智能尚处于起步阶段

人的大脑是一个通用的智能系统,能举一反三、融会贯通,可处理视觉、听觉、判断、推理、学习、思考、规划、设计等各类问题,可谓"一脑万用"。真正意义上完备的人工智能系统应该是一个通用的智能系统。目前,虽然专用人工智能领域已取得突破性进展,但是通用人工智能领域的研究与应用仍然任重而道远,人工智能总体发展水平仍处于起步阶段。当前的人工智能系统在信息感知、机器学习等"浅层智能"方面进步显著,但是在概念抽象和推理决策等"深层智能"方面的能力还很薄弱。总体上看,目前的人工智能系统可谓有智能没智慧、有智商没情商、会计算不会"算计"、有专才而无通才。因此,人工智能依旧存在明显的局限性,依然还有很多"不能",与人类智慧还相差甚远。

3. 人工智能创新创业如火如荼

全球产业界充分认识到人工智能技术引领新一轮产业变革的重大意义,纷纷调整发展战略。比如,谷歌在其 2017 年年度开发者大会上明确提出发展战略从"移动优先"转向"人工智能优先",微软 2017 财年年报首次将人工智能作为公司发展愿景。人工智能领域处于创新创业的前沿。麦肯锡公司报告指出,2016 年全球人工智能研发投入超 300 亿美元并处于高速增长阶段;全球知名风投调研机构 CB Insights 报告显示,2017 年全球新成立人工智能创业公司1100 家,人工智能领域共获得投资 152 亿美元,同比增长 141%。

4. 创新生态布局成为人工智能产业发展的战略高地

信息技术和产业的发展史,就是新老信息产业巨头抢滩布局信息产业创新生态的更替史。例如,传统信息产业代表企业有微软、英特尔、IBM、甲骨文等,互联网和移动互联网时代信息产业代表企业有谷歌、苹果、脸书、亚马逊、阿里巴巴、腾讯、百度等。人工智能创新生态包括纵向的数据平台、开源算法、计算芯片、基础软件、图形处理器等技术生态系统和横向的智能制造、智能医疗、智能安防、智能零售、智能家居等商业与应用生态系统。目前智能科技时代的信息产业格局还没有形成垄断,因此全球科技产业巨头都在积极推动人工智能技术生态的研发布局,全力抢占人工智能相关产业的制高点。

5. 人工智能的社会影响日益凸显

一方面,人工智能作为新一轮科技革命和产业变革的核心力量,正在推动传统产业升级换代,驱动"无人经济"快速发展,在智能交通、智能家居、智能医疗等民生领域产生积极正面的影响。另一方面,个人信息和隐私保护、人工智能创作内容的知识产权、人工智能系统可能存在的歧视和偏见、无人驾驶系统的交通法规、脑机接口和人机共生的科技伦理等问题已经显现出来,需要抓紧提供解决方案。

二、人工智能在物流行业的应用

不管是国内的顺丰、京东、德邦快递,还是国外的 UPS、亚马逊、联邦快递,物流公司都不约而同地在做一件事情,即借助人工智能提升物流效率、扩大物流领域。

智能物流

目前,人工智能在物流行业主要有三大应用场景:无人仓、智能配送、智能装卸。

(一)无人仓

无人仓是现代信息技术应用在商业领域的创新,实现了货物从入库、存储到包装、分拣等流程的智能化和无人化。

1. 无人仓的构成

无人仓的构成包括硬件与软件两大部分。

(1)硬件。对应存储、搬运、拣选、包装等环节有各类自动化物流设备,其中,存储设备典型代表是自动化立体库;搬运典型设备有输送线、AGV、穿梭车、类 kiva 机器人、无人叉车等;拣选典型设备有机械臂、分拣机(不算自动化设备)等;包装典型设备有自动称重复核机、自动包装机、自动贴标机等。

(2)软件。软件主要是 WCS 和 WMS。

WMS——时刻协调存储、调拨货物、拣选、包装等各个业务环节,根据不同仓库节点的业务繁忙程度动态调整业务的波次和业务执行顺序,并把需要做的动作指令发送给 WCS,使得整个仓库高效运行;此外,WMS 记录着货物出入库的所有信息流、数据流,知晓货物的位置和状态,确保库存准确。

WCS——接收 WMS 的指令,调度仓库设备完成业务动作。WCS 需要支持灵活对接仓库各种类型、各种厂家的设备,并能够计算出最优执行动作,例如,计算机器人最短行驶路径、均衡设备动作流量等,以此来支持仓库设备的高效运行。WCS 的另一个功能是时刻对现场设备的运行状态进行监控,出现问题立即报警提示维护人员。

此外,支撑 WMS、WCS 进行决策,让自动化设备有条不紊地运转,代替人进行各类操作(行走、抓放货物等),背后依赖的是智慧大脑,运用人工智能、大数据、运筹学等相关算法和技术,实现作业流、数据流和控制流的协同。智慧大脑既是数据中心,也是监控中心、决策中心和控制中心,从整体上对全局进行调配和统筹安排,最大化设备的运行效率,充分发挥设备的集群效应。

2. 无人仓的主要实现形式

无人仓虽然代表了物流技术发展趋势,但真正实现仓储作业全流程无人化并不容易,从仓储作业环节来看,当前无人仓的主要实现形式如下。

(1)自动化存储。卸货机械臂抓取货物投送到输送线,货物自动输送到机械臂码垛位置,自动码垛后,系统调度无人叉车送至立体库入口,由堆垛机储存到立体库中。需要补货到拣选区域时,系统调度堆垛机从立体库取出货物,送到出库口,再由无人叉车搬运货物到拣选区域。

(2)类 Kiva 机器人拣选。类 Kiva 机器人方案完全减去补货、拣货过程中员工行走动作,由机器人搬运货物到指定位置,作业人员只需要在补货、拣选工作站根据电子标签灯光显示屏指示完成动作,省人、效率高、出错少。类 Kiva 机器人方案分为"订单到人"和"货到人"两种模式。

(3)输送线自动拣选。货物在投箱口自动贴条码标签后,对接输送线投放口,由输送线调度货物到拣选工作站,可通过机械臂完全无人化拣选,或者人工根据电子标签灯光显示屏进行拣货。

(4)自动复核包装分拨。拣选完成的订单箱子输送到自动包装台,通过重量＋X 光射线等方式进行复核,复核成功由自动封箱机、自动贴标机进行封箱、贴面单,完成后输送到分拣机自动分拨到相应道口。

(二)智能配送

1. 配送机器人

配送机器人是智慧物流体系生态链中的终端,面对的配送场景非常复杂,需要应对各类订单配送的现场环境、路面、行人、其他交通工具以及用户的各类场景,进行及时有效的决策并迅速执行,这需要配送机器人具备高度的智能化和自主学习的能力。配送机器人的感知系统十分发达,除装有激光雷达、GPS 定位外,还配备了全景视觉监控系统、前后的防撞系统以及超声波感应系统,以便配送机器人能准确感触周边的环境变化,预防交通安全事故的发生。

配送机器人拥有基于认知的智能决策规划技术。遇到障碍物时,在判断障碍物的同时判断出行人位置,并判断出障碍物与行人运动方向与速度,通过不断深度学习与运算,做出智能行为的决策。

配送机器人先是根据目的地自动生成合理的配送路线,在行进途中避让车辆、过减速带、绕开障碍物,到达配送机器人停靠点后就会向用户发送短信提醒通知收货,用户可直接通过验证或人脸识别开箱取货。

2. 无人机快递

通过利用无线电遥控设备和自备的程序控制装置操纵的无人驾驶的低空飞行器运载包裹,自动送达目的地,其优点主要在于解决偏远地区的配送问题,提高配送效率,同时减少人力成本。其缺点主要在于恶劣天气下无人机会送货无力,在飞行过程中无法避免人为破坏等。目前未大范围使用。

无人机快递系统由快递无人机、自助快递柜、快递盒、快递集散分点、快递集散基地和区域调度中心等核心模组成。

(三)智能装卸

1. AGV 牵引车

AGV 属于轮式移动机器人(Wheeled Mobile Robot,WMR)的范畴。AGV 牵引车备有电磁或光学等自动导引装置,一般可通过计算机来控制其行进路线及行为,或利用电磁轨道来设立其行进路线,电磁轨道粘贴于地板上,无人搬运车则依靠电磁轨道所带来的讯息进行移动与动作。

ABB 机器人智能物流拆垛、码垛

AGV 的导引方式如下。

(1)电磁感应引导利用低频引导电缆形成的电磁场及电磁传感装置引导无人搬运车的运行。

(2)激光引导利用激光扫描器识别设置在其活动范围内的若干个定位标志来确定其坐标

位置,从而引导 AGV 运行。

（3）磁铁—陀螺引导利用特制磁性位置传感器检测安装在地面上的小磁铁,再利用陀螺仪技术连续控制无人搬运车的运行方向。

2. 装卸机械手

装卸机械手是模仿人的手部动作,按给定程序、轨迹和要求实现自动抓取、搬运和操作的自动装置。机械手一般由执行机构、驱动系统、控制系统及检测装置三大部分组成,智能机械手还具有感觉系统和智能系统。

它特别是在高温、高压、多粉尘、易燃、易爆、放射性等恶劣环境中,以及笨重、单调、频繁的操作中代替人作业,因此获得日益广泛的应用。

随着人工智能技术的不断进步,人工智能将会进一步深入到物流作业的各个环节,不断提高物流的智能化、自动化水平,智慧物流将会成为主导,传统物流模式将会退出历史舞台。物流企业应顺应时代发展要求,考虑未来的发展趋势,采用人工智能技术,充分发挥人工智能的优势,提升物流企业的竞争力,促进现代物流行业朝着更加智能化的方向发展。

三、智慧物流认知

（一）什么是智慧物流

青岛港自动化
码头流程介绍

IBM 于 2009 年提出建立一个面向未来的具有先进、互联和智能三大特征的供应链,通过感应器、RFID 标签、制动器、GPS 和其他设备及系统生成实时信息的"智慧供应链"概念,紧接着"智慧物流"的概念由此延伸而出。

智慧物流是利用集成智能化技术,使物流系统能模仿人的智能,具有思维、感知、学习、推理判断和自行解决物流中某些问题的能力。即在流通过程中获取信息从而分析信息做出决策,使商品从源头开始被实施跟踪与管理,实现信息流快于实物流。即可通过 RFID、传感器、移动通信技术等让配送货物自动化、信息化和网络化。

（二）智慧物流中应用到的物联网主要技术

智慧物流的不同环节需要不同的技术支撑才能实现相应的功能。在感知互动层主要进行的是物体的感知和识别,应用到的典型技术有 RFID、传感器技术及传感器网络、GPS 等;网络传输层依靠的是互联网技术和移动信息技术,完成相应的信息处理和网络通信;应用服务层各种应用实现主要基于 M2M 技术及管理平台。下面对其中的几项关键技术进行介绍。

1. 物流业常用的物联网感知技术

为了对物流中的"物"进行识别、追溯,常采用的是 RFID 技术、条码自动识别技术;为了对物流中的"物"进行分类、拣选、计数,常采用的是 RFID 技术、激光技术、红外技术、条码技术等;为了对物流中的"物"进行定位、追踪,常采用的是 GPS 卫星定位技术、GIS 地理信息系统技术、RFID 技术,车载视频技术等;为了对物流作业中的"物"进行监控,常采用的是视频识别技术、RFID 技术、GPS 技术等;为了对物品,尤其是特殊物品的性能及状态进行感知与识别,常采用的是传感器技术、RFID 技术与 GPS 技术等。

综合分析,在物流行业目前最常用的物联网感知技术主要有 RFID 技术、GPS 技术、传感器技术、视频识别与监控技术、激光技术、红外技术、蓝牙技术等。

2. 物流行业常用的物联网通信与网络技术

在区域范围内的物流管理与运作的信息系统,常采用企业内部局域网直接相连的网络技术,并留有与互联网、无线网扩展的接口;在不方便布线的地方,常采用无线局域网技术;在大范围物流运输的管理与调度信息系统,常采用互联网技术、GPS技术、GIS地理信息系统技术相结合,组建货运车联网,实现物流运输、车辆配货与调度管理的智能化、可视化与自动化;在以仓储为核心的物流中心信息系统,常采用现场总线技术、无线局域网技术、局域网技术等网络技术;在网络通信方面,常采用无线通信技术(如短距离无线通信、蜂窝移动网络、LPWA通信技术)、M2M技术、直接连接网络通信技术等。

综合分析,物流行业为了使移动或存储中形态各异"物"能够联网,最常采用的网络技术是局域网技术、无线局域网技术、互联网技术、现场总线技术和无线通信技术。

3. 物流行业物联网常用的智能技术

在企业厂区的生产物流物联网系统,常采用的智能技术主要有ERP技术、自动控制技术、专家系统技术等;在大范围的社会物流运输系统,常采用的智能技术是数据挖掘技术、智能调度技术、优化运筹技术等;在以仓储为核心的智能物流中心,常采用的智能技术有自动控制技术、智能机器人技术、智能信息管理系统技术、移动计算技术、数据挖掘技术等。

综合分析,以物流为核心的智能供应链综合系统、物流公共信息平台等领域,常采用的智能技术有智能计算技术、云计算技术、数据挖掘技术、专家系统技术等智能技术。

(三) 智慧物流在物流领域的作用

1. 降低物流成本,提高企业利润

京东智慧物流
黑科技

智慧物流能大大降低制造业、物流业等各行业的成本,实打实地提高企业的利润,生产商、批发商、零售商三方通过智慧物流相互协作,信息共享,物流企业便能更节省成本。其关键技术诸如物体标识及标识追踪、无线定位等新型信息技术应用,能够有效实现物流的智能调度管理、整合物流核心业务流程,加强物流管理的合理化,降低物流消耗,从而降低物流成本,减少流通费用、增加利润。

2. 加速物流产业的发展,成为物流业的信息技术支撑

智慧物流的建设,将加速当地物流产业的发展,集仓储、运输、配送、信息服务等多功能于一体,打破行业限制,协调部门利益,实现集约化高效经营,优化社会物流资源配置。同时,将物流企业整合在一起,将过去分散于多处的物流资源进行集中处理,发挥整体优势和规模优势,实现传统物流企业的现代化、专业化和互补性。此外,这些企业还可以共享基础设施、配套服务和信息,降低运营成本和费用支出,获得规模效益。

3. 为企业生产、采购和销售系统的智能融合打基础

随着RFID技术与传感器网络的普及,物与物的互联互通,将给企业的物流系统、生产系统、采购系统与销售系统的智能融合打下基础,而网络的融合必将产生智慧生产与智慧供应链的融合,企业物流完全智慧地融入企业经营中,打破工序、流程界限,打造智慧企业。

4. 使消费者节约成本,轻松、放心购物

智慧物流通过提供货物源头自助查询和跟踪等多种服务,尤其是对食品类货物的源头查询,能够让消费者买得放心,吃得放心,增加了消费者的购买信心,促进消费,最终对整体市场产生良性影响。

5. 提高政府部门工作效率,有助于政治体制改革

智慧物流可全方位、全程监管食品的生产、运输、销售,大大节省了相关政府部门的工作压力的同时,使监管更彻底更透明。通过计算机和网络的应用,政府部门的工作效率将大大提高,有助于我国政治体制的改革,精简政府机构,裁减冗员,从而削减政府开支。

6. 促进当地经济进一步发展,提升综合竞争力

智慧物流集多种服务功能于一体,体现了现代经济运作特点的需求,即强调信息流与物质流快速、高效、通畅地运转,从而降低社会成本、提高生产效率、整合社会资源。

💬 实训任务实施三

码垛机器人出入库码垛作业

1. 实训目标
(1) 了解码垛机器人的分类。
(2) 使用仓库码垛机器人对入库货物和出库货物进行码垛作业。
2. 实训要求
(1) 按照实训任务单完成各项任务。
(2) 按照规范要求提交实训报告。
(3) 遵守实训中心的纪律,爱护设备,实训认真,注意安全。
3. 实训准备
(1) 教师准备好实训任务书,讲清该任务实施的目标和码垛机器人的知识要点。
(2) 实训中心准备好码垛机器人实训设备。
(3) 学生根据任务目标,通过教材和网络收集相关资料,做好知识准备。
(4) 根据任务要求,对学生进行分组,5~7 人一组,设组长 1 名。
4. 实训任务
(1) 在物流系统实验平台上进行参数设置。
(2) 对机器人进行示教。
(3) 运行物件抓取程序,观察记录实验结果。
(4) 运行传送及码垛程序,记录实验结果。
(5) 撰写实训报告和制作汇报 PPT。
5. 实训操作
(1) 手动操作。
首先,将初级电源接通,将控制柜内部右下方的空气开关打开,如图 8-21 所示。
其次,依次打开机器人系统总开关、伺服开关、控制电源开关,如图 8-22 所示。

图 8-21 电源开关

图 8-22 系统开关

再次,工控机上电开机,开机完毕后双击桌面快捷方式 打开控制软件。

最后,参数设定。选择"参数设定"按钮,打开"参数设定"对话框,根据机器人结构确定机构尺寸、丝杠导程和各轴减速比输入相应数据,接着设定料库控制参数,根据生产要求选择码垛模型,其他参数请不要随意更改。输入数据如图 8-23 所示。

图 8-23　输入数据

注意：修改参数后需要重启软件!

(2) 自动运行。

首先,单击"示教编程"会弹出对话框,提示是否进入示教编程。

注意：进入示教编程前必须保证机器人已进行过回零操作。

其次,单击"确定"进入示教编程状态,在对机器人进行操作时先选择此操作作为"工进"还是"快进"以便生成合理的示教程序,机器人调整到示教位置后单击"记录"便会产生一条示教程序,对手爪气缸进行操作后也需记录,否则会提示"上步操作未记录,是否继续",若记录的程序出错,单击"删除"即可删除上一条添加的指令,当整个示教程序完成后需单击"保存"将程序存储起来。

再次,将操作模式切换到自动状态,按"自动"操作键,开始自动运行。"自动"操作键是当加载了示教程序后,让机器人自动运行的操作键,在单击"自动"前请先将控制柜前面板上的旋钮开关由"暂停"打到"运行"状态,自动运行过程中可通过旋钮开关对机器人进行暂停和运行状态的切换。

最后,关机。当机器人完成码垛任务后,按下停止按钮,当机器人停止运行后,关闭电源开关。

6. 撰写实训报告

由学生自己完成。

7. 制作 PPT 和汇报

由学生自己完成。

8. 技能训练评价

完成实训后，填写技能训练评价表(见表 8-3)。

表 8-3　技能训练评价表

专业：		班级：		被考评小组成员：			
考评时间				考评地点			
考评内容				码垛机器人出入库码垛作业			
考评标准	内　容			分值	小组互评(50%)	教师评议(50%)	考评得分
	实训过程中遵守纪律、礼仪符合要求、团队合作好			15			
	正确认知码垛机器人系统，能按要求完成物料的出入库码垛任务			50			
	实训记录内容全面、真实、准确，实训报告撰写规范			15			
	PPT制作规范，汇报语言清楚，概念表达正确			20			
综合得分							

指导教师评语：

任务小结

　　本任务首先学习了人工智能的概念、特点、发展阶段及人工智能在物流行业落地的三大应用场景；其次学习了智慧物流的概念、智慧物流在物流领域的作用，最后进行了码垛机器人出入库码垛作业。

练　习　题

简答题

1. 什么是人工智能？它有哪些特征？

2. 人工智能的发展经历了哪几个阶段？

3. 人工智能有哪些主要研究领域？

4. 人工智能的近期发展趋势有哪些？

参考文献

[1] 朱海鹏. 物流信息技术：新技术应用与实践立体化教程[M]. 北京：人民邮电出版社, 2017.

[2] 王先庆. 智慧物流：打造智能高效的物流生态系统[M]. 北京：电子工业出版社, 2019.

[3] 王晓平. 物流信息技术[M]. 2版. 北京：清华大学出版社, 2017.

[4] 谢金龙. 物流信息技术与应用[M]. 3版. 北京：北京大学出版社, 2019.

[5] 王一鸣. 物联网：万物数字化的利器[M]. 北京：电子工业出版社, 2019.

[6] 王良明. 云计算通俗讲义[M]. 3版. 北京：电子工业出版社, 2019.

[7] 李天文. GPS原理及应用[M]. 3版. 北京：科学出版社, 2021.

[8] 北京中物联物流采购培训中心. 物流管理职业技能等级认证教材[M]. 南京：江苏凤凰教育出版社, 2019.

[9] 张劲珊. 物流信息技术与应用[M]. 北京：清华大学出版社, 2013.

[10] 鲍吉龙, 江锦祥. 物流信息技术[M]. 3版. 北京：机械工业出版社, 2017.

[11] 林子雨. 大数据技术原理与应用[M]. 3版. 北京：人民邮电出版社, 2021.

[12] 单承赣, 单玉峰, 姚磊, 等. 射频识别(RFID)原理与应用[M]. 2版. 北京：电子工业出版社, 2015.

[13] 黄玉兰. 物联网射频识别(RFID)技术与应用[M]. 北京：人民邮电出版社, 2013.

[14] 彭力. 无线射频识别(RFID)技术基础[M]. 北京：北京航空航天大学出版社, 2012.

[15] 邹生, 何新华. 物流信息化与物联网建设[M]. 北京：电子工业出版社, 2010.

[16] 谢钢. 全球导航卫星系统原理：GPS、格洛纳斯和伽利略系统[M]. 北京：电子工业出版社, 2013.

[17] 汤国安. ArcGIS地理信息系统空间分析实验教程[M]. 2版. 北京：科学出版社, 2021.

[18] Kang-tsung Chang. 地理信息系统导论[M]. 陈健飞, 译. 北京：科学出版社, 2017.

[19] 唐四元, 马静. 现代物流技术与装备[M]. 3版. 北京：清华大学出版社, 2018.

[20] 张成海, 张铎, 张志强. 条码技术与应用[M]. 2版. 北京：清华大学出版社, 2018.

[21] 章威. 区域物流公共信息平台建设设计与实现[M]. 北京：人民交通出版社, 2012.

[22] http://www.icourse163.org/course/HNCC-1002128016.

[23] http://cfnet.org.cn/长风网,《物流大数据分析》课程.

[24] http://www.chinawuliu.com.cn/.

[25] http://bbs.chinawutong.com/.

[26] http://www.56110.cn/.

[27] http://www.edit56.com.cn/.

[28] http://www.cla.gov.cn/.

[29] http://www.95105556.com.

[30] http://www.ancc.org.cn/.

[31] http://www.caws.org.cn/.